Peter Scholl-Latour

Die Angst des weißen Mannes

Peter Scholl-Latour

Die Angst des weißen Mannes

Ein Abgesang

Propyläen

Aus Gründen der Diskretion habe ich die Namen meiner Gesprächspartner gelegentlich geändert. Das gilt nicht für Personen des öffentlichen Lebens und deren Aussagen, die exakt wiedergegeben werden. Bei der Transkription von Ausdrücken aus fremden Sprachen habe ich mich an die übliche, allgemein verständliche Schreibweise gehalten.

3. Auflage 2009

Propyläen ist ein Verlag der
Ullstein Buchverlage GmbH

ISBN 978-3-549-07331-5

© Ullstein Buchverlage GmbH, Berlin 2009
Alle Rechte vorbehalten
Lektorat: Cornelia Laqua
Karten: Thomas Hammer
Gesetzt aus der Janson
Satz: LVD GmbH, Berlin
Druck und Bindung: CPI – Clausen & Bosse, Leck
Printed in Germany

INHALT

Präludium
Wachablösung   7

Canto primeiro: Ost-Timor
Portugals letzter Gesang   17

Canto segundo: Bali
Im Vorfeld des Fünften Kontinents   88

Canto terceiro: Ozeanien
Das andere Ende der Welt   128

Canto quarto: Java
Indonesische Schattenspiele   205

Canto quinto: Philippinen
Die Inseln des Magellan   245

Canto sexto: China
»Zittere und gehorche!«   281

Canto sétimo: Kasachstan
Die Macht der Steppe   337

Canto oitavo: Kirgistan
Die Enttäuschung der »Tulpen-Revolution« 393

Epilog
Der Nachlaß 431

Personenregister 451
Bildnachweis 458

PRÄLUDIUM

Wachablösung

Vor seinem Besuch im Konzentrationslager Buchenwald am 5. Juni 2009, so wird berichtet, hat Barack Obama einen politischen Dialog mit Angela Merkel geführt. Eine herzliche Atmosphäre sei dabei nicht aufgekommen. Es heißt, der amerikanische Präsident habe die Kanzlerin am Ende mit einem Thema überrascht, das im vereinbarten Austausch nicht vorgesehen war. »Warum sind Sie gegen einen Beitritt der Türkei zur Europäischen Union?« soll Obama abrupt gefragt haben. Relata refero. Es fällt nicht schwer, sich die Argumente der deutschen Kanzlerin vorzustellen, mit der sie ihre Ablehnung und die der meisten Europäer begründete. Die Türkei, so mag sie entgegengehalten haben, weise noch erhebliche Defizite in Sachen Demokratie und Menschenrechte auf. Der Zypern-Disput sei nicht bereinigt. Die Türkei verhalte sich repressiv gegenüber ihren ethnischen und konfessionellen Minderheiten. Für das Kurdenproblem sei trotz einiger dürftiger Zugeständnisse keine wirkliche Regelung in Sicht. Die Europäische Union sei zudem keineswegs begeistert von der Perspektive, im Fall eines türkischen Beitritts unmittelbarer Nachbar des Kaukasus, Irans sowie Mesopotamiens zu werden und unweigerlich in deren Querelen verwickelt zu sein.

Es wäre taktlos gewesen, einem amerikanischen Partner gegenüber, dessen Vater unter dem britischen Kolonialismus gelitten hatte und dessen Frau die Nachfahrin westafrikanischer Sklaven ist, die kulturelle oder gar ethnische Einzigartigkeit des Abendlandes zu betonen, die es gegenüber einer massiven turanischen Zuwanderung aus Anatolien zu bewahren gelte. Selbst ein Verweis auf die Unvereinbarkeit zwischen der christlichen Ursubstanz Europas – die die Kanzlerin, obwohl sie Vorsitzende einer christlichen Partei ist, ohnehin kaum erwähnt – und der spektakulären Rückwendung der post-kemalistischen Türkei zur Lehre des Propheten Mohammed wäre unangebracht gewesen. Barack Obama bekennt sich zwar in aller Form zum christlichen Glauben, doch die muslimische Religionszugehörigkeit seines Vaters reiht ihn laut koranischem Gesetz unwiderruflich in die Reihen der islamischen Umma ein.

Nach dem Sturm der Begeisterung, den die Wahl Barack Hussein Obamas zum mächtigsten Mann der Welt in Europa, mehr noch als in Amerika, ausgelöst hat, kommen wir nicht umhin festzustellen, daß die Beziehungen zwischen der Alten und der Neuen Welt nicht mehr die gleichen sein werden. An infamen Angriffen, an tückischen Verleumdungen wird es in Zukunft nicht fehlen. Es gibt zu viele reaktionäre US Citizens, die sich mit der Präsenz eines schwarzen Mannes im Weißen Haus nicht abfinden. Die rassistischen Vorurteile, die William Faulkner vor gar nicht so langer Zeit in der abgrundtiefen Düsternis seiner Romane aus dem »tiefen Süden« schilderte, sind vielerorts noch präsent. Die Dämonen warten auf ihre Entfesselung. Schon melden sich Stimmen zu Wort, die die amerikanische Staatsangehörigkeit Obamas in Frage stellen und mit der Behauptung auftreten, er sei in Indonesien als Muslim aufgewachsen.

Selbst in europäischen Gazetten kommt plötzlich – vermutlich als Reaktion auf die grandiose Rede, die er in Kairo hielt – der Vorwurf auf, dieser »Commander-in-Chief« gehe nicht mit der gebotenen militärischen Gewalt gegen die Islamische Republik Iran vor, er habe durch seinen Verzicht auf den Ausbau eines Raketenschirms in Polen den Westen der nuklearen Bedrohung durch Schurkenstaaten des Orients ausgeliefert, und gegenüber Israel neige er einer propalästinensischen Haltung zu.

Das Schicksal Martin Luther Kings hängt als düstere Mahnung

über diesem Mann, der endgültig der Erkenntnis zum Durchbruch verhalf, daß die politische Ausrichtung der USA nicht mehr durch eine Bevölkerungsminderheit definiert wird, die sich rühmte, »White, Anglo-Saxon and Protestant« zu sein. Welches auch immer das Schicksal des jetzigen Präsidenten sein mag, hier ist ein Deich gebrochen. Das Antlitz der Vereinigten Staaten wird zunehmend von der Masse der Latinos – in der Mehrheit spanisch-indianische Mestizen –, der Afro-Americans und einer wachsenden Zahl von Asiaten gestaltet werden. Die einst mißachteten Katholiken bilden bereits die bei weitem stärkste christliche Konfession.

*

Es soll nicht der Irrtum aufkommen, das vorliegende Buch beschäftige sich vorrangig mit Amerika. Auch die Probleme der Europäischen Union sind nicht das Thema. Dieser Reisebericht ist der intensiven persönlichen Erfahrung des Autors gewidmet, dass die dominante Ära des »weißen Mannes«, der sich um 1900 die ganze Welt untertan gemacht hatte, ihren Endpunkt erreicht hat. Genau ein halbes Jahrtausend hat diese phänomenale Expansion und ihre zähe Beharrung gedauert. Die einseitige Vorrangstellung Europas wurde im zwanzigsten Jahrhundert durch die Vereinigten Staaten von Amerika – von de Gaulle als »Tochter Europas – fille de l'Europe« bezeichnet – abgelöst und amplifiziert. Seit Ende des Zweiten Weltkrieges sieht sich diese transatlantische Allianz globalen Machtverschiebungen ausgesetzt, denen sie schon aus demographischen Gründen nicht gewachsen ist. Dem »weißen Mann« ist ja nicht nur das Monopol industrieller und militärischer Überlegenheit abhanden gekommen. Ihm fehlen heute vor allem das Sendungsbewußtsein, die Lust am Abenteuer sowie die Bereitschaft zur Selbstaufopferung, auf die sich sein imperialer Anspruch gründete. Literarisch eingeleitet wurde die Epoche des europäischen Imperialismus durch die mythischen Navigatoren-Gesänge des Portugiesen Luís Vaz de Camões. Ihr Ende wurde symbolisch angedeutet in Rudyard Kiplings Legende von dem »Mann, der König sein wollte« und der in den Schluchten von Kafiristan – so nannte man damals die afghanische Provinz Nuristan – in einen bodenlosen Abgrund stürzte. Dieser »Abgesang« ist weder eine pathetische Prophezeiung noch eine nostalgische Klage. Die Zusammenstellung der sehr unterschiedlichen Kapitel habe ich dem Zufall meiner Reiseroute überlassen. In diesem Punkt fühlte ich mich den Weltumseglern der Entdeckerzeit verbunden, die in ozeanische und terrestrische Weiten vorstießen, ohne sich ihrer präzisen Zielsetzung bewußt zu sein. Die geographische Dimension dieser Saga des Niedergangs ist zwangsläufig unvollständig und müßte durch weitere Regionen ergänzt und bestätigt werden. Das Projekt steht uns ja noch bevor.

Man mag mir entgegenhalten, die »Angst des weißen Mannes« sei ein Produkt meiner Phantasie, und es lebe sich doch weiterhin recht bequem in dieser »Brave New World«, die sich dem Multikulturalismus und der Multiethnizität ergeben hat. Ich bin so alt, daß ich die Stunde einer akuten Bedrohung wohl nicht mehr erleben werde. Doch schon die kommende Generation wird sich mit der schmerzlichen Anpassung an eine inferiore Rolle im globalen Kräftespiel, an geschwundenes Prestige abfinden müssen und mit dem tragischen Fatum leben, daß den weißen Herren von gestern das sachte Abgleiten in Resignation und Bedeutungslosigkeit bevorsteht. Der Ausdruck »White Man« ist heute ja schon verpönt und mit dem Odium des Rassendünkels behaftet.

*

Zunächst stellt sich die Frage: Wer ist überhaupt ein Weißer? So weit liegt der kollektive Wahnwitz ja nicht zurück, der sich in Alfred Rosenbergs *Mythos des 20. Jahrhunderts* offenbarte und zum Religionsersatz des Dritten Reiches wurde. Die Einwanderungsbehörden der USA, die über strenge ethnische Quoten wachten, hatten für die weißen Europäer den Ausdruck »Caucasian« gefunden. Ich will mich hier nicht in die verschiedenen Rassentheorien verirren, die von Gobineau, Houston Stewart Chamberlain und manch anderen in die Welt gesetzt wurden, um schließlich mit dem Arier-Begriff der Nationalsozialisten in grauenhafter Menschenverachtung, in mörderischer Selektion zu gipfeln. Schon sehr früh gab es den Begriff »Indoeuropäer«, der in Deutschland zur Wortbildung »Indogermanen« führte. Eine deutlich erkennbare linguistische Verwandtschaft spannte ja tatsächlich einen Riesenbogen verwandter Idiome vom Atlantik bis zum Ganges in den Ebenen Indiens. Sogar die Völker Afghanistans – Paschtunen und Tadschiken – reihten sich in diese Kategorie ein. Bei keinem Begrüßungsgespräch, das ich in den entlegensten Ortschaften am Hindukusch führte, hatte der Dorfälteste es versäumt, auf die enge Verbundenheit zwischen Afghanen und Deutschen zu verweisen, weil sie ja beide Arier seien. Das Wort selbst stammt wohl ursprünglich aus Persien, wo der Kulturkreis »Iran« sich in beinahe manichäischer Strenge von den Nomadenstämmen »Turans« absonderte. Der Schah-in-Schah Persiens trug bis zuletzt den Titel »Aria Mehr« – Leuchte der Arier.

In Teheran bin ich zu Zeiten Mohammed Reza Pahlevis mit dem Oberpriester der Zarathustra-Gemeinde zusammengetroffen, der »Zarduschti«, wie man dort sagt. Diese Gruppe von etwa 30 000 Menschen wurde von der Pahlevi-Dynastie besonders gefördert, aber auch von der Khomeini-Revolution in die Kategorie der »Familie des Buches« aufgenommen. Sie ist in der Majlis – dem Parlament – von Teheran durch einen Abgeordneten vertreten. Der zoroastrische »Magi«, der sich seinerzeit ohne Scheu vor unserer Kamera äußerte, war ein glühender Prediger der Reinheit der arischen Rasse, die zu bewahren sein höchstes Anliegen war. »Wenn eine unserer Frauen einen Mann heiratet, der an unserem Feuerkult nicht teilnimmt, dann verdient sie den Tod.« Man dürfe doch nicht edle, in heller Pracht blühende Pflanzen mit dem Wüstengestrüpp des Urwaldes vermischen. Die Darstellung Zarathustras in den Tempeln dieser einst allmächtigen Religion der altpersischen Reiche der Achämeniden bis zu den Sassaniden war stets identisch. Der Prophet, der Friedrich Nietzsche zur Ankündigung des »Übermenschen« anregen sollte, erschien unter den Zügen eines blonden, blauäugigen Helden. In der schnöden Wirklichkeit der Gegenwart präsentierte sich der hohe Offiziant, dem ich in Teheran gegenübersaß, allerdings als schmächtige, dunkelhaarige Erscheinung. Seine Gesichtszüge hätten sich sogar für jene abscheulichen Karikaturen geeignet, mit denen im Dritten Reich das antisemitische Hetzblatt *Der Stürmer* seine widerliche Kampagne gegen die Juden anheizte.

Es konnte nicht ausbleiben, daß die rassische Mythologie, der die Nationalsozialisten huldigten, ihre Aufmerksamkeit auf den indischen Subkontinent richtete, wo seit Urzeiten das Hakenkreuz als Symbol des Glücks und der Kraft verehrt wurde und die hinduistische Kastengesellschaft in mancher Hinsicht den krausen Vorstellungen des Reichsführers SS entsprach. Im Zuge der arischen Völkerwanderungen, die vor viertausend Jahren aus den Steppen Zentralasiens über den Subkontinent hereinbrachen, hatte der Kontakt mit einer ungewohnten, tropisch wuchernden Kultur, mit exotischen, dunkelhäutigen Urbevölkerungen eine einmalige rassisch-religiöse Überlagerung bewirkt, aus der am Ende – auf die Epen des Mahabaratha und des Ramayana gestützt – die noch heute gültige Sozialordnung des Hinduismus hervorgegangen ist. Alles Leugnen gewisser Schöngeister oder schwärmerischer Indien-Fans, alle Verweise auf erstaunliche Modernisierungserfolge und oberflächliche Anpassungsreflexe der Gegenwart ändern nichts an der Tatsache, daß das Kastensystem – der übernatürlichen Ordnung des Dharma entsprechend – die religiöse und soziologische Basisstruktur Indiens geblieben ist, aus der sich kein Hindu lösen kann. Eine raffinierte, unerbittliche Herrschaftspyramide war hier entstanden, die sich in letzter Analyse auf rassische Zugehörigkeit zurückführen ließe.

Ich will hier nicht die diversen Schichten – Brahmanen oder Priester, Kshatriya oder Krieger, Vaishya oder Händler als kollektive Oberschicht, dann die verachtete, niedere Dienstleistungsgruppe der Shudra, etwa fünfzig Prozent aller Hindus, oder die »Unberührbaren«, die unglücklichen Paria oder Dalits – in ihren Attributen beschreiben, zumal mindestens dreitausend Unterkasten dieses verwirrende Mosaik vervollständigen. Bezeichnend ist immerhin, daß der Begriff »Kaste«, eine portugiesische Vokabel, die bei uns gebräuchlich ist, auf Hindi mit dem Wort »Varna«, das heißt Farbe, bezeichnet wird. Selbst innerhalb der genormten Gemeinschaften spielt die Hautfarbe weiterhin eine wichtige Rolle. Bei den Brahmanen zumindest ist es üblich, nach der Geburt eines Kindes die bange Frage zu stellen: »Is he fair – Ist er hellhäutig?«

Heinrich Himmler ist in seiner völkischen Besessenheit vor keiner Lächerlichkeit zurückgeschreckt. So wurde im Jahr 1938 eine geheime NS-Expedition nach Tibet geschickt, um bei den dortigen Bergnomaden nach dem »Ur-Arier« zu suchen. Der Leiter dieser bizarren Mission, der bewährte Parteigenosse Ernst Schäfer, produzierte einen Dokumentarfilm »Geheimes Tibet«, der die friedliche Natur des Lamaismus ignorierte, um die Aufmerksamkeit auf ein tänzerisches Ritual zu richten, das einem »Kriegsgott mit höchster Kraft, Härte und Zucht« huldigte. Nach seiner Rückkehr wurde Schäfer mit dem Totenkopfring der SS und dem Ehrendegen des »Schwarzen Ordens« ausgezeichnet.

Es muß ein seltsamer Anblick gewesen sein, als die Beauftragten der Ahnenforschung – den Oberkörper gebeugt, den buddhistischen Gebetsschal in Händen, einen Tropenhelm mit SS-Runen auf dem Kopf – sich in Lhasa vorstellten. Diese wissenschaftlich getarnte Farce ist in Vergessenheit geraten, und den wenigsten bleibt die Erinnerung an die kleine Truppe von Hindus in Wehrmachtsuniform und Turban, die das Wappenschild »Jai Hind« – Freies Indien – auf dem Ärmel trugen und sich ideologisch auf den Nehru-Gegner Subhas Chandra Bose ausrichteten. Statt dessen pilgerte nach der Niederlage des Dritten Reichs eine ganz andere Kategorie deutscher Schwärmer und Mystiker an das Ufer des Ganges, um in den »Ashrams« betrügerischer hinduistischer Gurus Erleuchtung und Erlösung zu suchen.

Gelegentlich ist der Verdacht geäußert worden, daß die magische Faszination wie auch die Nachsicht gegenüber dem unerträglichen Kastensystem der hinduistischen Gesellschaft, die bei so manchen Deutschen anzutreffen sind, auf ein imaginäres Zusammengehörigkeitsgefühl aller Arier zurückzuführen sei. Eines ist sicher: In der Rivalität der Giganten Indien und China, die in unseren Tagen ausgetragen wird, neigt die spontane Sympathie des Westens den »wesensverwandten« Hindus zu, während die Volksrepublik China, deren ökonomische und soziale Errungenschaften das indische »Wirtschaftswunder« weit überflügeln, in den westlichen Medien einer negativen Polemik ausgesetzt ist.

Selbst bei den Chinesen, die mit Verwunderung auf die europäischen Feriengäste blicken, die sich stundenlang der prallen Sonne aussetzen, um mit möglichst intensiver Urlaubsbräune die Heimreise anzutreten, scheint irgendwie die Vorstellung zu gelten: »White is beautiful«. Die dortigen Schönen gehen frühestens am Abend an den Strand, um jede Verfärbung ihres Elfenbeinteints zu vermeiden. Wer wird am Ende definieren können, wer zu den Weißen oder zu den Farbigen zählt? Im Rückblick zu erwähnen ist vor allem die absurde Apartheidpolitik, die Pigmentokratie Südafrikas, wo offizielle Ausschüsse anhand des Erscheinungsbildes einer Person darüber entschieden, ob er als »white« oder als »coloured« registriert wurde.

In Québec wiederum bin ich auf Franco-Kanadier gestoßen, die während ihrer militärischen Dienstzeit – wenn sie sich auf französisch ausdrückten – von ihren britischen Offizieren gerügt wurden: »Speak white« – Sprich wie ein Weißer, das heißt, sprich Englisch. In Afrika unterscheiden die französischen Geographen heute noch zwischen »l'Afrique blanche« nördlich und »l'Afrique noire« südlich der Sahara. Und noch eine letzte Kuriosität: In der Vorstellung des durchschnittlichen Arabers, der seine semitischen Vettern aus der hebräischen Erbfolge Abrahams oder Ibrahims als aggressive Vorhut des amerikanischen Imperialismus schmäht und – soweit sie dem Zweig der Aschkenazim angehören – als Kreuzzügler unter dem David-Stern befehdet, dürften wohl auch die Juden den »Weißen« zuzuordnen sein.

Wir wollen uns nicht in Spekulationen über Hautschattierungen und deren politische Auswirkungen verlieren und auch nicht die Europäer allein des Rassismus bezichtigen. Eine extreme Form ethnischer Diskriminierung haben wir unlängst noch in Ruanda erlebt, einem Territorium im »Herzen der Finsternis«, das vor dem Ersten Weltkrieg Bestandteil von Deutsch-Ostafrika war. Dort entlud sich die Todfeindschaft zwischen den hochgewachsenen, heller getönten Niloten vom Volk der Tutsi und der erdrückenden Mehrzahl der kleinen, tiefschwarzen Bantu-Stämme der Hutu, die von jenen seit Menschengedenken wie Leibeigene oder Sklaven mißhandelt wurden, in einem gräßlichen Genozid.

*

In seiner Rede vor den Vereinten Nationen im September 2009 hat Barack Hussein Obama eine bemerkenswerte Kehrtwende, eine kategorische Distanzierung von den Hegemonialallüren seines Vorgängers George W. Bush vollzogen, die in ihrer Bedeutung noch nicht ganz erkannt wurde. Dem Unilateralismus der amerikanischen Führungsmacht hat er entsagt und eingestanden, daß den Vereinigten Staaten nicht länger die Mittel zur Verfügung stünden, die Welt nach ihren Vorstellungen auszurichten. »Diejenigen, die früher Amerika für seine Alleingänge gerügt haben, können nun nicht einfach nur herumstehen und darauf warten, daß die USA die Probleme der Welt allein lösen«, hat er seine Verbündeten ermahnt. »Wenn wir ehrlich zu uns selbst sind, dann müssen wir zugeben, daß wir unserer Verantwortung nicht mehr gerecht werden.« Der in Hawaii geborene, in Indonesien aufgewachsene Sohn eines afrikanischen Vaters aus Kenia und einer europäischen Mutter aus Kansas war sich vielleicht nicht ganz bewußt, daß er mit diesem Eingeständnis die Fackel weitergereicht, daß er mit dem Verzicht auf das eigene Machtmonopol die bislang exklusive Vorrangstellung des weißen Mannes, die spätestens 1945 den USA zugefallen war, zur Disposition stellte.

Weit weniger Aufsehen und politisches Gewicht kommt einem Zwischenfall zu, der sich in der Vorbereitungsphase der Frankfurter Buchmesse des Jahres 2009 zutrug. Aber die symbolische Bedeutung ist beachtlich. Als die Messeleitung zwei chinesische Dissidenten als Kronzeugen der repressiven Literaturzensur der Volksrepublik aufrufen und sie in dieser Veranstaltung kulturellen Austausches als allein glaubhafte Repräsentanten des Reichs der Mitte darstellen wollte, entfesselte sie den Zorn des offiziellen Delegationsleiters Mei Zhaorong. Der ehemalige Botschafter in der Bundesrepublik ist ein guter persönlicher Bekannter aus alten Tagen, den ich jedes Mal konsultiere, wenn ich mich in Peking aufhalte. Er hatte sich von seiner Freundschaft für Deutschland auch nicht abbringen lassen, als die üblichen Trupps von Wichtigtuern und »Betroffenen« sein Botschaftsgebäude in Bonn belagerten und die tragischen Vorfälle am Platz des Himmlischen Friedens nutzten, um sich selbst in das Licht der Öffentlichkeit zu rücken.

Als ich den Zornesausbruch dieses freundlichen, auf Harmonie bedachten Diplomaten auf dem Bildschirm erlebte, als Mei Zhaorong plötzlich als beleidigter »Drachensohn« auftrat, kam mir der Gedanke an jenen hochtrabenden Auftritt Wilhelms II. in Bremerhaven und seine törichte Hunnenrede. Die Deutschen täten gut daran, sich dieser kaiserlichen Arroganz zu entsinnen. Die Erwiderung Mei Zhaorongs zitiere ich aus dem Gedächtnis. Er sei die Unkenntnis, die Unterstellungen, die Verleumdungen deutscher Medien leid, so beschwerte er sich. »So konnten Sie vielleicht in früheren Zeiten mit China umspringen. So haben Sie sich in der Vergangenheit aufgeführt. Aber heute lassen wir uns diese Beleidigungen und Schmähungen nicht mehr gefallen. Diese Zeiten sind vorbei!« – Furcht kam bei dieser Erklärung nicht auf, aber die Vision europäischer Unzulänglichkeit und einer zutiefst veränderten Welt.

Canto primeiro

OST-TIMOR

Portugals letzter Gesang

> »Nehmt Rat von jenen, die Erfahrung bieten,
> Die lange Jahre, Monate durchschritten.
> Hält der Gelehrte sich auch in Bewahrung,
> Vermittelt doch viel Wissen die Erfahrung.«
> *Aus den »Lusiaden« (Canto decimo)*
> *von Luís Vaz de Camões*

Ein Trümmerfeld wird unabhängig

DILI, IM MÄRZ 2008

Vor zwei Stunden ist die kleine brasilianische Maschine vom Typ Embraer im nordaustralischen Hafen Darwin gestartet. Die östliche Sunda-Insel Timor, die unter der Tragfläche auftaucht, ist von tiefen Klüften durchzogen, von tropischem Dickicht überwuchert. Ein vorzügliches Partisanengelände. Die martialische Beurteilung entspricht nicht etwa der Zwangsvorstellung, der »déformation professionnelle« eines gealterten Kriegskorrespondenten. Diese winzige Republik Timor-Leste, eine Inselhälfte von den Ausmaßen Schleswig-Holsteins mit knapp einer Million Einwohnern, die erst am 20. Mai 2002 als 191. Mitglied der Vereinten Nationen anerkannt wurde, ist in den vergangenen Jahrzehnten von einer ganzen Serie grauenhafter Konflikte heimgesucht worden. Schätzungsweise ein Viertel der Bevölkerung ist dabei ums Leben gekommen.

An Warnungen hatte es nicht gefehlt. In diesem fernen südostasiatischen Fetzen des verflossenen portugiesischen Kolonialreiches herrsche weiterhin Mord und Totschlag, hieß es in den offiziellen Mitteilungen. Tatsächlich steht die Hauptstadt Dili unter Ausnahmezustand. Blauhelme der UNO überwachen nächtens das Ausgangsverbot. Während das Flugzeug auf der kurzen Rollbahn zum Stehen kommt, fällt der Blick auf die grau getönten Kampfhubschrauber der australischen Streitkräfte, die unweit der schneeweißen Helikopter der Vereinten Nationen geparkt sind. Im bescheidenen Abfertigungsgebäude, das mitsamt einer komfortablen VIP-Lounge nach den Verwüstungen des Jahres 2006 in aller Eile wiederhergerichtet wurde, kommt jedoch kein Gefühl akuter Bedrohung auf.

Das liegt vor allem an der Gastlichkeit des deutschen Teams der »Gesellschaft für Technische Zusammenarbeit«, die in Ermangelung einer permanenten diplomatischen Vertretung der Bundesrepublik in Dili die deutsche Interessenvertretung mit Effizienz und beruflichem Engagement wahrnimmt. Es ist nicht das erste Mal, daß ich in entlegenen Krisenzonen die Betreuung durch die GTZ schätze. Dabei stellte ich stets fest, daß diese Experten des Wiederaufbaus auf möglichst großen Abstand zu den im Land operierenden Streitkräften oder Okkupationstruppen bedacht sind. Das gilt sogar für die Bundeswehr in Afghanistan. Die GTZ zieht es vor, ohne kompromittierenden Waffenschutz zu arbeiten. In Ost-Timor kommt dem verantwortlichen Projektleiter, Günter Kohl, ein weiterer Vorteil zugute. Sämtliche Mitarbeiter haben sich in den ehemaligen portugiesischen Besitzungen Afrikas oder in Brasilien aufgehalten. Sie beherrschen die singende, leicht näselnde Sprache Lusitaniens, wie die iberische Provinz des Imperium Romanum unter Augustus genannt wurde. Das Portugiesische ist auf Timor-Leste neben der malayo-polynesischen Sprache Tetum als offizielle Amtssprache etabliert worden.

Während wir im klimatisierten Empfangssalon unser Erkundungsprogramm für die kommende Woche besprechen, bietet sich plötzlich ein überraschendes, irgendwie groteskes Schauspiel. Eine

Ministerin der Regierung von Ost-Timor – die Kabinettsmitglieder sind zahlreich und wechseln ständig – ist mit einem Sonderjet eingetroffen und wallt im Vollgefühl ihrer Bedeutung an uns vorbei. Eine ganze Rotte von muskulösen Leibwächtern, das Schnellfeuergewehr im Anschlag, umringt die dunkelhäutige, europäisch gekleidete Frau, als lägen die Attentäter schon bereit.

Noch bevor die unerträgliche, schwüle Mittagshitze sich über die Bucht von Dili senkt, unternehmen wir eine erste Besichtigung. Dieser Verwaltungssitz war wohl niemals mit jenen prachtvollen urbanistischen Leistungen zu vergleichen, die die Portugiesen im angolanischen Luanda, im mosambikanischen Lourenço Marques hinterließen. Doch was wir jetzt entdecken, ist ein einziges Trümmerfeld, ein Ort totaler Verwüstung. Mit Ausnahme von ein paar ausländischen Botschaften und UN-Unterkünften, die – zu Festungen ausgebaut – unter dem Schutz australischer Fallschirmjäger stehen, sind sämtliche Behausungen und Amtsgebäude einem Orkan der Vernichtung anheimgefallen. Seit der letzten Woge des kollektiven Amoklaufs im Mai 2006, als sich der schwelende Banden- und Bürgerkrieg zu einem menschlich inszenierten »Tsunami« steigerte, ist es, so weit das Auge reicht, eine trostlose Ansammlung von Ruinen.

Die Menschen leben in armseligen Notverschlägen und können sich glücklich schätzen, wenn sie dort Schutz vor den Wassergüssen der Regenzeit finden. Noch erbärmlicher sind die Ansammlungen von Strohhütten am Stadtrand. Horden von Flüchtlingen haben hier Zuflucht gesucht, als das Töten, die Vergewaltigungen, die Plünderungen sich auch in den Dörfern des Landesinneren austobten.

Die Freunde von der GTZ haben eine Skizze zur Hand, einen Stadtplan, auf dem die UN-Security die unsicheren Viertel eingezeichnet hat. Da schieben sich die schraffierten »hot zones« und die mit roten Sternen markierten »hot spots« – Punkte akuter Gefährdung durch kriminelle Gangs und unkontrollierbare Rebellen – bis an das Diplomatenviertel und die katholische Kathedrale heran, die wie durch ein Wunder der Zerstörung entging. Unversehrt blieben ebenfalls die stattlich gemauerten Gräberreihen des Friedhofs. Dort war der entfesselte Mob davor zurückgeschreckt, die Rachegeister der Toten zu wecken. Immerhin wurde der alte portugiesische Gouverneurspalast, der mit massiven weißen Mauern und einem wuchtigen Säulenportal koloniale Größe vortäuschen sollte, als Unterkunft diverser Behörden wieder restauriert. In diesem Umfeld mutet es tröstlich an, daß die hohe, schneeweiße Statue der Jungfrau Maria, der Immaculata, unangetastet blieb.

Es bewegen sich wenig Menschen in den öden Straßen von Dili. Jede gewerbliche Tätigkeit scheint erloschen. Wir suchen den Marktplatz auf, eine endlose Ansammlung ärmlicher Stände, wo erschlaffte Händler vergeblich nach Kunden Ausschau halten. So verfault das Überangebot prächtiger Tropenfrüchte in der Sonne. Ich verweile vor der Anhäufung halbzerfetzter Textilien, Ausschuß jener mildtätigen Spenden aus Europa, die am hiesigen Bestimmungsort für ein paar Centavos verhökert werden, soweit sie nicht sogar den ausgepowerten Timoresen zu schäbig erscheinen.

In Reiseführern wird die handwerkliche Begabung der eingeborenen Frauen erwähnt, die auf ihren Webstühlen nach überlieferten Mustern buntgestreifte »Tais« – Schals oder Sarongs – herstellen. Ich kann an diesen Produkten keinen Gefallen finden und erfahre zu meiner Verwunderung, daß sie in der Vorstellung der Einheimischen über magische, heidnische Kräfte verfügen sollen. Der katholische Klerus der Kolonialherren hat angeblich noch vor fünfzig Jahren öffentliche Verbrennungen des suspekten Teufelszeugs angeordnet. Der Inquisitionsbegriff »Autodafé« stammt bekanntlich aus dem Portugiesischen.

Die ethnische Zusammensetzung der Bevölkerung gibt manches Rätsel auf. Die Typen sind extrem unterschiedlich. Durch Schönheit und Grazie zeichnen sich die meisten Timoresen nicht aus. Die Frauen, die uns mit freundlicher Trägheit begegnen, entbehren der betörenden Reize der polynesischen Südsee-Insulanerinnen, denen einst die Meuterer von der »Bounty« erlagen. So manches an diesem Sunda-Hafen von Dili erinnert an die morbide, faulige Atmosphäre, die Joseph Conrad in seinem *Outcast of the Is-*

lands beschreibt. Doch den erotischen Zauber, dem der verkommene, traurige Held des Romans verfällt, würde man auf Timor vergeblich suchen. Dadurch erklärt sich vielleicht, daß diverse UNO-Besoldete und mehr noch die Freibeuter pseudo-humanitärer NGOs in der ersten Phase der Unabhängigkeit Prostituierte aus Bangkok und Manila einfliegen ließen.

Die Völkerkundler verweisen auf den geographischen Urzustand, als eine Landbrücke zwischen Südostasien und Australien den austronesischen Migrationen erlaubte, bis nach Tasmanien vorzudringen. Der melanesische Rasseneinschlag ist auf Timor vorherrschend und verweist bereits auf die Nachbarschaft der Papua-Stämme Neuguineas. Dazu kommen starke malaiische Einflüsse, obwohl die hinduistisch-buddhistische Hochkultur, die im dreizehnten und vierzehnten Jahrhundert an den Höfen von Java erblühte, die östlichen Sunda-Inseln Flores und Timor nicht erreichte.

Auch die rapide Islamisierung, der es die heutige Republik Indonesien verdankt, der zahlenstärkste Staat der Umma mit 220 Millionen Korangläubigen zu sein, hat diese abgelegenen Eilande nicht erfaßt. Nur eine kleine Anzahl arabischer Seefahrer war aus Jemen, aus der bizarren Welt der biblisch wirkenden Hochhäuser von Hadramaut, aufgebrochen, auf den Spuren des legendären Sindbad nach Südosten gesegelt und hatte sich bis nach Timor verirrt. Hingegen lebt hier eine starke chinesische Kolonie von Hakka aus der Provinz Kwantung. Sie wurden seinerzeit von europäischen Plantagenbesitzern als Kulis angeheuert und haben es in Dili wie im übrigen Insulinde binnen weniger Generationen zu Wohlstand und Einfluß gebracht.

Die Portugiesen ihrerseits, die fünfhundert Jahre lang die heutige Republik Timor-Leste dominierten, ließen sich auf diesem Außenposten in geringer Zahl nieder. Aber die lusitanischen Abenteurer, die von den rassebewußten calvinistischen Buren der südafrikanischen Kap-Kolonie als »Seekaffern« geschmäht wurden, vermischten sich intensiv und ohne Vorbehalt mit den Eingeborenen und hinterließen eine zahlreiche Nachkommenschaft. In Afrika hieß es: »Gott schuf den Weißen und den Schwarzen, den Mulatten schuf der Portugiese.« Auf Timor könnte man das Wort »Mulatte« durch »Mestiço« ersetzen.

Heute untersteht die junge Republik Timor-Leste dem De-facto-Protektorat der Vereinten Nationen und mehr noch dem hemdsärmeligen Zugriff Australiens. Auf den ersten Blick fällt die militärische Präsenz der »Aussies«, die auf dem Höhepunkt der Unabhängigkeitswirren mit 6000 Soldaten präsent waren und heute noch über 1500 Mann verfügen, nicht sonderlich auf. Nach den jüngsten dramatischen Ereignissen, die sich drei Wochen vor meiner Ankunft in Dili abspielten, patrouillieren ihre vorzüglich ausgebildeten Commandos nach Einbruch der Dunkelheit im Dschungel. Sie werden bei ihren Einsätzen von Hubschraubern mit Nachtsichtgeräten unterstützt. Bei Tage treten die übrigen Blauhelm-Kontingente recht zurückhaltend in Erscheinung. Diese Muskoten aus Pakistan, Bangladesch, Kenia und anderen Ländern der Dritten Welt, die von ihren Regierungen an die Weltorganisation verpachtet und von ihren Machthabern um den größeren Teil ihres relativ hohen Wehrsoldes betrogen werden, zeichnen sich – wie üblich – durch mangelnde Einsatzbereitschaft und durch Inkompetenz aus.

Die umfangreiche Aktion der UNO, die mit den verwirrenden Anagrammen UNMISET und UNTAET ausgestattet ist – letzteres steht für »Transitional Administration in East-Timor« –, untersteht der Autorität eines Hohen Beauftragten aus Bangladesch. Das wirkt nicht gerade ermutigend. Im westafrikanischen Sierra Leone, wo die Weltorganisation sich durch militärisches Versagen hervortat, ist das Wort »Bangladesch« bei den dortigen Eingeborenen zum Synonym für Chaos und Ratlosigkeit geworden.

Voraussichtlich wird der Einsatz der UNO in Timor-Leste mit einem ähnlichen Fiasko enden wie die massive Intervention im kongolesischen Hexenkessel der frühen sechziger Jahre oder – zwei Dekaden später – im »befreiten« Kambodscha, wo sie in Stärke von 30 000 Bewaffneten nur zusätzliches Unheil, zumal eine massive Verseuchung durch Aids bewirkte. Der Anblick eines bewaffneten Afrikaners in Dili, dessen dunkelblaue Uniform die Aufschrift »Uganda Police« trägt, könnte bittere Heiterkeit auslösen, genießt doch diese vom deutschen Bundespräsidenten gern besuchte und als Demokratie gepriesene ostafrikanische Republik Uganda unter ihrem Staatschef Museveni, die sich der Plünderung der Rohstoffe und des Massakers an Zivilisten in der benachbarten Kongo-Provinz Ituri schuldig machte, einen besonders finsteren Ruf. Daß zudem Filipinos berufen wurden, die timoresische Polizei auszubilden, mutet wie eine böse Farce an, gilt doch Manila als Schwerpunkt ostasiatischer Kriminalität und Korruption.

Die meisten Hilfsdienste, die unter der blauen Flagge operieren, sind in volle Deckung gegangen, als sie feststellten, daß Timor-Leste alles andere als eine Tropenidylle ist. Die UNO ist auch hier mit der üblichen Fahrzeug-Armada extrem teurer, mit allem Komfort ausgestatteter Landrover und Geländewagen zugegen. Die weißen Luxuskarossen – es wurden mehr als tausend gezählt – stehen ungenutzt auf streng bewachten Parkplätzen. Sollte wirklich ein UNO-Beauftragter die Kühnheit aufbringen, irgendein Projekt im Landesinnern persönlich zu inspizieren, läuft er Gefahr, daß seine Windschutzscheibe durch Steinwürfe wütender Einheimischer zerschmettert wird.

Die meisten NGOs, die wie die Heuschrecken über die neugegründete Republik hergefallen waren, haben sehr schnell den Heimflug angetreten, als sie merkten, daß auf Timor gelegentlich scharf geschossen wird. Eine dubiose deutsche Hilfsorganisation hatte sich dadurch hervorgetan, daß sie die Schulkinder mit Coca-Cola und Chips beglückte. Man hüte sich vor Verallgemeinerungen. Mir ist sehr wohl bewußt, daß eine beachtliche Zahl von internationalen Hilfswerken vorbildliche und selbstlose Arbeit leistet. Man denke nur an Caritas, Brot für die Welt, Ärzte ohne Grenzen, die »Grünhelme« Rupert Neudecks, an die Malteser und manche andere mehr. Doch die Masse der »Non-Governmental Organizations« – im afghanischen Kabul sind sie in Hundertschaften präsent – steht allzu oft im Dienste undurchsichtiger Geschäfte, des exotischen Reiserummels, einer egoistischen Selbstbestätigung und mehr noch der humanitär getarnten Spionage.

Beim Anflug auf Timor war mir das knallrote Ziegeldach eines monumentalen Gebäudes aufgefallen, das aus der allgemeinen Tristesse herausragte. Aus der Nähe betrachtet, erweist sich dieser extravagante Palast als das Außenministerium der Republik Timor-Leste, das von Bautrupps der Volksrepublik China in Rekordzeit aus dem Boden gestampft wurde und das in keinem Verhältnis zu den diplomatischen Bedürfnissen dieses Zwergstaates steht. Schon sind in unmittelbarer Nachbarschaft die rastlosen Arbeiter aus dem Reich der Mitte damit beschäftigt, die Grundmauern des Verteidigungsministeriums und einer pompösen Präsidentenresidenz zu zementieren. Deren Vollendung wird nicht lange auf sich warten lassen und den langfristig planenden roten Mandarinen von Peking Ansehen und – wer weiß – politisches Gewicht verschaffen.

*

Die Unterkunftsmöglichkeiten auf Timor waren mir vor der Abreise in düstersten Farben geschildert worden. Ich gedachte schon bei den Geistlichen der Steyler Mission oder bei den Salesianern um Asyl zu ersuchen. Es ist eine freudige Überraschung, als die Betreuer der GTZ uns im komfortabel renovierten Hotel Timor unterbringen, dessen klimatisierte Zimmer mit Fernsehern samt Empfang von CNN und BBC ausgestattet sind und allen hygienischen Ansprüchen genügen. In der großen Eingangshalle, wo sich riesige Ventilatoren drehen, plaudert ein gemischtrassiges Publikum überwiegend auf Portugiesisch. Es schafft eine iberisch anmutende Atmosphäre. Plötzlich fühle ich mich in eine längst verflossene Kolonialepoche zurückversetzt, die ich – man mag sich darüber empören – in überwiegend positiver Erinnerung behalten habe. »When the going was good«, zitiere ich den reaktionären britischen Schriftsteller Evelyn Waugh und verspüre einen Hauch von Nostalgie.

Der Eingang des »Timor« wird von schwarz uniformierten Bewaffneten kontrolliert, kräftige Gestalten mediterranen Typs, die Helm und kugelsichere Weste tragen. An den australischen Ordnungshütern gemessen, wirken sie wie Krieger eines anderen Zeitalters. Das alte Lusitanien hat ein paar hundert Angehörige der »Guarda Nacional Republicana« in seine ehemalige Besitzung am Ende der Welt entsandt, nicht um sinnlose postkoloniale Ansprüche anzumelden, sondern in der Hoffnung, durch bescheidene militärische Präsenz zumindest eine Spur des eigenen Kulturerbes zu retten.

Mir imponieren diese resolut auftretenden Schutzengel, die – anders als die Mehrzahl ihrer eher schmächtig gewachsenen Landsleute – über die Muskulatur von Bodybuildern verfügen. Es heißt, daß sie psychologisch sehr viel besser mit den aufsässigen Timoresen zurechtkommen als die Australier, die zwar vorzüglich nach britischem Vorbild gedrillt, aber oft durch die amerikanischen Methoden der Terrorbekämpfung negativ beeinflußt sind. Während die »Aussies« gegen Randalierer und Plünderer sehr schnell zum Schießeisen greifen, gehen die Portugiesen mit Schlagstöcken vor und erzielen weit bessere Pazifizierungsresultate.

Neben der Elitetruppe der »Guarda Nacional« sind vierhundert portugiesische Sprachlehrer in Dili angekommen. Sie haben sich über die östliche Inselhälfte verstreut, um die Sprache des Dichters Camões, die nur noch von zehn Prozent der Bevölkerung benutzt wird, vor der endgültigen Verdrängung durch das Englische, besser gesagt durch das Amerikanische, zu retten. Sie werden dabei von einer aktiven Embaixada unterstützt, der sich auch die brasilianische Botschaft von Dili brüderlich zugesellt. Ob die Lusitanier beim linguistischen Überlebenskampf erfolgreicher sein werden als ihre spanischen oder französischen Leidensgenossen auf den Philippinen oder in Indochina, deren kultureller Einfluß durch das erdrückende Übergewicht des »American way of life« verdrängt wurde, bleibt dahingestellt. Den Portugiesen kommt zugute, daß ihr Landsmann Manuel Barroso als Vorsitzender der Europäischen Kommission seinen Einfluß in Brüssel zu ihren Gunsten geltend machen kann.

Die obere Etage des zweistöckigen Hotels wird durch timoresische Pistoleros in Zivil und einheimische Polizisten wie ein Banktresor geschützt. In unmittelbarer Nachbarschaft meines Zimmers hat sich der Interims-Staatschef Fernando de Araujo einquartiert, nachdem vor einem knappen Monat Präsident José Ramos-Horta von mehreren Kugeln in den Brustkorb getroffen worden war. Das Hotel Timor mit seinen portugiesischen Bewachern gilt wohl als sicherstes Refugium für die um ihr Leben besorgten Repräsentanten des Staates.

Holland als Großmacht

Während ich mir eine Siesta gönne, die durch den Anflug aus Neuseeland, die kurzen Zwischenstationen in Melbourne und Darwin sowie den krassen Klimawechsel angebracht erscheint, stelle ich mir die Frage, ob man ein deutsches Leserpublikum für das Schicksal dieser fernen exotischen Inselhälfte interessieren kann. Zufällig war ich vor meinem Aufbruch aus Europa auf eine Notiz des Kollegen Rudolph Chimelli gestoßen, der mir stets als vorzüglicher Kenner der konfusen Machtverhältnisse der Islamischen Republik Iran aufgefallen war. Über die Misere des heutigen Journalismus befragt, hatte Chimelli geantwortet: »Die ausführliche Berichterstattung komplizierter Sachverhalte ist dem Nachrichtenkonsumenten meist nicht zuzumuten.«

Den Querkopf Noam Chomsky, der sich (als Sprachforscher) mit Ost-Timor schon lange auseinandergesetzt hatte, bevor es zum Thema internationaler Politik wurde, fragte einst eines der großen US-Fernsehnetze, ob er in einer Minute erklären könne, worin das Problem bestehe. »Nein, das kann ich nicht«, sagte Chomsky, und der Beitrag kam nicht zustande. Der amerikanische Linguist hätte binnen sechzig Sekunden nicht einmal die sechzehn stark unterschiedlichen Dialekte aufzählen können, die auf Timor-Leste gesprochen werden, ganz zu schweigen von der Spaltung der Inselhälfte in einen westlichen und einen östlichen Teil, eine ethnisch-politische Differenzierung, die immer wieder zu Konflikten führt.

Allen Bedenken zum Trotz werde ich zu einer gerafften Chronik ausholen. Auf dieser kleinen Sunda-Insel kann man nämlich wie in einem Mikrokosmos ein abenteuerliches Kapitel der Menschheitsgeschichte untersuchen. Hier läßt sich auf engstem Raum ein grandioses Projekt, die maßlose Hybris und, darauf folgend, der unvermeidliche Niedergang einer europäischen Nation analysieren. An dieser Stelle vollzogen sich auf spektakuläre Weise in dem exakten Zeitraum eines halben Jahrtausends Auftakt und Erlöschen eines imperialen und romantischen Traums.

Man schrieb das Jahr 1512, als der portugiesische Navigator Antonio de Abreu seinen Fuß auf den Strand von Timor setzte und den ersten Kontakt aufnahm zu einer Urbevölkerung, die sich im Zustand endloser Stammeskriege befand, als Kopfjäger berüchtigt war, mit den Schädeln ihrer erschlagenen Feinde ihre Hütten schmückte und sogar im Verdacht des Kannibalismus stand. Die portugiesische Expansion, die auf die grandiose Vision Heinrichs des Seefahrers zurückging, sollte in Timor ihre vorgeschobenste Position am Rande des Pazifischen Ozeans beziehen. Weite Küstenstreifen Afrikas hatten die Lusitanier bereits unterworfen, als Vasco da Gama den Seeweg nach Indien entdeckte, während zum gleichen Zeitpunkt Christoph Kolumbus im Dienste der spanischen Krone noch in der Karibik und an der mittelamerikanischen Landenge nach dem sagenumwobenen Reich der Moguln, der Maharadschas und den unermeßlichen Goldschätzen Cipangos suchte.

Der Gedanke an diese heroische Vergangenheit, die man dem kleinen Küstenvolk Iberiens gar nicht zugetraut hätte, mag wohl auch die heutige Regierung von Lissabon bewogen haben, durch die Entsendung von Gendarmen und Lehrern an dieser Stätte verlorener Größe noch einmal kurzfristig Flagge zu zeigen. Die portugiesischen Entdecker hatten es im sechzehnten Jahrhundert fertiggebracht, mit einem lächerlich kleinen Aufgebot von Menschen und Karavellen die faktische Oberhoheit über den ganzen Indischen Ozean an sich zu reißen. Der Herzog von Albuquerque, der seinen Gouverneurssitz im indischen Goa ausbaute, hielt die verhaßten arabischen Muselmanen in Schach, die kurz zuvor aus seiner Heimat am Tejo auf ihre maghrebinische Ausgangsbasis zurückgeworfen worden waren. Gewaltige portugiesische Festungen überragen heute noch den Hafen von Mombasa und die Straße von Hormuz am Ausgang des Persischen Golfs, die neuerdings im Zeichen der iranisch-arabischen Konfrontation wieder eminente strategische Bedeutung gewonnen hat.

Weit in den Rücken ihrer Gegner – bis auf die Insel Bahrain – hatten die Lusitanier ihre Bollwerke vorgeschoben, bemächtigten sich Ceylons und der Halbinsel von Malacca. Sie waren die ersten Europäer, die sich vom chinesischen Kaiser einen festen Anlegeplatz konzedieren ließen und den kleinen Fischerhafen Macao zur Drehscheibe ihres fernöstlichen Handelsmonopols ausbauten. Von Macao aus stellten sie regelmäßige Kontakte zum abgekapselten Inselreich Cipango her, das wir heute Japan nennen. Die Seefahrer und Freibeuter bahnten sich eine Route bis in die fernsten Ausläufer von Insulinde.

In Ermangelung der ungeheuren Gold- und Silberschätze, die ihre spanischen Rivalen den Azteken und Inkas von Mexiko und Peru entrissen, verlegten sich die Portugiesen auf den Handel mit den vielfältigen, kostbaren Gewürzen Südostasiens. Diese warfen im damaligen Abendland immense Gewinne ab, wurden doch die schwerreichen Kaufleute von Amsterdam »Pfeffersäcke« genannt.

In der atlantischen Hemisphäre kam der portugiesische Navigator Pedro Cabral mit der Entdeckung und ersten Landnahme in Brasilien den spanischen Konkurrenten zuvor. Die Niederlassungen Portugals im Raum von Recife sollten gewaltige Konsequenzen nach sich ziehen. Denn während das Mutterland seine Bedeutung einbüßte und auf den Status eines Kleinstaates an der europäischen Peripherie schrumpfte, entfaltet sich in unseren Tagen das immense Territorium Brasiliens zur amerikanischen Großmacht, die dank ihres wirtschaftlichen, morgen wohl auch politischen Potentials das lusitanische Erbe an die Nachwelt weiterreicht. Brasilien hat die Vasallenrolle, die Washington den lateinischen Staaten Mittel- und Südamerikas im Sinne der Monroe-Doktrin so lange zugewiesen hatte, längst abgeschüttelt. Auf seltsame Weise wirkt hier der Schiedsspruch des Borgia-Papstes Alexander VI. nach, der um das Jahr 1500 die Neuentdeckungen auf dem gesamten Erdball zu einer Hälfte den Spaniern, zur anderen den Portugiesen zugesprochen hatte.

Die Grausamkeit und die Habgier, mit denen die Besitzergreifung der iberischen Conquistadoren und auch ihre christliche Missionierung einhergingen, soll nicht beschönigt werden. Die späteren, überwiegend angelsächsischen Eroberer – denken wir nur an die Ausrottung der Indianer Nordamerikas – standen dem Wüten eines Cortés, der Herrschsucht eines Albuquerque, der Goldgier eines Pizarro übrigens in keiner Weise nach.

Um mich in die begeisterte Aufbruchstimmung von damals zu versetzen, um das Bewußtsein eines zivilisatorischen, ja göttlichen Auftrages zur Unterwerfung und Bekehrung der Heiden nachzuempfinden, hatte ich noch vor der Abreise aus Europa das umfangreiche Epos des größten portugiesischen Dichters Luís de Camões zur Hand genommen. Eine leichte Lektüre ist das nicht. Aus dem Balladenband »Os Lusiados« spricht ein ganz anderer Zeitgeist. Dabei muß man wissen, daß dieser abenteuernde Poet – nachdem er im Kampf gegen die Marokkaner ein Auge verloren hatte – sechzehn Jahre zur See gefahren war auf den Spuren des portugiesischen Nationalhelden Vasco da Gama, den er verherrlichte.

Camões kannte den Indischen Ozean vom Bab-el-Mandeb bis zu den Molukken. Die Lusiaden, so heißt es, hat er an der chinesischen Küste von Macao niedergeschrieben und sich dafür in eine abgelegene Grotte wie in eine Einsiedelei zurückgezogen. Camões fand seine Inspiration nicht nur in der christlich-biblischen Überlieferung, sondern mehr noch bei den griechisch-lateinischen Autoren des heidnischen Altertums. Er huldigte bereits dem Geist der Renaissance, wenn er sich ganz unverblümt bemühte, die *Odyssee* des Homer, mehr noch die *Aeneis* des römischen Dichters Vergil auf die eigene Epoche zu übertragen.

Seine Verse mögen für den heutigen Geschmack unerträglich pathetisch klingen, wenn er im »Canto Primeiro« mit folgenden Zeilen anhebt:

»Die kriegerischen kühnen Heldenscharen
Vom Westrand Lusitaniens ausgesandt,
Die auf den Meeren – nie zuvor befahren –
Sogar passierten Taprobanas [Ceylons] Strand,
Die mehr erprobt in Kriegen und Gefahren,
Als man der Menschen Kraft hat zuerkannt,
Und unter fernem Volk errichtet haben
Ein neues Reich, dem so viel Glanz sie gaben.«
(In der Übersetzung von Hans Joachim Schaeffer)

*

Der französische Aufklärer Voltaire hat sich über diesen »poète aventurier« mokiert, der die Götter des Olymp oder die lästerliche Venus in einem Atemzug mit der jungfräulichen Gottesmutter Maria erwähnte. Der deutsche Übersetzer Friedrich Schlegel hingegen sah in den Lusiaden einen Ansporn für die Aufbruchstimmung, die die deutsche Nation zu Beginn des neunzehnten Jahrhunderts ergriff, ein aufrüttelndes Vorbild der von ihm ersehnten Erweckung Germaniens. Alexander von Humboldt wiederum fand für den schreibenden Navigator Camões den Ausdruck »Seemaler«.

Die Insel Timor wird im »Canto decimo« kurz erwähnt: »Auch Timor dort, wo man das Holz gewinnt des Sandelbaums, das duftend heilsam wirkt. Das weite Sunda schau! ...« Kurz nach der Landung Antonio de Abreus auf der Insel Timor vollbrachte sein Landsmann Fernão de Magalhães, der unter dem Namen Ferdinand de Magellan in die Dienste der zahlungskräftigeren spanischen Monarchie getreten war, die erste Weltumseglung.

Mein Vater hatte mich schon im Knabenalter ermutigt, ja angehalten, die Biographien der kühnsten Entdecker zu lesen, von Cortés, der Mexiko unterwarf, bis Stanley, der das finstere Herz Afrikas, das Kongobecken, unter unvorstellbaren Strapazen durchquerte. Zu der Lektüre gehörte auch Sven Hedin, der sich in die Taklamakan-Wüste Zentralasiens wagte. Am stärksten beeindruckte mich Magellan, der durch die Entdeckung der nach ihm benannten schmalen Meerenge an der äußersten Südspitze der Neuen Welt den Zugang zum Pazifik öffnete. Er hat den endgültigen Beweis erbracht, daß die Erde eine Kugel ist.

Die ersten Portugiesen verhandelten auf Timor mit sogenannten »Königen«, denen sie Gewürze und Sandelholz abkauften, ohne jemals die Küstenebene zu verlassen. Es waren primitive Stammeshäuptlinge, deren Gefolgschaft sich in sinnlosen Fehden erschöpfte. Ein halbes Jahrhundert nach der ersten Erkundung durch Antonio de Abreu drang die lusitanische Präsenz ins Innere von Timor vor. Die Mönche des heiligen Dominikus gründeten ihre Missionen und bemühten sich, die melanesischen Heiden zum Glauben der römischen Kirche zu bekehren. Sie hatten gute Gründe dafür. Die Oberhoheit der Lusitanier über Ceylon, Malacca und den Molukken-Archipel wurde nämlich ganz unerwartet durch die Ankunft anderer Europäer erschüttert und in Frage gestellt.

Holländische Handelsschiffe der »Oostindische Compagnie« tauchten mit überlegener Schiffsartillerie am Horizont auf. Kaum hatten die Niederländer die spanische Unterjochung durch den Herzog von Alba in ihrer Heimat abgeschüttelt, holten ihre Kaufleute und Seefahrer zu einer kolonialen und merkantilen Expansion sondergleichen aus, die man von diesen »Krämern« gar nicht erwartet hatte. Binnen eines Jahrhunderts gelang es dem Volk der »Geusen« – Bettler, wie die Kastilianer sie verächtlich nannten –, die Portugiesen auf ein paar Außenposten abzudrängen, darunter die östliche Sunda-Insel Timor, auf der die ersten holländischen Kaufleute schon im Jahr des Herrn 1568 an Land gingen. Es gehört zu den absurdesten Kapiteln der europäischen Kolonialgeschichte, daß Portugiesen und Niederländer sich dreihundert Jahre lang um den Besitz von ein paar entlegenen und – an Java oder Ceylon gemessen – dürftigen Eilanden bekriegen sollten.

Luís de Camões hatte zusätzlichen Grund, das Vordringen dieser Usurpatoren des Hauses Oranien zu verfluchen. Holland – damals noch nominell Bestandteil des Heiligen Römischen Reiches Deutscher Nation – hatte dem Katholizismus der Spanier radikal den

Rücken gekehrt. Der protestantische Calvinismus – in den Augen der Portugiesen die schlimmste Form der Ketzerei – wurde offizielle Staatsreligion dieses jungen Staatsgebildes.

Wie »global« schon vor einem halben Jahrtausend die konfessionellen Gegensätze ausgetragen wurden und aufeinanderprallten, entnehmen wir einer Strophe des Siebten Gesangs der Lusiaden. Da heißt es:

> »Ihr seht der Deutschen hochmütige Herde,
> Die sich auf weitflächigem Feld ernährt,
> Den neuen Hirten wählt der neuen Lehre
> *[gemeint sind Calvin und Luther]*
> Und gegen Petri Erben aufbegehrt.
> Ihr seht beladen sie mit Kriegsbeschwerden,
> Da sie der blinde Wahn noch nicht belehrt,
> Nicht um den stolzen Türken zu verjagen,
> Nein, um das hohe Joch *[des Papstes]* nicht mehr zu tragen.«

Der greise Camões, der von einer kümmerlichen Rente seines Königs ein trauriges Dasein fristete, wurde noch verzweifelter Zeuge des Niedergangs seines Vaterlandes. Es klingt seltsam modern, wenn er am Ende die Habgier und Verderbtheit seiner Landsleute, die der Sucht nach Ruhm und Reichtum erlegen waren, für das Scheitern des portugiesischen Imperiums verantwortlich macht. Er schließt sich damit der Verdammung der »avaritia« an, der wütenden Kritik an der Habsucht, an der zunehmenden gesellschaftlichen Ausrichtung auf Profit und Geldwirtschaft, die seiner christlichen Grundhaltung zutiefst widersprach und von zahlreichen Moralisten und Literaten seiner Epoche geteilt wurde. Schon damals gab es ideologische Gegner eines weltumspannenden Glücksrittertums, das uns seltsam vertraut vorkommt. Die Tragödie des Dichters Camões gipfelte in der Annexion Portugals durch den spanischen König Philipp II., die im Jahr 1580, im Jahr seines Todes, stattfand und fast ein Jahrhundert andauern sollte.

Ich will die Analogien nicht exzessiv bemühen, aber an dieser

Stelle sollte einer der bedeutendsten Exegeten des Camões-Werks, der Deutsche Rafael Arnold, zu Wort kommen:

»Inzwischen sind die Entdeckungen in andere Richtungen gelenkt. Aus dem geographischen Raum in den Weltenraum oder in den Mikrokosmos atomarer Kleinstteile. Daneben entdecken wir heute – den Blick auf den Bildschirm geheftet – am Computer ungeahnte virtuelle Welten. Der Wortschatz der Entdeckungen verdankt dabei bis heute der nautischen Fachsprache sehr viel. Astronauten bereisen ganz selbstverständlich in Raumschiffen das Weltall. ›Explorer‹ helfen bei der Orientierung im elektronischen Informationsspeicher, und unterstützt von einem ›Navigator‹ erkunden wir die ›novos mundos‹ virtueller Wirklichkeit, wenn wir durchs Internet surfen. ›Navegar na internet‹ nennen das die Portugiesen, von denen Camões einst stolz sagen konnte: ›Der Welt werden sie neue Welten bringen.‹ (II, 45)«

*

Im Rückblick erscheint der endlos schwelende Konflikt zwischen Portugiesen und Holländern – letztere hatten vorübergehend, aber ohne bleibenden Erfolg auch in Nordost-Brasilien Fuß gefaßt – als historischer Aberwitz, als extravagantes Vorgeplänkel jener europäischen Selbstzerfleischung, an deren Ende die düstere Vorahnung des »Untergangs des Abendlandes« steht. Die merkantile Hartnäckigkeit der Ostindischen Handelsgesellschaft, die 1799 der staatlichen Autorität der niederländischen Regierung unterstellt wurde, hat es dem Haus Oranien immerhin erlaubt, eine riesige koloniale Domäne zwischen der Nordspitze Sumatras und der Westhälfte Neuguineas extrem gewinnbringend auszubeuten, während Portugal, das sich in Asien lediglich in winzigen Dependancen behauptete, sich bis 1974 ohne großen Profit an seine weitflächigen afrikanischen Besitzungen klammerte.

Das Beispiel dieser europäischen Kleinstaaten, in deren Unterbewußtsein die Erinnerung imperialen Prestiges nicht erloschen ist, illustriert die profunden psychologischen Vorbehalte, die sich der heute angestrebten Einigung des Kontinents entgegenstemmen. Nicht nur Holland und Portugal hatten sich vorübergehend als Großmächte gebärdet. Neben Briten, Spaniern, Franzosen und Deutschen, die unter Berufung auf die zivilisatorische Mission der Europäer die »Bürde des weißen Mannes« schulterten und dem Rausch schrankenloser Dominanz erlagen, könnten ja auch die Polen darauf pochen, daß sie auf dem Höhepunkt ihrer Geschichte Moskau besetzt und einen Pseudo-Zaren von Krakaus Gnaden im Kreml installierten. Vor den schwedischen Heeren Gustav Adolfs und mehr noch Karls XII. zitterten die Fürstenhäuser des Kontinents. Sogar das Großherzogtum Litauen erstreckte sich zeitweise vom Baltikum bis zum Schwarzen Meer.

Die Dogen-Republik Venedig konnte sich bis zur Entdeckung Amerikas als unentbehrliche See- und Handelsmacht des Mittelmeers aufführen, und die gefürchteten Kriegshaufen der Schweizer Reisläufer entschieden auf den Schlachtfeldern Norditaliens, Burgunds und Lothringens über den Bestand der rivalisierenden Dynastien des Abendlandes. In der Nachfolge Kaiser Karls V., »über dessen Reich die Sonne nie unterging«, verstieg sich das Haus Habsburg zu der Devise A. E. I. O. U.: »Austriae est imperare orbi universo – Alles Erdreich ist Österreich untertan«.

Wer heute an den zähflüssigen Querelen der Eurokraten von Brüssel, am frustrierenden Hindernislauf der kontinentalen Einigung, an der von Washington geschürten Divergenz zwischen »Old and New Europe« verzweifelt, sollte neben den pompösen Schriften des Barden Camões auch die exaltierten patriotischen Aufrufe, die nationalistischen Haßpredigten des neunzehnten und zwanzigsten Jahrhunderts zur Hand nehmen, die die machtpolitische Abdankung des Okzidents begleiteten.

»Tristes Tropiques«

Atauro, im März 2008

An Bord der Fähre »Nakroma« versuche ich vergeblich, mich in die kühne Laune der lusitanischen Weltentdecker zu versetzen. Wir unternehmen ja nur einen kurzen, risikolosen Ausflug, und die »Nakroma« ist ein modernes, komfortables Schiff. Unser Ziel ist das Eiland Atauro, das Ost-Timor in dreißig Kilometern Distanz nördlich vorgelagert ist. Die Überfahrt dauert knapp zweieinhalb Stunden. Wir gleiten über die spiegelglatte, tiefblaue Wasserfläche der Wetar Strait. Nur ein Rudel Delphine bietet Abwechslung. Wichtiger als die wöchentliche Verbindung Dilis mit Atauro ist der regelmäßige Pendelverkehr der Fähre mit der Exklave Oecussi, die sich in der Westhälfte Timors befindet und ringsum von indonesischem Staatsgebiet umschlossen ist.

Der Landzugang ist durch miserable Straßen und Zollschikanen erschwert. Diese widersinnige Grenzziehung geht auf einen Vertrag aus dem Jahr 1859 zurück, der dem grotesken Territorialstreit zwischen Lissabon und Den Haag ein Ende setzte. Auf die Beibehaltung der winzigen Außenposition Oecussi hatte Portugal besonderen Wert gelegt, weil dort die Dominikaner ihre erste Niederlassung ausgebaut hatten.

Der Name »Nakroma« bedeutet soviel wie Morgendämmerung oder Aufklärung, wird mir erklärt. Es handelt sich um ein Geschenk der Bundesrepublik. Der Schiffsbau fand in Indonesien unter strikter Überwachung der GTZ statt, die auch weiterhin dieses nützliche Projekt betreut. Der Steuermann und die Besatzung sind ausschließlich Malaien aus Java, die sich von alters her auf Navigation und auch auf Piraterie verstehen, während die überwiegend melanesischen Timoresen für das offene Meer nicht taugen. Man fragt sich, wie die Vorfahren dieser Rasse ihr Siedlungsgebiet bis zu den Fidschi-Inseln und Neukaledonien ausweiten konnten.

Die Wetar Strait liegt harmlos und träge unter der brütenden Mittagssonne. Diese nördlichen Gewässer Timors, die aufgrund ihrer steil abfallenden, ungewöhnlichen Tiefe strategische Bedeutung für die diskrete Passage von Atom-U-Booten der US Navy aus dem Pazifik in den Indischen Ozean besitzen sollen, werden von den Einheimischen das »weibliche Meer« genannt, während die rauhen Fluten der Timor-See, die im Süden mit schäumender Brandung gegen die Ufer schlagen, als »männliches Meer« gelten. Über die emanzipatorische Frage, ob diese auf den Ozean übertragene Unterscheidung zwischen maskulinem Ungestüm und femininer Sanftmut heutzutage noch Sinn macht, haben sich die Timoresen gewiß keine Gedanken gemacht.

Die hochfliegenden Erwartungen, mit denen die iberischen Karavellen einst auf die geheimnisvollen Gestade Insulindes zusegelten, dürften auf Atauro bitter enttäuscht worden sein. Schon ab 1520 wurde das Eiland als eine Art »Teufelsinsel« für die Verbannung von Sträflingen genutzt. Die Indonesier, die mehrere Jahrhunderte später Ost-Timor okkupierten, haben es den Portugiesen gleichgetan. An der Anlegestelle der Fähre tummelt sich ein recht kümmerlicher Haufen von Passagieren und Trödlern.

In einem bequemen Toyota fahren wir durch dichtes Gestrüpp. 8000 Einwohner sind auf unansehnliche Dörfer im Busch verteilt. Der Buchtitel »Tristes Tropiques« hätte für diesen exotischen Landstrich erfunden werden können. Bemerkenswert ist hier allenfalls, daß eine größere Anzahl der Einheimischen im Gegensatz zur Hauptinsel Timor, die fast ausschließlich katholisch ist, zum calvinistischen Christentum bekehrt wurde, was wohl nicht zur Erheiterung der Gemüter beitrug. Heidnische Bräuche sind weiterhin verbreitet.

Unsere enttäuschende Rundfahrt endet mit einem Imbiß in der »Eco Lodge« am Strand von Vila. Das Wort »Eco« steht auch hier für Ökologie und soll den seltenen Touristen und Sonderlingen, die sich hierher verirren, Naturnähe und Ursprünglichkeit vortäuschen. Die einzigen Ausländer, die gemeinsam mit uns in Atauro an Land gingen, hagere, verhärmt wirkende Australierinnen, werden in einer erbärmlichen Pfahlhütte untergebracht und sind auf eine einzige gemeinsame Duschanlage sowie einen stinkenden Abtritt angewiesen. Mühsam ziehen zwei grauhaarige, mißmutige Frauen ihre Koffer durch den Sand, und keiner der träge kauernden Hotelbediensteten käme auf den Gedanken, diesen »Alternativtouristen« behilflich zu sein.

Die »Ökologie-Lodge« ist ein unappetitlicher Platz. Die gerösteten Fische, die uns auf schmuddeligen Tellern serviert werden, starren vor Gräten. Der Geruch des Essens hat drei Hunde angezogen. Beim Anblick der ausgemergelten, räudigen Tiere vergeht einem der letzte Appetit. Offenbar hatte meine Frau Eva, die mich auf dieser Reise begleiten wollte und wegen Erkrankung auf die Expedition nach Timor verzichten mußte, doch nicht so unrecht gehabt, als sie sich vorsorglich gegen Tollwut impfen ließ. Vier schwarze Ziegen haben sich uns zugesellt, die die üppige tropische Vegetation verschmähen, um in einem ekelhaften Abfallhaufen zu wühlen.

Eine bescheidene historische Bedeutung hat Atauro im August 1975 gewonnen, als die Nelkenrevolution der portugiesischen Militärs vom Vorjahr auch in Ost-Timor radikalen politischen Wandel und kolonialen Verzicht erzwang. Der letzte lusitanische Gouverneur flüchtete aus Dili, wo die ersten Gefechte der Unabhängigkeit aufflackerten, mit seinem Gefolge auf diese ehemalige Sträflingsinsel und schiffte sich wenig später auf der Korvette »Alfonso Cerqueira« in Richtung Heimat ein. Es war der unrühmliche Abschluß einer glorreichen Historie.

Auf der Rückfahrt verschwimmt die platte, weibliche See in einem grauen Trauerflor. Das Trümmerfeld der Hauptstadt taucht als düsterer Schatten auf, aus dem das knallrote Ziegeldach des Außenministeriums wie ein Fanal herausleuchtet. Die Ausgangssperre wurde vor ein paar Tagen um zwei Stunden verkürzt. Im Hotel Timor haben sich die überwiegend portugiesischen Gäste in munter plaudernden Gruppen zusammengetan. Es wird australischer Rotwein und Vinho Verde getrunken. Wären nicht die freundlichen, dunkelhäutigen Bediensteten, man könnte sich am Tejo wähnen.

Plötzlich verstummt das Stimmengewirr. Ein gewichtiger Mestize ist die Treppe heruntergekommen. Er nimmt in der äußersten

Ecke der Lounge Platz und läßt sich ein Bier servieren. »Das ist der Parlamentspräsident, der in Abwesenheit des schwerverwundeten Staatschefs Ramos-Horta das höchste Amt der Republik verwaltet«, flüstert mir ein Nachbar zu. Die Wichtigkeit dieses autoritätsbewußten Mannes wird durch die Präsenz von zehn schwerbewaffneten Leibwächtern betont, die nur zur Hälfte uniformiert sind. Über Dili hat sich die Nacht gesenkt, und die australischen Paratroopers nehmen ihre Dschungelpatrouillen vor.

Die Japaner im Dschungelkrieg

Wie erklärt es sich, daß Lissabon mehr als eine Generation nach dem kolonialen Generalverzicht dem entlegensten Fetzen seines ehemaligen Imperiums heute plötzlich eine solche Aufmerksamkeit zuwendet und in Timor-Leste – auch mit militärischem Ausbildungspersonal – Präsenz demonstriert? Fast ein halbes Jahrtausend lang war Ost-Timor von den Lusitaniern sehr stiefmütterlich behandelt worden. Ähnlich wie ihre holländischen Erbfeinde waren die Portugiesen in Insulinde auf eine geringe Zahl von Seeleuten, Abenteurern und Klerikern angewiesen. Sie versuchten ihren Einfluß, der sich auf ein paar Küstenflecken beschränkte, durch Bündnisse mit den eingeborenen Häuptlingen zu konsolidieren, die man in den Chroniken des sechzehnten Jahrhunderts großspurig als »reyes«, als Könige, bezeichnete. Erst in der zweiten Hälfte des siebzehnten Jahrhunderts raffte sich ein Gouverneur namens Fernandes auf, ins Innere von Timor vorzurücken, um sich Autorität bei den in finsterer Rückständigkeit lebenden Stämmen und ihren argwöhnischen Anführern, den »Liurai«, zu verschaffen.

Dabei stützte er sich – in Ermangelung nennenswerter militärischer Verbände aus dem Mutterland – auf eine abenteuerliche Söldnertruppe, die »Topases«. Es handelte sich dabei um portugiesisch sprechende katholische Mestizen, die anfangs auf der benachbarten

Insel Flores rekrutiert, im Laufe der Zeit jedoch durch ein buntes Völkergemisch aus den ehemaligen portugiesischen Besitzungen in Indien verstärkt wurde. Dazu gesellten sich befreite Sklaven aus den Plantagen Ceylons, von den Molukken und sogar aus dem fernen afrikanischen Mosambik. Die Topases wurden von den Niederländern »schwarze Portugiesen« genannt.

Diese mit Musketen bewaffneten Horden erwiesen sich den einheimischen timoresischen Kopfjägern weit überlegen, verjagten oder töteten deren Häuptlinge, unterwarfen die wichtigsten Stämme der Tetum und der Dawan. Ihre Capitãos, die den »Cangaceiros« oder »Bandeirantes« Brasiliens wohl recht ähnlich waren, hielten auf Timor zwar die von Westen vordringenden Holländer der »Ostindische Compagnie« in Schach, richteten ihre Waffen jedoch gelegentlich auf die eigenen portugiesischen Offiziere und Beamten und revoltierten offen gegen den in Goa residierenden Vizekönig.

Warum erwähnen wir überhaupt diese buntgescheckte, verwilderte Rotte der Topases? Ihre Verwendung an den Antipoden des Mutterlandes, dessen geringe Bevölkerung den weltumspannenden Kolonialprojekten nicht gewachsen war, signalisierte bereits den unaufhaltsamen Verfall. Hier bestätigt sich eine historische Kontinuität. Schon das späte römische Imperium – »le bas empire«, wie die Franzosen sagen – hatte in der langen Folge seines Niedergangs die unzureichend bemannten Legionen durch Anwerbung von »Barbaren« ergänzen müssen, wobei den germanischen Stämmen jenseits des Limes, aber auch den Numidiern, Dalmaten oder Nubiern eine besondere Rolle zufiel.

Das britische Empire hatte es seinerseits meisterhaft verstanden, die unterschiedlichsten Rassen in den »Mint«, in den Prägestock seines militärischen Drills, zu pressen und dieser Kolonialtruppe sogar das Gefühl zu vermitteln, einer kriegerischen Elite anzugehören. In der »Grande Armée« Napoleons, die auf Moskau zumarschierte, wurde angeblich mehr Deutsch als Französisch gesprochen. In den mörderischen Vernichtungsschlachten des Ersten Weltkriegs griffen die Franzosen massiv auf Senegalesen und Algerier zurück.

Kurzum, die Verwendung von »Hiwis«, wie es im letzten deutschen Rußlandfeldzug hieß, ist so alt wie die Kriegsgeschichte, symbolisiert jedoch – wie im Falle der Topases – die Perspektive unvermeidlichen Verlustes.

Dem Barden Luís de Camões blieb es erspart, die Schmach des von ihm so blühend gefeierten Vaterlandes mitzuerleben. Nach der Rückgewinnung der eigenen Souveränität und der Loslösung von der spanischen Krone wurde Portugal zum Spielball der Mächte und erstarrte in Lethargie. Wenn die Eigenstaatlichkeit und ein immer noch beachtlicher Überseebesitz erhalten blieben, so war das der engen Anlehnung Lissabons an Großbritannien zu verdanken.

Die napoleonische Eroberung der Iberischen Halbinsel sollte die Abspaltung Brasiliens zur Folge haben, das sich 1822 als unabhängiges Kaiserreich konstituierte. Die riesigen afrikanischen Territorien von Angola und Mosambik zumal waren einer solchen Vernachlässigung und Mißwirtschaft anheimgefallen, daß vor dem Ersten Weltkrieg Briten und Deutsche vorübergehend über deren Aufteilung verhandelten.

Wer kümmerte sich da schon um den kümmerlichen Außenposten Ost-Timor, wo die eingewanderten Chinesen zahlreicher waren als die Portugiesen und der Handel mit Sandelholz seine wirtschaftliche Bedeutung verloren hatte? Im Jahr 1915 wurde zwar ein letzter verzweifelter Aufstand der Eingeborenen grausam niedergeschlagen, aber auch die Einführung der Zwangsarbeit auf den Plantagen brachte keinen nennenswerten Gewinn. Außerhalb der dahindämmernden Hauptstadt Dili war in Ost-Timor nicht ein einziger Kilometer Asphaltstraße gebaut worden.

*

Das Erwachen war fürchterlich. Mit dem japanischen Angriff auf Pearl Harbor im Dezember 1941 setzte im ostasiatisch-pazifischen Raum eine sensationelle Zeitenwende ein. Der Ferne Osten hatte auf mich schon als Kind eine seltsame Anziehungskraft ausgeübt. So hatte nicht nur die stark romantisierte Legende des baltischen

Barons Ungern-Sternberg, die Welt der mongolischen Götter und Dämonen, meine junge Phantasie beflügelt. Ich entwarf in meinen frühen Gymnasialjahren Landkarten von dem erobernden Vordringen der Armeen des Tenno in Richtung Peking, Schanghai und Kanton. Den Kriegsausbruch zwischen den Vereinigten Staaten und Japan verfolgte ich mit intensiver Spannung und ahnte nicht, daß ich wenige Jahre später als aktiver Zeitzeuge in die Wirrnisse des Fernen Ostens einbezogen werden würde.

Beim Geographieunterricht am Kasseler Wilhelms-Gymnasium stellte uns der Geographielehrer, der durchaus kein Nazi war, aber auf den Sieg Deutschlands hoffte, die Allianz mit diesem seltsamen gelben Volk, das so gar nicht in die Vorstellungen der nordischen Herrenrasse hineinpaßte, als ein Geschenk des Schicksals dar. Auf den Schulbänken diskutierten wir ausgiebig den explosionsartigen Zugriff des Kaiserreichs Nippon, das sich blitzartig die Philippinen, ganz Hinterindien, den Salomon-Archipel, die Halbinsel von Malacca und den kolossalen holländischen Kolonialbesitz Indonesien einverleibte.

Als die Sturmtruppen des Tenno auch auf Neuguinea landeten und über den Kokoda-Trail bis in die unmittelbare Nachbarschaft Australiens vorstießen, hatten die Stäbe des Empire – wie ich später erfuhr – für den Extremfall den strategischen Rückzug auf eine Verteidigungslinie geplant, die von Brisbane bis Adelaide gereicht und die endlosen Wüstenflächen des Fünften Kontinents dem Feind überlassen hätte.

Schon im Februar 1942 bemächtigten sich die Japaner der Insel Timor. Sie stießen dort weniger auf den Widerstand der Holländer als auf den perfekt geführten Partisanenkrieg einer kleinen Truppe australischer Dschungelkämpfer, der sogenannten Sparrow Force. Gegen eine Übermacht von 20 000 Gegnern haben sich die »Aussies« bis 1943 in einer vorbildlichen Guerrilla behauptet. Obwohl Portugal im Zweiten Weltkrieg seine Neutralität proklamiert hatte, wurde die Kolonie »Timor-Leste« beinahe zwangsläufig in die Gefechte einbezogen. Anstatt die Japaner als asiatische Brüder und Befreier zu begrüßen, machte die Mehrheit der kriegerischen Eingeborenenstämme gemeinsame Sache mit den Australiern. Auch sie wurden Opfer der brutalen Besatzungsmethoden des Aggressors. Etwa 50 000 Timoresen fanden bei den Partisanenkämpfen und der sie begleitenden unerbittlichen Repression den Tod.

Nach der Kapitulation des General Tojo im August 1945 auf dem US-Schlachtschiff Missouri und dem Zusammenbruch der japanischen Träume von einer »Groß-Ostasiatischen Wohlstandssphäre« glaubten die europäischen Kontinentalstaaten Frankreich und Niederlande, ihre vorübergehend an Japan verlorengegangenen Besitzungen in Fernost wieder an sich reißen zu können. Ohne Sinn für die neue geopolitische Wirklichkeit setzten sie zur anachronistischen Rückeroberung Indochinas und Indonesiens an.

Vom Deck des französischen Truppentransporters, der Ende 1945 Kurs auf Saigon nahm, sichteten wir im Roten Meer auch eilig angeheuerte Frachtschiffe voller holländischer Soldaten, die unter der Flagge des Hauses Oranien den javanischen Hafen Batavia ansteuerten. Ähnlich wie im Süden Vietnams ein relativ kleines britisches Kontingent unter General Gracey die dort stationierten Japaner entwaffnete, nahmen australische Truppen auf Timor die Kapitulation der dortigen Krieger des Tenno entgegen.

Das französische »Corps expéditionnaire d'Extrême-Orient« tauchte kurz darauf mit seinem ersten Fallschirmkommando, das ursprünglich – falls der Krieg gegen Tokio angedauert hätte – über Singapur hätte abspringen sollen, an der Mekong-Mündung auf. Wenig später stießen auch die niederländischen Vorhuten im Umkreis von Batavia, das heute Jakarta heißt, auf den hartnäckigen Widerstand der Unabhängigkeitsbewegung Indonesiens. Diese falsch konzipierten Unternehmungen waren von Anfang an zum Scheitern verurteilt. Doch der französische Anspruch auf Vietnam, Laos und Kambodscha erlosch erst im Jahre 1954 nach dem Desaster von Dien Bien Phu.

Die Regierung von Den Haag mußte schon im Jahr 1949 einsehen, daß die neuen dynamischen Kräfte der asiatischen Revolution durch die Epigonen europäischer Machtvorstellungen nicht mehr einzudämmen waren. Die Rolle, die Ho Tschi Minh in Tonking spielte, wurde auf Java – unter ganz anderen ideologischen Vorzeichen – von dem Nationalisten Ahmed Sukarno eingenommen, dem die Japaner zur Zeit ihrer Okkupation eine begrenzte Souveränität zugestanden hatten.

Portugiesisch Ost-Timor wurde nach kurzer australischer Truppenpräsenz schlicht und einfach an Lissabon zurückgegeben. Die in ganz Südostasien um sich greifenden Aufstände gegen die ermatteten Kolonialmächte fanden auf den kleinen Sunda-Inseln nur geringes Echo. Timor-Leste hatte unter dem Pazifikkrieg fürchterlich gelitten, und die einheimische Landbevölkerung war vorrangig damit beschäftigt, durch Brandrodungen, »Ladang« genannt, neue Felder anzulegen und dank der kargen Maisernten zu überleben.

Das autoritäre Regime Lissabons, das im Jahr 1926 durch einen Staatsstreich die Macht am Tejo übernommen hatte, die Diktatur des Universitätsprofessors Oliveira de Salazar, hatte sich zwar in kluger Voraussicht aus dem Zweiten Weltkrieg herausgehalten. Das eigene Land wurde jedoch mit eisernem Griff regiert. Das oberste Streben des klerikalen, schweigsamen Staatschefs war darauf gerichtet, die Finanzen in Ordnung und die Opposition in Schach zu halten. Portugal hatte von seiner großen Vergangenheit, von der glorreichen Vision Heinrich des Seefahrers längst Abschied genommen.

Ein müdes, von der allgegenwärtigen Geheimpolizei Pide geknebeltes Volk lebte ärmlich in den Tag hinein. Der Bildungsstand war erbärmlich und der hohe Prozentsatz der Analphabeten skandalös. Lusitanien, so hieß es bei den heimlich agierenden Oppositionellen, wurde nach der Methode der drei F niedergehalten: Im »Estado Novo«, wie das Regime sich nannte, wurde das Volk mit dem traurig-schönen Gesang des Fado eingelullt, durch die Fußballeidenschaft von der Politik abgelenkt, durch die pausenlose Verherrlichung der Muttergotteserscheinung von Fatima zu klerikaler Unterwürfigkeit angehalten.

Was nun das beachtliche Kolonialreich betraf, das Portugal wider alle Erwartung intakt über den Zweiten Weltkrieg hinweggerettet hatte, so machte sich Salazar offenbar die Devise seiner Erbfeinde vom Hause Oranien zu eigen: »Je maintiendrai«. Im Gegensatz zu den vom Krieg gegen Hitler und den Tenno gebeutelten Engländern, Franzosen und Belgiern, die von quälenden Zweifeln und schlechtem Gewissen geplagt wurden, wenn in den eigenen Parlamenten und Gazetten von der Gleichheit aller Menschen, dem Selbstbestimmungsrecht der Völker, der Legitimität des farbigen Nationalismus die Rede war, blieb für den »Estado Novo« die Kolonialherrschaft eine Art Gottesgnadentum.

Die überseeischen Besitzungen wurden kurzerhand in »Provinzen« umgetauft. Zugang zu Schul- oder Universitätsbildung war bestenfalls den Mulatten und Mestizen vorbehalten. Die Zahl der schwarzen oder melanesischen »Assimilados«, die über volle Bürgerrechte verfügten, war auf ein Minimum beschränkt. Die Masse der »Indigenes« wurden auf Abstand zur abendländischen Zivilisation und sogar zum Christentum gehalten. Die Eingeborenen in den Strohhüttendörfern oder den städtischen Slums der »Muceques« verharrten in Armut und Ignoranz. Ein halbes Jahrtausend nach Vasco da Gama und Albuquerque, so befahl der störrische Professor aus Coimbra, sei Lusitanien keineswegs kolonialmüde. Selbst die Gegner Salazars standen in diesem Punkt beinahe geschlossen hinter dessen Afrikapolitik.

Einen ersten flüchtigen Eindruck sollte ich im Sommer 1952 von diesem bizarren Schwebezustand gewinnen. Von Tonking kommend, wo die Franzosen mit knapper Not die frischaufgestellten Sturmtruppen Ho Tschi Minhs in der Schlacht von Vinh Yen zurückgeschlagen hatten, suchte ich die portugiesische Hafenstadt Macao an der Südküste Chinas auf. Seit 1557 hatten sich die Lusitanier in dieser winzigen Enklave von fünfzehn Quadratkilometern festgesetzt. Als Drehscheibe für den Handel mit dem Reich der Mitte und mit Japan besaß die schläfrige Siedlung historische Bedeutung. Lange Zeit war auch die Verwaltung von Portugiesisch-Timor dem dortigen Gouverneur unterstellt.

Fünfhundert Jahre nach der kolonialen Besitznahme mutete es sehr merkwürdig an, daß Macao trotz der Machtergreifung Mao Zedongs zunächst von Rückgabeforderungen der Volksrepublik verschont blieb. Inzwischen hatte die nahe britische Kronkolonie

Hongkong Macao längst den Rang als kommerzielles Zentrum und blühende Metropole abgelaufen und es zu Bedeutungslosigkeit verurteilt. Ein einziges zweifelhaftes Gewerbe florierte dort noch. Das Glücksspiel wurde in jeder erdenklichen Form und ohne jede Hemmung praktiziert und zog die Zocker aus aller Welt an. *Macao, enfer du jeu*, lautete der Titel eines französischen Romans, obwohl – für den Kenner des Fernen Ostens – Cholon, die rein chinesische Schwesterstadt Saigons in Indochina, ein weit verruchterer Sammelpunkt für Roulette, Mahjong, Poker und jede andere Form von Laster war.

Fasziniert verharrte ich 1952 vor dem altertümlichen Festungstor, unter dessen Wölbungen sich Handel und Wandel mit dem Roten Reich der Mitte vollzog. Auf portugiesischer Seite standen riesige pechschwarze Afrikaner aus Angola unter dem Befehl europäischer Offiziere Wache. Daß die Präsenz Portugals hier nur noch geduldet und durch chinesische Einflußnahme weitgehend ausgehöhlt war, gestanden die resignierten Kolonialbeamten in ihren stickigen Büros ohne Umschweife ein. Wenige Jahre später sollten Horden junger Rotgardisten der »Großen proletarischen Kulturrevolution« vorübergehend in Macao eindringen. Aber Peking hielt sich zumindest formal an die internationalen Abkommen, verleibte Macao erst im Jahr 1999 der Volksrepublik ein und gewährte dem winzigen Areal einen Sonderstatus.

Diese Scheinautonomie hat es Macao erlaubt, die schmuddeligen Glücksspielhöhlen von einst in luxuriöse Tempel dieses geldvernichtenden Gewerbes auszubauen. Vor allem sind es die neuen chinesischen Business-Tycoone und Millionäre, die hier astronomische Summen einsetzen und einer altangestammten Leidenschaft der Han-Rasse frönen. Wirklichen Nutzen zieht das kommunistische Regime aus der finanziellen Sonderrolle, die Macao weiterhin einnimmt. Über diesen Umschlagplatz werden finanzielle Transaktionen und heimliche Technologietransfers abgewickelt, die strengster Diskretion bedürfen. Noch im Jahr 2006 kam ein Schuldenausgleich zwischen den USA und dem »Schurkenstaat« Nordkorea auf dem Umweg über die Banken von Macao zustande.

»Angola é nossa«

Dili, im März 2008

»The wind of change«, wie der britische Premierminister Macmillan sagte, hat am Ende auch die Übersee-Provinzen Portugals hinweggefegt. Bis zum April 1974, also zwanzig Jahre länger als die Gallier in Indochina, haben die Lusitanier – erstarrt in der Routine des »Estado Novo« – stur und verbissen durchgehalten. Im westafrikanischen Angola war der Aufstand der Schwarzen vom Stamm der Bakongo schon im Jahr 1961 ausgebrochen, hatte sich an den blutigen Wirren in der benachbarten riesigen Republik von Leopoldville, heute Kinshasa, entzündet. Die Belgier hatten im Kongo überstürzt das Handtuch geworfen. Im Südosten des schwarzen Erdteils formierten sich in Mosambik die ersten Widerstandsgruppen der marxistisch orientierten Befreiungsfront Frelimo.

In meiner damaligen Eigenschaft als Rundfunk-Korrespondent der ARD für ganz Afrika war mir die Situation in diesen beiden weit gedehnten Regionen vertraut. Es war zu jener Zeit nicht einfach, ein Visum für Angola zu erhalten. In den zuständigen Ministerien Lissabons hingen Plakate an den Wänden, die die sogenannten Überseeprovinzen auf eine Karte Europas projizierten. Das ergab eine Landmasse, die sich vom Atlantik bis tief nach Rußland erstreckte. Darüber stand die Beteuerung: »Portugal ist kein kleines Land.«

Ohne den Besitz von Angola und Mosambik, so verkündeten die Propagandisten Salazars, würde Portugal in die Rolle eines armen, schmächtigen Randstaates Europas verwiesen. Ohne die Kolonien wäre seine Wirtschaft kaum lebensfähig. Gingen die Überseebesitzungen verloren, bliebe am Rande der Iberischen Halbinsel nur ein folkloristischer Tummelplatz für Touristen übrig, wo Vinho Verde getrunken und Fado gesungen würde. Mit tiefer Erbitterung wurde am Tejo zur Kenntnis genommen, daß das Territorium von Goa, das frühere Bollwerk und Juwel Portugals am Indischen Ozean, durch den indischen Ministerpräsidenten Jawaharlal Nehru militärisch überrumpelt und seiner subkontinentalen Union einverleibt wurde.

Die Portugiesen brauchten lange, um zu begreifen, daß Oliveira de Salazar sie in ein hoffnungsloses Rückzugsgefecht verwickelt hatte. In der Presse Lissabons und Luandas war vom Heldenmut der Soldaten und Siedler zu lesen. Die Leitartikler schwelgten in einem patriotischen Pathos, das vergeblich an den getragenen Stil der »Lusiaden« anzuknüpfen suchte. Um die Amerikaner zu beeindrucken, wurden der marxistisch-leninistische Hintergrund sowie die Komplizenschaft der Sowjetunion mit den schwarzen Rebellen propagandistisch aufgebauscht. Der greise Salazar wurde 1968 durch einen Schlaganfall gehindert, weiterhin die Staatsführung auszuüben, und starb zwei Jahre später.

Daß der Kolonialkrieg sich noch bis 1974 hinschleppte, ist durch die politische Paralyse zu erklären, die sich sogar der intellektuellen Eliten bemächtigt hatte. Es waren am Ende nur die Militärs der Afrika-Armee – nachdem sie dreizehn Jahre lang die Bürde eines aussichtslosen Feldzuges und die Verbohrtheit eines mumifizierten Regimes auf ihren Schultern getragen hatten –, die im April 1974 der Tragödie ein Ende setzten, einen radikalen Umsturz sowie den kolonialen Verzicht erzwangen. Der Putsch ist unter dem Namen »Nelkenrevolution« in die Annalen eingegangen. Den Kern des Aufbegehrens bildete eine Gruppe progressistisch und sozialistisch motivierter Offiziere. Dabei wirkte es paradox, daß der ultrakonservative General de Spinola, der in Portugiesisch-Guinea mit liberalen Reformen versucht hatte, dem schwarzen Nationalismus den Wind aus den Segeln zu nehmen, sich als Vaterfigur und weithin verehrtes Symbol dieses Umsturzes bewährte.

Aus jenen Tagen des begeisterten Trubels am Tejo bleibt mir die Erinnerung an ein revolutionäres Musical, das ich im August 1974 am Vorabend meines Abflugs in die brodelnde angolanische Hauptstadt Luanda besucht hatte. Auf der Bühne des »Teatro Maria Matos« brach antiklerikale Leidenschaft durch, als ein Bischof in feuerrotem Ornat mit der Jungfrau von Fatima im Hintergrund das Volk zum Gehorsam vor der weltlichen und kirchlichen Hierarchie aufrief: Gehorsam der Frau vor dem Mann, Gehorsam des Dieners vor dem Lohnherrn, Gehorsam des Schwarzen vor dem Weißen. Es folgte eine Zirkusszene im Stil Fellinis: ein aufgeputschtes Weib, das die Pseudoverfassung nach Maßgabe des »Estado Novo« darstellte, ein Menschenaffe, der mit der Fistelstimme des verstorbenen Diktators Salazar fromme Platitüden verlas, das geknechtete Volk als traurige Clowns, im Hintergrund die Folterknechte der Geheimpolizei Pide.

In der Endszene wurde der Krieg in Afrika dargestellt. Ein Kolonialist in Khakihemd und Tropenhelm verkündete: »Angola é nossa!« Eine Sklavenstimme erläuterte, daß die Bodenschätze der portugiesischen Kolonien längst internationalen Monopolen verpfändet seien. Doch der Kolonialist proklamierte weiter: »Portugal não se vende« – Portugal wird nicht ausverkauft. Ein junger portugiesischer Rekrut begegnete dem Aufstand der Schwarzen. Er mähte eine Gruppe von Freiheitskämpfern mit seiner Maschinenpistole nieder. Aber da standen immer neue afrikanische Nationalisten auf, und der weiße Soldat fiel als sinnloses Opfer. Im Finale sangen Schauspieler und Zuschauer in begeistertem Chor vereint den utopischen Vers, der mir bereits aus dem Chile Salvador Allendes vertraut war: »O povo unido jamais será vencido« – Ein geeintes Volk wird niemals besiegt werden. Ein Kind trat nach vorn mit der roten Nelke der Freiheit in der Hand und steckte die Blume in die Mündung eines Gewehrlaufs.

Ganz Portugal bewegte sich in einem romantischen Taumel.

Aufstand der Seminaristen

Auf Ost-Timor hatte während der qualvollen Jahre der afrikanischen Rebellion gegen die portugiesische Herrschaft relative Ruhe geherrscht. Es war nicht die Ruhe des Friedhofs, sondern ein Zustand der Lethargie und der Resignation. Es bestanden gewiß nationalistische Fermente der Auflehnung, aber die beschränkten sich im wesentlichen auf die Mestizen und die geringe Anzahl von lokalen »Assimilados«, die Zugang zum europäischen Bildungssystem besaßen. Was nun die Unterdrückung der Meinungsfreiheit betraf, so argumentierten die weißen Oppositionellen: »Wenn selbst uns gebürtigen Portugiesen jede politische Libertät durch Salazar und seinen Nachlaßverwalter Caetano versagt bleibt, warum sollen dann die Eingeborenen unserer Kolonien besser gestellt sein?«

Es brodelte allenfalls bei jenen jungen Timoresen, deren gehobene Ausbildung auf den Besuch von Priesterseminaren und Klosterschulen beschränkt blieb. Unter diesen angehenden Klerikern fanden die lateinamerikanischen Thesen der Befreiungstheologie starken Anklang. Die Vereinbarkeit von Christentum und Sozialismus wurde lebhaft befürwortet. In aller Heimlichkeit bildete sich eine Untergrundorganisation, die unter dem Sammelnamen »FRETILIN – Frente revolucionária de Timor-Leste independente« – wachsenden Zulauf gewann. Ein gewaltsamer Partisanenkampf wurde aus zwingenden Gründen nicht eingeleitet.

Während Timor-Leste nämlich weiterhin in seiner lusitanischen Rückständigkeit dahindämmerte, hatten sich im Umkreis dieser winzigen Inselhälfte gewaltige Veränderungen vollzogen. Die Republik Indonesien war zu einem beachtlichen Machtfaktor der Dritten Welt aufgestiegen. Innerhalb dieses weiten Archipels – zumal auf Java – verfügte der Islam über eine erdrückende Vorrangstellung. Auf den Molukken wurde der Widerstand der dort lebenden Christen durch die Soldaten Jakartas mit harter Hand niedergeschlagen.

*

Der spätkoloniale Status auf Timor-Leste endete abrupt. Die Situation veränderte sich radikal, als im April 1974 die Nelkenrevolution der portugiesischen Offiziere alle kolonialen Ansprüche vom Tisch fegte und die Überseeprovinzen, die auf diese Freiheitsgewährung gar nicht vorbereitet waren, in eine chaotische Unabhängigkeit entließ. In Dili, ähnlich wie im afrikanischen Luanda, brach ein mörderischer Bürgerkrieg aus. Zwei Parteien standen sich gegenüber: Die bereits erwähnte Befreiungsfront FRETILIN, die links und sozialistisch ausgerichtet war, und eine »Demokratische Union«, die sich überwiegend auf schwer durchschaubare Stammesstrukturen stützte.

Die besser organisierte FRETILIN unter Führung von Mestizen und einer Anzahl katholischer Kleriker gewann sehr bald die Oberhand und proklamierte am 28. November 1975 die Unabhängigkeit von Timor-Leste. Doch die »Independentistas« hatten die Rechnung ohne den bedrohlichen indonesischen Nachbarn gemacht. General Suharto war nicht gewillt, sich diese leichte Beute entgehen zu lassen. Schon neun Tage nach der Ausrufung der jungen Republik sprangen indonesische Fallschirmjäger über Dili ab. Ihnen sollten Soldaten einer in Bereitschaft stehenden Invasionsarmee folgen. Die Behörden Indonesiens annektierten Timor-Leste als ihre 27. Provinz.

Womit niemand gerechnet hatte: Die neuen Besatzer stießen auf heftigen Widerstand, obwohl sie schon am ersten Tag ihrer Landung zweitausend vermeintliche Widerstandskämpfer zur Strecke brachten. Die Ost-Timoresen sollten sich in den kommenden Jahren als zähe, gefürchtete Guerilleros bewähren, deren Überfälle und Gegenangriffe erst nach der Eroberung ihrer Hochburg im Matebian-Massiv, das die Höhe von 2300 Meter erklimmt, reduziert, aber niemals ganz beendet wurden. Dieser Partisanenkampf, der den modernen Begriff »asymmetric war« vorwegnahm, war um so bemerkenswerter, als die Kampfgruppe »Falantil« – so nannte sich die paramilitärische Organisation der FRETILIN – nicht die geringste Unterstützung von außen erhielt und über ein kümmerliches Waffenarsenal verfügte.

Die Repression der indonesischen Okkupanten war unerbittlich. Etwa 100 000 Menschen kamen bei den Gefechten und mehr noch bei den anschließenden Strafaktionen um. Viele starben an Hunger, nachdem die Rebellion durch massive Umsiedlung der Bevölkerung unter Kontrolle gebracht werden sollte. Wie diese trägen, apathisch wirkenden Timoresen sich als unermüdliche, tollkühne Insurgenten entpuppten, die die Topographie ihrer zerklüfteten Insel meisterhaft zu nutzen verstanden, kam einem Wunder gleich.

Was ist an dem hoffnungslosen und dennoch heroischen Aufstand so bemerkenswert? Was kümmert die fernen Europäer schon dieser triste Epilog einer verfehlten lusitanischen Weltexpansion? Die Tragödie Ost-Timors, so wissen wir heute, spielte sich vor dem Hintergrund der globalen Konfrontation zwischen Ost und West ab. Der November 1975 war denkbar schlecht geeignet für die Gründung eines neuen Kleinstaates, der sich unweigerlich – wie die portugiesischen Besitzungen Mosambik, Angola und Bissau – in Richtung auf eine marxistisch orientierte Volksdemokratie entwickeln würde.

Die Vereinigten Staaten von Amerika hatten wenige Monate zuvor unter schmählichen Umständen ihre südvietnamesischen Verbündeten dem unwiderstehlichen Vormarsch der Erben Ho Tschi Minhs preisgegeben und Saigon fluchtartig verlassen. Nun galt es für Washington, einen zusätzlichen Geländegewinn der rivalisierenden roten Großmächte Sowjetunion und China mit allen Mitteln zu verhindern. Die Befürchtung kam auf, in Dili könne eine Art südostasiatisches Kuba entstehen. Der unmittelbare Nachbar Australien, der noch in der traumatischen Erinnerung an das Vordringen der Japaner auf seine nördliche Hafenstadt Darwin lebte, bangte um seine Sicherheit. In Canberra war man in keiner Weise bereit, der Weltrevolution ein Sprungbrett zu überlassen, das sich weit in das strategische Glacis des Fünften Kontinents vorschob.

Die Dokumente liegen heute vor, die eindeutig beweisen, daß Henry Kissinger, der als Secretary of State des Präsidenten Gerald Ford die Außenpolitik der USA lenkte, das Entstehen eines zusätzlichen Feindstaates in Insulinde nicht tolerieren wollte. Präsident Suharto wurde von Amerika geradezu ermutigt, mit geballter Kraft zu intervenieren und dem revolutionären Spuk von Dili ein Ende zu bereiten. Offiziell wurde zwar das Vorgehen der indonesischen Streitkräfte gegen Timor-Leste in Washington und Canberra »bedauert«, in Wirklichkeit hatte Kissinger grünes Licht erteilt unter der heuchlerischen Voraussetzung, daß die Okkupation »effizient, zügig und ohne Einsatz amerikanischer Waffen« stattfände. Selbst an diese Restriktion hat sich das Pentagon nicht gehalten. Als die Kampftauglichkeit der FRETILIN-Partisanen alle Erwartungen übertraf, wurde die indonesische Aktionsfähigkeit durch Lieferung von Kampfbombern vom Typ »Bronco« zusätzlich verstärkt.

In den zehn Tagen des kurzlebigen Unabhängigkeitsrausches profilierten sich in den Führungsgremien der Republik Timor-Leste bereits einheimische Persönlichkeiten, die das politische Leben in Dili bis auf den heutigen Tag beeinflussen. Überragend lebt die Figur Nicolau Lobatos im Gedächtnis seiner Landsleute fort, der ein paar Tage lang als erster Regierungschef fungiert hatte und den bewaffneten Widerstand von Falantil mit erstaunlicher militärischer Begabung koordiniert hatte. Im Dezember 1978 fand er im Kampf gegen die Invasoren den Tod. Dieser Nationalheld war ein Mestiço wie fast alle Angehörigen der jetzigen Führungsriege und gehörte jener kleinen Schicht von Privilegierten an, denen die Portugiesen Zugang zu dem durch den »Estado Novo« begrenzten Bildungsweg gestatteten.

Herausragend, aber nicht unumstritten ist die Figur des heutigen Staatspräsidenten José Ramos-Horta. Schon zur Zeit der portugiesischen Kolonialpräsenz war der Journalist Horta als politischer Aufrührer zu zweijähriger Verbannung nach Mosambik verurteilt worden. Als die Indonesier Dili besetzten, befand er sich gerade auf der Reise nach New York, um vor der UNO den Unabhängigkeitsanspruch seiner Heimat zu verfechten. Gegen Ende seines langen Exils und eines unermüdlichen Werbens für die »Independência« wurde er im Jahr 1996 gemeinsam mit dem katholischen Bischof von Dili, Carlos Belo, der aufgrund seiner geistlichen Prärogativen auf der Insel ausharren und sich für die Anliegen seiner Landsleute einsetzen konnte, mit dem Friedensnobelpreis ausgezeichnet.

Zu erwähnen wäre vor allem der zur Stunde amtierende Ministerpräsident Xanana Guzmão, Sohn eines portugiesischen Lehrers, ehemaliger Jesuitenzögling, der der Berufung zum Priesteramt entsagte, um drei Jahre lang in der portugiesischen Armee zu dienen. Dort erwarb er wohl die militärische Praxis, die ihm nach dem Tod Lobatos erlaubte, den Buschkrieg erfolgreich fortzusetzen und zu intensivieren. 1992 geriet er in Gefangenschaft und durfte erst sieben Jahre später aus einer javanischen Haftanstalt nach Dili zurückkehren.

In dieser unvollständigen Auflistung muß vor allem der schillernde Intellektuelle Mari Alkatiri gewürdigt werden. Er war Nachfahre einer arabischen Händlerfamilie aus dem jemenitischen Hadramaut. In der fast ausschließlich christlichen Umgebung Ost-Timors gelang es dem Muslim Alkatiri, in der breiten Strömung nationalistischen Aufbegehrens Fuß zu fassen und sich als ideologischer Vordenker der Befreiungsfront FRETILIN zu profilieren.

Im Schicksalsjahr 1975, am Tag des indonesischen Überfalls, war Alkatiri mit knapper Not nach Mosambik entkommen. In dieser auf Moskau ausgerichteten Volksrepublik von Maputo behauptete er sich so konsequent als unermüdlicher Inspirator der Unabhängigkeitsbewegung, daß er nach 25jähriger Abwesenheit und nachdem die Indonesier das Feld hatten räumen müssen, zum Chef der ersten wirklichen Unabhängigkeitsregierung von Dili berufen wurde. Seine Amtsenthebung, die unter dubiosen Umständen stattfand, ließ nicht lange auf sich warten. Dieser umtriebige Araber, dem Sympathien für die Volksrepublik China nachgesagt wurden, war den Australiern und den Amerikanern, die nach dem Abzug der indonesischen Armee im Jahr 1999 in Dili die wirklichen Entscheidungen trafen, zutiefst suspekt.

Das Erdöl gab den Ausschlag

Baucau, im März 2008

Der Fahrer Jorge ist ein älterer Herr mit grauem Kraushaar und tiefbrauner Haut. In jungen Jahren hatte er als bescheidener Justizangestellter gearbeitet, aber unter den jetzigen Umständen ist es auf Ost-Timor weit lukrativer, sich als Chauffeur bei ausländischen Hilfsorganisationen zu verdingen. Die Strecke nach Baucau, neben Dili die wichtigste Ortschaft, legen wir gemächlich in drei

Stunden zurück. Ich wundere mich über den guten Zustand der gewundenen Asphaltstraße und die weit gespannten Brücken, die zu dem Plateau von Baucau in etwa dreihundert Meter Höhe führen. Die seien leider nicht von den Portugiesen hinterlassen worden, belehrt mich Jorge. Mit Stolz erzählt er mir auf Englisch, daß er zu den zehn Prozent Timoresen gehört, die sich immer noch in der Sprache des Dichters Camões ausdrücken. Auch die neue, zweite Amtssprache Tetum beherrscht er natürlich, wie die meisten seiner Landsleute, obwohl es mit der Niederschrift dieses Dialekts hapert. Die Indonesier hätten in dem Vierteljahrhundert ihrer Präsenz 1200 Kilometer Straßen gebaut, um dem Aufstand der FRETILIN besser beikommen zu können.

Jorge räumt ein, daß die Portugiesen nur 515 Schulen hinterlassen hatten, die Eroberer aus Java hingegen 815. Dort sei allerdings ausschließlich in Bahasa Indonesia unterrichtet worden, dem leicht zu erlernenden Nationalidiom der Republik von Jakarta. Neuerdings sei jedoch aufgrund des australischen Übergewichts und der vielfältigen UNO-Präsenz das Englische unaufhaltsam auf dem Vormarsch. So ungern die Timoresen das auch eingestehen, unter dem brutalen Militärregime des General Suharto sei der Lebensstandard der Durchschnittsbevölkerung erheblich angehoben worden. Auch das klägliche Gesundheitssystem habe sich damals verbessert.

Zu Recht sei auf den übrigen Inseln Beschwerde darüber geführt worden, daß die staatlichen Ausgaben in Timor-Leste pro Kopf der Bevölkerung höher gelegen haben als in allen anderen Landesteilen. Was man den Okkupanten überhaupt nicht verzeihen konnte, war ihr arrogantes, autoritäres Auftreten als rassisch überlegene Malaien. Zudem hätten die Beamten aus Jakarta die Bauern und Pächter gezwungen, ihre Felder, die weitgehend brachlagen, intensiv zu bebauen, und eine solche Disziplinierung durch Arbeit entsprach wohl nicht dem aufsässigen und trägen Stammestemperament der meisten Ost-Timoresen.

Das äquatoriale Meer leuchtet in strahlendem Blau, aber der Dschungel, der ungeachtet rücksichtsloser Brandrodung in diesem heiß-feuchten Klima sofort wieder als undurchdringliches Dickicht hochschießt, wirkt düster und bedrohlich. Die Strecke, die wir befahren, galt zur Zeit der Besatzung als unentbehrlicher Verbindungsstrang nach Osten. Die indonesischen Militärkonvois bewegten sich hier mit Höchstgeschwindigkeit, weil stets mit einem Hinterhalt der Freischärler gerechnet werden mußte. Die meisten Dörfer wurden verwüstet. Die neu errichteten Hütten sind selten mit dem schönen hohen Giebel ausgestattet, der für diese Region einst typisch war. Man begnügt sich heute mit Notunterkünften. Die Reisfelder sind kaum bewirtschaftet, aber überall wachsen tropische Früchte in Hülle und Fülle. Der vulkanische Boden muß extrem fruchtbar sein.

Immer wieder tritt Jorge auf die Bremse, weil irgendein Haustier über den Weg läuft, Hühner, Enten, Ziegen und fette schwarze Schweine. In den sumpfigen Niederungen wälzen sich Herden von Wasserbüffeln im Schlamm. Wie dieses von der Natur gesegnete Land laut offizieller UNO-Darstellung an mangelnder Ernährung, ja Hungersymptomen leiden soll, läßt sich schwer erklären. Neben Malaria soll Tuberkulose weit verbreitet sein. Aber die Geburtenrate ist eine der höchsten der Welt. Jede Frau gebärt durchschnittlich sieben Kinder. In diesem tristen Umfeld überrascht das Auftauchen einer Schulklasse von Mädchen in blau-weißer Uniform, die diszipliniert in Zweierreihe am Straßenrand entlangspaziert.

Vergeblich habe ich nach den einst so begehrten Sandelholzbäumen, »Santalum album«, Ausschau gehalten, die dreißig Jahre brauchen, um ihre normale Höhe von zehn Metern zu erreichen. Sie sind wohl alle räuberischer Abholzung zum Opfer gefallen. Solange wir uns längs der Küste bewegen, werden wir von Kindern angehalten, die Bündel mit silbern glänzenden Fischen zum Kauf anbieten. Im Landesinnern fallen mir Männergruppen auf, die in bunt gezierten Käfigen Hähne transportieren. »Sie wandern zum Hahnenkampf in eines der umliegenden Dörfer«, kommentiert Jorge. Dieses grausame Spiel, bei dem die Tiere sich mit scharfen Metallklingen, die an den Krallen fixiert sind, gegenseitig zerfetzen, wird auf Timor, wie übrigens auch in anderen Teilen Insulindes und auf den Philippinen, mit entfesselter Leidenschaft und unter Einsatz relativ hoher Wettsummen ausgetragen. Unser Fahrer hält nicht viel von diesem Volksvergnügen. Am Ende würden die Verlierer sich mit den wenigen verbliebenen Peseten sinnlos betrinken und – in die heimische Hütte zurückgekehrt – ihre Wut und Enttäuschung durch Verprügeln ihrer Frauen abreagieren.

Das als architektonisches Kleinod der Kolonisation gepriesene Baucau erweist sich als schmucklose Ansammlung geduckter, weiß getünchter Häuser. Die menschenleeren Straßen steigen steil an und flimmern in der Mittagshitze. Die zentral gelegene katholische Kirche weist keinerlei Schmuck auf außer einer Kachel-Abbildung der Madonna von Fatima und des heiligen Antonius, um dessen Schutz auf Portugiesisch gebetet wird.

Eine wirkliche Überraschung bietet die in makellosen Bonbonfarben leuchtende »Pousada Flamboyant«. Wie durch ein Wunder ist das rosa gestrichene Gasthaus aus der Verwüstung auferstanden und pflegt einen erstaunlich anspruchsvollen Stil. Die Zimmer, die ich flüchtig besichtige, sind mit allem Komfort ausgestattet. Vor allem das Restaurant der Pousada, dessen Terrasse einen weiten Rundblick erlaubt, tut sich durch fast luxuriöse Gastlichkeit hervor mit makellosen Tischdecken, elegantem Besteck und einer perfekt gestylten einheimischen Bedienung, die weiße Schürzen und Häubchen trägt. Das angebotene Menü schmeckt vorzüglich.

In der Pousada Flamboyant bin ich mit einem Gesprächspartner verabredet, der mir als Leiter des portugiesischen Informationsdienstes auf Timor und als exzellenter Kenner der verworrenen politischen Zusammenhänge empfohlen wurde. Fernando Fereira, wie wir ihn nennen wollen, ist reiner Lusitanier ohne einen Schuß melanesischen oder malaiischen Blutes. Der selbstsicher auftretende Mann mit schwarzem Backenbart dürfte vierzig Jahre alt sein. Wir unterhalten uns auf französisch, und dadurch entsteht eine spontane lateinische Intimität. Wie die Kolonialherrschaft Lissabons zu Ende ging und unter welchen Umständen die Soldaten des General Suharto sich der östlichen Inselhälfte bemächtigten, ist mir inzwischen ausreichend bekannt.

Mysteriös hingegen erscheinen mir die Gründe, die den Westen – es geht vor allem um die USA und die australische Regierung des Ministerpräsidenten John Howard – bewogen hatten, der Republik Indonesien ihre 27. Provinz Ost-Timor wieder zu entreißen und in Dili einen unabhängigen Staat ins Leben zu rufen.

Wir haben unsere Mahlzeit reichlich mit portugiesischem Rotwein begossen. Fernando, der anfangs recht verschlossen wirkte, setzt seine Sonnenbrille ab und wird zusehends mitteilsamer. Es klingt, wie mir scheint, Galgenhumor mit, wenn er auf die hiesigen Vorgänge, zumal die Bemühungen seines eigenen Landes, zu sprechen kommt, in dem südostasiatischen Zipfel wieder Flagge zu zeigen. Als Wendepunkt des internationalen Pokerspiels nennt er den 12. November 1991. An diesem Tage hatten sich in Dili etwa tausend einheimische Patrioten am Friedhof Santa Cruz versammelt, um den Tod eines im Kampf gefallenen Widerstandskämpfers zu beklagen. Indonesische Soldaten eröffneten das Feuer und richteten ein Massaker an. Das war eigentlich nichts Ungewöhnliches. Aber dieses Mal geriet das brutale Vorgehen des General Suharto in das grelle Licht der westlichen, vor allem der amerikanischen Medien. Ganz zufällig sei die internationale Anteilnahme wohl nicht zustande gekommen, bemerkt Fernando mit müdem Lächeln.

Im Jahr 1991 schwelgten die USA in der Gewißheit, ihr Ziel einer weltweiten Hegemonie erreicht zu haben. Die Sowjetunion war auseinandergebrochen. Präsident Bush senior hatte Saddam Hussein in die Knie gezwungen. Im Kapitol zu Washington keimte eine Vorstellung, die unter George Bush II zur Obsession werden sollte. Demnach müßten im Zeichen einer ideologischen Gleichschaltung sämtliche Länder des Erdballs die amerikanischen Vorstellungen von Demokratie und Kapitalismus übernehmen.

Dem Diktator Indonesiens, Hadji Mohamed Suharto, der als unerbittlicher Kommunistenfeind ein willkommener Verbündeter war, hatte man bislang Grausamkeit und Korruption nachgesehen. Unter der energischen Führung des »lächelnden Generals« hatte sein gigantischer Archipel sogar einen bemerkenswerten wirtschaftlichen Aufschwung erlebt. Doch plötzlich wurde der alternde

Despot, der sich zunehmend störrisch zeigte und den Weisungen des Internationalen Währungsfonds mit berechtigtem Mißtrauen begegnete, ein unbequemer, ja belastender Alliierter. Zudem kam der Verdacht auf, daß er sich zur Konsolidierung seines Regimes nicht nur auf die unentbehrliche Armee stützte, sondern gewissen islamischen Kräften zu weiten Spielraum einräumte. Kurzum, der Mohr hatte seine Schuldigkeit getan, der Mohr konnte gehen.

Es war ja nicht das erste Mal, daß Washington bewährte Gefolgsleute fallenließ. Im Gedankenaustausch mit meinem portugiesischen Gesprächspartner erwähne ich das traurige Schicksal des Präsidenten Ngo Dinh Diem in Vietnam, den Schah von Persien, diverse Caudillos in Lateinamerika und neuerdings auch die Pressekampagne gegen General Pervez Musharraf in Pakistan.

Die indonesischen Kommandeure, die Tausende ihrer Soldaten in der Guerrilla von Ost-Timor verloren hatten und nach der Gefangennahme des wichtigsten Partisanenführers Xanana Guzmão überzeugt waren, der »Pazifizierung« dieser rebellischen 27. Provinz nahe zu sein, hatten sogar den Gedanken an eine begrenzte Autonomie Ost-Timors weit von sich gewiesen. Die Situation änderte sich jedoch gründlich, als im Jahr 1997 Ostasien durch eine katastrophale Finanzkrise erschüttert wurde.

Noch heute hält sich in den Ländern, die von dieser Rezession getroffen wurden, der Verdacht, daß sie in einer ersten Phase durch die Manipulationen des Finanzmagnaten George Soros, seine Spekulation gegen die thailändische Bath-Währung, ausgelöst und anschließend durch das krampfhafte Festhalten an den schädlichen Entscheidungen des Weltwährungsfonds auf eine ganze Reihe anderer Staaten in Fernost – darunter Südkorea – ausgeweitet wurde. Am härtesten betroffen war Indonesien, wo die Währung, die Rupiah, ins Bodenlose stürzte, die aufstrebenden Industriezweige plötzlich zusammenbrachen und das Gespenst des Staatsbankrotts auftauchte. Eine Welle von Verzweiflung, Wut und Gewalt bemächtigte sich der bislang so passiv und unterwürfig wirkenden Massen. Ganz Indonesien könnte Amok laufen, so befürchteten die Experten.

Am 21. Mai 1998 resignierte der schwer erkrankte und verbitterte General Suharto. Er gab das höchste Staatsamt an seinen bisherigen Vizepräsidenten und engen Vertrauten Yusuf Habibie ab. Die westlichen Handelspartner Indonesiens atmeten auf. Habibie genoß vor allem in Deutschland, wo er sein Ingenieurstudium einst brillant abgeschlossen hatte, hohes Ansehen und galt als Garant liberaler Ökonomie und politischer Toleranz. Daß sich dieser technisch hochbegabte Mann im politischen Spiel als Versager und Phantast erweisen sollte, entdeckten seine deutschen Freunde wohl erst, als Habibie allen Ernstes daranging, den Aufbau einer indonesischen Flugzeugindustrie in die Wege zu leiten.

Angesichts der Aufstandsbewegungen, die an der Nordspitze Sumatras in der fanatisch islamischen Provinz Aceh, bei den Papua von West-Neuguinea und natürlich auch in Ost-Timor aufflackerten, reagierte Habibie mit Ratlosigkeit. Die Standhaftigkeit des neuen Präsidenten war dem massiven Druck, dem er sich aus Washington und Canberra ausgesetzt fühlte, nicht gewachsen. Zu Beginn des Jahres 1999 vollzog er die plötzliche Kehrtwende und erklärte sich bereit, die Einwohner von Timor-Leste unter internationaler Überwachung über ihre Unabhängigkeit oder den Verbleib bei Indonesien abstimmen zu lassen. Vielleicht hegte er die Hoffnung, daß die dortige Bevölkerung, die von Jakarta immerhin wirtschaftlich begünstigt worden war, für den Status quo optieren würde.

»Der Rest ist Ihnen bekannt«, nimmt Fereira seine Argumentation wieder auf. Der indonesische General Wiranto löste in der ehemaligen portugiesischen Kolonie eine Einschüchterungskampagne sondergleichen aus, mobilisierte an Ort und Stelle Schlägertrupps und lokale Milizen, die ihre Treue zu Jakarta durch systematische Verfolgung der »Independentistas« demonstrierten. Daß die drangsalierten Timoresen am 30. August 1999 sich dennoch mit 78,5 Prozent der Stimmen für die Unabhängigkeit aussprachen, traf die indonesischen Militärs wie ein harter Schlag und eine tiefe Demütigung. Jetzt ließen sie ihre Parteigänger vollends von der Leine. Die von der Armee rekrutierten Mörderbanden und Plünderer richteten eine apokalyptische Verwüstung an. Während Dili und die meisten Dörfer in Flammen aufgingen, flüchteten 200 000 Einheimische in abgelegene Gebirgsverstecke. Für diese Methode der verbrannten Erde gibt es sogar einen indonesischen Begriff: »Prembumihangusan«.

Im September schlug die Stunde der bewaffneten Intervention der Vereinten Nationen. Es wurde Zeit, der Raserei ein Ende zu setzen. Habibie mußte sich einer einstimmigen Resolution des Weltsicherheitsrats beugen und die Landung von fünftausend australischen »Blauhelmen« akzeptieren, die durch sechstausend Soldaten anderer Mitgliedstaaten nach und nach ergänzt wurden. Die »International Force for East Timor« (INTERFET) übernahm die militärische Kontrolle. Eine Übergangsadministration der UNO, UNTAET genannt, sollte sich drei Jahre lang vergeblich bemühen, im Namen der Demokratie ein Minimum an Ordnung wiederherzustellen.

*

»So lautet die offizielle Story, die Sie überall nachlesen können«, fährt Fereira fort, »aber der wirkliche Hintergrund dieses plötzlichen Sinneswandels und der überstürzten Intervention der ›Internationalen Völkergemeinschaft‹, wie es so schön heißt, präsentiert sich ganz anders.« Die globale Strategie spiele natürlich eine vorrangige Rolle. Die Gerüchte, wonach die US Navy an der Nordküste von Timor-Leste oder auf Atauro eine Marinebasis errichten wolle, haben sich bisher nicht bewahrheitet. Aber Marineexperten verweisen weiterhin darauf, daß die tiefen Gewässer der Savu-See und der Wetar Strait – zumal in der Perspektive eines Konfliktes mit China – eine ideale und sichere Direktpassage für amerikanische Nuklear-U-Boote vom Pazifik zum Indischen Ozean darstellen. Selbst in harmlosen, völlig unvoreingenommenen Guide Books wird angedeutet, daß diese günstige maritime Topographie bei dem plötzlichen Eintreten Washingtons für die Unabhängigkeit Timor-Lestes eine größere Rolle gespielt haben dürfte als die Beteuerung heiliger Prinzipien der Menschenrechte und der nationalen Selbstbestimmung.

»Raten Sie, was beim Engagement Washingtons und Canberras zu Gunsten dieser Zwergrepublik den wirklichen, den entscheidenden Ausschlag gegeben hat?« fragt mein portugiesischer Mentor mit bitterem Lächeln. Die Antwort fällt nicht schwer: »C'est le pétrole – Es ist das Erdöl!« Ich sage einen Spruch auf, der – nach eigenen Erfahrungen rings um die Welt – weiterhin seine Gültigkeit besitzt. So wie es zu Zeiten des britischen Empires üblich war, daß die Seeleute Ihrer Majestät den Finger in das Wasser der Ozeane tauchten mit der Bemerkung: »Tastes salty, must be British – Schmeckt salzig, muß also britisch sein«, so erhebt um die Wende zum einundzwanzigsten Jahrhundert die einzig verbliebene Supermacht USA den Anspruch: »Smells oily, must be American – Riecht nach Öl, muß also amerikanisch sein.«

Die Timor-See, so wußten die Prospektoren seit geraumer Zeit, enthält knapp achtzig Meter unter dem Meeresspiegel reiche Vorkommen an Petroleum und Erdgas. Nun trifft es sich, daß das Bayu-Undan-Feld, wo die Förderung bereits im Gange ist, nur 250 Kilometer südwestlich des timoresischen Fischerortes Suai, aber 500 Kilometer vom nordaustralischen Hafen Darwin entfernt liegt. Schon ist eine Pipeline für Gastransport im Bau, die nicht nach Suai, sondern nach Darwin führt, von wo der Weiterexport in Richtung Japan stattfinden soll.

Das Abkommen, »Timor Gap Treaty« genannt, das unter Mißachtung der geographischen Fakten und der völkerrechtlich verbindlichen Usancen unterzeichnet wurde, kam unter massivem Druck Canberras zustande. Eine extrem komplizierte Regelung wurde mit dem internationalen Konzern Phillips Petroleum vereinbart, aus dem nur eines mit Klarheit hervorgeht, nämlich die eindeutige Benachteiligung der Timoresen.

Sollte in Dili eines Tages eine handlungsfähige und selbstbewußte Regierung ans Ruder kommen, wäre der offene Streit mit Australien vorprogrammiert, zumal die Ausbeutung der zusätzlichen Reserven und Förderblocks im »Greater Sunrise Field« noch nicht zugeteilt wurde. Wer wohl als Gegenspieler der Angelsachsen und als Sekundant der geprellten Timor-Regierung in Frage käme, frage ich. »Auf lange Sicht kommt nur eine Großmacht in Frage«, lautet die Antwort. »Das wird mit Sicherheit nicht die Europäische Union sein, als deren Mitglied Portugal seiner ehemaligen Kolonie beistehen möchte. Das kann auf Dauer nur die Volksrepublik China sein, die als Aufkäufer des immensen Mineralreichtums Australiens als wenig beliebter, aber unentbehrlicher, unersättlicher Kunde über zunehmende Druckmittel verfügt.«

Beim Verlassen der Pousada Flamboyant fällt mir ein Denkmal auf, das seinerzeit als Zeichen der angeblichen engen Verbundenheit mit Jakarta errichtet wurde. Ein in malaiische Tracht gekleidetes Paar sollte die Zugehörigkeit zu Indonesien versinnbildlichen, und seltsamerweise ist es niemandem eingefallen, dieses Symbol einer erzwungenen Überfremdung zu zerschlagen. Fernando verabschiedet sich mit einem kräftigen *abrazo*. Dabei gibt er mir den Rat, auf dem Plateau von Baucau nach dem Flugplatz Ausschau zu halten, der noch von den Portugiesen angelegt wurde und im Gegensatz zum winzigen Airport von Dili auch für die Landung großer Düsenmaschinen taugt. Die UNO habe sich die Nutzung dieser ausgedehnten Rollbahn vorbehalten.

War es die schlechte Witterung oder eine gezielte Nachlässigkeit der australischen Fluglotsen, daß eine russische Maschine, die mit technischem und elektronischem Gerät aus Portugal zur Aufrüstung der timoresischen Streitkräfte beladen war, im Jahr 2004 ihr Ziel verfehlte und brennend im Busch aufschlug? Nicht weit davon sind Soldaten der im Aufbau befindlichen Armee von Timor-Leste in Baracken untergebracht. Für deren Ausbildung haben die Australier nicht den ausschließlichen Auftrag übernehmen können. Es sind auch Instrukteure aus Bangladesch und diversen ASEAN-Staaten präsent, was der Tauglichkeit dieser Truppe mit Sicherheit nicht zugute kommt. Die Chinesen der Volksrepublik hatten sich ursprünglich auf die Lieferung von Uniformen beschränkt, sind aber angeblich auch als Waffenlieferanten und diskrete Advisors über die ganze Inselrepublik verstreut.

Der Fahrer Jorge hatte unserem Gespräch, das auf französisch geführt wurde, nicht folgen können. Jetzt steuert er seinen Geländewagen auf die verwitterten Reste der portugiesischen Festungsmauern von Baucau zu. Offenbar will er seine in einer Klosterschule erworbenen Lateinkenntnisse zur Geltung bringen. »Sic transit gloria mundi«, zitiert er, und sein erstarrt wirkendes, dunkles Antlitz wird plötzlich von einem Anflug von Heiterkeit, aber auch von Trauer belebt. Er könne mir westlich von Dili, in Maubara, auch noch eine Bombarde – eine Steinschleuder – der Kolonialmacht aus dem siebzehnten Jahrhundert zeigen, schlägt er vor. »Sic transit gloria Lusitaniae et Europae«, ergänze ich seinen frommen Spruch. Ein paar plumpe Geschütze oder »Feuerschlangen«, wie man damals sagte, hatten genügt, um dem weißen Mann zu seiner Weltherrschaft über alle Kategorien farbiger und exotischer Völker zu verhelfen. Heute dürfte die Anhäufung der perfektioniertesten Technik, der Einsatz von Wunderwaffen, kaum mehr ausreichen, um eine so widernatürliche und anmaßende Dominanz zu verewigen.

Mord und Totschlag im Zeichen der Freiheit

Areia Branca, im März 2008

Mit einiger Phantasie könnte man sich am weißen Sandufer von Areia Branca einbilden, eine Miniatur der Copacabana zu entdecken. Dazu tragen die portugiesischen Rufe und Wortfetzen bei, die von den im Meer planschenden Menschen herüberklingen. Zwar hält man vergeblich nach den Prunkbauten und den modernen Monsterfassaden der brasilianischen Metropole Ausschau, aber die Elendsviertel von Dili, die durch eine gnädige Küstenkrümmung verdeckt sind, lassen sich durchaus mit den dortigen Favelas vergleichen. In Ermangelung des berühmten »Zuckerhuts« versperrt das Cap Fatucuma den östlichen Horizont, und auf dessen höchstem Felsen erhebt sich tatsächlich wie in Rio eine gigantische Christusstatue. Der Heiland streckt auch hier seine segnenden

Arme aus und scheint vergeblich bemüht, Gewalt und Elend von den geplagten Menschen Ost-Timors fernzuhalten.

Wir sind aus einem besonderen Anlaß in diesem erbärmlichen Strandrestaurant von Areia Branca zusammengekommen. Der Holzschuppen mit klappriger Veranda wird durch Stacheldraht locker abgesichert. Hier feiere ich meinen 84. Geburtstag. Ich halte nicht viel von dem »Happy Birthday«-Gequake, aber meinen Gönnern von der GTZ bin ich ohnehin eine Fete schuldig. Um das Treffen zu politischem und informativem Austausch zu nutzen, haben sie ein paar Politiker und ehemalige Minister der Republik Timor-Leste hinzugeladen.

Vor allem erfreut mich die Anwesenheit meines Freundes Udo Haase und seiner Frau Eva. Beide hatte ich im deutschen Schicksalsjahr 1989 in der mongolischen Hauptstadt Ulan Bator kennen- und schätzengelernt. Udo war damals als Diplomat der Deutschen Demokratischen Republik in der Heimat Dschingis Khans tätig. Er beherrschte die Landessprache – nach Aussagen der Einheimischen – fast so gut wie ein gebürtiger Mongole und verfügte über profunde Landeskenntnis.

Nach seinem Ausscheiden aus dem auswärtigen Dienst der DDR habe ich den Kontakt aufrechterhalten. Udo wurde später Bürgermeister von Schönefeld, und damit fiel ihm beim Ausbau des dortigen Großflughafens eine wichtige Aufgabe zu. Bevor ich mit Ehepaar Haase nach Ost-Timor aufbrach – die Horrormeldungen, die aus Dili eintrafen, konnten die beiden nicht abschrecken –, hatten wir schon gemeinsame Exkursionen unternommen.

So waren wir ein paar Jahre vor Angela Merkel und Sigmar Gabriel nach Grönland gereist und hatten festgestellt, daß die Klimaerwärmung, die ähnlich günstige Agrar- und Weidebedingungen am Rande der gewaltigen Eiskappe wiederherstellte wie zu Zeiten des Wikingers Eriks des Roten, auch den urzeitlich wirkenden Moschusochsen zugute kam.

Im Himalaya-Königreich Bhutan entdeckten wir im folgenden Jahr tatsächlich eine Art Shangri-La. Die Heiterkeit, das Wohlbefinden der dortigen Bevölkerung war nicht von der Seuche des

Massentourismus heimgesucht. Meinen 83. Geburtstag hatten wir im März 2007 gemeinsam an Bord eines kleinen russischen Eisbrechers in der bizarren, extraterrestrischen Welt der Antarktis mit viel Wodka gefeiert und von mitfahrenden Wissenschaftlern erfahren, daß sich am Südpol eine Abkühlung der eisigen Fluten vollzieht, daß über diesem sechsten Kontinent gewaltige Schneefälle niedergehen, die sich in kompakte zusätzliche Gletschermassen verwandeln.

Dieses Mal kaufe ich dem militärisch geschützten Commissary Shop von Dili, dessen Angebot für die Einheimischen unerschwinglich ist, aber für die privilegierte Kaste der UNO-Funktionäre und der NGO-Parasiten alle nur denkbaren Luxusgüter feilhält, ein paar Flaschen Whisky – Marke Chivas Regal –, französischen Champagner und vorzüglichen australischen Rotwein, um das Wiegenfest gebührend zu begehen. Für die Nahrung sorgt der Wirt unserer reichlich vergammelten »Pousada«, ein Mulatte aus Mosambik, der zur Feier des Tages neben der schwarz-gelb-roten Fahne von Timor-Leste auch das rot-grüne Banner Portugals gehißt hat. Er serviert einen schmackhaften Fisch, dessen festes Fleisch sich mit dem »Empereur« aus dem Mittelmeer vergleichen läßt. Dazu kommt australisches *beef* und eine buntschillernde Torte. Besonders hygienisch geht es in dieser Kambüse nicht zu. Dafür sorgt schon ein Äffchen, das an langer Leine zwischen den Tischen herumspringt. Doch wen stört das?

Ich habe zusätzlichen Grund, meine Präsenz in Dili zu feiern. Mit dieser Etappe vollende ich meine Absicht, sämtliche Länder unseres Erdballs aufzusuchen, inklusive der diversen Inselgruppen des Pazifik. Über diese Sammler-Marotte, über die Manie, die lateinische Formel »rerum novarum cupidus« ins Geographische umzusetzen, mag sich der eine oder andere Schöngeist mokieren. Ein befreundeter chinesischer Diplomat beglückwünschte mich zu diesem Wandertrieb und zitierte den weisen Konfuzius, der dem Reisenden in fremden Ländern einen ähnlichen Rang einräumte wie dem Gebildeten, der sich dem Studium widmet.

Sehr schnell kommt ein munteres, mediterran anmutendes Gespräch in Gang. Trotz der schwülen Hitze, die am Körper klebt, stellt sich euphorische, ausgelassene Stimmung ein. Der reichliche Alkoholgenuß trägt dazu bei, aber auch das grandiose Schauspiel des tropischen Sonnenuntergangs. Unter den timoresischen Gästen befinden sich ein ehemaliger Innenminister und ein Entwicklungsminister, der vor kurzem sein Amt quittierte.

Den Vereinten Nationen – inspiriert durch amerikanisch-australische Menschheitsbeglücker – war für das »nation building«, dem sie sich auch in Ost-Timor verpflichtet fühlten, nichts Besseres eingefallen als die Einführung der parlamentarischen Demokratie und eines Mehrparteiensystems, das schnurstracks auf bürgerkriegsähnliche Zustände zusteuerte. Von der Illusion des »nation building« zum »failed state«, das hätte man spätestens seit Bagdad und Kabul wissen müssen, ist es ja nur ein Schritt.

Unsere freimütige Plauderei wendet sich zwangsläufig den blutigen Ereignissen zu, die sich einen knappen Monat zuvor, am 11. Februar 2008, in den obersten Sphären des Staates abspielten. Die Folgen dieses absurden äquatorialen Polit-Thrillers sind zur Stunde unkalkulierbar. Die ausländischen Nachrichtendienste, die die Instabilität an diesem strategischen Schnittpunkt aufmerksam beobachten, soweit sie an deren chaotischen Auswüchsen nicht aktiv beteiligt sind, suchen krampfhaft nach plausiblen Erklärungen.

Wie konnte es passieren, daß das Staatsoberhaupt von Timor-Leste, José Ramos-Horta, beim morgendlichen Jogging am nahen Strand seiner Residenz von ein paar Killern überfallen und durch mehrere Kugeln schwer – wie die Angreifer wohl glaubten: tödlich – verletzt wurde? Wie läßt sich erklären, daß seine Leibwächter von der UNO eine halbe Stunde brauchten, um ihrem prominenten Schützling zu Hilfe zu kommen? Sogar der Zugang zum Grundstück des Staatschefs war auf Weisung irgendeiner internationalen Behörde für jede Form von Beistand abgeriegelt worden.

Noch seltsamer mutet eine andere Alarmmeldung an, wonach der amtierende Ministerpräsident Xanana Guzmão nur eine knappe Stunde nach dem Anschlag auf Ramos-Horta ebenfalls in einen Hinterhalt geriet. Sein Wagen wurde von Kugeln durchsiebt, aber weder der Regierungschef noch seine Bodyguards erlitten die geringste Verletzung. Der Verdacht, es habe sich um ein fingiertes, von dem Betroffenen selbst inszeniertes Attentat gehandelt, drängt sich zwingend auf.

Xanana Guzmão hatte im Dschungelkampf gegen die Indonesier große Popularität gewonnen. Er distanzierte sich gern von jenen Politikern, die ihre Befreiungskampagne aus dem sicheren Auslandsexil geführt hatten. Nach seiner Gefangennahme im Jahr 1991 blieb sein Prestige intakt. Erst nach seiner wunderbaren Errettung am 11. Februar 2008, als er den Anstifter dieses angeblichen Staatsstreichs allzu schnell benannte, kamen Zweifel an seiner Integrität und sogar an seinen Meriten im Kampf gegen Jakarta auf.

Der Schuldige, so ließ Guzmão verbreiten, sei ein chaotisch veranlagter Freischärler-Kommandant namens Alfredo Alves Reinado, der sich im Frühjahr 2006 an die Spitze einer Revolte ehemaliger Mitstreiter des Unabhängigkeitskampfes gestellt hatte. Diese Veteranen der »Liberacion«, deren Interessen Reinado vertrat, waren von der Übernahme in die neu aufgestellten Streitkräfte der Republik ausgeschlossen worden. Ohne Vergütung, ohne Rente und unter skandalöser Mißachtung ihrer Verdienste wurden sie mittellos in ihre Dörfer zurückgeschickt. Die »Petisionistas«, wie sie sich nannten, fühlten sich um ihren Sieg und ihren Opfermut betrogen.

Ihr Wutausbruch war fürchterlich. Im Mai 2006 kam es in Dili und den umliegenden Ortschaften zu einer Orgie sinnloser Gewalt. Die wenigen Gebäude des jungen Inselstaates, die der Verwüstung durch die proindonesischen Milizen nach dem Unabhängigkeits-Referendum von 1999 entgangen waren, fielen nunmehr der kompletten Zerstörung anheim. Die grausamen Instinkte der Kopfjäger schienen wieder aufzuleben. Unzählige Zivilisten flüchteten in den Busch.

Der Rebell Reinado, der bei seinen Stammesbrüdern vor allem im westlichen Teil von Timor-Leste mindestens ebenso populär war wie Xanana Guzmão, zog sich vor dem Zugriff anrückender UNO-Truppen in die ihm vertrauten Gebirgsverstecke zurück. Den australischen Spezial-Commandos, die ihn vorübergehend festgesetzt hatten, entkam er mit fünfzig Gefolgsleuten auf mysteriöse Weise. Der zuständige Gefängnisdirektor, der wohl zuviel wußte, wurde wenige Tage nach diesem Ausbruch vergiftet vorgefunden.

Bei weiten Teilen der Bevölkerung, denen die Staatsgründung bisher nur Anarchie und Armut gebracht hatte, gewann Reinado Sympathie und Unterstützung, als er sich gegen die Privilegien der regierenden Kaste von Parteifunktionären, gegen die Korruption der Parlamentarier auflehnte und als Anwalt der Entrechteten, als südostasiatischer »Robin Hood« auftrat.

Die Beschuldigung Guzmãos, Reinado habe die Ermordung José Ramos-Hortas sowie den Beschuß seines eigenen Fahrzeugs angestiftet und sich durch Mord an die Macht putschen wollen, brach in sich zusammen, als unabhängig operierende portugiesische Ermittler feststellten, daß der Staatschef Horta und der Rebell Reinado keineswegs unversöhnlich verfeindet waren, sondern gemeinsam nach einem Ausgleich und einer Besänftigung der verfeindeten Fraktionen suchten.

Alfredo Reinado, so wurde bekannt, hatte am Abend vor dem Überfall mit José Ramos-Horta getafelt und im Zustand starker Alkoholisierung im Haus des Präsidenten übernachtet. Am folgenden Morgen wurde er eine halbe Stunde, bevor die Schüsse auf den joggenden Staatschef abgefeuert wurden, durch drei Kugeln in den Kopf regelrecht exekutiert.

Die Beziehungen zwischen Horta und Guzmão hingegen, so wird in Dili kolportiert, seien zu diesem Zeitpunkt aufs Äußerste angespannt gewesen. Letzterer hatte sich einer neutralen Untersuchung der Hintergründe des Petisionista-Aufruhrs widersetzt, während Reinado eine solche Überprüfung forderte. Mit unerklärlicher Verspätung wurde der schwerverletzte Horta doch noch nach Australien ausgeflogen, wo er durch Bluttransfusion und operative Eingriffe im renommierten Royal Hospital von Darwin erstaunlich schnell wieder zu Kräften kam. Welche Gefühle er empfand, als der zwielichtige Regierungschef Guzmão an sein Krankenbett eilte, ein Blumenbukett überreichte und ihn umarmte, hat niemand erfahren.

In Dili fand unterdessen ein seltsames Spektakel statt. Die Leiche des angeblichen Hochverräters Reinado wurde unter Wehklagen einer tausendköpfigen Trauergemeinde auf dem Friedhof Santa Cruz beigesetzt. Sein Sarg war in die Nationalflagge gehüllt. Der katholische Klerus, der sich jeden Kommentars zu den bizarren Vorgängen enthalten hatte, erteilte dem toten Aufrührer den letzten Segen.

Kurz danach wurde mit gebotener Vorsicht eine Video-Aufzeichnung unter das Volk gebracht, auf der Reinado sich wenige Stunden vor seiner Hinrichtung mit der ihm eigenen rhetorischen Begabung gegen die erdrückende Einflußnahme des Auslands – gemeint waren die Australier und deren amerikanische Verbündete – auflehnte. Er prangerte die Ausbeutung der timoresischen Erdöl- und Erdgas-Reichtümer durch das fremde Kapital an. Er selbst – wie auch der Oberbefehlshaber General Taur Matan Ruak – sei schon 2004 durch Geheimagenten diverser angelsächsischer Länder zum Putsch gegen den damaligen Regierungschef Mari Alkatiri aufgestachelt worden.

In Canberra und Washington stand der zu jenem Zeitpunkt amtierende Ministerpräsident Alkatiri im Verdacht, die erdrückende Militär- und Wirtschaftspräsenz Australiens durch Anlehnung an die Volksrepublik China zu kompensieren und auszubalancieren. An jenem tragischen Februartag 2008 stellten die Timoresen mit Verwunderung fest, daß knapp drei Stunden nach dem angeblichen Umsturzversuch Reinados australische Spezial-Commandos, als hätten sie bereits auf dem Sprung gestanden, in Dili eintrafen.

Wie soll ein Ortsfremder dieses Ränkespiel durchschauen, wenn schon die Einheimischen sich in widersprüchlichen Verdächtigungen und Beschuldigungen verfangen? Welche politischen Wirren der Republik Ost-Timor noch bevorstehen, kann kein Gast unserer Geburtstagsrunde voraussagen. Aus den letzten Parlamentswahlen ging die FRETILIN, deren Generalsekretär Alkatiri ständigen Morddrohungen und tätlichen Übergriffen gegen seine Familie ausgesetzt ist, als stärkste Fraktion hervor. Vier Splitterparteien taten sich jedoch zusammen, um dem früheren Seminaristen Guzmão zum Amt des Regierungschefs zu verhelfen. Ein lähmendes Proporzsystem erlaubt die absurdesten politischen Kombinationen. Jede Partei, die die Drei-Prozent-Hürde überwindet, kann Abgeordnete in die Kammer entsenden. Deren Bestechlichkeit kennt keine Grenzen.

Auf die Australier ist niemand mehr gut zu sprechen, und das wird auch in unserer Tafelrunde deutlich. Die Absicht der UNO-Verwaltung, weite Anbauflächen von Mais und Getreide in Plantagen von Kokospalmen oder Zuckerrohr zu verwandeln, um Grundstoff für »Biofuel« zu gewinnen, stößt auf Empörung. Die Einschränkung der Lebensmittelproduktion zugunsten der Schaffung von vegetalem Benzinersatz vollzöge sich auf Kosten der darbenden Bevölkerung. Der ökologische Wahn diene wohl auch hier als Vorwand für eine wirtschaftliche Orientierung, so wird behauptet, die den Profit der Energiekonzerne steigert und den Völkern der Dritten Welt das Überleben erschwert.

Unsere timoresischen Gesprächspartner mögen Mestiços oder Melanesier sein, aber dank ihrer katholisch-portugiesischen Erziehung wirken ihre Gedankengänge vertraut. Sie sind nicht frei von ironischen und schwermütigen Betrachtungen. Ihre Namen will ich verschweigen, denn es lebt sich weiterhin gefährlich in Timor-Leste. Unter den Deutschen spricht Jürgen Glembotzki, Berater des Wirtschaftsministeriums, ein weiches, singendes Brasilianisch und kennt sich bestens aus. Er bringt das Gespräch auf die rassische Mischkultur zwischen Schwarz und Weiß – indianische Elemente sind ebenfalls erhalten –, die für das heutige Brasilien so typisch ist und rund um den Erdball ein hervorragendes Merkmal der portugiesischen Kolonisation war.

Mein Nachbar, der Abgeordnete Filomeno, neigt sich mir vertraulich zu: »Wir haben allen Grund, unseren früheren Kolonialherren zu grollen«, meint er, »aber sie stehen uns psychologisch soviel näher als die Australier. Warum kommen wir besser mit den Angehörigen des ›alten Europa‹ zurecht als mit den Emissären aus Canberra und Washington? Die USA und Australien sind eben Gebilde ohne echten historischen Hintergrund, ohne die Erfahrung und die Reife der gealterten Mächte.« Die australischen Paratroopers seien als Befreier nach Dili gekommen. Jetzt würden sie schon als Besatzer empfunden.

Was mache den Rebellen Reinado bei den kleinen Leuten so populär? Vermutlich, daß er als erster den Neokolonialismus der »Aussies« offen kritisierte, daß er Anstoß nahm an ihrer Überheblichkeit, ihrem hemdsärmeligen Auftreten, das sie ihren amerikanischen Vettern so ähnlich macht. Diese Nachkommen von britischen oder irischen Kolonisten, diese blonden oder rothaarigen Grobiane, deren Vorfahren oft als Sträflinge und in Ketten in Sydney ausgeladen wurden, so fährt er fort, hätten im sogenannten Outback eine Form rüden Zusammenlebens als rauhe »Mates« entwickelt, die fast barbarisch wirke. Diese weißhäutigen, sonnenempfindlichen Exoten fänden ihre höchste Lebenserfüllung im sportlichen Wettkampf und erschienen den Einwohnern von Timor wie wohl auch den meisten Indonesiern als Ausgeburten einer unverständlichen Gesellschaft. Hinter den Attentaten des 11. Februar vermutet Filomeno angelsächsische Geheimdienste.

Der einheimischen Gerüchteküche zufolge sei der amtierende Regierungschef Xanana Guzmão an dem Konflikt gegen Präsident Horta maßgeblich beteiligt gewesen. Auf meinen Einwand, dieser Partisanenführer stehe doch aufgrund seiner Rolle als Widerstandskämpfer gegen die Annexionspolitik Jakartas jenseits allen Verdachts, stoße ich auf diskrete Vorbehalte.

Der FRETILIN-Politiker Arconjo geht noch weiter in seinen Verdächtigungen. Er konstruiert eine Parallele zwischen dem Timoresen Guzmão und dem polnischen Freiheitshelden Lech Walesa. Meint er damit die Verdächtigungen, die in Warschau neuerdings gegen den Werftarbeiterführer von Danzig geschürt werden und ihn der heimlichen Kooperation mit dem kommunistischen Geheimdienst des General Jaruzelski bezichtigen? Will er dem eigenen Ministerpräsidenten eine temporäre Komplizenschaft mit den Agenten Suhartos unterstellen? Oder zieht er lediglich einen Vergleich zwischen der unzulänglichen Regierungsführung Lech Walesas nach seiner Berufung zum Präsidenten Polens und der

»malgovernance«, dem administrativen Dilettantismus, der die Amtszeit Guzmãos auf Timor-Leste kennzeichnet?

Von meinen eigenen Kontakten mit Australien ausgehend, kann ich die Vorbehalte, die Vorurteile der anwesenden Timoresen nicht teilen. Zweimal habe ich mich mit australischen Kamerateams in recht gefährlichen Situationen befunden und dabei ihre Professionalität, ihre absolute Verläßlichkeit, ihren Mut und ihre Umsicht schätzen gelernt. Das war in den Jahren 1974 und 1975 in Kambodscha, als wir regelmäßig von Phnom Penh bis ins Vorfeld der Roten Khmer ausschwärmten und die berüchtigte Straße nach Neak Luong befuhren.

Etwa fünfzehn Jahre später machte ich eine ähnlich positive Erfahrung mit australischen Kollegen, die mir – in Ermangelung deutscher Freiwilliger – für diesen riskanten Einsatz von der zypriotischen Agentur »News Force« empfohlen wurden. Auf der Strecke von Split an der Adriaküste bis Sarajevo mußten wir umstrittenes kroatisches Territorium, später die Kampflinien der Serben und der muslimischen Bosniaken durchqueren. In Sarajevo mußten wir mehrfach am Tag zwischen dem Betonklotz des Fernsehzentrums und dem durch Beschuß schwer beschädigten Holiday Inn über die sogenannte Snipers Alley rasen, wo man ins Fadenkreuz der Scharfschützen des General Mladić geriet. Es war das einzige Mal in meinem langen Berufsleben, daß ich mich in eine kugelsichere Weste klemmte. Auch bei diesem Einsatz kam zu den australischen »Mates« ein herzliches Gefühl der Kameradschaft und der Anerkennung auf. Aber als Asiate sieht man diese Fremdlinge aus dem nahen Fünften Kontinent vielleicht mit anderen Augen.

Zu dem kleinen Affen, der nach Nahrungsresten greift, haben sich zwei Katzen gesellt. Sie streunen frei herum. Ich erfahre, daß man auf dieser Sunda-Insel ebenso ungeniert Hundefleisch verzehrt wie in zahlreichen anderen Ländern Asiens, daß die Katze jedoch als unheimliche, magische Kreatur gilt. Wer auf Timor eine Katze tötet, so besagt der Aberglaube, sei verflucht bis ins siebte Glied. Wehe dem aufgebahrten Leichnam, dem sich eine Katze zu sehr genähert hat. Der Tote würde dann als böser Geist wiederauferstehen.

Fetischismus und Heidentum bleiben hier tief verwurzelt. So werden die riesigen, seegängigen Krokodile, die östlich von Baucau die Küstengewässer und die Flußmündungen verunsichern, als Wiedergeburt längst verstorbener Ahnen verehrt. Bei den Dorfbewohnern haben sich Ursprungsmythen erhalten, die der Erde die Rolle einer Mutter zuweisen, zu der alle Menschen nach dem Tod heimkehren, während die Sonne als Verkörperung männlicher Zeugungskraft gilt. Die Eingeborenen leben zudem in der Furcht vor magischen Kräften und bösen Geistern.

Der segnende Christus von Dili

Dili, im März 2008

Wie sich das Festhalten am ererbten Animismus mit dem überschwenglichen Bekenntnis zum katholischen Glauben vereinbaren läßt, mit der tiefen Frömmigkeit, die ich beim sonntäglichen Hochamt am Morgen des gleichen Tages in der Kathedrale von Dili beobachten konnte, bleibt für den Außenstehenden rätselhaft.

Das Gotteshaus war bis auf den letzten Platz gefüllt. Ich war der einzige Weiße in dieser dicht gedrängten Versammlung. Die Messe entsprach dem schlichten Ritual des Zweiten Vatikanischen Konzils. Gebetet, gesungen und gepredigt wurde auf Portugiesisch. Der Geistliche war Timorese. Unter den Ministranten befanden sich auch junge Mädchen. Die Kommunion, zu der jeder Anwesende an den Altar trat, wurde von einheimischen Ordensschwestern gereicht. In Dili gibt es noch eine andere große katholische Kirche, wo der Gottesdienst in der lokalen Tetum-Sprache abgehalten wird. Die entrückte Inbrunst der Gläubigen war beeindruckend.

Am Vorabend der Sonntagsmesse und meines Geburtstages hatte mir der Bischof von Dili, Monsignore Ricardo da Silva, eine Audienz gewährt. Der kleingewachsene, umsichtig formulierende Mann, der eine weiße Soutane mit lila Knöpfen trug, erschien mir wie das Gegenbild seines Amtsvorgängers, des Freiheitshelden Carlos Belo. Der Fünfundsechzigjährige wirkte sogar ein wenig schüchtern und hütete sich, zu den politischen Vorgängen in seiner hart geprüften Diözese Stellung zu nehmen. Zur Zeit der Okkupation durch die Republik Indonesien, wo mehr als neunzig Prozent der 220 Millionen Einwohner sich zur Botschaft des Propheten Mohammed bekennen, hatte Carlos Belo den Christen seiner Heimat wirksamen Schutz gewährt. Die geistliche Würde des Friedensnobelpreisträgers versetzte ihn in die Lage, die Aufmerksamkeit der Weltöffentlichkeit auf diesen verlorenen Sprengel Petri zu lenken und in seiner Kathedrale den verfolgten Gläubigen ein Refugium zu bieten.

Sehr viel aufschlußreicher als das protokollarische Treffen mit da Silva war meine Diskussion mit dem portugiesischen Pater Felipe, vermutlich ein Jesuit, den der Vatikan dem geistlichen Hirten von Timor als Ratgeber zur Seite gestellt hatte. Der Pater nahm kein Blatt vor den Mund. Er übte scharfe Kritik an der miserablen Missionsarbeit der portugiesischen Kolonialherren, die zwar Kontakte zu den Stammeshäuptlingen hielten, die Masse der einfältigen »Indigenes« jedoch in ihrem heidnischen Aberglauben beließen. Als die Sachwalter des »Estado Novo« im Jahr 1975 die Insel fluchtartig verließen, waren lediglich dreißig Prozent der Ost-Timoresen zum Glauben der römischen Kirche bekehrt.

Die indonesische Administration praktizierte pro forma eine bemerkenswerte religiöse Toleranz, die schon der Staatsgründer Sukarno mit seinen Thesen der »Pancasila« vorgegeben hatte. Die javanischen Militärs hätten Bischof Belo, den sie vergeblich zu manipulieren suchten, erhebliche Zugeständnisse gemacht. Sie hatten sogar den Bau der Kathedrale von Dili und die Errichtung der gewaltigen Christus-Statue am Cap Fatucuma finanziert.

Doch diese Bemühungen, *hearts and minds* der eroberten Provinz zu gewinnen, fielen auf unfruchtbaren Boden, zumal zur gleichen Zeit jedes politische Aufbegehren gnadenlos unterdrückt wurde. Die indonesischen Behörden verlangten von jedem Ost-Timoresen, daß er seine Religionszugehörigkeit deklariere. Offiziell geduldet neben dem alles beherrschenden Islam waren die katholische und diverse protestantische Konfessionen sowie Hinduismus und Buddhismus. Wer jedoch keine anerkannte Glaubenszugehörigkeit angeben konnte, geriet in den Verdacht, ein gottloser Kommunist und an staatsfeindlichen Unternehmen beteiligt zu sein.

Was den Dominikaner- und Franziskanermönchen Lusitaniens in vier Jahrhunderten nicht gelungen war, das vollbrachte der indonesische Diktator Suharto binnen weniger Monate. Die Ost-Timoresen, die sich dem Islam hartnäckig, ja militant verweigerten, bekehrten sich jetzt massiv zum Christentum, ließen sich taufen und als Katholiken registrieren. Von dreißig Prozent schnellte ihre Gemeinde auf sensationelle 95 Prozent.

Dabei handelte es sich durchaus nicht nur um opportunistische Anpassung oder oberflächliche Konversion. Der Heilige Geist muß in den Jahren der indonesischen Fremdherrschaft seine Gnade über die neuen Täuflinge ergossen haben, so meinte Pater Felipe lächelnd. Der »creator spiritus« sei mit wundersamer Wirkung in Erscheinung getreten, auch wenn nicht alle düsteren Mythen heidnischer Ignoranz durch seine Erleuchtung verdrängt wurden.

Der Berater des Bischofs war selbst verwundert, wie gründlich der Glaube Christi, vor allem die Verehrung der Jungfrau Maria, die im portugiesischen Bereich stets mit der Madonnenerscheinung von Fatima verknüpft ist, bei den Neophyten Wurzeln schlug. Der Katholizismus eignete sich offenbar nicht nur zur demonstrativen Ablehnung der halboffiziellen Staatsreligion des Islam. Die Kirche Petri wurde zum Sammel-, zum Kristallisationspunkt des ost-timoresischen Nationalismus, ja sie verlieh dem bewaffneten Widerstand einen geistlichen Impuls. Dieses Mal seien es die Christen und nicht die Muslime gewesen, die sich bereit fanden, einen »Heiligen Krieg«, zumindest einen »bellum justum« auszurufen und sich mit der Waffe in der Hand aufzulehnen.

Pater Felipe stellte die nachdenkliche, kritische Frage, ob die Päpste der letzten Jahrzehnte nicht einem fatalen Irrtum erlegen seien, als sie der Befreiungstheologie, die dem Massenaufstand der Armen und Entrechteten vor allem in Lateinamerika eine religiöse

Rechtfertigung, ja eine göttliche Weihe verliehen habe, den Rücken kehrten und in ihrer Furcht vor der Ausbreitung des Kommunismus die skandalöse Arroganz der feudalen Oberschicht gefördert und ihr sogar Argumente für die Verweigerung jeder Form sozialer Erneuerung geliefert hätten.

Statt die katholischen Gläubigen zwischen Rio Grande und Feuerland mit engherzigen und realitätsfernen Ermahnungen zur Keuschheit und Monogamie zu bedrängen, hätte die römische Kurie wohl besser daran getan, die Revolte gegen die Ausbeutung durch die Reichen und Mächtigen zu dulden und zu ermutigen. Damit wäre vermutlich auch der wachsenden Hinwendung so vieler lateinamerikanischer Katholiken zu den amerikanischen Sekten, ihrer Abkehr von den Edikten des Vatikans, dem Abgleiten in die bizarren Rituale der Evangelikalen aus den USA ein Riegel vorgeschoben worden.

Ein anderer schwerer Fehler des Konzils Vatikan II habe darin bestanden, die überlieferte Liturgie ihres triumphalen Glanzes, ihres prachtvollen Zeremoniells zu berauben, die den Elenden und Darbenden schon in diesem Tal der Tränen den Ausblick auf die Herrlichkeit des Paradieses vermittelt hätte. Auf Timor-Leste habe sich jedenfalls erwiesen, daß der sozialrevolutionäre Aufstand christlicher Guerrilleros sehr wohl der Mehrung und Vertiefung des christlichen Glaubens dienen könne. Statt dessen habe Rom das streitbare Eintreten für die göttliche Offenbarung den Mudjahidin des Propheten Mohammed überlassen.

*

In unserer Tafelrunde von Areia Branca erwähne ich meinen Besuch bei Monsignore da Silva, aber hüte mich, das Gespräch mit Pater Felipe wiederzugeben. Als Geburtstagsgeschenk wird mir eine Baseballkappe mit dem schwarz-roten Wappen Timor-Lestes sowie ein »Tais«-Schal in den Landesfarben überreicht. Ein lokaler Politiker bringt das Gespräch noch einmal auf Bischof Belo. Als die Indonesier die Christus-Statue über der Bucht aufrichteten, erzählt er, habe General Suharto angeordnet, daß sie genau 27 Meter hoch ragen solle. Jeder Meter würde eine Provinz Indonesiens symbolisieren inklusive der zusätzlichen 27. Verwaltungseinheit von Dili. Der kämpferische Prälat habe sich strikt geweigert, diese politische Anspielung zu akzeptieren, und er habe davon Abstand genommen, das Standbild seines Erlösers zu segnen.

Als Papst Johannes Paul II. im Jahr 1989 in Dili Station machte, hatte er sich weniger restriktiv verhalten. Ihm ging es darum, der Gemeinde von sechs bis sieben Millionen Katholiken, die über ganz Indonesien verstreut leben, das staatliche Wohlwollen Jakartas zu sichern. Zu jenem Zeitpunkt rechnete ja niemand damit, daß Washington und Canberra ein paar Jahre später so plötzlich das Steuer herumwerfen und die Forderung der timoresischen Separatisten unterstützen würden.

»Wir sind zum Spielball der Mächte geworden«, beschwert sich mein Tischnachbar Eduardo, »und wir sind zu stolz, um die Vasallenrolle eines ›ostasiatischen Kuwait‹ zu spielen.« Im übrigen seien die Australier sich der allgemeinen Mißstimmung wohl nicht bewußt. Bisher sei es nur zu Scharmützeln zwischen den Blauhelmen der UNO und abenteuernden Rebellen gekommen. Canberra solle sich hüten, sich kriegerisch mit seinen unmittelbaren Nachbarn anzulegen. Gewiß handele es sich bei den einheimischen Banden mehrheitlich um Kriminelle, aber es wäre ja nicht das erste Mal, daß Ganoven sich in heroische Patrioten verwandelten.

Das grandiose Farbenspiel des tropischen Sonnenuntergangs beeindruckt mich immer wieder, wie auch der »mirage doré« des abendlichen Ozeans, aus dessen Tiefe José-María de Heredia in seiner Huldigung an die Conquistadores die verheißungsvollen Sternbilder der Neuen Welt aufsteigen sah. Besinnlichkeit stellt sich ein, während wir auf das Ruinenfeld von Dili zusteuern. Inmitten der Trümmer entdecke ich die schneeweiße Marmor- oder Gipsfigur unserer Lieben Frau von Fatima. Zu ihren Füßen knien die drei portugiesischen Hirtenkinder, denen die Madonna – der Legende zufolge – drei Geheimnisse anvertraute. Nur dem Heiligen Vater dürfen sie enthüllt werden.

Eine Voraussage betraf angeblich die Errettung Rußlands aus den Satansklauen des Kommunismus, und diese Prophezeiung hat sich bereits bewahrheitet, wie ich bei meinen jüngsten Reisen zwischen Moskau und Wladiwostok feststellen konnte, wenn diese Rückbesinnung auf das christliche Erbe der Kiewer Rus auch mit groß-russischem Chauvinismus und byzantinischer Erstarrung einhergeht.

Auf dem Höhepunkt der portugiesischen Nelkenrevolution hatte ich 1975 die Wallfahrtsstätte von Fatima aufgesucht. Ich war nicht als Pilger gekommen. Die Profitgier der Devotionalienhändler und der himmelblaue oder rosarote Kitsch sulpizianischer Heiligenbilder sind mir zuwider. Dennoch war es ein zutiefst eindrucksvolles, archaisches Spektakel, als eine Prozession von Büßern, auf dem Bauch kriechend, sich dem Heiligtum mühsam näherte, darunter mehrere Soldaten in Uniform, die wohl der Himmelskönigin danken wollten, dem tückischen Buschkrieg von Angola unverletzt entkommen zu sein.

Am Rande des Heiligtums sammelten sich zahlreiche Gläubige vor einer kleinen Kapelle im russisch-orthodoxen Stil. Dort wurde angeblich das Original der Schwarzen Madonna von Kazan aufbewahrt, das auf wunderbare Weise in den Besitz der römischen Kirche gelangt war. Dieses Bild der Gottesmutter hatte die Heerscharen Iwans des Schrecklichen geleitet, als er zur Eroberung des muselmanischen Khanats von Kazan an der Mittleren Wolga ausholte und dem endlosen Tataren-Joch über das Heilige Rußland ein Ende setzte.

Als Papst Johannes Paul II. dieses Sinnbild prawoslawischer Frömmigkeit, das auch von den lateinischen Christen verehrt wird, dem russischen Patriarchen Alexej II. zurückerstatten wollte, stieß er auf schroffe Ablehnung der Ostkirche. Am Ende wurde die wundertätige Ikone, so erfuhr ich im Kreml von Kazan, von den überwiegend muslimischen Behörden der Autonomen Republik Tatarstan in Empfang genommen und an die orthodoxe Hierarchie weitergeleitet. Eine seltsame mystische Verwirrung sprach aus diesem Vorgang, eine bizarre Legende der Gegenwart.

Wir erreichen das Hotel Timor rechtzeitig vor der nächtlichen

Ausgangssperre. Am Portal unserer Herberge stehen die behelmten Männer der portugiesischen Guarda Nacional in ihrer schweren, schwarzen Montur wie Kriegergestalten der Renaissance reglos und wachsam auf Posten.

Die Geheimnisse des Jemeniten

Dili, im März 2008

Das Büro mit den Zementwänden sieht wie ein Bunker aus, und diesem Zweck soll es wohl auch dienen. Aber der geduckte, freundliche Mann läßt sich nicht anmerken, daß er ständig vom Tod belauert wird. Mari Alkatiri ist ein Überlebender und weiß um seine prekäre Situation. Im Ernstfall würde das Dutzend Leibwächter, die sein einstöckiges Anwesen bewachen, von geringem Nutzen sein. Die Windschutzscheiben der drei Landrover, die hinter einer hohen Mauer geparkt sind, wurden durch Steinwürfe zertrümmert, und es mag ein geringer Trost für Alkatiri sein, daß es den Karossen der UNO-Repräsentanten oft nicht besser ergeht.

Um ein Treffen mit Staatspräsident José Ramon-Horta habe ich mich gar nicht bemüht. Dieser glattrasierte Intellektuelle, dessen Augen streng und eindringlich hinter der randlosen Brille funkeln, genießt den Ruf eines Cholerikers. Für die mühsamen Kompromisse des parlamentarischen Systems erscheint er denkbar ungeeignet. Der amtierende Ministerpräsident Xanana Guzmão, dessen trotziges Gesicht mit dem graumelierten Che-Guevara-Bart die Vorderseite des »Jornal Nacionale Semanàrio« ziert, läßt sich systematisch verleugnen, seit er nach dem fingierten Attentat des vergangenen Monats ins Zwielicht geraten ist.

So habe ich mich mit dem dritten Mann im Staat, mit Mari Alkatiri, verabredet, zumal er ohnehin der interessanteste, gebildetste Politiker von Ost-Timor sein dürfte. Der Generalsekretär der Befreiungsfront FRETILIN vereinigt ein ganzes Knäuel von Widersprüchen in seiner Person. Während der Annexion seiner Heimat durch Jakarta war er in die afrikanische Volksrepublik Mosambik ausgewichen. Von Maputo aus hatte er – gestützt auf das dortige prosowjetische Regime – neben seiner Tätigkeit als Hochschuldozent unermüdlich für die Unabhängigkeit Ost-Timors agitiert. Daß es diesem Intellektuellen gelang, nach der Ausrufung der Republik von Dili im Mai 2002 das Amt des ersten Ministerpräsidenten zu übernehmen, erscheint im Rückblick extrem verwunderlich. Alkatiri gehört nämlich der winzigen muslimischen Minderheit an.

Den Amerikanern und den Australiern war der schlaue, undurchsichtige Exilpolitiker, der als Korangläubiger in einem zu 96 Prozent katholischen Land über soviel Einfluß verfügt, von Anfang an nicht geheuer. Zudem hatte er sich in Mosambik wohl oder übel zu einem militanten Sozialismus bekennen müssen. Gewisse CIA-Agenten unterstellten ihm islamo-fundamentalistische Sympathien, ja, wer weiß, geheime Komplizenschaft mit dem Schreckgespenst El Qaida.

In Wirklichkeit ist Alkatiri, dessen FRETILIN bei der ersten Parlamentswahl einen überwältigenden Sieg davontrug, weder ein verkappter Kommunist noch ein koranischer Fanatiker. Aber schon kurz nach seinem Amtsantritt sah er sich einer Serie von Überfällen ausgesetzt. Nicht nur seine Residenz, auch die Häuser seiner Angehörigen wurden von Brandstiftern attackiert, deren Hintermänner im Dunkel blieben. Als Regierungschef wurde er zum Rücktritt gezwungen. Bei der Volksbefragung von 2007 behauptete sich zwar die FRETILIN weiterhin als stärkste Fraktion im Parlament, wurde jedoch von jeder Regierungsbeteiligung ausgeschlossen. Seitdem prozessiert er unermüdlich gegen einen angeblichen Wahlbetrug und die flagrante Verletzung der Verfassung. Aus seiner Abneigung gegen das erdrückende amerikanisch-australische Protektorat macht er kein Geheimnis.

In diesem Sinne äußert er sich auch, während ich ihm gegenübersitze. Irgendwie kommt mir sein Typus vertraut vor. Sein umsichtiges, würdiges Auftreten erinnert an den katholischen Bischof da Silva, dem er allerdings eine konservative Grundhaltung vorhält.

Der Ex-Premierminister trägt ein rundes weißes Käppchen auf dem grauen Haar, und wie es sich für einen Korangläubigen geziemt, hat er sich einen spärlichen Bart wachsen lassen. Seine Art zu argumentieren und seine höfliche Zurückhaltung gegenüber einem Andersgläubigen reiht sein Verhalten in die Reihe jener »Ulama«, jener Korangelehrten ein, denen ich im Laufe langer Jahrzehnte im ganzen Dar-ul-Islam immer wieder begegnet bin.

In den Augen Alkatiris verfügt die Republik Timor-Leste nicht einmal über den Schein echter Souveränität und bewegt sich am Rande des Abgrundes. Die jüngsten Gewalttakte bestätigen seine Auffassung. Er ist sich selbst bewußt, daß die Volksrepublik China, die in alle Himmelsrichtungen expandiert und Einfluß gewinnt, noch längst nicht in der Lage ist, das Übergewicht Australiens und der mit ihm verbündeten USA zu neutralisieren.

Der Versuch Portugals, in Dili wieder Fuß zu fassen, werde zwar von dem amtierenden Präsidenten der Europäischen Kommission, Manuel Barroso, lebhaft unterstützt, reduziere sich am Ende jedoch auf eine Trotzreaktion. Der verdienstvolle General de Spinola, der entscheidend an der Nelkenrevolution der Offiziere von Lissabon mitgewirkt hatte, sei nun einmal kein Charles de Gaulle. Noch viel weniger hält er von dem Versuch einiger kubanischer Lehrer und Ärzte, in Ost-Timor revolutionäre Solidarität zu praktizieren.

Ob mit einem Putsch der im Aufbau befindlichen Armee der jungen Republik zu rechnen sei, frage ich den »Alim« aus Hadramaut. Aber der winkt ab. Die paar Bataillone, die unter dem Befehl eines Brigadegenerals aufgestellt würden, seien Ausbildern aus aller Herren Länder ausgeliefert und ebensowenig für einen koordinierten Einsatz tauglich wie die notorisch korrupte Polizei. Die nächsten blutigen Unruhen seien bereits vorprogrammiert, aber dabei würden nicht irgendwelche offiziellen Staatsorgane den Ausschlag geben, sondern die ererbten Spannungen zwischen den Stämmen. »Dieser Tribalismus entzieht sich dem Verständnis des Westens«, lächelt Alkatiri.

Schonungslose Kritik übt er an den Machenschaften der Vereinten Nationen. Der Internationale Währungsfonds, der in Ostasien bereits soviel Unheil angerichtet habe, klammere sich auch in Dili an die Dogmatik eines hemmungslosen Wirtschaftsliberalismus. Die Präsenz der Blauhelme habe andererseits Timor-Leste gezwungen, eine groteske Form des Westminster-Parlamentarismus nachzuahmen. Dann solle man sich nicht wundern, wenn der profunde politische Disput nicht auf den Bänken des Parlaments, sondern mit scharfer Munition in irgendeinem Dschungelrevier ausgetragen werde.

Alkatiri ist sich der verlorenen Randposition seines Ministaates voll bewußt. Er weiß, daß es bei der »Befreiung« Timor-Lestes vom indonesischen Joch vorrangig um den Besitz der vorgelagerten Erdöl- und Erdgasvorkommen ging, um die Interessen der großen Energiekonzerne. Dabei fragt er sich, ob die Regierung von Canberra sich nicht bewußt sei, daß Indonesien – als sie die Preisgabe seiner 27. Provinz erzwang – auf unerträgliche Weise herausgefordert wurde. Der Nationalismus, der empfindliche Stolz dieser jungen Nation sei durch die Militärintervention, die unter dem Firmenzeichen der Vereinten Nationen stattfand, zutiefst verletzt worden.

Die Befürchtung, daß das gewaltige Inselreich, das zusehends strategisches und wirtschaftliches Gewicht gewinnt, demnächst in eine radikale, intolerante Form des Islamismus abgleiten, dem »Jihadismus« massiven Zulauf verschaffen könne, teilt Alkatiri jedoch nicht. Auch wenn der westliche Kapitalismus dazu neige, seiner Habgier, dem hemmungslosen Erwerb des »schwarzen Goldes« den Vorrang einzuräumen vor den elementaren Geboten einer konstruktiven Außenpolitik, müsse Washington sich noch eine Reihe schwerwiegender Fehlgriffe leisten, ehe die Stimmung der javanischen Massen in offene, möglicherweise religiös motivierte Feindschaft gegen alles Westliche umkippe. Doch die Australier sollten sich in acht nehmen. In der Timor-See sei ein tiefer Graben aufgerissen worden, und wer könne schon garantieren, daß der nächste amerikanische Präsident sich in Insulinde am Ende nicht in ein ähnlich törichtes, verderbliches Spiel einließe wie George W. Bush im sogenannten Broader Middle East.

»Was Gottes Vorbestimmung war«

Railaco, im März 2008

Fräulein Ho Khanh Mai Thy, kurz Thy genannt, hat sich bei der Firma »Timor Global Ltd.« unentbehrlich gemacht. Das Unternehmen, das sich auf Pflanzungen und Export von Kaffee spezialisierte, ist wohl der einzige nennenswerte und profitable Betrieb auf Ost-Timor. Der berufliche Erfolg von Mademoiselle Thy ist vermutlich darauf zurückzuführen, daß sie in Saigon noch eine strenge Ausbildung alten französischen Stils genossen hat.

Ansonsten befindet sich »Timor Global Ltd.« fest in chinesischer Hand. Die Leitung obliegt einem jungen, dynamischen »Sohn des Himmels«, der zwar in Dili zur Welt kam, aber einer vor zwei Generationen aus der Provinz Kwantung eingewanderten Hakka-Sippe angehört. Alle nennen ihn Bob, was den Umgang erleichtert. Hinter seiner Fröhlichkeit und ständig guten Laune verbirgt sich eiserner Erfolgswille. Mit ähnlicher Energie hatten sich seine Vorfahren, die zur portugiesischen Zeit als Plantagen-Kulis über Macao eingewandert waren, den Weg nach oben geöffnet.

Es mögen ein paar hundert Menschen bei »Timor Global« arbeiten. Die meisten sind Timoresen, aber die Vorarbeiter mehrheitlich javanisch-malaiischen Ursprungs. Zwei blutjunge Chinesinnen geben den strengen Arbeitsrhythmus mit einer Energie und Autorität vor, die man ihrem zierlichen, fast kindlichen Wuchs gar nicht zugetraut hätte. Sie leiten die timoresischen Arbeiter beim Füllen und Verfrachten der Kaffeesäcke an.

Für Thy ist es gewiß nicht leicht gewesen, sich als engste Mitarbeiterin Bobs durchzusetzen. Sie hat von ihm gelernt, wie man stets ein heiteres Gesicht zur Schau trägt, aber wenn es zur Sache kommt, wenn sie die Konten und Bilanzen überprüft und sich nicht beobachtet fühlt, zeichnet sich auf ihrem lieblichen Gesicht eine Härte ab, wie sie Graham Greene bei dem schönen Mädchen Phuong entdeckte, das in seinem Roman *Der stille Amerikaner* die zentrale Rolle spielt.

Bob ist sich seiner Sonderstellung bewußt. Die junge Republik Timor-Leste ist bettelarm und ausschließlich auf Subsidien ausländischer Spender angewiesen. Aber was leisten schon die Dilettanten der NGOs und jene hochbesoldeten Aid-Worker der Vereinten Nationen, die mit ihren massiven Gratislieferungen von Lebensmitteln den einheimischen Bauern jede Chance nehmen, ihre Reisfelder gewinnbringend zu bearbeiten? Die internationalen Hilfsorganisationen haben auch hier eine Passivität gefördert, die man auf französisch als »mentalité d'assistés« bezeichnet und als deren Folge die Äcker brachliegen.

Der Kaffee aus Timor ist von vorzüglicher Qualität. Zu den Kunden von »Timor Global« zählt auch die weltweit vertretene Starbucks-Kette. Da Timor den meisten Kunden völlig unbekannt ist, preisen allerdings deren Manager ihre Getränke als afrikanische oder lateinamerikanische Ware an. Aus dem Fenster des Kontors, in dem die kleine Vietnamesin Thy das Regiment führt, fällt der Blick auf eine weite Halle, wo Dutzende einheimischer Frauen damit beschäftigt sind, die guten von den schlechten Kaffeebohnen zu trennen. Die Arbeiterinnen tragen bunte Gewänder. Die eine oder andere Gruppe wirkt aus der Ferne wie ein Gauguin-Gemälde. Man denkt an »Ta Matete«, und endlich kommt ein romantischer Hauch malaiisch-polynesischer Anmut auf.

Bob hat uns eingeladen, seine Plantagen von Railaco aufzusuchen. Ich frage Thy, die mir aus meinen Vietnamjahren so vertraut vorkommt, ob sie uns begleiten will. Sie möchte gern, besitzt aber immer noch nicht die unentbehrlichen Einwanderungspapiere und könnte bei Polizeikontrollen in Schwierigkeiten geraten. Wie es denn um die Zuwanderung von Chinesen bestellt sei, frage ich den Chef. Er erklärt mir, daß auf Timor wie in ganz Indonesien eine starke chinesische Minderheit lebt, die jedoch aufgrund ihrer Tüchtigkeit als Ausbeuter und Wucherer diffamiert würde. Früher habe es sich, wie bei seiner eigenen Familie, um Hakka gehandelt. Seit ein paar Jahren fände jedoch eine beachtliche illegale Zuwanderung von Han-Chinesen aus der Provinz Fujian statt. Macao und auch die Insel Taiwan würden dabei als Sprungbrett genutzt.

Wir haben uns auf die Fahrt nach Railaco begeben, das in Richtung Westen gelegen ist, wo die Straßen bereits auf die indonesische Hälfte der Insel Timor überleiten. Die Asphaltstrecke windet sich durch dichtes Unterholz. Beim Anblick der erbärmlich bewirtschafteten Reisfelder muß ich an die Aussage der deutschen GTZ-Experten denken. Dieses Land, so argumentieren sie, bietet alle Voraussetzungen tropischer Fruchtbarkeit, ja landwirtschaftlichen Überflusses. Dazu kämen reiche Mineralvorkommen und vor allem die Öl- und Erdgasreserven der Timor-See.

Doch neben der angeborenen Indolenz der Landbevölkerung habe das Chaos der langen, blutigen Repression und einer heldisch verklärten Guerrilla jeden Leistungswillen zusätzlich gelähmt. Nur vereinzelte Ratgeber und Aufbauhelfer, die unter der blauen UN-Fahne eingeflogen wurden, trauen sich aus Sicherheitsgründen, ihre komfortablen Quartiere in Dili zu verlassen, und was kann man schon von angeblichen Experten aus dem afrikanischen Sahel oder aus den Steppen Zentralasiens erwarten, deren Behörden bei der Entwicklung ihrer eigenen Heimatländer erbärmlich gescheitert sind?

Die Dörfer am Straßenrand sind von den Verwüstungen des Partisanenkrieges gezeichnet. Inmitten dieser Verwahrlosung leuchtet in weißer und himmelblauer Tönung eine Darstellung der Grotte von Lourdes auf. Die Madonnenstatue verkündet dort den baskischen Hirtenkindern ihre Botschaft: »Ich bin die unbefleckte Empfängnis.«

Mit berechtigtem Stolz führt Bob uns seine Werksanlagen vor. Die Rösterei und die Verpackungsmaschinen werden von einer perfekt konstruierten Aluminiumhalle überdacht, die aus Vietnam importiert wurde. Bob unterhält freundschaftliche Beziehungen zum deutschen Team der Gesellschaft für technische Zusammenarbeit, deren Kompetenz er zu schätzen weiß. Er kommt auch mit den Portugiesen gut zurecht, deren temporäre Rückkehr in ihre einstige Besitzung er mit Skepsis beobachtet. Wie ist sein Verhältnis zu den kommunistischen Behörden in Peking? Offenbar bestehen da enge, verschlungene Bande, die sich dem Einblick von Europäern, Australiern und Amerikanern entziehen.

Selbst als die wohlhabenden Auslandschinesen im asiatisch-pazifischen Raum mit Horror auf die Exzesse des radikalen Maoismus blickten, blieben sie dem Reich der Mitte intim verbunden. So hatte ich im Sommer 1964 im Hafen Lae auf Neuguinea erlebt, wie die dort ansässige Gilde erfolgreicher chinesischer Kaufleute, die die marxistische Zwangswirtschaft der roten Volksrepublik verabscheuten, in Jubel ausbrach, als es der Volksbefreiungsarmee in den Weiten der Taklamakan-Wüste gelang, die erste chinesische Atombombe zu zünden.

»Mit der Schaffung der unabhängigen Republik Timor-Leste hat die amerikanische Führungsmacht am Rande Nordaustraliens, im Herzen von Insulinde, einen Freiraum, ein politisches Vakuum geschaffen. Hier wurde ein Einfallstor geöffnet«, so ungefähr lautet der Kommentar des Kaffeeproduzenten, der seine joviale Maske für einen Moment abgestreift hat. »Wir Asiaten denken in langen Zeiträumen. Aber schneller, als die meisten Politologen des Westens sich das vorstellen – vielleicht schon in fünf Jahren – dürfte das kolossale Gewicht Pekings die künftige Entwicklung in diesem Raum vorgeben.«

*

Nach Dili zurückgekehrt, blättere ich am Abend vor meiner Weiterreise nach Bali noch einmal im umfangreichen Lusiaden-Band des wagemutigen Barden Luís Camões. Da stoße ich auf eine bizarre Beschreibung des unbezwingbaren Aufbegehrens barbarischer Ureinwohner und Stämme gegen die weit überlegenen Eindringlinge aus dem Okzident, und die erscheint – bei aller Altertümlichkeit des Ausdrucks – seltsam modern. Wenn der Dichter sich des Wortes »Kaffern« bedient, so übernimmt er lediglich den arabischen Ausdruck, mit dem der Koran jeden Ungläubigen oder Gottlosen als »Kafir« benennt. So lautet der Text:

»Dort werden wilde Kaffern das vollbringen,
Was selbst geschickte Feinde nicht gemacht.
Und roh gebrannten Pfählen wird gelingen,
Was Bogen und Geschütze nicht vollbracht.
Doch wer kann Gottes Ratschluß schon durchdringen?
Törichte Menschen, die das nicht bedacht,
Nennen es böses Schicksal, Unglück gar,
Was einzig Gottes Vorbestimmung war.«

Ein wenig klingt das, als stießen wir auf die verklausulierte Aussage eines iberischen Nostradamus, als ob Camões an dieser Stelle die »asymmetrische Kriegführung« unserer gegenwärtigen Konflikte andeuten wolle. Die Berufung auf eine göttliche »Vorbestimmung«, die einst der Flotte des Herzogs Albuquerque die Richtung wies, findet sich in den Aufträgen wieder, die heutzutage der Präsident George W. Bush der US Navy erteilt.

Gegen Ende des »Canto decimo« ist aus dem triumphierenden Entdecker-Epos ein elegischer Abgesang geworden. Wieder einmal vermengt der Dichter seine christliche Frömmigkeit mit literarischen Anleihen bei der heidnischen Antike, wenn er »Lethe«, den Fluß der Unterwelt, erwähnt. Offenbar ist er in Erwartung seines Todes von der Nichtigkeit allen Handelns und allen Seins durchdrungen. Ich wäre in unserer feuchtfröhlichen Runde in der Pousada von Airera Branco keineswegs schockiert gewesen, wenn – bei ausreichender Bildung – einer unserer timoresischen Gäste meinen 84. Geburtstag mit der Rezitation der letzten melancholischen Verse der »Lusiaden« zelebriert hätte:

»Die Jahre fliehen, die Sommerzeit ist bald
zu Ende, will sich schon dem Herbst zuwenden ...
Der Kummer führt mich zu des Stroms Gewalt,
zu düsterem Vergessen, ewigem Schweigen.«

Canto segundo

BALI

Im Vorfeld des Fünften Kontinents

Terror im Ferienparadies

BALI, IM MÄRZ 2008

Die Zeitschrift *Geo* hatte unlängst unter anderen Adressaten die Anfrage an mich gerichtet, welcher Punkt der Erde mir am schönsten erschienen sei und eine besondere Empfehlung verdiene. Meine Antwort darauf konnte nur lauten, daß die idyllischsten Plätze, denen man sich auch sentimental verbunden fühlt, nur in der Erinnerung existieren. Wehe dem, so fügte ich hinzu, der an den Ort früheren Entzückens zurückkehrt. Er würde unweigerlich enttäuscht sein. Das liegt nicht nur an der Neigung des Alters, die Vergangenheit zu verklären, sondern an den entstellenden Transformationen, die die Folge von Industrialisierung, Übervölkerung und Massentourismus sind. Die »Globalisierung« ist wohl nicht zu trennen von Verschandelung und schäbiger Kommerzialisierung.

Die vielgerühmte Insel Bali, auf der ich, aus Timor kommend, gelandet bin, macht da keine Ausnahme. Sinnvollerweise trägt die indonesische Luftlinie, die die Strecke in knapp zwei Stunden bewältigt, den Namen »Garuda«. Gemeint ist das Fabelwesen – halb Vogel, halb Mensch –, das dem uralten Pantheon der hinduistischen Mythologie entliehen ist.

Der Düsenantrieb einer Passagiermaschine kann sich gewiß nicht mit jener »Zeitmaschine« messen, die im futuristischen Roman

H. G. Wells' ihren bizarren Entdecker über Äonen in die Zukunft und in die Vergangenheit katapultiert. Doch auf den Schwingen Garudas ist es dem banalen Reisenden unserer Tage immerhin vergönnt, innerhalb eines eng begrenzten geographischen Rahmens und binnen kürzester Frist aus der hypermodernen Computertechnologie, die sich im Stadtstaat Singapur entfaltet, in die Vorstellungswelt der Schöpfungs- und Vernichtungskulte Vischnus und Shivas einzutauchen, die auf die prähistorischen Eroberungszüge arischer Hirtenvölker zwischen Indus und Ganges verweisen und auf der Sunda-Insel Bali in einem entlegenen Refugium überlebt haben.

Noch verwirrender, geradezu beklemmend, erscheint die menschliche Metamorphose, sobald sich der Flug nach Süden orientiert und die nordaustralische Beagle Bay ansteuert. In den dortigen Reservaten der Ureinwohner, der Aborigines – deren Benennung vom lateinischen »ab origine«, vom Ursprung her, abgeleitet ist –, hat sich ein Zweig unserer Gattung erhalten, dem es offenbar nicht gelingt, die Mentalität, die magischen Bräuche, ja die Erscheinungsform des frühen Homo sapiens der Steinzeit abzustreifen.

Ich befolge in diesem März 2008 in Bali den Vorsatz, den ich für die Zeitschrift *Geo* formulierte, und halte es mit der Weisheit der Brahmanen: Statt mich einer Enttäuschung auszusetzen, verweile ich im weiten Gelände des Luxushotels am Strand von Seminyak. Ich bewohne dort ein Pale, die Imitation einer kleinen hinduistischen Tempelanlage, wie sie auf Bali vielerorts zu finden sind. Die Behausung ist durch eine hohe Mauer abgeschirmt, die vom Tropenregen schwarz und antik getönt wurde, während im Innern bizarre Idole und Götter aus Lavagestein einen von Lotus überwachsenen Teich und dessen Goldfische bewachen und täglich mit frischen, feuerroten Blumen geschmückt werden. Vom breiten Bett schweift der Blick in die kunstvoll gestaltete Höhe des konisch zulaufenden Daches.

Jenseits der Terrasse rauscht die Brandungsdüne des Indischen Ozeans, in dessen salzigem Schaum ich das Gefühl maritimer Unendlichkeit suche. Die Gäste sind selten. Sie meiden nicht nur die

Regenzeit, die sich im März auf eine intensive Dusche von höchstens zwei Stunden Dauer beschränkt. Für die amerikanischen Touristen wirkt sich die Schwäche des Dollars negativ aus, und die Australier trauen dieser trügerischen Idylle nicht so recht, seit am 12. Oktober 2002 in dem vulgären Vergnügungsviertel Kuta die Bomben der Terroristen ein furchtbares Massaker anrichteten.

Sogar die weiterhin einflußreichen Brahmanen von Bali geben zu, daß sich in ihrer religiösen Gemeinschaft ein tiefgreifender Wandel, eine Anpassung an die Moderne vollzieht. Die Feuerbestattung des Oberhaupts der Königsfamilie von Ubud, die wie ein gewaltiges Volksfest zelebriert wurde, sei wohl ein letzter grandioser Höhepunkt und würde sich in diesem Glanz nie wiederholen.

Tausende junge Männer in blutroter Kleidung umgaben den Leichnam ihres Fürsten, der auf einem gigantischen Turm von elf Tonnen Gewicht zum Ort seiner mystischen Erlösung vom Diesseits und seines Eingangs in eine neue Existenz gewuchtet wurde. In Ubud, das vierzig Kilometer vom Verwaltungszentrum Denpasar gelegen ist, löste diese »Cremation« eine ausgelassene Stimmung aus. Das festlich gekleidete Volk umringte den gewaltigen Holzstier, in den der Tote gebettet war, ehe er in einem lodernden Flammenmeer aufleuchtete und langsam verglühte.

Mit einer solch spektakulären Veranstaltung kann unser Hotel natürlich nicht konkurrieren, wenn es zur abendlichen Vorführung eines balinesischen Balletts zum Klang des Gamelan einlädt und die Ramayana-Legende wiederauferstehen läßt. Immerhin bemüht man sich dabei um Wahrung der Authentizität und vermeidet Zugeständnisse an westliche Trivialisierung. Die zierlichen, kindlich anmutenden Tänzerinnen, von der Hüfte abwärts in goldenes Brokat geschnürt, bewegen sich in hieratisch abgezirkelten Trippelschritten. Ihre gespreizten Finger und das erstarrte Pupillenspiel drücken ferne, sagenhafte Erlebnisse aus.

Einen Ausflug trete ich dennoch an. Ich lasse mich in das nahe Amüsierviertel von Kuta fahren, das vor der Katastrophe den zweifelhaften Ruf eines australischen »Ballermanns« genoß. Es muß extrem trinkfreudig und ordinär zugegangen sein in den Bars, Clubs und Discos dieses lästerlichen, durch riesige Reklameschilder verunstalteten Sündenbabel, wo einheimischen männlichen Gästen, im Gegensatz zur lokalen Weiblichkeit, der Zutritt oft durch muskulöse Türwächter verwehrt war.

Inzwischen ist von den Verwüstungen, die durch gewaltige Explosionen verursacht wurden, keine Spur mehr zu sehen. Die erste Bombe, die vor Paddy's Bar hochging und relativ geringe Verluste verursachte, diente wohl dazu, eine Masse von Schaulustigen anzuziehen. Wenig später entzündete sich im Sari Club ein gigantischer Feuerball, der mehr als zweihundert Urlauber in den Tod riß. Die anspruchslosen Tanzschuppen sind schnell restauriert worden. Eine weiße Marmorplatte verzeichnet die Namen der Opfer, darunter eine Anzahl Deutsche, soweit diese identifiziert werden konnten. Gemessen am würdigen, farbenprächtigen Zeremoniell, mit dem die Angehörigen der hohen Kasten auf Bali dem Scheiterhaufen übergeben werden, ist diese Tafel eine sehr bescheidene Ehrung. Drei Jahre später sollten sich ähnliche Attentate geringeren Ausmaßes in Kuta und Jimbaran wiederholen.

Bis auf den heutigen Tag ist die Urheberschaft dieser gezielten Mordaktionen umstritten. Hatten einheimische Balinesen an der brutalen Überfremdung, an der Mißachtung ihrer gesellschaftlichen Ordnung durch die barbarischen Fremden Anstoß genommen? Oder war es die auf Java stark vertretene islamistische Bewegung »Jemaah Islamiyah«, die dem sündhaften Treiben der Ungläubigen mit einem gnadenlosen Schlag ein Ende setzen wollte? Natürlich wurde auch der Name El Qaida ins Spiel gebracht.

Dutzende von Verdächtigen mußten sich vor den Gerichten von Jakarta verantworten. Die meisten Urteile fielen erstaunlich milde aus. In Erinnerung bleibt von diesem Prozeß vor allem das irre, aufreizende Grinsen eines jugendlichen Terroristen, der sich der Tat rühmte, die USA als »zahnloses Monstrum« verhöhnte und seine Hinrichtung geradezu herausforderte. Es gehen aber auch ganz andere Gerüchte um. Indonesische Offiziere, die sich der religiösen Fanatiker als Werkzeug bedienten, hätten das Blutbad hochprofessionell organisiert, um Rache zu nehmen, um die Australier zu strafen für die Schmach, die die Regierung von Canberra der indonesischen Armee bei der Unabhängigkeitsproklamation Ost-Timors zugefügt hatte.

*

Mein erster Bali-Aufenthalt geht auf den Sommer 1954 zurück. Damals – vor einem halben Jahrhundert – fühlte ich mich in eine wahrhaft paradiesische Umgebung versetzt. Von Ausländern war die Insel verschont. In jedem Dorf, das ich durchquerte, fanden irgendwelche religiösen Feierlichkeiten statt, entfaltete sich kultische Pracht. Bronzefarbene, schöne Menschen in schillernder Gewandung huldigten mit erstarrten Mienen ihren zahllosen Gottheiten.

Unterkunft fand ich in jenen Tagen bei einem weißhaarigen holländischen Maler, der auf wundersame Weise die japanische Besatzung und die indonesische Staatswerdung überlebt hatte, indem er den lokalen Lebensstil, soweit das ging, übernommen hatte. Erleichtert wurde ihm diese Anpassung durch das Zusammenleben mit zwei einheimischen Frauen, exotische Märchengestalten, die ihre wohlgeformten Brüste noch nicht verhüllten, wie das später von den Javanern geboten wurde, und deren rabenschwarze Haarpracht, mit Blüten geziert, bis zum Gesäß herabfiel. Bei ihrem Anblick konnte man Verständnis aufbringen für die ersten Europäer, die Matrosen des Kapitäns Cornelius Houtman, der diese Wunderinsel im Jahr 1597 entdeckte, die sich dort niederließen und sich weigerten, die Heimfahrt in ihre prüde, neblige Heimat anzutreten.

Eine Begegnung hatte sich mir damals besonders eingeprägt. Am Strand von Kusamba war ich ohne jede Begleitung in die lauwarme Brandung getaucht, als sich unter Anleitung weiß gekleideter Brahmanen eine Prozession von etwa hundert Pilgern dem Meer näherte, ein Bild ungetrübter Schönheit und Würde. Die Menschen schimmerten in Gewändern aus Gold, Smaragdgrün und Purpur. Am eindrucksvollsten waren die weihevollen Gesichter, die in Erz gegossen schienen. Auf kunstvoll geschnitzten Sänften und Thronen transportierten sie ihre Götter aus Lavagestein, die in bizarre Sarongs gehüllt waren. Die fromme Truppe nahm keine Notiz von mir. Ein Tempelwächter gab mir den Wink, mich auf Distanz zu halten. So wurde ich einsamer Zeuge des rituellen Bades der Götter in den Fluten des Indischen Ozeans.

Vielleicht hatte mich die Unberührtheit dieser Fluchtstätte des hinduistischen Pantheons, das sich unserer monotheistisch geprägten Mentalität so unnahbar und unerklärlich entzieht, in jenem Sommer 1954 besonders wohltuend, mit heilsamer Zauberkraft umfangen, weil ich noch wenige Tage zuvor in der feuerspeienden Reisebene von Tonking, im umkämpften Dreieck des Roten Flusses, den endgültigen Zusammenbruch der französischen Kolonialherrschaft in Indochina aus unmittelbarer Nähe miterlebt hatte. Die Kapitulation einer Armee, der ich einst selbst angehört hatte, übte auf mich – obwohl ich das nicht eingestehen wollte – eine traumatische Belastung aus.

Da wirkte der Zauber von Bali, wohin ich über Saigon, Singapur und Jakarta in hastigen Etappen aufgebrochen war, wie die wohltuende Entrückung in ein imaginäres Nirwana. In Wirklichkeit war mir bewußt, daß auf dem asiatischen Festland – jenseits von Insulinde, das noch in den spielerischen Wohlklang seiner Gamelan-Musik eingehüllt schien – ein ungeheuerlicher Umbruch stattfand, dessen Höhepunkt längst nicht erreicht war. Im ostasiatisch-pazifischen Raum dröhnten die Paukenschläge der maoistischen Revolution und die grollende Hymne »Der Osten ist rot!«

Vietnamesische Fieberträume

Bali, im März 1975

Im März 1975 hatte Bali seine Unschuld verloren. Das lag nicht nur am blühenden Geschäft mit den Urlaubern aus Australien, USA und Europa, die im Umkreis von eilig gebauten Hotelkästen der damaligen Luxusklasse die verträumten Strände in Tummelplätze lärmenden Vergnügens verwandelten. Bis ins Landesinnere, wo die kunstvoll geschwungenen Terrassen der Reisfelder den Souvenirphotographen weiterhin herrliche Motive boten, hatten sich die Schuppen des westlichen Fastfood am Rande der Tempelanlagen eingenistet. Die Heiligtümer selbst wurden durch die gedrängte Zahl grell kostümierter Feriengäste entweiht, denen ein weithin sichtbares Plakat in englischer Sprache einschärfte, daß Frauen, die sich in der Phase ihrer Menstruation befanden, kein Zutritt gestattet sei. Immerhin wurde auf medizinische Überprüfung dieser Vorschrift verzichtet.

Inzwischen hatte sich eine abscheuliche Tragödie auf Bali abgespielt. Als im Jahr 1965 die indonesische Armeeführung unter General Suharto putschte und den Massenmord an Hunderttausenden von Kommunisten und deren Sympathisanten befahl, verfiel auch Bali, das so friedlich und harmlos wirkte, in einen blutigen Rausch, in eine wüste Raserei. Es fanden grauenhafte Massaker unter den angeblichen Staatsfeinden statt. Die offizielle Zahl von dreißigtausend Toten dürfte keineswegs übertrieben sein. Die Todesgöttin Kali hatte auf der Insel die Herrschaft an sich gerissen, und Gott Shiva führte seinen Tanz als großer kosmischer Vernichter auf.

Dieser Amoklauf, dieser Ausbruch hemmungsloser Gewalt bei einem Volk, das den Ruf lächelnden Sanftmuts genoß, entsprach wohl einer heimlichen Veranlagung, die ihre Vorgeschichte hatte. Als die Holländer 1906 die Insel unter ihre direkte Verwaltung stellten, stießen sie auf den verbissenen Widerstand der herrschenden Rajahs und ihrer Getreuen. 4000 balinesische Krieger zogen den kollektiven Suizid, »Puputan« genannt, und dem Sepuku oder Harakiri der Japaner verwandt, der Unterjochung durch fremde Kolonialherren vor.

Auch mein Aufenthalt auf Bali in diesem Frühjahr 1975 war von einem düsteren Fatum überschattet. Die amerikanische Niederlage in Vietnam stand unmittelbar bevor. Um meine Gesundheit war es nicht gut bestellt am Ende einer monatelangen Erkundungsreise, die mich nach Vietnam und Kambodscha, aber auch nach Neuguinea, Australien und Neuseeland geführt hatte. Die Virusinfektion, die mir zusetzte, hatte ich mir wohl in Neuguinea zugezogen.

An jenem Abend im März 1975 lag ich im Sessel des Hotelgartens, schluckte die Pillen, die mir ein indischer Arzt verschrieben hatte, wischte mir den Schweiß von Stirn und Nacken. Auch in der ernüchternden Atmosphäre dieser Massenherberge für Touristen wurden die Gäste bei Einbruch der Nacht mit einer auf westlichen Geschmack ausgerichteten Ballettvorführung unterhalten. Zwischen Bali und dem Königreich Kambodscha, über dessen Untergang ich unlängst noch berichtet hatte, bestand eine seltsame historische Verwandtschaft. Die ostjavanischen Rajahs der hinduistischen Seefahrer-Reiche Srivijaya und Madjapahit hatten im fünfzehnten Jahrhundert auf Bali eine letzte Trutzburg ihrer Religion gegen die schier unwiderstehliche islamische Bekehrungswelle gefunden. Sie gehörten dem gleichen Kulturkreis an wie die Herrscher jenes Khmer-Reiches, die im dreizehnten und vierzehnten Jahrhundert ganz Hinterindien unterworfen hatten und deren gigantische Tempelanlagen heute noch den Dschungel überragen.

In meinem Fieberanfall fühlte ich mich plötzlich nach Siemreap versetzt, wo die nächtlichen Tempeltänze der Aspara mit den Darbietungen ihrer balinesischen Schwestern verschmolzen. Zehn Jahre waren seitdem vergangen. Am Ende einer einzigen Dekade war die wohlwollende Despotie des Prinzen Sihanouk, der von seinen ergebenen und sorglosen Untertanen als Reinkarnation Krishnas verehrt wurde, durch die höllischen Mordbanden der Roten Khmer verdrängt worden. Die fruchtbaren Reisfelder des Tonle Sap verwandelten sich alsbald in bluttriefende »Killing Fields«, wo die fanatischen Vollstrecker einer absurden Revolution ihr utopisches Gleichheitsregime auf einem Altar von Schädeln errichteten.

Die Gong- und Zimbelschläge des Gamelan-Orchesters dröhnten wie Hammerschläge in meinem fiebrigen Kopf. Die Tänzerinnen nahm ich durch einen roten Schleier wahr. Der Hotelarzt hatte sich mir genähert, um mir mitzuteilen, daß der kambodschanische Marschall Lon Nol, der als Satrap der Amerikaner und auf Betreiben Henry Kissingers den neutralistischen Prinzen Sihanouk gestürzt hatte, nach seiner Flucht aus Phnom Penh in Bali eingetroffen sei. Präsident Suharto von Indonesien, der sich der kulturellen

Affinität zum Land der Khmer bewußt war, hatte Lon Nol die letzte hinduistische Insel seines überwiegend islamisierten Sunda-Archipels als vorübergehendes Asyl angeboten. Ich war viel zu schlapp und müde, um auch nur zu versuchen, mit dem »Großen Schwarzen«, wie der Marschall bei seinen Landsleuten hieß, Kontakt aufzunehmen.

Zwei Monate zuvor hatte ich Phnom Penh einen Abschiedsbesuch abgestattet. Es war fast schon ein Gang ins Leichenhaus. Die Maschine von Air Cambodge, die wir in Bangkok gebucht hatten, landete wie im Sturzflug in Pochentong, um dem Feuer der Belagerer zu entgehen. Die Hauptstadt war von allen Seiten stranguliert. Das Ende war nahe. Die »Roten Khmer« hatten sich des Knicks von Neak-Luong bemächtigt. Kein Konvoi gelangte mehr über den Mekong nach Phnom Penh. Im Hafen stauten sich die nutzlosen Frachtkähne. Sie waren mit hohem Drahtgeflecht versehen, an denen die Raketen der Belagerer vorzeitig explodieren sollten. Krankenhäuser und Schulen waren mit stöhnenden Verwundeten überfüllt, deren Blut über die Kacheln der Gänge und über die Treppen floß. Im unfertigen Betonbau eines Kolossalhotels, das Sihanouk noch hatte errichten wollen, drängten sich Tausende von Flüchtlingen um die Reisküchen internationaler Hilfsorganisationen. Der Swimmingpool stank nach Kot und Urin. Dennoch planschten dort nackte, braune Kinder.

Das amerikanische State Department hatte einen seiner besten Experten, John Gunther Dean, nach Phnom Penh geschickt. Er kam als Nachlaßverwalter. Dean, der in Berlin unter einem ganz anderen Namen geboren war, galt als Spezialist für verzweifelte Kompromißlösungen. Er war in Vientiane maßgeblich am Zustandekommen jenes Laos-Abkommens beteiligt, das zwar in absehbarer Frist zur Machtergreifung der kommunistischen Pathet Lao überleiten würde, dem Land der Millionen Elefanten aber immerhin das Ende des Blutvergießens bescherte.

In Phnom Penh war es für solche Balanceakte viel zu spät. In den letzten Märztagen war es John Gunther Dean doch noch gelungen, Marschall Lon Nol zur Flucht ins Ausland zu überreden. Das war sein letzter Scheinerfolg. Siebzehn Tage später sollte Phnom Penh vor den wilden Horden der Roten Wiedertäufer, der Steinzeit-Kommunisten, wie man sie später nannte, vor den »Khmers Rouges« kapitulieren. Im Namen einer fernen, abendländischen Ideologie vom »Paradies der Werktätigen« und unter dem Vorwand der Menschheitsbefreiung stürzte Kambodscha in den Abgrund eines namenlosen Horrors.

*

Ein balinesischer Kellner räusperte sich neben mir. Er berührte mich am Arm. Ich fuhr aus meinem fiebrigen Dösen auf und saß ganz allein unter Palmen und übergroßen Sternen. Die Touristen waren schlafen gegangen, der Gamelan verstummt, die Tänzerinnen verschwunden. Ich schüttelte mich, um den wirren Gedanken zu entgehen, und schleppte mich in mein Zimmer. Die grell bemalten Holzmasken, die dort an der Wand hingen, wirkten bedrückend, fast fürchterlich. Im Bett ging der Reigen der Halluzinationen weiter.

Ich bemerkte immerhin, daß der Zimmerboy ein Telegramm unter die Zimmerschwelle schob. Es kam aus Jakarta, wo das Kamerateam mit Dreharbeiten beschäftigt war. Mir wurde mitgeteilt, daß die vietnamesische Stadt Danang mit dem wichtigsten Militärflugplatz in Südostasien am 29. März, also am Vortag, kampflos in die Hände der vorrückenden Nordvietnamesen gefallen war. Nicht nur in Kambodscha, auch in Vietnam war die fatale Wende eingetreten. Wieder packte mich der Schüttelfrost.

In den ersten Januartagen hatte ich auf Wunsch der Redaktion einen Abstecher nach Saigon gemacht. In Ermangelung eines deutschen Teams hatte ich mit einer vietnamesischen Mannschaft gearbeitet. Damals war die Großoffensive Hanois noch nicht ins Rollen gekommen. Aber im kambodschanischen Grenzraum hatten sich die Nordvietnamesen wie aus heiterem Himmel der Ortschaft Phuoc Long bemächtigt. Phuoc Long war ein trostloses Nest am Rande des Dschungels, aber zum ersten Mal war es den Kommunisten gelungen, eine südvietnamesische Provinzhauptstadt zu erobern.

Ich war mit einem vietnamesischen Team nach Tay Ninh gefahren. In der Kathedrale der Caodaisten, einer synkretistischen Sekte Cochinchinas, traf ich nur ein halbes Dutzend rot und blau gekleidete Würdenträger dieser seltsamen Religion. Sie verneigten sich in Weihrauchschwaden vor dem mystischen Auge des Cao Dai und ließen sich von dem Ausländer nicht ansprechen.

Die Stadt Tay Ninh war von ihren meisten Einwohnern verlassen. Die Nordvietnamesen schossen gelegentlich mit Granatwerfern auf den leeren Markt. Gegen heftigen Widerspruch gab ich unserem Chauffeur die Weisung, so nah wie möglich an die »Schwarze Jungfrau« heranzufahren. Da ragte sie über uns, die »Black Virgin«, wie eine unheimliche Dschungelpyramide, und erdrückte die Reisebene zwischen Vietnam und Kambodscha. Die Kommunisten hatten sich dieser beherrschenden strategischen Position im sogenannten »Angelhaken« bemächtigt, und das war für mich wie ein Menetekel.

Eine Generation zuvor, ganz zu Beginn des französischen Fernostkrieges, hatte die »Schwarze Jungfrau« gewissermaßen Pate gestanden bei meiner indochinesischen Feuertaufe. In dieser balinesischen Nacht spukte noch manche konfuse Erinnerung an mir vorbei. Die grünen Halme im Reisfeld verdichteten sich zu einem zitternden Filigran, zu einem erstickenden Netz. Dazwischen trieben aufgeschwollene Leichen in einem Lotusteich.

Am nächsten Morgen war die Krise überwunden. Schon am folgenden Tage saß ich im Flugzeug nach Europa. Am Treffpunkt in Frankfurt kam Jörg Wimmelmann auf mich zu. »Sie wissen sicher, weshalb ich hier bin«, sagte er. Ich ahnte es. »Die Redaktion bittet Sie, so bald wie möglich nach Vietnam zurückzufliegen. Sie wissen, Danang ist gefallen, und die Nordvietnamesen rücken längs der Küste auf Saigon vor.« Vier Tage später landete ich mit einer Air-France-Maschine in Saigon. Mein zuverlässiger Mitarbeiter Tran Van Tin erwartete mich auf der Rollbahn in seinem adretten Safari-Anzug. »Es geht dem Ende zu«, sagte er mit einem starren Lächeln, während er mich durch die Zoll- und Paßkontrolle schleuste.

Australische Einflußzone

BALI, IM MÄRZ 2008

Welche Schicksalswende würde dieses Mal, im März 2008, bei meinem dritten Besuch auf Bali die Welt in Aufregung versetzen? In Mesopotamien und am Hindukusch spielt sich der dramatische Zusammenprall zwischen der westlichen, der »freien« Welt unter Führung Amerikas und dem Aufbegehren der »Gotteskrieger« einer weit verzettelten islamischen Revolution ab. Am Ende wird wohl wieder eine Niederlage oder ein schmählicher Rückzug stehen. Aber noch überwiegt in Washington und London, in Berlin und Paris die Illusion, einen glimpflichen Ausweg aus diesem heimtückischen Konflikt, diesem »asymmetric war«, zu finden, der sich allen klassischen Vorstellungen von Strategie und Taktik entzieht.

Einen der wenigen australischen Touristen, der den benachbarten Pavillon bewohnt, habe ich zum Sundowner eingeladen. Der vierzigjährige, robuste Mann war mir durch sein Geschick als Surfer aufgefallen. Er stellt sich als Major Flaherty der australischen Para-Commandos vor und war auf Ost-Timor als Ordnungswächter eingesetzt. Für ein paar Urlaubstage ist dieser Australier irischer Abstammung nach Bali geflogen. Er ist kein gesprächiger Gesellschafter.

Wir blicken schweigend auf das südliche, das »männliche Meer« und auf die orangerote Sonnenscheibe, die langsam in die düstere Flut eintaucht. Ich erzähle Flaherty von der Hochachtung, die die australische Brigade in Vietnam genoß. Im Sektor der »Aussies«, längs der gefährdeten Straße nach Vungtau, das die Franzosen Cap Saint-Jacques nannten, wurde der Vietcong erfolgreich in Schach gehalten, und es herrschte dort relative Sicherheit.

Da der Major ein paar Monate als Captain im australischen Kontingent der Operation »Iraqi Freedom« gedient hat, können wir Erfahrungen austauschen über diesen trügerischen »Quagmire« an Euphrat und Tigris. Solche gemeinsamen Erlebnisse schaffen Vertrauen. Flaherty erwähnt jetzt diverse Einsätze seiner Truppe auf der Pazifikinsel Bougainville und auf dem Salomonen-Archipel, wo die frisch gewonnene Unabhängigkeit der melanesischen Ureinwohner in blutiges Chaos abzugleiten drohte. Schon hat sich ein Pogrom gegen die chinesische Minderheit gerichtet, die es hier wie andernorts zu Reichtum und Einfluß gebracht hatte. Es habe sich um wenig rühmliche Polizeiaktionen gehandelt, aber für Australien gehe es darum, die progressive »Afrikanisierung« seiner südpazifischen Nachbarschaft zu verhindern, wie ein Professor für Political Science der Australian National University diese »crisis-preemptive policy« beschrieb. Die Intervention auf Ost-Timor sei nur ein Teilaspekt dieser weit ausgreifenden Planung.

Der Staatsstreich auf den Fidschi-Inseln im Jahr 2000, der sich gegen die Machtansprüche der eingewanderten Inder richtete, sowie der gewaltsame Sturz der gewählten Regierung des Salomonen-Archipels durch eine wirre Meute, die sich »Matalan Eagle Force« nannte, haben in Canberra ernsthafte Bedenken geweckt und ein militärisches Eingreifen bewirkt.

In den sechziger Jahren hatte ich persönlich diese Inselgruppen, denen inzwischen von der britischen Kolonialmacht die Unabhängigkeit und die Mitgliedschaft in den Vereinten Nationen gewährt wurde, aufgesucht. Schon damals hatte ich die Spannungen zwischen den melanesischen Fidschi-Insulanern auf der einen, den von den Briten als Kulis ihrer Zuckerrohrplantagen in den Pazifik verpflanzten Indern auf der anderen Seite wahrgenommen. Letztere hatten sich in wenigen Jahrzehnten stark vermehrt, stellten beinahe die Hälfte der Bevölkerung dar und entfalteten ihr angeborenes händlerisches Geschick. Die stolzen Ur-Fidschianer, die sich während des Pazifikkrieges gegen die Japaner als hervorragende Krieger bewährt hatten und heute in diversen Blauhelmeinheiten der UNO ein verläßliches Element darstellen, dachten gar nicht daran, den lästigen Zuwanderern aus dem Subkontinent staatsbürgerliche Gleichberechtigung und noch weniger eine maßgebliche Regierungsbeteiligung zuzugestehen.

Schon in jenen Tagen hätte man voraussagen können, daß die Wahl des Inders Mahendra Chaudhry zum Prime Minister dieses

Ministaates am Ende heftige Unruhen auslösen würde. Ich hatte mich damals in die Lektüre des Buches *Long Pigs* vertieft. Es schilderte sachlich und ohne Häme die kannibalischen Bräuche, die vor der Ankunft der Weißen bei den kampffreudigen, athletisch gewachsenen Melanesiern vorherrschten. Unter »Long Pigs« verstanden die Insulaner jene menschlichen Opfer, die sie zum festlichen Schmaus zubereiteten. Die Erinnerung an diese kulinarische Aufbereitung ihrer getöteten Feinde hat bei den heutigen Fidschianern übrigens nicht den geringsten Schuld- oder Minderwertigkeitskomplex hinterlassen.

Ein australischer Offizier, der in der britischen Tradition von Sandhurst ausgebildet wurde, neigt nicht zur Mitteilsamkeit »in militaria«. Allenfalls eine Spur von grimmigem Humor kommt bei Flaherty auf, als er die Vielzahl der winzigen Inselgruppen aufzählt, die, oft nur von ein paar tausend Polynesiern bevölkert, aufgrund amerikanischen Drängens nach dem Zweiten Weltkrieg den Status unabhängiger Staaten erhielten. Damit hat sich Washington wohlfeile Stimmen in der UNO-Vollversammlung verschafft. Die Unterordnung ging so weit, daß diverse Minigebilde, die kaum aus dem Ozean herausragen, sich mit einem symbolischen Kontingent von einem halben Dutzend Soldaten am Irak-Krieg beteiligten und damit die Zahl der sogenannten »willing states« auf seiten der USA künstlich in die Höhe trieben.

Die weit verstreuten Atolle Nauru, Palau, Mikronesien – auch Carolinen genannt –, Kiribati und Tuvalu unterstehen der lockeren Aufsicht Australiens. Über die Sicherheit der Marshall-Inseln und Marianen hingegen wacht die US Navy. Seit die Republik von Taiwan sich vorsichtig an Kontinentalchina annähert, baut das Pentagon die amerikanische Besitzung Guam zu einer strategischen Drehscheibe und einem mächtigen Flottenstützpunkt aus.

Einen für Australier, Neuseeländer und Amerikaner ärgerlichen Sonderfall stellen weiterhin die französischen »Territoires d'Outre-Mer« dar. Canberra blickt mit Mißbehagen auf das vor der Küste von Queensland gelegene Neukaledonien, ganz zu schweigen von der »Polynésie française«, wo Jacques Chirac noch im Jahr 1996 auf dem Atoll Mururoa seine Atombomben explodieren ließ. Flaherty erwähnt in diesem Zusammenhang wohlweislich nicht, daß Großbritannien seine erste Nuklearwaffe in der australischen Wüste zündete, und wer kümmert sich heute noch um das idyllische Inselchen Bikini, wo die Amerikaner ihre apokalyptischen Wasserstoffbomben testeten?

Major Flaherty erzählt, daß er am folgenden Tage in Richtung Aceh, an die Nordwestspitze von Sumatra aufbrechen würde. Dieser äußerste Distrikt Indonesiens, der 2004 von dem »Boxing Day«-Tsunami total verwüstet wurde – allein in der Provinzhauptstadt Banda Aceh kamen damals 60 000 Menschen in der ungeheuerlichen Flutwelle um –, bedürfe immer noch humanitärer Betreuung, und Australien bleibe dort stark engagiert. Vielleicht gibt es auch noch andere Gründe für die Regierung von Canberra, diese Schlüsselregion, die die Seestraße von Malacca beherrscht, im Auge zu behalten.

Von meinem kurzen Aufenthalt im Sommer 1975 bleibt mir der religiöse Eifer der Bevölkerung von Aceh lebhaft in Erinnerung. In unzähligen Koranschulen, die hier »Pesantren« heißen und in Frankreich als »petit séminaire« bezeichnet würden, werden die jungen Gläubigen ausgebildet, um standhaft zu streiten, »fi sabil Allah«. Im Zentrum von Banda Aceh erhebt sich die weithin strahlende Moschee Raya Baiturrahmau, das einzige Gebäude, das wie durch ein Wunder, als stände es unter besonderem göttlichen Schutz, vom Wüten der Natur verschont blieb.

Über Aceh war einst die Botschaft Mohammeds nach Indonesien eingedrungen, und seitdem galt dieses Sultanat als Zentrum koranischer Lehre und islamischer Wehrhaftigkeit. Gegen die Holländer hatten die Glaubenskrieger jahrzehntelang hartnäckig Widerstand geleistet. Nach der Unabhängigkeit, der »Merdeka« Indonesiens, wurde dem Distrikt, der über gewaltige Erdgasreserven verfügt, nach heftigen Kämpfen ein Sonderstatus gewährt. Aber damit gaben sich die Acinesen nicht zufrieden. Sie proklamierten eine Islamische Republik. Ihre politische Organisation GAM, »Freies Aceh«, forderte einen eigenen Staat.

Ein Jahr nach meinem Besuch von 1975 nahm der Aufstand die

Form eines erbitterten Partisanenkrieges an. Die indonesische Armee verhängte das Kriegsrecht und ging mit großer Brutalität gegen die Rebellen vor. Vorübergehend wurde eine Waffenruhe vereinbart, die den Aufständischen »spezielle Autonomie« und eine Beteiligung von siebzig Prozent an den Gewinnen der Öl- und Gasproduktion zusicherte.

Zusätzlich wurde in Aceh offiziell die Scharia, die koranische Gesetzgebung, eingeführt. Der Kompromiß dauerte nicht lange. Die Streitkräfte Jakartas leiteten eine Großoffensive ein. Erst das Gottesgericht von 2004, der fürchterliche Tsunami, setzte dem gegenseitigen Morden ein Ende. In Helsinki wurde ein Abkommen unterzeichnet, das den Abzug des indonesischen Militärs und die Entwaffnung der Aceh-Miliz stipulierte. Ob dieser Waffenstillstand von Dauer ist, wird von den meisten Experten bezweifelt.

Bei der Rettungsaktion für die Tsunami-Opfer von Aceh hatte sich die US Navy besonders hervorgetan. Von ihren Flugzeugträgern starteten die Hubschrauber und versorgten Gebiete, die auf dem Landweg kaum noch zu erreichen waren. Ich spreche Flaherty auf diese humanitäre Leistung an. Die riesigen »Carriers« der Amerikaner seien tatsächlich für solche Einsätze besonders geeignet, bestätigt er, aber wenn sie vor der Küste eines von Wirbelsturm oder Überflutung heimgesuchten Landes auftauchten, das Präsident George W. Bush auf die Liste der »Schurkenstaaten« gesetzt hatte, wie das unlängst im Süden Burmas oder Myanmars der Fall war, dann würde das dortige Regime jede Kooperation verweigern aus der Befürchtung heraus, dieses humanitäre Flottenaufgebot könne neben seinen karitativen Zwecken auch den Sturz der dortigen Militärdiktatur beabsichtigen.

Ob im Pazifik in Zukunft noch einmal Seeschlachten stattfinden, in denen die Flugzeugträger die Entscheidung herbeiführen würden, wie das seinerzeit zwischen USA und Japan der Fall war, bezweifelt Flaherty. Vermutlich seien die Flugzeugträger, diese schwimmenden Dinosaurier, für einen elastisch geführten »asymmetric war« maritimen Zuschnitts, der sich vor allem auf den Einsatz von fast geräuschlosen U-Booten stützen würde, ebenso untauglich wie die überschweren Panzer Abrams, Leo II, Centurion oder Merkava, die für eine konventionelle Feldschlacht konzipiert wurden, auf die Anschläge einer perfektionierten Partisanentaktik jedoch schwerfällig und unbeholfen reagieren.

Der Major läßt sich recht offen über die Situation Australiens aus. Das Bündnis mit Washington habe für Canberra absolute Priorität, auch wenn der erzkonservative Premierminister John Howard durch den liberalen Vorsitzenden der Labour-Party Kevin Rudd abgelöst wurde. Jedem Fernsehzuschauer müsse der Unterschied auffallen zwischen dem bärbeißigen, beinahe aggressiven Auftreten John Howards und der bläßlichen Intellektualität seines Nachfolgers.

Aber Kevin Rudd sei nicht zu unterschätzen, bemerkt Flaherty. Dieser ehemalige Diplomat beherrsche die chinesische Mandarin-Sprache und verfüge über eine intime Kenntnis des Reiches der Mitte. Eine solche erweise sich als unentbehrlich für einen Staat kontinentalen Ausmaßes wie Australien, der zwar zu 92 Prozent von Weißen bevölkert ist, dessen komplementäre Wirtschaftsbeziehungen zur Volksrepublik von Peking jedoch die wesentliche Voraussetzung für sein materielles Wohlergehen bleibe.

Ich erzähle Flaherty von meinem kurzen Zwischenaufenthalt in Darwin. Dabei hatten mich einige profunde Veränderungen beeindruckt, die sich seit meiner letzten Australien-Expedition vor mehr als dreißig Jahren auf dem Fünften Kontinent vollzogen hatten. Da war zunächst die nördliche Hafenstadt selbst, die durch den Wirbelsturm Tracy am Weihnachtsabend 1974 total verwüstet worden war. Die Naturkatastrophe hatte unvergleichlich schlimmere Schäden angerichtet als die 64 Bombenangriffe der japanischen Luftwaffe im Zweiten Weltkrieg.

Der Hafen, nach dem Vater der Entwicklungslehre Charles Darwin benannt, wurde als hochmoderne, etwas seelenlose Stadt wieder aufgebaut. Die neuen Bauten wurden durch Stahlstreben und spezielle Verankerungen so angelegt, daß sie in Zukunft jedem Hurrikan trotzen könnten. Mit seinen 70 000 Einwohnern hat sich dieser isolierte Vorposten zum wichtigsten Tor Australiens in Richtung Ostasien entwickelt.

An der Theke des einzigen typisch angelsächsischen Pubs, der »Tracy« widerstanden hatte, wurde mir bestätigt, daß seit kurzem die Volksrepublik China als wichtigster Handelspartner den Japanern den Rang abgelaufen hat. Eisenerz im Wert von 8,5 Milliarden australischen Dollar und ein gewaltiges Volumen an Steinkohle wurden im vergangenen Jahr ins Reich der Mitte verschifft, und dazu kamen steigende Lieferungen von Uran, Bauxit, Mangan, Kupfer und Edelmetallen. Auch für die landwirtschaftliche Produktion, für Weizen, Lamm- und Rindfleisch, ist China der wichtigste Abnehmer. Mächtige Staatskonzerne der Volksrepublik, wie Sinosteel oder Chinalco, haben auf dem Fünften Kontinent Fuß gefaßt, und diverse Joint Ventures greifen inzwischen auch auf Neuguinea über.

Ob auf Dauer das erdrückende Übergewicht Chinas, vor allem auch dessen militärisches Erstarken in Canberra nicht als Bedrohung empfunden werde, ob nicht die ökonomische Verflechtung auch eine politische Abhängigkeit nach sich ziehen könne, frage ich. Aber der Major gibt sich zuversichtlich. Die rassistischen Anhänger der »One Nation Party«, die »White Australia« vor den anstürmenden asiatischen Horden retten wollten und die Forderungen nach einer anglo-irischen Monokultur erhoben, hätten mitsamt ihrer Wortführerin, Pauline Hanson, jeden nennenswerten Einfluß verloren. Eine Umfrage habe ergeben, daß lediglich neunzehn Prozent der zwanzig Millionen Australier, die immer noch zu 91 Prozent europäischen Ursprungs sind, den Aufstieg Pekings zur Weltmacht als existentielle Gefährdung empfänden.

Seit den sechziger Jahren habe die Immigration aus asiatischen Ländern zugenommen, gesteht mein Nachbar. »Das fand vor allem nach dem Sieg der Kommunisten in Vietnam statt, als die ›boat people‹ an unseren Küsten auftauchten. Aber insgesamt machen die Asiaten weniger als ein Zehntel unserer Bevölkerung aus, und wir haben mit ihnen keinerlei Probleme.« Die Nachbarschaft Indonesiens hingegen erscheine in einem kritischen Licht. Seit den Attentaten von Kuta seien die Australier mißtrauisch geworden, und bei allen offiziellen Freundschaftsbeteuerungen in Richtung Jakarta seien die Sicherheitsdienste auf der Hut vor dem Auftreten islamistischer Terroristen. Ob seine Reise nach Aceh damit zusammenhänge, frage ich, aber erhalte nur einen Trinkspruch zur Antwort.

In Darwin waren mir am Rande üppig bepflanzter, oft luxuriöser weißer Wohnviertel auch die bescheidenen Häuschen aufgefallen, vor denen dunkelhäutige Aborigines wie Gestalten aus einer anderen Welt auftauchten. Meist lungerten sie untätig herum, hatten die Bierflasche zur Hand und konnten sich offenbar nicht einfügen in die fremde, immer noch abweisende Welt der weißen Eroberer. Im Jahr 2007 hatte der damalige Premierminister John Howard radikale Maßnahmen ergriffen, um in den »Northern Territories« – im weiten Umkreis von Darwin – die dort siedelnden »Communities« der Ureinwohner zu »stabilisieren« und zu »normalisieren«. Mit dem Einsatz von Polizei und Ärzteteams sollte gegen die unerträglichen Zustände vorgegangen werden – Kriminalität, Alkoholismus, Kindesmißbrauch, Verwahrlosung –, die angeblich bei den Aborigines in erschreckendem Maße zugenommen hatten.

Zwar waren den weit verstreuten Stämmen – die insgesamt knapp eine halbe Million Menschen zählen dürften – in den achtziger Jahren ausgedehnte Territorien mit begrenzter Autonomie zugewiesen worden. Aber in diesen Reservaten machte sich zunehmend Unzufriedenheit und Aufsässigkeit breit, weil ihnen der Profit an den dort geförderten Bodenschätzen vorenthalten wurde. John Howard hatte sich konstant geweigert, den Aborigines irgendeine Form von Bedauern auszudrücken über das Schicksal und die erbärmlichen Lebensbedingungen, in die sie als Folge der weißen Kolonisation gedrängt wurden. Erst der neue Regierungschef Kevin Rudd hat es über sich gebracht, das Wort »Sorry« auszusprechen, eine regierungsamtliche Entschuldigung zu formulieren, auf die liberale Parlamentarier seit langem gewartet hatten.

An den traurigen Lebensbedingungen der Betroffenen habe sich dadurch wenig geändert, erzählt Flaherty, auch wenn die Regierung von nun an darauf verzichte, farbige Kinder systematisch ihren Familien zu entreißen, um sie in staatlichen oder kirchlichen Erziehungsstätten den Bräuchen ihrer Sippe zu entfremden und sie an die vorherrschende weiße Gesellschaft anzupassen. Die Bürgerrechte wurden den Aborigines – theoretisch zumindest – schon vor vier Jahrzehnten gewährt, und die zuständigen Behörden versuchten diese Urkultur zumindest als Folklore wieder aufleben zu lassen. Der Major äußert sich extrem zurückhaltend zu der Problematik. »Es ist einfach nicht möglich, diese Mitbürger mit unserer Zivilisationsform in Einklang zu bringen«, sagt er resigniert und verfällt in Schweigen.

Er verabschiedet sich, denn seine Maschine wird schon bei Morgengrauen in Richtung Aceh starten. Ich bleibe alleine auf der Terrasse meines Hotels zurück. Dieses Mal ist es kein Tropenfieber, das mir düstere Visionen vorgaukelt. Vielleicht ist es die Wirkung des Alkohols, die mich besinnlich stimmt und mit erstaunlicher Präzision in die Vergangenheit versetzt. Ich gestehe, daß es für den Leser nicht einfach sein wird, diese ständigen Wechsel von Zeit und Ort, der meine Rückbesinnung begleitet, nachzuvollziehen. Mein Blick verliert sich in den schwefelgelben Nebeln der Lombo-Selat, und vergeblich suche ich am verdüsterten Firmament nach dem Kreuz des Südens, das die Flagge Australiens schmückt.

Die verlorene Traumwelt

Broome (Australien), im Herbst 1974

Etwa 1000 Kilometer Wasserfläche trennen Bali von der nordwestlichen Küste des Fünften Kontinents, von jener trostlosen Kimberley-Region, wo das Leben der Eingeborenen zur Zeit meines Besuches noch Spuren von Ursprünglichkeit bewahrte. Nach einigem Suchen hatte ich unweit des Fleckens Derby einen Schamanen namens Baronga aufgespürt, der vorgab, die Mythen der Vorfahren, das überlieferte Wissen aus einer Nacht von 50 000 Jahren zu deuten.

Da saß ich nun am Rand der graubraunen Steppe dem alten Schamanen gegenüber, der nur mit einem Lendentuch bekleidet war. Seine Haut war gräulich-schwarz. Die Haare waren zottig und verfilzt. Die breite Nase, das mächtige Gebiß, die Augenwülste und die fliehende Stirn verwiesen auf die Neandertaler. Mit einem Zweig zeichnete Baronga eine Spirale in den Sand, das Sakralmotiv der »Traumwelt«, das Zeichen der ewigen Wiederkehr, des stets erneuerten Lebens.

In erstaunlich präzisem Englisch erklärte er den zyklischen Pantheismus der australischen Aborigines: »Das Leben sehen wir wie die Wellen des Meeres. Aber solange man einen Anker hat – Sie wissen, was ich mit Anker meine? –, so lange ist man in Sicherheit; dann kehren wir immer zum gleichen Punkt zurück. Die Menschen lebten schon vor der großen Flut; dann kam das große Wasser, und die Menschen wurden von der Erde ausgelöscht. Das glauben wir. Sie ertranken, aber sie wurden gleichzeitig in Felsen verwandelt, in Lebewesen, die sich bewegen. Was wir ›Wungur‹ nennen, das sind unsere Verwandten, das sind Felsen, Bäume und Tiere.«

In respektvollem Abstand saßen die Frauen. Sie waren in schäbigen Kattun gekleidet. Ihre Häßlichkeit war pathetisch. Sie blickten stumm vor sich hin, trauriger als Tiere. Sie wirkten wie Figuren aus einem absurden Science-Fiction-Film. Unser Toningenieur Steve sprach aus, was keiner von uns zu formulieren wagte: »Wenn Sie das ›missing link‹ der Menschheitsentstehung suchen, hier haben Sie es vor Augen.«

Es war eine seltsame Fügung, daß diese äußerste Nordwestregion Australiens auf den Landkarten als Beagle Bay eingetragen ist. Die »Beagle« war das Vermessungsschiff, auf dem Charles Darwin 1831 zu seiner fünfjährigen Weltumseglung aufbrach und dabei die Kenntnisse sammelte für die Niederschrift seines Werkes über *Die Entstehung der Arten*. Auf Weisung Barongas hatten die Männer des Degina-Stammes sich für unsere Filmaufnahmen mit weißer Farbe bepinselt und ließen ihren überlieferten Tanz, den »Corroboree« wieder aufleben, eine befremdende, etwas unheimliche Veranstaltung.

Im Umkreis der Missionsstationen von Derby und Broome gehörte viel Gottvertrauen oder menschliche Anmaßung dazu, um nicht zum Anhänger der Entwicklungstheorie zu werden. War nicht der Darwinismus eine weit fundamentalere Herausforderung für das Christentum als jene marxistische Häresie, die den Erlösungsglauben lediglich vom Jenseits in eine diesseitige Utopie verpflanzte? Mit ihren Rhythmen huldigten sie den Vorfahren der Traumzeit, die einst die Menschen erschufen. Sie vertrauten ihnen die Welt an und zogen sich dann wieder in die Erde zurück. Die Stellen, wo sie sich in Felsenschluchten oder Höhlen aufhielten, sind weiterhin heilig. An heiligen Plätzen hinterließen die Schöpferwesen einen Teil ihrer Energie, die die Aborigines durch kultische Zeremonien regelmäßig erneuern müssen. So bleibt die Beziehung zu den Vorfahren erhalten, und die Verbindung zur Traumzeit reißt nicht ab.

Die Ortschaft Broome, mit rund tausend Einwohnern die größte Siedlung in den Kimberleys, war ein Schmelztiegel der Rassen. Dieser entlegenste Zipfel am Rande des Kontinents war der einzige Punkt Australiens, wo eine bescheidene Brücke zu den Kulturen Asiens geschlagen wurde. Die Asiaten und ihre Mischlinge, so hörte man, würden hier ein psychologisches Polster zwischen Schwarz und Weiß, zwischen Aborigines und Anglo-Australiern bilden.

Am späten Nachmittag herrschten im Continental Motor Hotel von Broome Jubel und Trubel. Eine gesellschaftliche Nivellierung fand in diesen Saloons statt, wo Wildwest-Atmosphäre vorgetäuscht wurde, wo Trunksucht die einzige Form der menschlichen Kommunikation schien und Rassenvermischung sich zu später Stunde am Strand fortsetzte. Der gemeinsame Nenner der Verbrüderung in diesen Bars, die jeden Tag ab fünf Uhr nachmittags überfüllt waren, war das Bier. Den Aborigines war der Alkoholkonsum erst seit 1967 offiziell erlaubt worden. Bierkonsum galt als Statussymbol der Weißen, solange die Farbigen davon ausgeschlossen waren. Heute glauben die Ur-Australier und ihre Abkömmlinge, mit der Bierflasche in der Hand eine Art Gleichberechtigung zu demonstrieren.

Als Perlenfischer waren die Väter der Asiaten von Broome nach

Australien gekommen, aus Indonesien, China und vor allem aus Japan. Als einzige geschlossene Gruppe hatten sie die strenge Rassenpolitik des »White Australia« durchgestanden, jene drakonischen Einwanderungsbeschränkungen, die noch unlängst den Fünften Kontinent jeder gelben Zuwanderung versperrten. Asiatische Straßenbeschriftungen auf Chinesisch, Malaiisch und Indonesisch waren ein Kuriosum für diesen Kontinent.

Die Grabsteine mit den chinesischen und japanischen Namen standen wie Wegweiser entlang der Straße, die zum Hafen von Broome und zur offenen See führte. Sie gemahnten daran, daß die Insel Timor wie ein Vorposten der übervölkerten asiatischen Kontinentalmasse nur fünfhundert Kilometer jenseits des Wassers liegt. Ein Bad im Ozean war wenig ratsam, denn dort lauerten riesige Salzwasserkrokodile, »Salties« genannt, auf Beute, eine der wenigen Tiergattungen, die die vermutlich durch einen Meteoriten verursachte Auslöschung der Dinosaurier überlebt hat.

Bei den Nachkommen der Sträflinge

BALI, IM MÄRZ 2008

»White Australia«: Wenn ich meine Notizen aus dem Jahr 1974 zur Hand nehme, stelle ich das ganze Ausmaß der Veränderungen fest, das diese einst äußerst rassebewußte Gesellschaft seitdem durchlaufen hat. Wer damals im Umkreis der großen Küstenstädte lebte und ständig neue Wolkenkratzer oder architektonische Bravourstücke in den Himmel wachsen sah, der kannte die Ureinwohner Australiens meist nur als ferne Legende.

Ein Viertel der weißen Einwohner nach Lockerung der Einwanderungsgesetze war in Europa geboren. Viele kamen aus dem ehemaligen Jugoslawien, aber auch aus Griechenland, Italien, Polen und »last but not least« aus Deutschland. Vor dreißig Jahren konnten die Soziologen bei der damals überwiegend anglo-irischen Einwohnermasse noch folgende Charakterzüge feststellen: Männlichkeitskult, Vergötzung der sportlichen Leistung, Unsicherheit gegenüber dem weiblichen Geschlecht und vor allem eine kleinkarierte Lebensphilosophie. Die Zeitung *Australia*, durchaus kein subversives Blatt, beklagte, daß die australische Jugend in einem endlosen pubertären Disneyland aufwachse, daß weder in Schule noch Beruf Auslese oder Bewährungskampf stattfände, daß der Freizeitkult so entwickelt sei, daß das Wort »Arbeit« zu einem obszönen Begriff würde.

Hier ist gründlicher Wandel eingetreten. Zumindest in den Metropolen wie Sydney und Melbourne herrscht kosmopolitische Offenheit vor. Die prüde Tugendhaftigkeit und Trägheit von einst ist wirtschaftlicher Dynamik und Tüchtigkeit, aber auch einer Genußfreude gewichen, die an Hedonismus und Libertinage grenzt. Eine »Love Parade« ließe sich heute in Sydney ebenso problemlos organisieren wie der Exhibitionismus vom »Christopher Street Day«. Sogar die Farbschranken lösen sich auf, zumindest was die asiatischen Neubürger betrifft. Sie stammen mehrheitlich aus Vietnam und China und machen bereits sieben Prozent der Bevölkerung aus. Der mächtigste Presse- und Medienmogul der Welt, der Australier Rupert Murdoch, hat seine attraktive chinesische Sekretärin geheiratet, und niemand nimmt Anstoß daran.

Weiterhin traurig und hoffnungslos ist es um die Aborigines bestellt, denen die »Sorry«-Erklärung von Prime Minister Kevin Rudd und eine ganze Serie sozialer Fürsorgeversprechen wenig geholfen haben. Vor der Ankunft der Weißen mochten diese im Paläolithikum lebenden Urmenschen, die in einer Vielzahl ethnisch differenzierter Stämme zweihundert unterschiedliche Idiome sprechen, schätzungsweise eine halbe Million gezählt haben. Heute werden sie weiterhin auf knapp 500 000 veranschlagt – das sind vier Prozent der Gesamtbevölkerung –, aber sie können sich nicht einmal, wie die Indianer Nordamerikas, die von den Weißen systematisch verdrängt und ausgerottet wurden, auf die Legende eines romantischen, heldenhaften Widerstandes gegen die fremden Eindringlinge berufen, der in der Nachwelt weiterlebt.

Auf den Ur-Australiern scheint ein schrecklicher Fluch zu lasten. Vor Ankunft der ersten Europäer lebten sie in Horden als Sammler und Jäger, kannten weder Ackerbau noch Viehzucht. Sie besaßen keine Eigentumsbegriffe. Unter Windschilden aus Laub suchten sie Schutz vor der brennenden Sonne und der empfindlichen Kälte des Winters. Ihr Leben verlief ebenso zyklisch wie die in sich geschlossenen Kreise ihrer mythischen Traumwelt.

Im Jahr 2008, zu einem Zeitpunkt, da ein afroamerikanischer Emporkömmling die Präsidentschaft der Vereinigten Staaten von Amerika übernimmt und somit zum mächtigsten Mann der Welt wird, lohnt es sich, an den Antipoden Europas – in Australien und Neuseeland – Betrachtungen anzustellen über die ungeheuerliche expansive Kraft, die die weiße Menschheit im verflossenen halben Jahrtausend entfaltet hat. In dieser Epoche wurde der nordamerikanische Kontinent zu einem riesigen europäischen Siedlungsgebiet. Die Kosaken des russischen Zaren nahmen die unendliche Nordhälfte Asiens, ganz Sibirien bis zur Küste des Pazifischen Ozeans in Besitz.

Die Eroberung und Besiedlung dieser immensen Territorien hat sich unter sehr unterschiedlichen Umständen vollzogen. Die USA berufen sich immer noch in historischer Verklärung auf den calvinistischen Puritanismus und die Sittenstrenge, die Tugenden der Pilgerväter. Bei der Gründung ihrer ersten befestigten Dörfer in Neu-England schwärmten sie von einem neuen Jerusalem, »The City of the Hill«. Die Ankunft der Weißen in Australien stand unter ganz anderen, geradezu konträren Auspizien.

»Australia Day« heißt der australische Nationalfeiertag. Ich weiß nicht, wie er heute begangen wird, aber am 28. Januar 1974 enthüllte diese Festivität ohne jeden Komplex ein brutales, grausames Historienbild. Die Kolonisation des Fünften Kontinents, der im siebzehnten Jahrhundert von holländischen Seefahrern sporadisch entdeckt wurde und im Jahr 1770 durch James Cook bei seiner Landung in Botany Bay »for King and Country« zum Besitz der britischen Krone erklärt wurde, begann erst im Januar 1788, als die »First Fleet« in der Nähe des heutigen Sydney 756 europäische Siedler ausschiffte. Hier handelte es sich jedoch um Pilgerväter besonderer Art. Es waren Sträflinge aus dem britischen Mutterland, der kriminelle Ausschuß der frühindustriellen Gesellschaft. In jener erbarmungslosen Zeit des von Dickens beschriebenen Frühkapitalismus genügte es allerdings, daß ein Hungerleider einen Laib Brot stahl, um ihn hinter Gitter zu bringen, ganz zu schweigen von den katholischen Iren, die sich gegen die willkürliche Unterdrückung durch ihre englischen Fronherren zur Wehr setzten. Der erste Gouverneur und Kerkermeister dieser Ansammlung von Zuchthäuslern war zudem jener Kapitän William Bligh, der anläßlich der Meuterei auf der »Bounty« traurige Berühmtheit erlangt hatte.

Den Australia Day erlebte ich damals als historische Parodie. Der alte Stadtkern von Sydney war rekonstruiert worden, und hinter der sorglosen Ausgelassenheit der Gegenwart wurden schmerzliche Narben sichtbar. Zum Scherz traten Laienschauspieler auf, die die gequälten Gefangenen und ihre uniformierten Bewacher darstellten. Sie erinnerten daran, daß allein in den Jahren 1830 bis 1837 laut amtlichen Angaben 42 000 öffentliche Auspeitschungen stattgefunden hatten. Die unfreiwilligen ersten Siedler, überwiegend Opfer der zum Himmel schreienden sozialen Mißstände beim englischen Proletariat, waren von der herrschenden Klasse Albions wie menschlicher Müll an diesen fernen, unwirtlichen Gestaden ausgesetzt worden. Es waren schwergeprüfte, verrohte Menschen, die nach Absitzen ihrer Haft in die unendliche Weite des »Outback« entlassen wurden.

In den dunkelhäutigen Aborigines mit ihren Zottelmähnen, die nie einen Sinn für persönliches Eigentum entwickelt hatten und häufig Viehdiebstähle begingen, sahen die weißen Eindringlinge eine schädliche Tiergattung, eine Art Untermenschen, die nicht einmal zur Sklavenarbeit taugten. Sie knallten sie gnadenlos ab oder fielen – in Ermangelung weißer Frauen – über deren höchst unattraktive Weiber her.

Wie grauenhaft es bis ins späte neunzehnte Jahrhundert zugegangen ist, entdeckte ich bei einem Abstecher auf die Insel Tasmanien in der festungsähnlichen Sträflingsanstalt von Port Arthur. Ein vergilbtes Foto zeigte eine Jagdpartie weißer Männer, die sich in triumphierender Pose gruppiert hatten. Die Beute zu ihren Füßen waren keine Tiere, sondern menschliche Ur-Tasmanier, die in ihrer Entwicklungsstufe nicht einmal den Stand der australischen Aborigines erreicht hatten und zumindest ein fürsorgliches ethnologisches Interesse verdient hätten. Doch sie wurden wie nutzlose Tiere zur Strecke gebracht und systematisch ausgerottet.

Trotz mancher Zugeständnisse, die die Regierung von Canberra seit den achtziger Jahren den Eingeborenen machte – dazu gehörte die Zuweisung riesiger Flächen des Kontinents – kommt es nur extrem selten zu einer wirklichen Integration oder einer Hinwendung der Aborigines zu nützlicher, gewinnbringender Tätigkeit. Die wenigen Wortführer einer berechtigten Auflehnung und Rückbesinnung auf die eigenen Bräuche sind meist farbige Australier, die zum Teil auf weiße Vorfahren zurückblicken, und selbst sie gestehen, daß ihr Anspruch auf Gleichheit allzu oft an der Passivität der eigenen Artgenossen scheitert, daß es aber auch keine Rückkehr zur angestammten Kultur geben könne. Sogar die christlichen Missionare und engagierten Philanthropen neigen zur Resignation.

Inzwischen findet eine zunehmende Verstädterung der Urbevölkerung statt. Vor dreißig Jahren hatten sich schon ein paar tausend Aborigines im Stadtteil Redfern von Sydney in einer Art Ghetto niedergelassen. Sie hatten dort sogar ein kleines Theater eingerichtet, und die Bühnenszene sollte das Leben einer Eingeborenenfamilie vor der Ankunft der Weißen zeigen. Der Vater brachte dem Sohn bei, wie man ein Känguruh erlegt. Der »gute Wilde« des Jean-Jacques Rousseau wurde auf der Bühne von Redfern lebendig.

In der Pause schlug die Stimmung hoch. Unter den Zuschauern und Schauspielern war kein einziger reiner Ur-Australier zu finden. Die meisten waren Mischlinge. Manche weiße Sympathisanten hatten sich ihnen zugesellt. Im Mittelpunkt der allgemeinen Begeisterung, die durchaus politisch motiviert war, stand ein junger Farbiger in gut geschnittenem Anzug. Robert Mallet hieß der Autor des Theaterstücks, das den Niedergang seiner Rasse schilderte. Er war speziell für diesen Abend aus dem Gefängnis entlassen worden, wo er eine

Haft von sieben Jahren wegen gewaltsamen Einbruchs verbüßte, und er sollte nach Ende der Aufführung dorthin zurückkehren.

Die letzte Szene stellte die Unterwerfung der Aborigines dar. Zu dritt waren die Vertreter der weißen Zivilisation angetreten – ein Missionar, ein Soldat, ein Siedler. In grotesker Form versuchten sie dem verstörten Eingeborenen ihre Botschaft und ihre Lebensform aufzuzwingen. Aber der Wilde begriff nicht, und da er sich zur Wehr setzte, wurde er niedergeschossen.

Geisterstädte im »Outback«

COOLGARDIE (AUSTRALIEN), IM HERBST 1974

»Das letzte Ufer«, so lautete der Titel eines Films, der die Vernichtung der Welt durch einen Nuklearkrieg schilderte und in dem Ava Gardner die weibliche Hauptrolle spielte. In Amerika, Europa und Asien war bereits jedes menschliche Leben erloschen. Nur an der Küste Australiens warteten die Überlebenden auf die unvermeidliche Ankunft der mörderischen radioaktiven Wolken. Ein Teil der Bevölkerung flüchtete zur Anrufung des Allmächtigen in die Kirchen, während viele andere die landesübliche Bierflasche leerten und zu den melancholischen Klängen von »Waltzing Mathilda«, der heimlichen Nationalhymne Australiens, dem Tod entgegentanzten. Doch entgegen diesen düsteren Phantasmagorien lebt heute auf dem Fünften Kontinent eine kraftstrotzende, zuversichtliche und gesellige Nation, der man keine Spur von Untergangsstimmung anmerkt.

Es gibt keine historischen Monumente in diesem jungen Land, aber im abgelegenen »Outback«, in der öden Steppenweite West-Australiens, sind wir auf Ruinen- und Geisterstädte gestoßen, die die seltsamen Namen Kalgoorlie oder Coolgardie trugen. Im späten neunzehnten Jahrhundert waren in dieser Einöde die Sträflinge durch frenetische Goldsucher abgelöst worden. Das zufällige Auffinden von ungewöhnlich großen Nuggets soll bis zu 400 000 Schatzsucher in die Wüste gelockt haben.

Doch so plötzlich der Reichtum gekommen war, ist er auch wieder verflogen. Trostlose Einsamkeit hat sich des Saloons von Kalgoorlie bemächtigt, wo früher einmal Lola Montez als verwelkte Attraktion aufgetreten sein soll. Die alten weißen Männer, die wir an der Bar antrafen, wirkten ermattet, von der rauhen Umgebung ausgelaugt. Noch trauriger stimmte der Anblick eines im Sand verlorenen Bordell-Viertels, wo weiße Huren, die irgendein klägliches Schicksal hierhin verschlagen hatte, vor ihren Hütten kauerten und die Mitglieder unseres Teams vergeblich mit dem Lockruf zu betören suchten: »Germans are strong men.«

Die menschlichen Wracks des »Gold Rush«, die jammervollen weißen Akteure, wurden allmählich durch gespenstisch anmutende Gestalten ersetzt, die aus der Leere der Wüste nachrückten, wo sonst nur die Kamele der Pioniere überlebten. Die Aborigines vermehrten sich in erstaunlichem Maße, ergriffen Besitz von den Ruinen und installierten sich zwischen den Pionierwagen und naiven Gipsfiguren eines kümmerlichen Museums, das den Forscher Sir Ernest Giles auf einem Kamel und den legendären Banditen Net Kelly in seinem selbstgeschmiedeten Eisenpanzer zeigte. Auch hier stieß der Fremde auf die Lethargie und Trunksucht der wortkargen Ureinwohner. Er empfand ihre Präsenz als einen lebenden Vorwurf, wie einen Alptraum.

Von den einst blühenden Goldgräbergemeinden am Rande der Great Victoria Desert mögen nur nackte Mauern und Wellblechtürme übriggeblieben sein. In anderen Regionen Australiens geht die Erschließung der immensen Bodenschätze mit Riesenschritten voran und fördert vielfältigen Reichtum. Wir wollen diesem flüchtigen Streifzug durch die Erinnerung noch einen kurzen Rückblick auf die äußerste Nordwestspitze hinzufügen, von den Einheimischen »Top End« genannt. Die endlosen Sumpfgebiete von Arnhemland, wo bizarre Felsformationen und Termitenhügel sich ablösen, bilden einen krassen Kontrast zu der trostlosen Dürre der riesigen Wüstenei. Weiter östlich ragt die York-Halbinsel knappe hundert Kilometer an Neuguinea heran, die nach Grönland zweitgrößte Insel der Welt.

Über die Meerenge der Torres-Straße, so kann man vermuten, sind vor 50 000 Jahren, als die Landverbindung zu Südostasien noch bestand, menschliche Horden in diesen einzigartigen, bizarren Erdteil vorgedrungen, wo keine Säugetiere, sondern nur Beuteltiere lebten und – abgesehen von den urwäldlichen Riesenkrokodilen und zahllosen Schlangen – keinerlei menschenfeindliche Fauna vorhanden war. 40 000 Salzwasserkrokodile bevölkern heute die trügerische, tropisch-schwüle Sumpflandschaft von Arnhemland. Dort leben ebenfalls ein paar tausend Aborigines, denen ein weites Reservat zugestanden wurde.

Da laut Regierungserlaß keine Krokodile mehr gejagt werden dürfen, hat es mich verwundert, daß deren Zahl offenbar nicht unbegrenzt zugenommen hat. Aber dieser Sauriergattung schreiben die Natur und die biologische Auslese ihre unerbittlichen Gesetze vor. Da der Vorrat an Nahrung nur für die bereits existierende Anzahl ihrer Spezies ausreicht, fallen die schwächsten Tiere dem animalischen Kannibalismus der Stärkeren zum Opfer.

In diesem »Never-never-Land«, das durch den Film »Crocodile Dundee« weithin bekannt und inzwischen zur Touristenattraktion wurde, befinden sich die eigenartigsten Felsmalereien aus grauer Vorzeit, die den bizarren Vorstellungen der »Traumwelt« Ausdruck verleihen. Da werden magische Szenen dargestellt, die zwar weit primitiver sind als die faszinierenden Höhlenmalereien des Cromagnon-Menschen in Europa, aber als Weihestätte mit strengen Tabus behaftet sind. Sie stellen eine Verbindung her zu der Welt der Ahnen und werden in kultischen Riten verehrt. Neben beschwörenden Jagdmotiven, auf denen die Fußspuren des Känguruhs nachgebildet sind, entfalten sich filigrane Blattzeichnungen, Darstellungen jenes mythischen Lebensbaums, dessen Verästelungen das ungeheuer komplizierte System der geheimen Sippenbeziehungen darstellen.

Die Bohrtrupps aus »White Australia«, die unter Mißachtung der Ansprüche der Eingeborenen auf die Bodenschätze ihres Territoriums in der Umgebung der reichen Uran-Vorkommen schürfen, müssen besondere Umsicht walten lassen, um der neuen, toleranten Eingeborenenpolitik Canberras Rechnung zu tragen. Aber was wissen diese Prospektoren schon von der Bedeutung der Regenbogenschlange, die immer wieder in den Höhlen dargestellt ist? Dieses schlummernde Monstrum darf von niemandem aufgescheucht werden, weil sonst der Untergang der Welt droht. Es ist, als hätten die Aborigines eine geheime Ahnung gehabt von der zerstörerischen Gewalt, von der vernichtenden Strahlung, die von dem bei ihnen gelagerten Uranerz ausgeht. Daneben taucht an den Weihestätten immer wieder jene kreisförmige Spirale auf, die die Grundvorstellung der Ureinwohner symbolisiert, die Traumwelt, das Motiv der ewigen Wiederkehr und des stets erneuerten Lebens, ein zyklischer Pantheismus, der den Ethnologen noch manches Rätsel aufgibt.

Kaiser-Wilhelm-Land

Lae (Neuguinea), im Frühjahr 1966

Vierzig Jahre lang – von 1874 bis 1914 – hat die schwarz-weiß-rote Fahne des Zweiten Deutschen Reiches über dem nordöstlichen Viertel von Neuguinea und einer Anzahl von Inseln im Pazifischen Ozean geweht. Wer weiß das überhaupt noch in der heutigen Bundesrepublik? Ich war, von Brisbane in Queensland kommend, auf der grün umwucherten Rollbahn von Lae gelandet. Der frühere deutsche Verwaltungssitz von »Kaiser-Wilhelm-Land«, wie man die ferne koloniale Erwerbung genannt hatte, war immer noch ein unansehnlicher Fischerhafen mit ein paar Verwaltungsschuppen. Im Zweiten Weltkrieg war Lae durch die sukzessiven Bombardierungen von Japanern und Amerikanern fast völlig zerstört worden.

Gleich am ersten Abend hielt ich auf Wunsch der kleinen deutschen Gemeinde von Neuguinea einen Vortrag über den Prozeß der europäischen Einigung, die – von den Antipoden aus – ziemlich unvorstellbar erschien. Vor dieser Zuhörerschaft von Kaufleuten und ein paar Missionaren hatte ich damals noch im Brustton der Überzeugung über das Versöhnungswerk referieren können, das von Adenauer und de Gaulle kurz zuvor in der Kathedrale von Reims und dem Elysée-Palast zelebriert worden war. Heute würde ich mit erheblichen Vorbehalten von einer kontinuierlichen Union des Kontinents sprechen, die durch ihre überstürzte Ausweitung weit nach Osten ihre Substanz und ihre Kohäsion eingebüßt hat.

Am folgenden Tage begleitete mich ein Pater der Steyler Mission zu einem bescheidenen Anwesen, das als Erinnerungsstätte diente. Viel war nicht übriggeblieben von der Zeit, als der letzte Hohenzollernherrscher »herrliche Zeiten« ankündigte und auf deutsche Weltgeltung drängte. Da hing eine Reichskriegsflagge, ein schönes Emblem, das in unseren Tagen leider von rechtsextremistischen Randalierern als Panier mißbraucht wird.

Der Missionar verwies mich auch auf ein Schild der Deutschen Reichspost und vor allem auf das erhaltene Portal des »Hospiz für Eingeborene«. Für die damalige Zeit war eine solche medizinische Betreuung der schwarzen Papua-Bevölkerung keine Selbstverständlichkeit, sondern wirkte durchaus fortschrittlich, auch wenn die weißen Kranken in einem strikt getrennten Gebäude behandelt wurden. Insgesamt scheint die wilhelminische Kolonialverwaltung, die sich auf die humanitäre Vermittlung katholischer und evangelischer Missionare stützte, recht tolerant, ja wohlwollend gewesen zu sein in diesen pazifischen Besitzungen, die die inzwischen umgetauften Inseln Neu-Pommern und Neu-Mecklenburg, den Bismarck-Archipel und die winzigen Eilande Mikronesiens und der Marianen umfaßten. Ausgedehnte Plantagen von Kokospalmen deuteten auf die rege Entwicklungsarbeit der damaligen weißen Herren hin.

Jetzt befand sich die geschäftliche Tätigkeit von Lae überwiegend in chinesischer Hand. Mit den Chinesen, die in aller Stille, aber mit unendlichem Fleiß den paar Deutschen und den australischen Verwaltungsbehörden vorführten, daß auch hier die Stunde des weißen

Mannes ablief und das kolossale Übergewicht des asiatischen Kontinents auf diese äquatorialen Gestade überzugreifen begann, sei gut auszukommen, so berichteten die deutschen Geistlichen. Dagegen hätten die Japaner, die diesen Teil Neuguineas im Zweiten Weltkrieg im Handstreich besetzt hatten, sich wie Barbaren aufgeführt. Den deutschen Missionaren half es wenig, daß das Dritte Reich Hitlers mit dem Imperium des Tenno durch einen Militärpakt verbunden war. Sie wurden nicht viel besser behandelt als die feindlichen Angelsachsen – Amerikaner, Engländer und Australier –, deren die Eroberer aus Nippon habhaft wurden. Dennoch ist es den Nachkriegs-Japanern sehr bald gelungen, beim Abbau der Mineralvorkommen auf dieser riesigen Insel wieder Fuß zu fassen.

Das Schicksal Neuguineas und seiner melanesischen Einwohner, die sich im wesentlichen aus Papua-Völkerschaften zusammensetzen, war seit der Ankunft der europäischen Seefahrer einem absurden Lotteriespiel ausgeliefert. Wieder einmal waren es die Portugiesen, die im Jahr 1511 als erste Weiße in Neuguinea flüchtig anlegten und ihre Entdeckung »Ilhas de Papuas«, in Anlehnung an das malaiische Wort »Papuwah«, Insel der Kraushaarigen, der Struwwelköpfe würden wir sagen, benannten. Kurz danach meldeten die Spanier, von den Philippinen aus, Besitzansprüche an, bis am Ende wieder einmal die Holländische Ostindienkompanie den Reibach machte und 1660 der Insel den endgültigen Namen »Neuguinea« gab.

Erst im Jahr 1824 wurde die Westhälfte dem niederländischen Kolonialbesitz Insulindes offiziell zugeschlagen, während die Briten – später von ihren australischen Vettern abgelöst – den Ostteil für sich beanspruchten. Im Laufe des damals üblichen internationalen Schachers um die Aufteilung der Welt wurde schließlich auch den Kolonialgelüsten des wilhelminischen Reiches im Pazifik Rechnung getragen. Das nordwestliche Viertel Neuguineas wurde deutscher Besitz, bis 1914 australische Landungskräfte die winzige Schutztruppe des Kaisers entwaffneten.

Die koloniale Ordnung von Europas Gnaden wurde jäh und radikal über den Haufen geworfen, als die Japaner Anfang 1942 auf Neuguinea landeten. Im westlichen, niederländischen Teil kam es zu einer Serie von Schlachten, die mit äußerster Erbitterung geführt wurden. Den Australiern gelang es, den Kokoda Trail und den Zugang zum strategisch wichtigen Hafen Port Moresby unter hohen Verlusten zu sperren. General MacArthur mußte eine Masse von 80 000 GIs aufbieten, um den Verwaltungssitz von Niederländisch-Neuguinea, damals »Hollandia«, heute Jayapura genannt, den Truppen des Tenno zu entreißen.

Nach Kriegsende setzte eine sehr unterschiedliche Entwicklung ein. Während die Australier sich bald damit abfanden, ihrer Einflußzone – inklusive des ehemals deutschen Territoriums – den Weg zur Unabhängigkeit zu öffnen, klammerten sich die Niederländer auch nach Preisgabe ihrer übrigen indonesischen Besitzungen an ihren Einfluß auf West-Neuguinea mit dem stichhaltigen Argument, daß die dortige stark christianisierte Papua-Bevölkerung den Anschluß an die Republik Indonesien, die überwiegend von islamisierten Malaien bewohnt war, vehement ablehnte.

Es kam zu kleineren Kampfhandlungen, aber im August 1962 fügte sich die Regierung von Den Haag dem Druck Jakartas, besser gesagt den Pressionen der USA, die den unberechenbaren Machtfaktor Indonesien in ihr Bündnissystem zu integrieren suchten. Erleichtert wurde dieser »Verrat« an den holländischen Alliierten durch die Bereitwilligkeit des Präsidenten Sukarno, amerikanischen Grubenkonzernen bevorzugte Schürfrechte in den Gold- und Kupferminen von West-Neuguinea zu konzedieren.

Als 26. Provinz Indonesiens trug »Irian Jaya«, später in »Papua« umbenannt, zu einem beträchtlichen Teil dazu bei, den Staatshaushalt von Jakarta zu finanzieren. Im Juli 1969 organisierten die Vereinten Nationen einen »Act of Free Choice« der Eingeborenen, in Wirklichkeit einen schamlosen Wahlbetrug, der ihnen jedoch erlaubte, der Annexion durch Indonesien ihren Segen zu geben. Niemand nahm Notiz vom verzweifelten Aufbegehren, von dem aussichtslosen Widerstand der Papua gegen die übermächtige Armee des General Suharto, des neuen Militärdiktators von Jakarta.

*

Zwischen der Küste des ehemaligen Kaiser-Wilhelm-Landes und dem zerklüfteten, im Dschungel erstickenden Hochland des Inneren gibt es wenig Gemeinsamkeit. Die Deutschen waren damals allenfalls mit kleinen Forschertrupps bis Mount Hagen vorgedrungen. Wir waren im Jahr 1966 auf eine kleine Propellermaschine angewiesen, um diesen isolierten australischen Verwaltungssitz zu erreichen. Die weiße Präsenz war in Mount Hagen auf ein paar Beamte beschränkt. Unsere Unterkunft war extrem bescheiden.

Neuguinea hatte zu jener Zeit noch seine wilde Ursprünglichkeit bewahrt, und die Eingeborenen traten uns ohne jede Scheu in paradiesischer Nacktheit entgegen. Die Frauen trugen einen winzigen Lendenschurz, während die Männer sich in den abseits gelegenen Dörfern mit einem kuriosen phallischen Schmuck hervortaten. Sie trugen ihre Zeugungsorgane in oft grell bemalter Verpackung – »étui pénien« nennen es die Franzosen – in einer spitz zulaufenden Kürbisschale von oft fünfzig Zentimeter Länge, um eine überdimensionale Erektion vorzutäuschen. Das mächtige schwarze Kraushaar, das den Schädel krönt, war mit bunt schillernden Vogelfedern des Urwaldes geschmückt. Dick aufgetragene Bemalung mit weißer Paste verlieh den athletisch gewachsenen Papua ein etwas gespenstisches Aussehen und sollte ihnen wohl magischen Schutz verleihen.

Im Gegensatz zu den Ureinwohnern Australiens, die über die Stufe von Sammlern und Jägern nie herausgekommen sind, hatten die Steinzeitmenschen von Neuguinea seit Tausenden von Jahren Landwirtschaft und Viehzucht entwickelt. Die ersten weißen Entdecker waren überrascht, bei den Kannibalen des Hochlandes gepflegte Gartenanlagen und ein bescheidenes, ausgewogenes Existenzniveau vorzufinden. Die wesentliche Behinderung für ihre Weiterentwicklung bestand wohl in der Isolation durch abgrundtiefe Schluchten eines Gebirges, dessen höchster Gipfel fast die 4000-Meter-Grenze erreichte. So lebten sie in der Zersplitterung zahlloser Stämme und Clans, deren spärlicher Kontakt sich auf kriegerische Überfälle beschränkte.

Unserem Kamerateam begegneten diese muskulösen Gestalten, deren tiefschwarze Hautfarbe sich von dem dunkelgrauen Pigment der Aborigines Australiens vorteilhaft unterschied, mit selbstbewußter Freundlichkeit. Ihr Interesse galt vor allem der Bierhalle in Mount Hagen, einer primitiven Konstruktion aus Zement, die mich an ähnliche Einrichtungen in Südrhodesien erinnerte, wo die Briten am Rande von Salisbury – das heute Harare heißt – den schwarzen Afrikanern erlaubten, das Bier aus Plastikeimern zu trinken.

Zu alkoholischen Exzessen schien es damals in Mount Hagen selten zu kommen. Irgendeine verlockende Kunde hatte sich bei der Ankunft unserer kleinen Mannschaft aus dem Land der ehemaligen Kolonialherren verbreitet. »Die Deutschen sind wieder da«, hieß es in den umliegenden Dörfern, »und jetzt wird in Mount Hagen das Bier von ihnen umsonst ausgeschenkt.« Diese frohe Botschaft hatte eine beachtliche Zahl nackter Krieger angezogen. Ihre Gesichtszüge wirkten edel, irgendwie semitisch. Das Profil eines Häuptlings mit mächtigem, sorgsam gepflegtem Bart erinnerte mich an die Reliefs assyrischer Könige.

Wir konnten den Bierdurst dieser freundlichen Menschen nur unzureichend stillen, aber sie schienen froh, die Gelegenheit zu einer großen Gesprächsrunde, zum »Tok-Tok«, nutzen zu können. Am Abend ging ich mit dem Toningenieur Meurer auf einer roten Laterit-Piste am Rande des Urwalds in der sinkenden Sonne spazieren. Jedesmal wenn uns eine der würdigen Gestalten im Adamskostüm begegnete, begrüßte er uns mit dem Spruch: »Good evening, Master.« Ein alter Mann, dessen Bart weiß schimmerte, trug dem Umstand Rechnung, daß er zwei Weißen begegnete, und drückte das mit den Worten aus: »Good evening, double Master.«

Zwischen Goroka und Mount Hagen wurden wir zu einer Hochzeitsfeier eingeladen. Die Zahl der geschlachteten Schweine spielte eine entscheidende Rolle. Die Braut, fast nackt wie alle Mädchen im heiratsfähigen Alter, schmückte ihr Haar mit den Federn des Paradiesvogels. Die Ältesten hatten Platz genommen, und ihre Aufmerksamkeit richtete sich weit intensiver auf die geschlachteten Schweine, die der Bräutigam zu entrichten hatte, als auf die eingeschüchterte Braut mit den spitzen Brüsten.

Bei dem Fest handelte es sich nicht nur um eine Vermählung, sondern auch um die Versöhnung von zwei Clans, die sich zehn Tage zuvor noch befehdet hatten. Wir hatten das Scharmützel zwischen den Stammeskriegern aus der Nähe betrachten können, ohne im geringsten belästigt zu werden. Sehr blutig waren diese Fehden nicht, bei denen es um Abgrenzung von Siedlungsgebieten, um Frauen, um Vieh und um Ehre ging. Die Männer stimmten dabei düstere und seltsam melodische Gesänge an. Im Kampf bemühte man sich, dem Gegner nur leichte Verwundungen beizubringen, ihn etwa mit dem Speer in die Wade zu treffen.

Unter einer weit ausladenden Baumkrone wurden die mächtigen Körper von mindestens fünfzig geschlachteten Keilern wie zu einer Kultstätte übereinandergeschichtet. Das Schwein nahm im Leben der Papua eine ganz spezielle Rolle ein und galt fast soviel wie eine Frau. Ferkel wurden oft an der Brust der Weiber gesäugt, und die Männer führten besonders prächtige Tiere wie Hunde an der Leine. Das Schwein genoß geradezu mythisches Ansehen, erschien irgendwie menschenähnlich.

Da die australischen Behörden den bislang weit verbreiteten Kannibalismus mit strengen Strafen ahndeten, erwiesen sich die Schweine als würdiger Ersatz für jedes Festmahl, das von magischem Ritual umgeben war. Die Missionare berichteten von isolierten Menschengruppen, die dem überlieferten Ahnenkult auf grauenhafte Weise huldigten. Sie stellten eine intime und dauerhafte Verbindung zu den verstorbenen Anverwandten her, indem sie deren Leichen oft schon im Zustand der Verwesung verspeisten. Als Folge dieser Nekrophagie kam es nach einiger Zeit zu schrecklichen Krankheiten, die mit physischem und psychischem Verfall endeten.

Wie sehr die Papua-Kultur in enger Verehrung ihrer toten Clanmitglieder lebt, wurde mir beim Ausflug an das schlammige Ufer des Sepik-Flusses auf seltsame Weise vermittelt. Hier waren wir weit entfernt von der klaren Luft und der feierlichen Stimmung des Hochlandes. Nur jene südwestliche Sumpfzone Neuguineas, die heute von Jakarta verwaltet wird, eine Gegend, die als »le ciel et la boue« beschrieben wurde, als unendliche, schlammige Ebene unter einem bleigrauen, stets rieselnden Himmel, soll noch menschenfeindlicher sein. Ein Sproß der Rockefeller-Familie, der sich leichtsinnig dorthin vorgewagt hatte, war vor Jahren spurlos verschwunden, und die Frage blieb offen, ob er von den saurierähnlichen Salzkrokodilen oder von hungrigen Kannibalen aufgefressen wurde.

Die Sepik-Gegend im ehemals deutschen Teil der Insel war ihrerseits bedrückend genug. Alles war dort verfault. Es wimmelte von Schlangen und widerlichen Insekten. Selbst die Fische waren voll von Würmern. Man fragte sich, wie die von vielerlei Krankheiten heimgesuchten Papua dort überleben konnten. Unter ihrer schwarzen Haut zeichneten sich die Spuren von Gewürm wie weiße Spiralen ab. Die berüchtigten »Guinea worms« bohrten sich tief ins Fleisch und verschonten keinen.

Die Menschen lebten im Schatten von furchtbaren Dämonen, die sie in kunstvollen, aber grauenerregenden Masken darzustellen wußten. Die schlimmste Plage waren die Moskitos. Bei Einbruch der Dunkelheit fielen die Insekten wie eine kompakte Mauer über jedes Lebewesen her. Wir hatten – rechtzeitig gewarnt – in der bescheidenen Behausung eines Missionars Zuflucht gefunden, der jede Öffnung mit engmaschigem Metallnetz gegen diese monströse Bedrohung abgedichtet hatte.

Am Nachmittag entdeckten wir das geräumige Wohnzelt der berühmten amerikanischen Ethnologin Margaret Mead, die sich an einer Biegung des braunen Flusses relativ komfortabel niedergelassen hatte. Sie widmete sich dort ihren Studien in Begleitung ihrer Lebensgefährtin. Die alte Dame empfing uns mit großer Freundlichkeit, und erst nach meiner Rückkehr nach Europa sollte ich mit Bedauern erfahren, daß sie zur Zielscheibe heftiger Kritik ihrer Kollegen geworden sei. Sie habe von den Völkerschaften des Pazifik ein allzu idyllisches, friedfertiges Bild entworfen.

In Wirklichkeit hätten sich die Insulaner in Feindschaft und Mißtrauen gegenübergestanden und allem heiteren Anschein zum Trotz in Trübsal dahingelebt. Die trägen, beinahe plumpen Frauentypen, die der Maler Gauguin in herrlichen Farben auf die Leinwand zauberte, schienen die düstere Wirklichkeit zu bestätigen. Ich selbst hatte auf den französischen Touomoutou-Inseln erlebt, daß die graziösen Vahine, die ihre goldbraunen Hüften in suggestiverem Rhythmus zu bewegen verstanden als jede orientalische Bauchtänzerin, nach Ende ihres Reigens in mißmutige Laune verfielen. Die Reizvollste unter ihnen benutzte dabei einen Ausdruck, den mir ein ortsansässiger Franzose erklärte. »J'ai le fiou«, sagte die Schöne und meinte damit die Schwermut, die sie allzu oft überkam.

*

Wie würde sich die politische Entwicklung Neuguineas gestalten? Die australischen Mandatsherren interessierten sich zwischen den beiden Weltkriegen nicht sonderlich für diese »Wilden« und traten nur zögerlich die Nachfolge der Berliner »Neuguinea-Compagnie« an. Diese Mißachtung der Eingeborenen veränderte sich positiv, als die kräftigen Papua nach Landung der japanischen Truppen den »Aussies« als Scouts, als Träger für Nachschub und Abtransport der Verwundeten bereitwillig zur Seite standen. Offenbar fühlten sich die stolzen Kriegerstämme des Hochlandes den weißen Australiern näher als den gelben, kleingewachsenen Soldaten des Tenno, die auch hier mit der üblichen Arroganz auftraten.

Während des Krieges entfaltete sich vor allem unter dem Einfluß der amerikanischen Truppenpräsenz bei den Papua ein eigenartiger Aberglaube, der fast die Form einer Religion annahm. Der sogenannte Cargo-Kult, als die US Air Force Tonnen von Waffen, Munition und Verpflegung über den Lichtungen des Urwalds abwarf, um die kämpfenden GIs und ihre australischen Verbündeten mit Lebensmitteln und Munition zu versorgen. All diese hochwertigen Güter und Geräte, über deren Ursprung und Fabrikation die Steinzeitmenschen sich nicht die geringste Vorstellung machen konnten und die zudem an magisch glänzenden Fallschirmen vom Himmel schwebten, mußten aus einer anderen, besseren Welt stammen, waren von den mächtigen, toten Ahnen aus dem Jenseits zum Wohl ihrer Nachkommen entsandt worden.

Sehr bald äußerte sich bei den Stämmen der Verdacht, daß die Geschenke ihrer Vorfahren von den weißen Militärs und Kolonisatoren fehlgeleitet und ihren wahren Empfängern, nämlich den Ureinwohnern, betrügerisch vorenthalten würden. Der Cargo-Kult hat nach der Vertreibung der Japaner eine zusätzliche politische Dimension gewonnen. An ihm entzündete sich das erste Gespür, das erste Verlangen nach politischer Selbstbestimmung und staatlicher Unabhängigkeit.

Als sich eine Masse von 50 000 Kriegern im Umkreis von Mount Hagen zum großen »Sing Sing« versammelte und ihre dröhnenden Tanzrhythmen Feindschaft gegen die Weißen ankündigten, spürte man im fernen Canberra, daß sich der bisherige Kolonialstatus nicht länger aufrechterhalten ließ. Auf der Westhälfte der großen Insel forderten die Australier nunmehr den planmäßigen Übergang zur »Independence«, die Geburt eines neuen Staates, der unter dem Namen Papua-Neuguinea 42. Mitglied der Vereinten Nationen werden sollte.

Canto terceiro

OZEANIEN

Das andere Ende der Welt

James Cook und die Maori

KERI-KERI (NEUSEELAND),
IM FEBRUAR 2008

»Die glücklichen Völker haben keine Geschichte«, sagt ein französisches Sprichwort,»les peuples heureux n'ont pas d'histoire«. Auf den ersten Blick könnte sich diese Behauptung auf Neuseeland beziehen. Die menschliche Besiedlung Australiens reicht schätzungsweise 50 000 Jahre zurück, und auch in Amerika, das oft als Neue Welt dargestellt wird, verliert sich die Einwanderung asiatischer Völkerschaften, die sich aller Wahrscheinlichkeit über die damalige Landbrücke der Beringstraße vollzog und auf der Insel Feuerland im Vorfeld der Antarktis ihre extreme Ausdehnung fand, in der Nacht der Zeiten.

Für Neuseeland hingegen wird das Auftauchen der ersten Menschen, die Landung polynesischer Seefahrer, auf das Jahr Zwölfhundert unserer Zeitrechnung, also auf eine sehr nahe Vergangenheit zurückgeführt. Wenn Goethe von den Vereinigten Staaten aufgrund ihrer kurzen Historie schreiben konnte:»Amerika, du hast es besser«, wieviel mehr müßte dann die Gnade der späten Geburt auf jene beiden Inseln im Südpazifik zutreffen, die an den Antipoden Europas gelegen sind und etwa den Ausmaßen Großbritanniens entsprechen!

Vermutlich waren die Insulaner, die sich Maori nannten und an Bord ihrer prächtig geschnitzten großen Kanus gewaltige ozeanische Entfernungen bewältigten, ganz zufällig an diese bislang unbekannte und menschenleere Küste gelangt. Ethnologen vermuten ihre ursprüngliche Heimat auf dem heute französischen Gesellschafts-Archipel im Umkreis von Tahiti und auf Samoa. Aus Gründen der Übervölkerung und mörderischer Stammeskämpfe waren die Maori zu dieser heroischen Expedition in Richtung Südwesten aufgebrochen und dort auf eine für sie ungewohnte, rauhe Klimazone gestoßen.

Es waren wieder einmal die holländischen Navigatoren der Ostindien-Compagnie, die im Jahr 1642 das heutige Neuseeland, diese »Ultima Thule«, als erste Weiße sichteten und ihrer Entdeckung den Namen verliehen. Die Niederländer unter dem Kapitän Tasman waren jedoch auf einen so feindseligen Empfang durch die kriegerischen eingeborenen Stämme der Maori getroffen, daß sie den Kontakt mit den »Wilden« überstürzt abbrachen.

Die wahre Entscheidung wurde zur Zeit der Aufklärung zwischen Briten und Franzosen ausgetragen. Diese weltweite Gegnerschaft des achtzehnten Jahrhunderts, als der Lilienthron riesige Teile Nordamerikas unter seinen Einfluß gebracht hatte, an den Küsten Indiens starke Positionen behauptete und auch im Pazifischen Ozean expandierte – einige beachtliche Territorien wie Neukaledonien oder die Tuamotu-Inseln sind ja bis auf den heutigen Tag französische Dependenzen –, endete unvermeidlich mit der britischen Überlegenheit zur See. Die dekadente französische Monarchie unter Ludwig XV. war nicht in der Lage, ihren weltumspannenden Territorialerwerb in Übersee gegen die Flotte Albions zu behaupten und gleichzeitig eine ganze Serie kontinentaleuropäischer Feldzüge gegen das Haus Habsburg durchzustehen, die im Zeichen dynastischer Erbfolge entbrannt waren.

Immerhin war es der französische Kapitän Jean de Surville, der 1769 als erster Europäer – gefolgt von seinem Landsmann Marion du Fresne – in der nördlich gelegenen Bay of Islands Fuß faßte und zu den Maori ein entspanntes Verhältnis aufnahm. Die friedliche

Koexistenz endete abrupt und grausam, als französische Matrosen – wahrscheinlich ohne es zu ahnen – ein »Tabu« des polynesischen Ahnenkultes und einen sakralen Opferaltar entweihten. Zwei Dutzend Untertanen des Bourbonenherrschers wurden von den Maori überwältigt und vermutlich zu einem Festschmaus aufbereitet. Zur gleichen Zeit tauchten unter dem Union Jack andere Kriegsschiffe vor den Stränden Neuseelands auf. Sie standen unter dem Befehl jenes legendären Captain James Cook, der als unermüdlicher Entdecker der pazifischen Weiten zwischen den Aleuten im Norden und den antarktischen Eisbänken im Süden in die Geschichte eingegangen ist. Auch James Cook verlor zehn seiner Gefährten an die Ureinwohner. Sie erlitten ein ähnliches Schicksal wie die Franzosen. Doch der Brite hatte auf den übrigen Archipelen des Stillen Ozeans so intensive Erfahrungen im Umgang mit den Eingeborenen gesammelt, daß er für die kriegerischen Bewohner Neuseelands Verständnis aufbrachte. »Obwohl sie Kannibalen sind«, schrieb er in sein Logbuch, »sind die Maori von der Natur ihres Charakters her gut.«

Aus jenen Tagen stammt die lange Folge stürmischer Wechselbeziehungen zwischen den Maori und den »Pakeha«, den »Anderen«, wie heute noch die Weißen mit einem leicht unfreundlichen Unterton genannt werden. Es sollte sich erweisen, daß die Historie – mag sie auch noch so spät eingesetzt haben – für jeden Winkel unseres Erdballs, für jede seiner Populationen sich als Schicksalsgöttin wohlwollend oder grausam gebärdet. Die Würfel waren jedenfalls schon damals gefallen. Die Seeschlacht von Trafalgar, die der Flotte Napoleons zum Verhängnis wurde, bestätigte den herrischen Anspruch: »Britannia, rule the waves«. Die Eingliederung Neuseelands in das Britische Empire war jetzt nur noch eine Frage der Zeit.

*

Meine erste persönliche Begegnung mit Neuseeland liegt ungefähr dreißig Jahre zurück. Vielleicht hatte ich die falsche Reiseroute gewählt, als ich mit dem Bus von Auckland nach Wellington aufbrach. Der Parcours erschien mir recht langweilig. Von den Maori bekam ich in dieser durchaus britisch wirkenden Gras- und Weidelandschaft, die durch saubere weiße Cottages unterbrochen war, fast nichts zu sehen.

Am Vorabend war ich im Hafenviertel von Auckland auf ein paar unfreundliche, ungepflegte Polynesier gestoßen. Das Gespräch mit ihnen kam nur zögerlich in Gang, und ehe ich erfuhr, was sie von mir wollten oder was sie mir zu erklären versuchten, mischten sich zwei dunkelblau uniformierte Polizisten ein und gaben mir den dringenden Rat, nicht länger in dieser zweifelhaften Umgebung zu verweilen. Die Ordnungshüter waren betont angelsächsisch aufgetreten. Die Weißen Neuseelands bezeichnen sich selbst als »Kiwis« und beziehen sich damit auf einen nur auf Neuseeland anzutreffenden, seltsamen Vogel, der erst nach Einbruch der Dunkelheit seine Nahrungssuche aufnimmt.

Von Nachtleben konnte in jener Zeit schottischer und presbyterianisch geprägter Prüderie selbst in den wenigen großen Städten nicht die Rede sein. Die weiße Bevölkerung war ganz und gar auf den viktorianischen Lebensstil des Mutterlandes ausgerichtet, unterschied sich jedoch von dieser imperialen Epoche Großbritanniens durch einen ausgeprägten Hang zur gesellschaftlichen Nivellierung, durch ihre »Leidenschaft für soziale Gerechtigkeit«, wie konservative Politiker zu spotten pflegten. Das soziale Fürsorgeprogramm Neuseelands galt weltweit als vorbildlich, aber wirkliche Lebensfreude schien – abgesehen von der Begeisterung für alles Sportliche – nirgendwo aufzukommen.

So stellte ich zu meiner Verwunderung fest, daß nur vereinzelte Restaurants eine Lizenz zum Alkoholausschank besaßen und daß die Pubs ab achtzehn Uhr einer unerbittlichen Sperrstunde unterlagen. Arbeit am Sonntag war strikt verboten. Bis zum Jahr 1950 galt eine absurde Vorschrift, die aus Rücksicht auf die öffentliche Moral das Kopulieren von Rindvieh in der Öffentlichkeit untersagte. Zusätzlich erwiesen sich die weißen Neuseeländer als die »besseren Briten des Südens«, indem sie die üppigen und schmackhaften Naturprodukte ihrer Insel zu einem ungenießbaren Brei verkochten, der selbst an der Themse Anstoß erregt hätte.

In einigen Sportgattungen, vor allem aber bei den rauhen Rugby-Schlachten, feierten die Kiwis den Höhepunkt ihrer jungen nationalen Identität. Mit der legendären Rugby-Mannschaft »All Blacks«, in der die robusten Maori sich durch ihr Ungestüm hervortaten, brachten es die Neuseeländer mehrfach zur Weltmeisterschaft. Ihre Treue zum Commonwealth bewiesen sie in den beiden Weltkriegen. Ähnlich wie ihre australischen Nachbarn haben die Kiwis an der Seite ihrer britischen Brüder gekämpft und einen hohen Blutzoll entrichtet. Das Land, das 1914 nur eine Million Einwohner zählte, entsandte im Ersten Weltkrieg 100 000 Soldaten auf die Schlachtfelder Europas, von denen 60 000 den Tod fanden. Auch im Zweiten Weltkrieg waren die Neuseeländer mit starken Kontingenten auf den Kriegsschauplätzen Europas und Nordafrikas präsent, während sie die Verteidigung ihrer eigenen Heimat gegen die japanische Bedrohung aus Norden der massiven Stationierung amerikanischer GIs überließen.

Meine erste Reise endete damals in Wellington, dem Regierungssitz Neuseelands, der sich durch stattliche Gebäude und erdrückende Langeweile auszeichnete. An einem grauen, nebligen Sonntag dämmerte die Hauptstadt wie ausgestorben dahin. Das Stadtzentrum wurde durch ein massives, eindrucksvolles Denkmal gekrönt, das den vielen Gefallenen gewidmet war, die in ihrer Jugend dahingerafft worden waren. Die elegischen Trauerverse eines englischen Dichters, in Granit gemeißelt, gaben Kunde davon, daß sich hier – an den Antipoden Europas – eine starke weiße Nation formiert hatte.

Ich habe in jener fernen Stunde darüber gegrübelt, welch ungeheuerliches demographisches Phänomen dazu geführt hatte, daß im Verlauf des neunzehnten Jahrhunderts die weiße Menschheit sich mit der Wucht eines Vulkanausbruchs über sämtliche Kontinente verteilte und riesige Territorien – sei es in Nordamerika oder in Sibirien, in Australien oder in Neuseeland – nach Abdrängen der farbigen Ureinwohner in kümmerliche Randregionen in exklusive eigene Siedlungsgebiete verwandelte. Eine solche globale und rasante Völkerwanderung hatte niemals zuvor stattgefunden.

Totempfähle und Musketen

BAY OF ISLANDS (NEUSEELAND), IM FEBRUAR 2008

Mein zweiter Besuch jener fernen Inselwelt, die von den Maori
»Aotearoa« oder »Land der großen weißen Wolke« genannt wird,
findet unter ganz anderen Vorzeichen statt. Mein Sohn Roman hat
sich mit seiner Schweizer Frau Seida an der äußersten Nordspitze
jenseits der Bay of Islands und des bescheidenen Verwaltungszentrums Keri-Keri als Farmer niedergelassen und seiner abgeschlossenen medizinischen Ausbildung den Rücken gekehrt. Über
abenteuerliche Routen war er in diese ländliche Abgeschiedenheit
gelangt. Auf die Zucht von Schafen, die in Neuseeland mit vierzig
Millionen Exemplaren zehnmal zahlreicher sind als die Menschen,
hat er verzichtet. Statt dessen läßt er eine Herde von Rindern auf
seiner weiten Domäne weiden und widmet sich der Zucht von
Pferden, die er selbst zureitet.

In den Jahren vor seiner Niederlassung bei Keri-Keri hatte Roman zweimal in Begleitung seiner Frau auf lächerlich kleinen Booten von etwa zehn Meter Länge den Erdball umsegelt. Bis zu den
Aleuten war er vorgestoßen. Über die großen Seen und den Mississippi hatte er das nordamerikanische Herzland durchquert. Auf den
Malediven war ihm von den dortigen Behörden die Kalaschnikow
konfisziert worden, die ich ihm zur Abwehr von Piratenüberfällen
bei guten Freunden im Libanon beschafft hatte. Vor der Küste von
Taiwan wäre er beinahe in den Riesenwogen eines Taifuns verschwunden, wenn ihm die nationalchinesische Kriegsmarine nicht
rechtzeitig zu Hilfe geeilt wäre. Die Straße von Malacca war ihm
ebenso vertraut wie der enge Durchlaß des Bab-el-Mandeb.

Ursprünglich hatte ich seine Entscheidung, auf der nördlichen
Hauptinsel Neuseelands eine neue Heimat zu suchen, mit väterlicher Skepsis zur Kenntnis genommen. Aber als ich jetzt nach einstündigem Flug von Auckland nach Keri-Keri und einer längeren
Autofahrt auf seinem Anwesen eintreffe, wird mir verständlich,
warum er dem eigenartigen Zauber dieser Landschaft verfiel. Von

der Höhe des komfortablen Rundhauses, in dem er lebt, schweift der Blick über eine subtropische, menschenleere Landschaft von seltener Schönheit. Das üppige Grün wird immer wieder durch türkisschimmernde Meeresbuchten aufgehellt. Besonders eindrucksvoll prägt sich mir die bizarre Felsformation ein, eine phantastische Naturfestung mit weit vorgeschobenen, kugelförmigen Gesteinsbrocken, die die Farm nach Norden hin abschirmt. Die Maori, die jenseits dieser natürlichen Barriere leben, haben dort ihre Toten bestattet, verehren den Ort als Sanktuarium und wachen über sein »Tabu«. Die geographische Situierung Keri-Keris eignet sich vorzüglich, um Historie und Gegenwart des »Landes der langen, weißen Wolken« zu deuten.

Im Umkreis der Bay of Islands hatten die ersten Kontakte zwischen Maori und Europäern stattgefunden. Die Begegnungen waren sehr unterschiedlicher Natur. Auf die wagemutigen Entdecker folgten im späten achtzehnten Jahrhundert Rotten von Walfängern und Robbenjägern, wilde, brutale Gesellen, die dem heute so braven Städtchen Russel mit ihrer Sauferei und Hurerei den Namen »Höllenloch des Pazifik« verschafften. So sahen es wenigstens die Missionare, die mehrheitlich der anglikanischen Kirche angehörten und mit ihrer Frömmelei keinen Archipel des Stillen Ozeans verschonten. Zwischen Maori und Briten sollte es immer wieder zu blutigen Zusammenstößen kommen, aber die schlimmsten Massaker richteten die Stämme dieser kriegerischen Rasse unter ihresgleichen an.

Bei den polynesischen Seefahrern, die einst auf ihren tropischen Ursprungs-Atollen zu Müßigkeit und Trägheit neigten, stellte sich nach den unvorstellbaren Strapazen ihrer abenteuerlichen Suche nach Neuland und der schwierigen Eingewöhnung in ganz andere, härtere Lebensbedingungen im »Land der weißen Wolken« eine tiefgreifende, fast genetische Veränderung ein. Sie hatten ihre überlieferte Pflanzennahrung – überwiegend Süßkartoffeln und Yam – in die fremde Umgebung mitgebracht.

Aber Neuseeland verfügte über keine vielfältige Fauna. Die Eindringlinge stießen auf eine wuchtige, flugunfähige Vogelart, »Moa«

genannt, die bis zu zweihundertfünfzig Kilo wog und doppelt so groß war wie die uns vertrauten Strauße Südafrikas. Mit diesem Getier und den anfangs zahlreich vorhandenen Robben und Seelöwen füllten sie ihre Fleischtöpfe, bis sie diese Gattungen ausgerottet hatten und zur Beschaffung von proteinhaltiger Nahrung auf Waldvögel und Ratten angewiesen waren. Dazu gesellte sich als grausige Folge unaufhörlicher tribalistischer Fehden der Konsum von Menschenfleisch, das Verspeisen der erschlagenen Feinde, wie die meisten Ethnologen bestätigen.

Die Maori sind von Grund auf anders als die mitleiderregenden Aborigines Australiens. Auch wenn sie weder Schrift noch Metall kannten, entwickelten sie eine gewalttätige Energie und Dynamik, die zumal in ihren wilden Tänzen bedrohlich zum Ausdruck kam. Ihre Entstehungsmythen unterschieden sich von den Schöpfungslegenden der anderen Völker des pazifischen Raums, zumal von den Sagen ihrer melanesischen Nachbarn Neukaledoniens, die sich selbst als »Kanaken«, das heißt als »Menschen« bezeichnen, und bis auf den heutigen Tag als Bürger eines Territoire d'Outre-Mer der französischen Republik weitgehende Autonomie genießen.

Die Maori verehren eine Vielzahl von Naturgöttern, die dem Himmelsvater Ranginui und der Erdenmutter Papatuanuku unterstehen. Eine besondere Rolle spielt der heldische Halbgott Maui, der die Nordinsel Neuseelands aus dem Meer zauberte, ehe er zwischen den mächtigen Schenkeln des weiblichen Fabelwesens Hine-Nui-Te-Po erdrückt wurde.

Der Kultur der Maori haftet etwas Unheimliches an. Dazu tragen die Tätowierungen oder »Moko« bei, die bei den Kriegern fast den ganzen Körper bedecken und heute wieder in Mode kommen. Bei den Frauen beschränkt sich diese blau gezeichnete, schmerzhafte Verzierung auf den Umkreis von Kinn und Lippen. Ihre prachtvollen polychromen Holzschnitzereien, die früher den Eingang ihrer »Mae«, ihrer sakralen Versammlungsstätten, schmückten und den Totempfählen der Indianer am pazifischen Rand ähneln, hatten zur Zeit der großen Migration die mächtigen, robusten Kanus in bewaffnete See-Ungeheuer verwandelt.

Von all diesem Zauber ist in dem weiten, grünen Land nur noch wenig zu entdecken, obwohl sich im Umkreis der Farm meines Sohnes eine relativ zahlreiche Maori-Gemeinde erhalten hat. Vom Typus her nehmen diese Polynesier, die bei Ankunft der ersten Europäer zwischen hundert- und hundertfünfzigtausend Menschen gezählt haben dürften, eine Sonderstellung ein. Dank ihrer robusten biologischen Veranlagung sowie einer intensiven Vermischung mit weißen Einwanderern haben sie überlebt.

Wenn sie im neunzehnten Jahrhundert fast ausgelöscht wurden, so war das weniger auf die Feldzüge britischer Kolonialtruppen zurückzuführen, die mit Anerkennung von der ungewöhnlichen Bravour dieser Insulaner berichteten, als auf die sogenannten Musketenkriege, die sie mit extremer Grausamkeit untereinander austrugen. Die Fehden zogen sich über Jahrzehnte hinweg und pflanzten sich bis zum äußersten Süden fort in dem Maße, wie die Stämme des Nordens sich als erste mit den Musketen der Europäer ausstatteten und dank dieser überlegenen Bewaffnung schrittweise ihre Anverwandten des Südens vernichteten oder unterwarfen.

*

Auf unserer Fahrt zu dem nahen Ankerplatz, wo Romans Boot angetäut liegt, passieren wir verstreute, sehr angelsächsisch anmutende Ortschaften, deren Häuser durch Grünflächen von den Nachbarn getrennt sind. Dabei fallen auch langgestreckte, verschlossene Bauten auf, die von den ortsansässigen Maori als Versammlungsräume genutzt werden und vornehmlich dem Ahnenkult gewidmet sind. Bei den Maori, die heute etwa fünfzehn Prozent der Gesamtbevölkerung Neuseelands ausmachen, hat in den vergangenen Jahrzehnten eine bemerkenswerte Urbanisierung stattgefunden. Lebten im Jahr 1936 laut Statistik nur siebzehn Prozent in den Städten, so ist dieser Anteil inzwischen auf achtzig Prozent hochgeschnellt, obwohl die britischen Kolonisten den Ureinwohnern nach endlosem Palaver riesige Territorien zurückerstatteten. Vor allem die Jugend verfällt der Landflucht.

Wenn die Maori sich gegenüber den Weißen Prestige und Ansehen bewahren konnten, das den meisten unterworfenen Kolonialvölkern versagt blieb, so ist das wohl auf ihren martialischen Lebensstil und ihren ungewöhnlichen Kampfesmut zurückzuführen. Im Waikato-Krieg von 1863 hatten fünftausend Maori einer britische Übermacht von zwanzigtausend Soldaten des Empire, die mit schwerer Artillerie angerückt war, hartnäckigen Widerstand geleistet und ihr sogar empfindliche Niederlagen beigebracht. Die Erinnerung daran bleibt auf beiden Seiten lebendig.

Im Gespräch mit meinem Sohn erfahre ich, daß die von christlichen Predigern geschürte Prüderie seiner neuen Heimat der Vergangenheit angehört und einer demonstrativen Permissivität gewichen ist. Der Sport bleibt für die Kiwis weiterhin die Krönung aller menschlichen Tätigkeiten und hilft ihnen, die Langeweile der Sonntage zu überwinden. Aber die Pubs schließen neuerdings nicht mehr um sechs Uhr abends, sondern dehnen den Ausschank bis sechs Uhr morgens aus. Die Qualität der Mahlzeiten hat sich wesentlich gebessert. Die früher verabscheute Homosexualität ist weit verbreitet und stellt sich ohne Hemmungen zur Schau.

Mit Romans Boot, das eine Weltumseglung hinter sich hat, dringen wir in die Bay of Islands vor. Wir nehmen ein Bad im Pazifik, und das Wasser ist weit kühler, als ich es erwartet hatte. Die Sonne hingegen brennt schmerzlich auf der Haut. In dieser Weltgegend wird ihre Strahlenwirkung durch ein Ozonloch intensiviert. Bei den weißen Australiern und Neuseeländern zählen Hautkrebs – Melanom und Basaliom – zu den häufigsten, oft tödlichen Erkrankungen. Die Pakeha haben sich mit ihrer erdrückenden Übermacht hier etablieren können. Aber die kosmischen Strahlungen, gegen die die Eingeborenen unempfindlich sind, scheinen sich an den blaßhäutigen, blonden Eindringlingen aus Britannien und Irland zu rächen.

An diesem Sonntag sind zahlreiche andere Segler unterwegs. Um dem Schwarm von Touristen zu entgehen, legen wir nicht an der Landzunge von Russel an. Vom Schiff aus erblicken wir das berühmte Treaty House von Waitangi, wo im Jahr 1840 zwischen dem ersten britischen Gouverneur und 45 Maori-Häuptlingen ein Vertrag unterzeichnet wurde, der bis heute wie eine pazifische Magna Charta die Beziehungen zwischen Einheimischen und weißen Kolonisatoren regelt. Es hatten sich anfangs nur zweitausend Pakeha auf der Nordinsel niedergelassen, aber diese Zahl wurde durch den »Rush«, die massive Zuwanderung von Europäern binnen fünfzig Jahren, auf eine halbe Million vermehrt.

Der Vertrag von Waitangi war in zwei Sprachen, Englisch und Maori, abgefaßt. Die Texte differierten erheblich. In der englischen Fassung wurde unter Wahrung begrenzter Eigenrechte der Polynesier die Autorität der britischen Verwaltung betont. Im Text des Maori-Dokuments wurden hingegen die Vorrechte der Häuptlinge verankert und vor allem der Landbesitz der Stämme garantiert. Als Folge der diversen »Landkriege«, die fast zur Auslöschung der Urbevölkerung geführt hätten, schrumpfte das Siedlungsgebiet der Maori wie ein Chagrinleder. Bei den Pakeha fand jedoch sehr bald eine politische Spaltung in Konservative und Liberale statt. Die Gewerkschaften gewannen ein solches Gewicht, daß Professoren, die die Kiwi besuchten, ihnen »Leidenschaft für soziale Gerechtigkeit« bestätigten. Dieser Gleichheitsinstinkt kam am Ende auch den Maori zugute, die dank zunehmender Geburtenzahlen wieder an Gewicht gewannen.

Der entscheidende Wendepunkt vollzog sich unter eigenartigen Umständen. Wenn Neuseeland sich definitiv zu einem binationalen Staatswesen entwickelte – Kiwi und Maori – und deren polynesisches Idiom neben dem Englischen als offizielle Sprache anerkannt wurde, so ist das der alles beherrschenden Begeisterung für jede Form von Sport, an erster Stelle aber für Rugby, zu verdanken.

Es geschah im Jahr 1981. Damals gingen Zehntausende liberaler Neuseeländer auf die Straße, um gegen die Ankunft des südafrikanischen Rugbyteams »Springboks« zu protestieren. In der Mannschaft »All Blacks« waren zahlreiche Maori als besonders bewährte und rüde Spieler hochgeschätzt. Rugby, so hieß es in der Presse von Auckland, sei für den Zusammenhalt dieses fernen britischen Dominions ebenso wichtig wie die Teilnahme am Zweiten Weltkrieg. Die südafrikanischen Sportler erschienen in den Augen der Kiwis aufgrund der Apartheid-Politik ihrer Regierung als unzumutbare, ja schändliche Partner.

Die »Tour«, so ist das Ereignis in die Geschichte eingegangen, hat gleich zwei gewichtige Entwicklungen ausgelöst. Die Welle der Empörung gegen die rassistische Diskriminierung in Südafrika hat den endgültigen Durchbruch der Maori zur staatsbürgerlichen Gleichberechtigung bewirkt. Am Ende der Rehabilitierung der neuseeländischen Ur-Rasse stand die Übereignung eines immensen Waldgebiets von 176 000 Hektar, ein Revier im Gegenwert von 270 Millionen Euro, an das mächtigste Stammeskollektiv. Die Regierung von Wellington machte sich somit die Maori-Auslegung des legendären Vertrags von Waitangi aus dem Jahr 1840 zu eigen.

Die sensationellste Auswirkung erzielte der Streit um die »Rugby-Tour« jedoch in Südafrika. Die dortigen Weißen hatten die Wirtschaftssanktionen der Vereinten Nationen, die weltweite Verurteilung der »Pigmentokratie« bislang mit relativer Gelassenheit ertragen. Jetzt fand ein psychologischer Umschwung statt. Die Buren, ähnlich sportbesessen wie Australier und Neuseeländer, konnten es nicht ertragen, daß ihre heißgeliebten »Springboks« wie Aussätzige behandelt und von internationalen Wettkämpfen ausgeschlossen würden, daß die Neuseeländer sie nicht in ihren Stadien dulden wollten.

»Haltet die Stellung!«

In den Pubs von Auckland kann man sich höchst ungezwungen und locker über die politischen Veränderungen unterhalten, die Neuseeland durchlaufen hat. Sehr früh war hier die Politik egalitär und progressistisch orientiert. Als erster Staat der Welt führte Neuseeland 1893 das Frauenwahlrecht ein. Der triumphierende Feminismus wurde nach und nach zum Merkmal der meist auf die Labour Party gestützten Regierungen. Das Bild der energischen Vorkämpferin femininer Emanzipation, Kate Sheppard, die im Alter von 78 Jahren zum zweiten Mal heiratete, ziert die Zehndollarnote.

Im Jahr 1999 erreichte die Bemutterung durch einen »weiblich orientierten Sozialstaat«, wie die konservative Partei es empfand, ihren Höhepunkt, als Helen Clark, auch die »Rote Helen« genannt, die Wahl gewann und den Posten der Premierministerin übernahm. Die resolute Dozentin der Politologie, die sich als Lesbierin outete, hat sich zwei Amtsperioden lang behauptet und sollte erst im November 2008 durch den knapp fünfzigjährigen konservativen John Key abgelöst werden. Dieser marktorientierte, hoch vermögende Konservative, dessen jüdische Mutter 1939 aus Österreich geflohen war, ist jedoch alles andere als ein Reaktionär. Das war schon an seinem Beschluß zu erkennen, mit der Maori-Partei, die mit fünf Abgeordneten im Parlament vertreten ist, eine Koalition einzugehen. Meinungsforschern zufolge könnte die 2004 gegründete Maori-Bewegung eines Tages sogar im Balancespiel zwischen Labour und Konservativen den Ausschlag geben.

Die Beziehungen zu Australien sind naturgemäß eng. Gegenüber Großbritannien entwickelte sich jedoch eine wachsende Distanzierung, nachdem die Londoner Regierung der Europäischen Union beigetreten war. Die Mentalität ist recht unterschiedlich zwischen Sydney und Auckland. Australien gilt weiterhin als »Macho-Land« und vollzieht seine unvermeidliche soziologische Umwandlung nur schrittweise unter dem Einfluß multikultureller Einwanderung aus aller Welt.

Unter der Regierungsführung Helen Clarks hingegen stellte ein »Gender Gap Report« fest, daß in Neuseeland nicht nur das Amt des Premierministers, sondern auch das des Generalgouverneurs, der die britische Krone vertritt, des Parlamentspräsidenten, des höchsten Richters, des Generalstaatsanwalts sowie die Bürgermeisterämter der drei größten Städte von Angehörigen des »deuxième sexe« besetzt waren. Simone de Beauvoir könnte sich glücklich schätzen im Land der langen weißen Wolken.

Im gemächlichen Tagesablauf spielt diese moderne Form des Matriarchats keine nennenswerte Rolle, schafft jedenfalls keine

Konflikte, wie Roman mir versichert. Mit den Maori, deren cholerisches Temperament zur Gewalttätigkeit neigt und die allzu oft dem Alkohol frönen, hat er nicht die geringsten Probleme. Die Kiwis seien insgesamt freundliche, hilfsbereite Nachbarn. Allenfalls die Neueinwanderer aus England, die oft der Cockney-Schicht der Metropole angehören, würden gelegentlich unangenehm auffallen, aber das gleiche gilt ja auch für jene zahlreichen Briten, die sich neuerdings massiv in verschiedenen französischen Départements niederlassen. Wie entkrampft sich das Verhältnis zwischen Pakeha und Maori gestaltet, kann mein Sohn an der Ausbildung im Kampfsport Taekwondo erproben, den er den gemischtrassigen, meist jugendlichen Trainees seiner Umgebung erteilt.

Gemeinsam mit den »Aussies« haben neuseeländische Soldaten an den Pazifizierungsaktionen in Ost-Timor und auf den Salomon-Inseln teilgenommen. Auf letzterem Archipel war die Feindseligkeit der melanesischen Eingeborenen gegen die chinesische Minderheit, die in Handel und Wirtschaft eine erdrückende Monopolstellung an sich riß, zu blutigen Pogromen ausgeartet. Sowohl in Hondiara als auch Dili unterscheidet sich das militärische Vorgehen der Kiwis durch größere Behutsamkeit und geschmeidigeren Umgang mit den entfesselten Aufrührern. Im Außenministerium von Wellington wird Bedauern darüber geäußert, daß die »Aussies« sich beim Experiment des »Nation Building« im weiten pazifischen Umfeld an den rauhbeinigen amerikanischen Methoden orientieren, während die Kiwis große Rücksicht auf die fremden Gesellschaftsstrukturen nehmen.

Von dem Schutz- und Trutzbündnis, das der konservative australische Prime Minister John Howard mit der amerikanischen Bush-Administration de facto geschlossen hatte, hält man sich in Wellington auf Distanz. Die Rolle der USA als unverzichtbarer Sicherheitsfaktor wird zwar anerkannt, aber die sukzessiven Regierungen Neuseelands haben sich stets schwergetan mit der nuklear orientierten Strategie Washingtons. Mit Kernwaffen bestückte Kriegsschiffe der US Navy werden in neuseeländischen Häfen nicht geduldet.

So war es nicht verwunderlich, daß sich im Jahr 1985 der geballte

Zorn der Kiwis gegen Frankreich richtete. Es war kein Glanzstück, das der französische Geheimdienst im Hafen Auckland inszenierte, als er gegen das Flaggschiff von Greenpeace, die »Rainbow Warrior«, ein Sprengstoffattentat verübte. Präsident Mitterrand hatte auf dem französischen Atoll Mururoa die Zündung neuer Kernwaffen angeordnet und die internationalen Umweltschützer auf den Plan gerufen. Zwar wurde die »Rainbow Warrior« versenkt – dabei kam sogar ein portugiesischer Aktivist ums Leben –, aber zwei französische Intelligence-Offiziere, die sich als Touristenehepaar getarnt hatten, wurden verhaftet und erst nach extrem schwierigen Verhandlungen wieder freigelassen.

*

Bevor sie die Regierungsführung an ihren konservativen Rivalen John Key abtrat, hatte die selbstbewußte Labour-Chefin Helen Clark sich geweigert, Neuseeland in die strategische Einkreisungspolitik einzureihen, die George W. Bush diskret, aber nachhaltig gegen die Volksrepublik China betrieb. In Wellington hielten die Militärexperten nicht sonderlich viel von den alarmistischen Analysen der Rand Corporation, die bereits für das Jahr 2020 eine Bedrohung der US-Dominanz im Westpazifik durch eine angeblich gigantische Aufrüstung der chinesischen Flotte voraussagte. Bedenklicher sei die Entwicklung des ballistischen Potentials der Volksbefreiungsarmee, das sich für den Transport nuklearer Sprengköpfe eignen würde. Fünf strategische Prinzipien wurden von der Rand Corporation erarbeitet, um der »gelben Gefahr« zu begegnen.

Die südlichen Anrainerstaaten des Stillen Ozeans – Australien und Neuseeland – »down under« und »down down under«, wie man mit ironischem Unterton sagt – nehmen mit gemischten Gefühlen zur Kenntnis, daß bei diesem amerikanischen Kriegsspiel sogar von vorbeugenden Nuklearschlägen die Rede ist. Die strategischen »think tanks« der USA, so meint man hier, räumen der eigenen Armada von Flugzeugträgern offenbar noch eine Bedeutung ein, die sie seit der Seeschlacht von Midway längst eingebüßt haben dürfte.

Sie unterstreichen jedoch zu Recht die zur Zeit kaum erprobten Gefahren des »Cyber War«, der den Chinesen im Ernstfall eventuell erlauben würde, das überaus komplizierte und verwundbare Netzwerk der amerikanischen Verbindungs-, Überwachungs- und Kommandosysteme zu verwirren, zu lähmen, ja zu neutralisieren.

Im Gegensatz zu dem inzwischen abgewählten Regierungschef Australiens John Howard, der sich fast bedingungslos mit George W. Bush solidarisierte und – bei aller Intensivierung des für beide Seiten ersprießlichen Handelsaustauschs mit China – die weit verbreitete Befürchtung seiner Landsleute vor dem Aufkommen einer »gelben Gefahr« teilte, erweist sich sein Nachfolger Kevin Rudd als kühler Realist.

Die Neuseeländer, die sich daran gewöhnt hatten, die Diplomatie ihrer australischen Nachbarn mit der Mentalität rauher »Mates« aus dem »Outback« oder dem gespielten Draufgängertum eines Crocodile Dundee zu erklären, stellen befriedigt fest, daß mit dem hochgebildeten Intellektuellen Kevin Rudd ein ganz anderer Typus zum Zuge kommt. Als erste Amtshandlung nahm er die Unterzeichnung des Kyoto-Protokolls über Klimaschutz vor. Die Aussage der Neuseeländerin Helen Clark, die überwiegend von Weißen bevölkerten Staaten am Südrand des Pazifiks und Asiens müßten begreifen, »daß sie in einer Region leben, in der alle unterschiedlich sind, und daß der Zwang besteht, damit vernünftig umzugehen«, könnte von Kevin Rudd stammen.

Letzterer, der schon Gefahr lief, in den Ruf eines blauäugigen, etwas naiven Tugendboldes zu geraten, der – aus bescheidensten Verhältnissen stammend – sein Studium als Putzmann finanziert hatte, gewann zusätzliche Sympathie bei seinen Landsleuten, als dieser vorbildliche Ehemann und Vater von drei Kindern im Zustand starker Alkoholisierung in einem zwielichtigen Strip-Lokal gesichtet wurde.

*

Es ist mein letzter Abend familiärer Harmonie an der Bay of Islands. Am Nachmittag ist kühler Regen über der subtropischen Landschaft niedergegangen. Dann spaltet Ranginui, der Vater des Himmels, das Gewölk. Die späte Sonne setzt dem mächtigen Felsmassiv der Ahnengräber eine blasse Strahlenkrone auf. Wer in Europa von Neuseeland redet, denkt unwillkürlich an die Verfilmung des »Herrn der Ringe«. Ich muß gestehen, daß ich an dieser artifiziellen Fabel- und Gruselwelt keinen Gefallen finden kann. Das moderne Neuseeland präsentiert sich nun einmal als sehr pragmatischer Außenposten europäischer Lebensart, und die meisten Kiwis neigen nicht zu romantischen Heilsvisionen.

Die Maori sind mit knapper Not der Gefahr entgangen, daß ihre furchterregenden Rituale, ja ihre gesamte Kultur, zur Folklore entarten. Die neue Bewußtseinsbildung dieser Rasse vollzieht sich nicht in den Tabuzonen ihrer Geisterwelt oder im Dickicht von »King's Country«, wo ein paar Motorradrotten trotziger Jugendlicher bewaffneten Widerstand proben. Die Wiedergeburt vollzieht sich in der scheinbaren Anonymität der Städte, in Auckland zumal, wo inzwischen fast jeder dritte Neuseeländer ansässig ist.

Auf der Farm habe ich aufmerksam und beeindruckt einen authentischen Kriegstanz, einen »Ha Ha«, beobachtet, den Roman ein paar Monate zuvor gefilmt hatte. Ursprünglich diente der Ha Ha dazu, vor Beginn der Schlacht dem gegnerischen Stamm oder fremden Eindringling Schrecken, ja Entsetzen einzuflößen. Der Auftritt wirkt in der Tat wie ein schrecklicher Spuk. Fast nackt treten die Krieger an. Über den ganzen Körper, vor allem im Gesicht, sind sie blau tätowiert. Die Männer bewegen ihre schweren Muskelpakete in stampfendem Rhythmus, stoßen gellende Schreie aus, rollen die Augen wie Besessene, führen wuchtige Faustschläge aus und strecken dem Feind, so weit es nur geht, die Zunge heraus. Es ist Brauch geworden, sämtliche Rugby-Spiele der »All Blacks« durch diesen Kriegsgesang der Maori einzuleiten, und die weißen Spieler stimmen begeistert in die Hymne ein.

»Ka Mate, Ka Mate – Es ist der Tod, es ist der Tod«, so beginnt der Chor. »Es ist das Leben, es ist das Leben«, heißt es dann. »Siehe den haarigen Mann« (eine mythische Häuptlingsgestalt der Ahnenwelt), »er hat die Sonne zum Scheinen gebracht ... Seite an Seite, Seite an Seite kämpfen wir – haltet die Stellung – dem Sonnenlicht entgegen – Whiti-te-ra!«

»Es ist das Jahr der Frauen«

AUCKLAND, IM MÄRZ 2008

Seit meiner letzten Stippvisite vor dreißig Jahren hat sich die Stadt Auckland gewaltig aufgebläht, zählt 1,3 Millionen Einwohner, also weit mehr als ein Viertel der Gesamtbevölkerung Neuseelands. Nicht alles ist an dieser urbanistischen Auswucherung gelungen. Die glitzernden Hochhäuser des Handels- und Finanzzentrums, die sich auf den sanften Hängen übereinanderstapeln, sind vorwiegend mit Glas und Aluminium verkleidet. Sie entsprechen jenem einfallslosen Aquariumstil, der auch den Umkreis des Potsdamer Platzes in Berlin kennzeichnet.

Manches Architekturexperiment erinnert an skandinavische, zumal finnische Vorlagen, und auch Verirrungen des deutschen Bauhaus-Stils haben ihren Niederschlag gefunden. Das äußert sich vor allem an dem riesigen schneeweißen Klotz des Dizengoff-Zentrums, das die Kiwis als »Schuhkarton« bespötteln. Es ist keine futuristische Retortenstadt entstanden, aber die wenigen bescheidenen Bauten aus der Gründerzeit, die hier nicht mehr als ein Jahrhundert zurückreicht, wirken inmitten der betonierten Nüchternheit tröstlich und recht anheimelnd.

An einem Sonntagabend bin ich in Auckland angekommen. Mir fallen die zahlreichen Kirchen auf, die mehrheitlich der anglikanischen Konfession angehören, obwohl die Katholiken erstaunlich zahlreich vertreten sind. Um die Frömmigkeit der weißen Neuseeländer soll es recht bescheiden bestellt sein, während die Maori in den Jahrzehnten ihres Überlebenskampfes ein synkretistisches Sektierertum entwickelten, das immer wieder von kämpferisch auftretenden Propheten aufgestachelt wurde.

Mein Fünfsternehotel hat sich der hypermodernen, aber recht seelenlosen Bauweise angepaßt. Es liegt direkt am Kai und soll den Eindruck eines Luxusdampfers erwecken. Das multikulturelle Hotelpersonal ist überaus beflissen, aber die Mahlzeiten, die in dieser aufs Meer gerichteten Prachtbastion serviert werden, sind von der »haute cuisine« weit entfernt, von der gewisse Reiseführer schwärmen. Nur wenige Gäste sind im Restaurant zugegen.

Mir fällt ein Hochzeitspaar auf, das in trauter Zweisamkeit seinen Champagner genießt. Sie haben die Festgesellschaft wohl schon abgeschüttelt und schicken sich an, sich zum Lift zu begeben, der sie zu ihrer Suite bringen wird. Die Braut, ganz in Weiß gekleidet, mit einem schlichten Kranz auf dem Kopf und stark dekolletiert, ist eine junge, blauäugige Blondine typisch britischer Abstammung. Ihr elegant, ganz in Schwarz gekleideter Ehemann hingegen ist ein dunkelhäutiger Polynesier. Rassenvorurteile, so stelle ich fest, gibt es hier offenbar nicht.

In den Kneipen und Gaststätten der nahen Umgebung herrscht keine überschäumende Stimmung. Von sündhafter Ausschweifung kann in Auckland auch nach dem Verzicht auf die angestammte Prüderie nicht die Rede sein. Die Schwulen-und-Lesben-Gemeinde, die im sogenannten »Pride Center« über einen exklusiven Treffpunkt verfügt, veröffentlicht eigene Zeitschriften von beachtlicher Auflage und veranstaltet jedes Jahr ein »Homo-Festival«. Diese Vereinigung von Homosexuellen verhält sich wie ein wohlorganisierter, banaler Verein und gehört zur lokalen Normalität.

Am nächsten Morgen strahlt die Sonne, und Auckland bewegt sich in einem quirligen Rhythmus, wirkt beinahe heiter und stellenweise schön dank der zahlreichen Grün- und Parkanlagen. Ich lasse mich in der Menge treiben und bin überrascht, in welchem Ausmaß das ethnische Nebeneinander und die Verschmelzung der Rassen – Weiße, Ozeanier, Asiaten – die konservative Vorstellung eines »White New Zealand« bereits verdrängt hat. Auckland zeichnet sich als Schmelztiegel aus, und der Anteil der Einwohner nichteuropäischer Herkunft wird bereits auf die Hälfte geschätzt. Helen Clark betonte bei jeder Gelegenheit, daß in ihrem Staat jeder Dritte von farbigen Eltern abstamme.

Mein Interesse gilt vor allem den Maori, deren politische Repräsentanten längst nicht mehr in den ländlichen Dorfgemeinschaften, den »Pa«, anzutreffen sind, sondern sich in den städtischen Büros ihrer Vereine und Parteien um die Erweiterung ihres Einflusses bemühen. Immerhin bilden sie fünfzehn Prozent der Gesamtbevölkerung, und ihre Führer sind sich voll bewußt, daß es einer zielstrebigen Bildungsarbeit bei der Jugend bedarf, um die offiziell konzedierte politische Gleichberechtigung zur gesellschaftlichen und beruflichen Egalität mit den Pakeha auszubauen.

Auch die Regierungsübernahme durch die Konservative Partei des Aufsteigers John Key dürfte daran nichts ändern. Er will allenfalls die jährliche Einwanderungsquote Neuseelands, die sich auf 50 000 beziffert, reduzieren und mit dem Programm »Kiwis first« jene zahlreichen Neuseeländer zur Heimkehr ermutigen, die aufgrund höherer Gehälter und besserer beruflicher Chancen scharenweise ins benachbarte Australien ausgewandert sind.

Die Maori ihrerseits begünstigen die Niederlassung von polynesischen Neubürgern, die, aus dem ganzen pazifischen Raum kommend, die Reise in das Land der langen, weißen Wolken antreten. Am dynamischsten erweisen sich wieder einmal die Chinesen aus Taiwan und zunehmend aus der kontinentalen Volksrepublik, die, mit beachtlichem Kapital ausgestattet, neben der Neugründung von Betrieben auch den Erwerb ausgedehnter Immobilien anstreben. Die Situation Neuseelands ist gekennzeichnet durch das weiterhin enge Verhältnis zu Australien, aber auch durch tiefgreifende demographische Umschichtungen, die in Auckland besonders ins Auge fallen. »Wir werden immer asiatischer und immer pazifischer«, registrieren die Immigrationsbehörden und stellen sich auf eine gründliche Anpassung ein.

Aus der Ferne betrachtet, befindet sich Neuseeland als Ganzes im Zustand der Überalterung, zumindest was die Pakeha betrifft. So mancher britische Rentner würde sich wohl fühlen in dieser grünen Landschaft, die mit Cottages übersät ist. Doch Auckland – im Gegensatz zur offiziellen Hauptstadt Wellington – ist durch Jugendlichkeit geprägt. Die Stadt ist zum Anziehungspunkt für junge, ehrgeizige Asiaten geworden, die unweit ihrer eigenen Küsten Gelegenheit finden, sich mit der angelsächsischen Mentalität sowie mit einer auf Globalisierung ausgerichteten Technologie und Geschäftspraxis vertraut zu machen.

Im Umkreis der großzügig angelegten Hochschulen, ihrer hypermodernen Einrichtungen gewinnt man den Eindruck, daß die jungen, zielstrebigen Enkel Mao Zedongs sich unaufhaltsam auf dem Vormarsch befinden. In diesem Gemisch von Rassen und Kulturen hat sich spätestens seit den liberalen Sozialexperimenten der siebziger und achtziger Jahre eine Art Kulturrevolution vollzogen. Auf dem Campus der diversen Lehranstalten stelle ich freundliche Toleranz fest, die sich auch auf die bislang mißtrauische Abkapselung der meisten Maori positiv auswirkt.

An der Spitze des autochthonen Aufbruchs, der mit einer Rückbesinnung auf die eigenen Wurzeln einhergeht, profiliert sich Professor Manuka Henare, dem ich in dem hufeisenförmigen Kolossalgebäude der Auckland Business School begegne. Wie die meisten Maori-Intellektuellen und Vorkämpfer selbstbewußter Emanzipation kann Henare auf europäische Vorfahren verweisen. Seinem lockeren Auftreten und auch seinen Gesichtszügen merkt man die angelsächsische Abstammung an. Die ersten Europäer, die in Neuseeland siedelten, waren meist ohne Frauen angekommen und fanden offenbar Gefallen an den polynesischen Töchtern des Landes. Bei den führenden Maori von heute wird auch ohne jeden Komplex auf diese ethnische Mischung verwiesen, während in Australien eine solche Paarung von Weißen mit den Frauen der dortigen Aborigines wie eine Art Fluch empfunden wird.

Professor Henare hat es sich zum Ziel gesetzt, die jungen Maori in die Welt der Moderne zu integrieren, ihnen eine hohe professionelle Qualifizierung in »Business and Economics« zu vermitteln, gleichzeitig jedoch die eigene Tradition unantastbarer »Tabus« hochzuhalten. Dabei stützt er sich auf eine andere Eigenart, die für alle Stämme unverzichtbar ist, auf die Tugend des »Mana«, auf die Respektierung der kraftvollen, quasi sakralen Persönlichkeit eines jeden einzelnen.

Ich will nicht behaupten, daß ich mich in die Mentalität dieses seltsamen Volkes am anderen Ende der Welt hineingefunden hätte. Aber die Lehrkräfte, denen ich begegne – ob sie Maori oder Kiwi sind – genießen bei ihrer multikulturellen Studentenschaft, mit der sie entspannt und heiter verkehren, beachtliches Ansehen und hohe Autorität. Bei den zahlreichen chinesischen Scholaren kommt den Dozenten zudem jener tief verankerte Respekt vor dem Magister zugute, der Bestandteil des konfuzianischen Erbes ist. Auch dem Islam gegenüber zeigt man sich hier aufgeschlossen, wie aus einem Foto Professor Henares in brüderlicher Gemeinschaft mit zwei Korangelehrten aus Pakistan hervorgeht.

Der Dekan verweist mich auf die mythische Bedeutung der Jade, von der laut Maori-Glaube heilsamer Einfluß ausgeht. Im Vorbeigehen streift er mit der Hand ein besonders prächtiges Schaustück dieses grünen, edlen Gesteins. Das kurze Gedicht, das er mir auf den Weg gibt, erinnert ein wenig an den Rhythmus des Ha-Ha-Tanzes, obwohl es ganz auf Völkerversöhnung ausgerichtet ist: »He-tau-paite-tau – Das Jahr ist gut«, so beginnt das Poem, »das Jahr ist friedlich, ein Jahr voller Verheißung; es ist das Jahr der Frauen, eine Zeit für Frieden und Wachstum; suche deshalb nach der Saat, aus der das größte Wohlergehen für alle Völker erspießt – e-aora-ai-te-iwi.« Für »Völker« hat er das Maori-Wort »iwi« gewählt, mit dem auch die einheimischen Stämme bezeichnet werden.

»Es ist das Jahr der Frauen«, so lautet die Botschaft Professor Henares, der auch als Direktor eines Instituts für »Maori and Pacific Development« fungiert. Der starken Position der Maori-Frauen werde ich gewahr, als ich die Sozialeinrichtungen besuche, die auf kulturelle und politische Entfaltung, auf zunehmende Einflußnahme ihrer Rasse hinwirken. Die Amtsstube von Dame Georgina Kirby ist recht bescheiden. Ein paar junge Maori-Mädchen arbeiten der selbstbewußten, etwa siebzigjährigen Frau zu. Ihr Profil wirkt beinahe indianisch, und die Hautfarbe ist ziemlich hell. An den Wänden der Organisation sind Nachbildungen klassischer Maori-Skulpturen aufgestellt. Aber diese Dekoration reicht bei weitem nicht an die prächtigen, grell bemalten Holzskulpturen des offiziellen Museums heran, das im Stil eines kolonialen Regierungspalastes mit mächtigem Säulenportal auf dem grünen Hügel des Stadtteils Parnell erbaut wurde. In der auf Touristenbesuch angelegten Ausstellung beeindruckt die gewaltige Dimension eines Kriegskanus, eines jener offenen Boote, auf denen die ersten Maori-Einwanderer Meeresstrecken von mehr als tausend Kilometern überwanden. Um ethnische Originalität vorzutäuschen, werden die Exponate des Museums von kräftigen jungen Maori bewacht. Diese »Krieger« sind nur mit einem Lendenschurz bekleidet, bewegen sich barfuß und halten einen Speer in der Hand. Sie scheinen sich bewußt zu sein, daß man ihnen hier die Rolle von exotischen Statisten zugewiesen hat.

Ganz anders geht es bei Dame Georgina Kirby zu, deren Familie wohl schon zur Zeit der britischen Kolonisation zu Ehren gekommen war. Trotz ihres Alters strahlt Georgina geballte Energie aus. Sie verweist darauf, daß sie teilweise deutscher Abstammung sei, was ihr Engagement für die politischen und wirtschaftlichen Ansprüche des Maori-Volkes in keiner Weise beeinträchtigt. Der Zukunft ihrer Rasse sieht sie mit Optimismus entgegen und rühmt sich, mit den Computern ihrer Einrichtung besser umgehen zu können als die meisten jungen Pakeha. Zum Abschied geleitet mich die würdige Dame bis auf die Straße und küßt mich auf beide Wangen, eine spontane Vertraulichkeit, die mir auch bei anderen Maori-Frauen auffallen sollte.

Ähnlich herzlich ist mein Gespräch mit Pauline Kingl, deren rotes Haar auf irische Vorfahren hindeutet. Die schwergewichtige Frau, deren Aktivität der Koordination der diversen Maori-Parteiflügel und Jugendverbände gewidmet ist, hat in Harvard und Oxford studiert. Vor meinem Eintreffen in ihrem Institut hat sie sich per Internet über meine Person kundig gemacht. Sie war sogar über meine kurze Gefangenschaft beim Vietcong informiert. Vermutlich haben die weiblichen Angehörigen dieses Volkes schon von Anfang

an eine beachtliche Autorität ausgeübt. Im zeitgenössischen Neuseeland, das sich unter Helen Clark dem militanten, ja dominanten Feminismus verschrieben hat, scheint diese Entwicklung auch auf die Ureinwohner übergegriffen zu haben.
Noch unlängst hatte Dame Te Atairangikaahn, »der Falke des Morgenlichts«, wie sie von ihrem Volk genannt wurde, als Maori-Königin eine erhebliche Autorität ausgeübt. Bis zu ihrem Tod im Jahr 2006 gelang es ihr, die ererbten Stammesfeindschaften mit viel Klugheit zu überbrücken. Das Gespräch mit Pauline Kingl, das auch die heikelsten Fragen und die längst nicht überwundene gesellschaftliche Unterordnung der Maori nicht ausspart, verläuft erstaunlich offenherzig.

»Wir sind betrogen worden«

Der Fahrer James, den mir die Hoteldirektion empfohlen hat, ist ein älterer Kiwi in Reinkultur, das heißt, er verkörpert auf bescheidener Ebene all jene Tugenden und verläßlichen Eigenschaften, die das britische Empire einmal groß gemacht haben. Die Zukunft Neuseelands sieht James mit Gelassenheit. Über die zunehmende Asiatisierung Aucklands kann er präzise Auskunft geben. Gerade mal fünfzig Prozent der Bevölkerung dieses Hafens sind europäischen Ursprungs. Die Maori sind hier nur mit ungefähr zehn Prozent vertreten. Die Inder werden auf fünf Prozent geschätzt, die Chinesen dürften sich der Zehnprozentgrenze nähern, während die Insulaner aus der fernen, ehemals deutschen Insel Samoa sechs Prozent der Zuwanderer ausmachen. Dazu kommt eine Vielzahl anderer Ethnien aus dem pazifisch-südostasiatischen Raum, die sich insgesamt auf fünfzehn Prozent beziffern.

Seine beiden Söhne hätten die Chance wahrgenommen, in Australien bessere berufliche Chancen zu nutzen, meint der Fahrer, der dem Kunterbunt der Rassen in seiner Umgebung mit Toleranz begegnet. Er schlägt vor, mich zu einer der Sehenswürdigkeiten Aucklands, zum Sky Tower, zu begleiten, wo die Besucher in einem Lift binnen vierzig Sekunden auf die Aussichtsplattform in 328 Meter Höhe katapultiert werden. Die Stadtverwaltung rühmt sich, mit dem Sky Tower die höchste Konstruktion der südlichen Hemisphäre hochgezogen zu haben. Ich lehne die Besichtigung ab und verweise darauf, daß man diese babylonische Sucht, den Himmel zu erklimmen, den protzigen Erdölscheichs der Golfemirate überlassen sollte, die gar nicht zu ahnen scheinen, daß sie mit ihren gotteslästerlichen Monsterkonstruktionen am Ende den Zorn Allahs herausfordern werden.

In den mir verbleibenden Tagen suche ich eine Anzahl von arrivierten Maori auf, die in soignierten Büros die Schwelle zum geschäftlichen Erfolg oder zu administrativer Kompetenz beschritten haben und denen bei aller Beharrung ihrer polynesischen Identität eine perfekte Anpassung an den westlichen Lebensstil gelungen ist.

Das ethnische Sammelbecken Auckland hat auch seine Schattenseiten. Ich lasse mich zu dem Bezirk Otara fahren, der als Elendsviertel, als Siedlung von Asozialen gilt. Migranten von allen möglichen Inselgruppen des Pazifik, aber auch Indonesier und Filipinos leben dort als Arbeitslose oder Arbeitsscheue in relativ erträglichen Verhältnissen dank der großzügigen Sozialgesetzgebung, die die Labour Party hinterlassen hat. Fast sämtliche Geschäfte von Otara sind fest in chinesischer Hand. Bei diesem Ausflug werde ich von Mr. Rajiv begleitet, dessen Familie aus dem indischen Subkontinent zugewandert ist. Angesichts der ärmlichen Unterkünfte der Unterprivilegierten, vor deren Eingang jedoch stets ein Auto geparkt ist, läßt der Inder seinen atavistischen Kasten-Instinkten freien Lauf.

Er äußert sich mit Herablassung, ja Verachtung über die gescheiterten Außenseiter der neuseeländischen Wohlstandsgesellschaft. Sogar den Maori begegnet Rajiv mit Arroganz. Die Maori, die stets ihre Muskelkraft spielen ließen, würden allzu oft dem Alkoholismus verfallen. Sie seien kriminell veranlagt und stets zu Schlägereien bereit. Mit diesen Eingeborenen sei besonders schlecht auszukommen, seit sie von den weißen Kiwis als zweite, gleichberechtigte Nation Neuseelands anerkannt wurden. Neuerdings würden sie sich – zumal gegenüber indischen Expatriates – streitsüchtig und »bossy« aufführen.

Am Rande von Otara bin ich am Ende doch noch auf eine Maori-Organisation gestoßen, die sich auf die kriegerische Tradition des sogenannten »King Movement« beruft und die Angleichung an europäische Sitten nur unter starkem Vorbehalt akzeptiert. In einer Art Marae, einem Versammlungsraum, der den Stil der polynesischen Behausungen nachahmt, entdecke ich eine Gruppe junger Männer und Frauen, die auf den ersten Blick etwas verschwörerisch und aufsässig wirken.

Mir fällt wieder einmal der beachtliche Leibesumfang dieser Rasse auf, der aber nicht – wie das bei den in Amerika und Europa weitverbreiteten Verfettungen der Fall ist – auf exzessiven Genuß von Junkfood zurückgeht, sondern ein kraftstrotzendes Merkmal ihres Erbgutes ist. Die jungen Leute verstummen respektvoll, als ein mächtiger Mann mittleren Alters mit angegrauten Schläfen den Raum betritt und sich als hochverehrter Vorsitzender zu erkennen gibt.

So ähnlich wie Arini Tukarangi müssen im neunzehnten Jahrhundert jene Priesterkönige aufgetreten sein, die sich so hartnäckig gegen die weit überlegenen Streitkräfte der Briten behaupteten. Inzwischen weiß ich, wie man einen traditionsbewußten Maori begrüßt. Man reibt nicht, wie oft behauptet wird, die Nasen aneinander, sondern führt eine würdevolle Berührung von Nase und Stirn aus. Tukarangi äußert seine Genugtuung, daß ich mit diesem Zeremoniell vertraut bin.

Der Koloß strömt beim ersten Kontakt keine übertriebene Freundlichkeit aus. Er drückt sich auf englisch mit tief grollender Stimme aus. Dann wendet er sich gebieterisch an seine Anhänger. Sein düsterer Gesichtsausdruck deutet an, daß er zu fürchterlichen Wutausbrüchen neigt. Der Maori-Häuptling hat mich gemustert und offenbar als ebenbürtigen Gesprächspartner eingestuft. Beim Erwähnen meines hohen Alters gesellt sich dazu der den Greisen geschuldete Respekt.

Die nationalistisch orientierte Maori-Bewegung hatte sich nach dem Ersten Weltkrieg in der Ratani-Kirche politisch artikuliert. Inzwischen sind die Ziele weiter gesteckt worden. Für diese resolute Gruppierung geht es um eine panpolynesische Bestrebung, um den Zusammenschluß all jener Archipele und Inseln, die von pazifischen Stämmen besiedelt sind und deren Angehörige in großer Zahl nach Neuseeland auswandern, weil ihnen der enge Lebensraum ihrer Atolle nicht mehr genügt. So ist Auckland zur großen polynesischen Stadt geworden.

»Sehen Sie sich die jungen Männer an«, sagt der Häuptling. »Ein Dutzend von ihnen kommt von den Samoa-Inseln, die fünfhundert Kilometer entfernt liegen. Einige andere stammen aus Tonga oder Kiribati, wo fast die gleiche Sprache gesprochen wird wie bei uns. Unser Ziel ist es, das Gewicht unserer Rasse, die auf so unterschiedliche Weise von den Briten, den Franzosen, den Amerikanern – kurzfristig von den Deutschen und den Japanern – kolonisiert wurde, zu einer großen Einheit im Stillen Ozean zusammenzufassen.«

Im übrigen, fügt er mit einem grimmigen Lächeln hinzu, »wenn heute allerorts von asymmetrischem Krieg die Rede ist, so haben sich unsere Vorfahren in dieser Form des Partisanenkrieges als wahre Meister bewährt«. Sehr realistisch klingt das alles nicht. Auf den ständigen Strom neuer Einwanderer vor allem vom asiatischen Kontinent angesprochen, äußert sich Tukarangi zurückhaltend. Seine Bedenken richten sich vor allem auf die Betriebsamkeit und das Durchsetzungsvermögen der Chinesen.

An der Wand entdecke ich in englischer Sprache eine Beschwerde des Maori-Führers Karitoka aus dem neunzehnten Jahrhundert, der sich über die Mißachtung des Waitanga-Vertrages und die mutwillige Landnahme durch die Engländer entrüstete. »Wir haben euch Land gegeben«, so heißt es dort, »und ihr gebt uns eine Pfeife. Das war es auch schon. Wir sind betrogen worden. Die Pakeha sind Diebe. Sie zerteilen eine Decke, machen zwei Hälften daraus und verkaufen sie für den Wert einer ganzen Decke. Sie kaufen ein Schwein für ein Pfund in Gold und verkaufen es für drei. Sie bekommen einen Korb Süßkartoffeln für sechs Pence und verkaufen ihn für zwei Schillinge. So gehen sie mit uns um. Sie bestehlen uns, und dabei bleibt es.«

Solche anklagenden Töne sind selten geworden, und die fünf Maori-Abgeordneten im Parlament von Wellington würden sich heute ganz anders ausdrücken. Der Chief neigt nicht zur Redseligkeit, und ich weiß, daß meinem Versuch, die Maori-Mentalität zu ergründen, enge Grenzen gesetzt sind. Der Abschied gestaltet sich herzlich. Die anwesenden Menschen küssen mich auf die Wangen, und mit den Männern, mit Tukarangi zumal, nehme ich feierlich das Stirn-und-Nasen-Zeremoniell, Hongi genannt, vor. Am Ende reichen wir uns die Hände, bilden einen Kreis, und der Vorsitzende stimmt einen Maori-Gesang an, von dem ich kein Wort verstehe. Er endet mit einem dröhnenden biblischen »Amen«.

Inselschacher im Pazifik

Der Flug von Auckland nach Melbourne dauert etwa vier Stunden. Tief unter uns dehnt sich die Tasman-See in schwarzer Feindseligkeit. Ich fühle mich wohl bei diesen längeren Luftstrecken, die Muße für Entspannung und Nachdenklichkeit bieten. Ich bilde mir nicht ein, mein Ausflug nach Neuseeland habe die Frage erhellt, ob und wie bald sich das Schwergewicht des politischen und strategischen Weltgeschehens vom Atlantik zum Pazifik verlagern wird.

Kurz vor meinem Aufbruch hatte ich in Te Atatu, einem ärmlichen Vorort von Auckland, eine kleine protestantische Kirche entdeckt, in der sich eine Gemeinde von etwa hundert Einwohnern der Pazifikinsel Tuvalu zum Gottesdienst versammelte. Sie waren unter sich, und die Predigt wurde in ihrer Sprache gehalten.

Warum waren sie nach Neuseeland ausgewandert aus ihrer Heimat, deren neun Atolle mit 11 000 Einwohnern nur über eine Landfläche von 26 Quadratkilometer verfügen? Seit 1978 genießt dieser Mini-Archipel den Status eines unabhängigen Staates und ist als vollwertiges Mitglied der Vereinten Nationen anerkannt. Aber was nützt dieser Prestigegewinn? Der winzige Archipel verfügt über geringe Erwerbsmöglichkeiten, zumal eine planlose Bautätigkeit in der Hauptstadt Fongafale die ökologische Gewichtung so verändert hat, daß die landwirtschaftlich nutzbare Fläche zunehmender Versalzung ausgesetzt ist.

Tuvalu liegt weniger als einen Meter über dem Niveau des Ozeans, und jeder Sturm hat verheerende Überschwemmungen zur Folge. Dazu kommt der vielzitierte Klimawandel, der auch hier Zentimeter um Zentimeter zum Ansteigen der bedrohlichen Fluten führt. Binnen weniger Dekaden dürfte der Wasserspiegel einen halben Meter höher sein als heute und jede Existenzmöglichkeit ertränken. So manches andere Südseeparadies, von dem die Seefahrer des achtzehnten und neunzehnten Jahrhunderts schwärmten, wird dann von der Landkarte verschwunden sein.

Während die Inseln zu versinken drohen, vollziehen sich in den mächtigen Kontinentalstaaten, die den Pazifik säumen und deren höher gelegene Küsten von einer vergleichbaren Katastrophe verschont bleiben, Kräfteverlagerungen, die noch vor einer Generation als Phantastereien abgelehnt worden wären. So gewinnt die Volksrepublik China dem Ozean sogar durch künstliche Erdaufschüttung Raum für zusätzliches Bauland ab. Es wird sich herausstellen, wie nachhaltig die Mentalität, das politische Verhalten des neuen US-Präsidenten Barack Obama, der, im US-Staat Hawaii geboren und aufgewachsen, in Indonesien seine Schulzeit verbracht hat, von dieser geographischen Umorientierung geprägt und beeinflußt wird.

Eine französische Studie über Umschichtungen im Pazifischen Raum bestätigt, daß die ökonomischen und ökologischen Zwänge bereits dreitausend der elftausend Polynesier von Tuvalu zur Emigration nach Neuseeland veranlaßt haben. Noch dramatischer ist die Abwanderung aus Westsamoa, das ungefähr auf dem gleichen Breitengrad liegt. Auf dieser Vulkaninsel besteht zwar nicht die Gefahr, allmählich ins Meer abzugleiten, aber den 160 000 Samoanern fehlt es ebenfalls an Lebensraum und Zukunftschancen.

*

Seltsame Nachwirkungen des imperialen Wahns, dem die weiße Menschheit noch bis zum Ausbruch des Ersten Weltkrieges huldigte, lassen sich in diesem Raum ablesen. Der Schacher um die diversen Archipele des Stillen Ozeans hat bizarre Spuren hinterlassen. Nachdem die USA – dem Expansionsdrang ihres Präsidenten Theodore Roosevelt folgend – in einem Blitzfeldzug der spanischen Herrschaft über Kuba und Puerto Rico ein Ende gesetzt und jenseits des Pazifik das »Star spangled banner« über den Philippinen gehißt hatten, blieben noch ein paar winzige Territorien zum Ausverkauf übrig. Die Atolle Mikronesiens fielen an das wilhelminische Reich, das seinen Besitz auf Neuguinea möglichst weit nach Norden abzurunden suchte.

Zu jenem Zeitpunkt wurden sich London, Washington und Berlin auch über die Aufteilung Samoas einig. Die größere Westinsel wurde 1899 von den Deutschen annektiert, während die Ostinsel unter die Souveränität der USA geriet. Die Briten wurden mit dem Protektorat über das Königreich Tonga zufriedengestellt, auf das Berlin ein begehrliches Auge geworfen hatte. Den Weltmachtsträumen Wilhelms II. und seinen maritimen Ambitionen entsprechend, wäre Westsamoa vermutlich die Rolle einer Kohlenbunkerstation für die Kaiserliche Flotte zugefallen. Schon hatte das Hohenzollernreich auf dem asiatischen Kontinent Fuß gefaßt und über dem Hafen von Tsingtau – heute schreibt man Qing Dao – die schwarzweiß-rote Flagge gehißt. Die Halbinsel Shandong sollte damals als Sprungbrett dienen für weitere Expansionen und eine deutsche Beteiligung an der geplanten Aufteilung des Reiches der Mitte.

Der Ausbruch des Ersten Weltkrieges hat allen germanischen Ansprüchen auf Territorien am anderen Ende der Welt ein jähes Ende bereitet. Australische Landungstruppen besetzten im Handstreich Kaiser-Wilhelm-Land auf Neuguinea sowie Neu-Pommern und Neu-Mecklenburg. Die Japaner erstürmten die kleine Festung Tsingtau und errangen kampflos die Oberhoheit über Mikronesien. Dem Commonwealth-Mitglied Neuseeland, das dem britischen Empire in Treue verbunden war, fiel die Aufgabe zu, das deutsche Schutzgebiet Westsamoa zu okkupieren. Nach Unterzeichnung des Versailler Vertrages wurden die ehemaligen deutschen Kolonien als Mandate des Völkerbundes an die diversen Siegermächte verteilt. Der Außenposten Samoa wurde der Autorität Wellingtons unterstellt, und dieses Mandat der »League of Nations« ging nach dem Zweiten Weltkrieg in ein Trusteeship der Vereinten Nationen über.

Eine absurde Laune des Schicksals hatte bewirkt, daß Deutschland und Neuseeland sich im Sommer 1914 ein paar Stunden lang als Gegner gegenüberstanden und im Zentrum des Pazifischen Ozeans den Konflikt um eine Insel austrugen, von deren Existenz, geschweige denn von deren kurzer deutscher Historie die meisten Bürger unserer heutigen Bundesrepublik nicht die geringste Ahnung haben.

Die Palmenhaine des Deutschen Reiches

Apia (Samoa), im Sommer 1966

Ich erinnere mich genau an unsere Exkursion zu jenem abgelegenen Territorium, das den Schriftsteller Robert Stevenson zu seinem Roman *Die Schatzinsel* inspirierte. Seit dieser fernen Zeit dürfte sich manches verändert haben in Apia, der schläfrigen Hauptstadt von Westsamoa, wo einst der deutsche Gouverneur Wilhelm Solf auf verdienstvolle Weise bemüht war, die polynesische Bevölkerung vor hastiger Überfremdung zu bewahren. Er hätte sich wohl kaum vorstellen können, daß aus seiner kolonialen Minidomäne ein halbes Jahrhundert nach deren Übernahme durch die Neuseeländer ein unabhängiger Staat Samoa entstehen würde, der 1970 als vollwertiges Mitglied Aufnahme in die Vereinten Nationen fand. Die Behörden von Wellington hatten sich bei aller politischen Liberalität nicht im geringsten um die materielle Fortentwicklung Westsamoas gekümmert und sich deshalb den Unmut der Eingeborenen zugezogen.

Als Kuriosum sei festgehalten, daß schon im Jahr 1932, als dem britischen Mandatsgebiet Irak – das bis zum Vertrag von Sèvres dem Osmanischen Reich einverleibt war – auf Drängen Londons eine weitreichende Autonomie sowie die Aufnahme in den Völkerbund gewährt wurde, auch die politischen Repräsentanten der ehemals deutschen Kolonie Samoa in Genf vorstellig wurden, um eine ähnliche Loslösung aus der Bevormundung durch Neuseeland zu erreichen. Wellington, so beschwerten sich die Häuptlinge von Samoa, habe seine administrativen Pflichten grob vernachlässigt, ja nicht einmal für den Bau eines Gefängnisses gesorgt, so daß die Kriminellen – hinter einem lockeren Bretterzaun eingesperrt – schon kurz nach ihrer Verurteilung das Weite suchten.

Die Petition Samoas fand bei der zuständigen Kommission der »League of Nations« nicht den geringsten Widerhall. Die politische Eigenstaatlichkeit kam ihrer Verwirklichung erst nahe, als die Nachfolgeorganisation United Nations die systematische Emanzipation der ehemaligen Mandatsgebiete in Afrika und Ozeanien auf ihre Tagesordnung setzte.

Als »Insel aus Träumen geboren« ist mir Samoa nicht in Erinnerung geblieben. Aufgrund ihres vulkanischen Ursprungs sind die Strände schwärzlich gefärbt. In Apia fielen mir zwei Kirchtürme auf, die noch auf deutsche Architekten verwiesen. Unsere Spurensuche nach wilhelminischen Überresten hat uns nicht sehr weit geführt. Mit ein paar Geschäftsleuten, die sich auf deutsche Vorfahren beriefen, waren wir unverbindlich ins Gespräch gekommen.

Ich ließ das Kamerateam mit den wenig mitteilsamen Landsleuten zurück, um mich im Garten unserer bescheidenen Unterkunft zu sonnen, als meine Siesta dramatisch unterbrochen wurde. Meine Gefährten standen mit blutverschmierten Gesichtern und dem Ausdruck heller Empörung vor mir. Als sie die Nachkommen deutscher Kolonisten nach höflicher Anfrage filmen wollten, waren sie von diesen zwielichtigen Gestalten ohne Warnung überfallen und mit Faustschlägen traktiert worden. Immerhin war die Kamera nicht beschädigt worden. Um die erregte Stimmung zu besänftigen, erlaubte ich mir einen blöden Scherz: »Ihr habt ja noch Glück gehabt, daß ihr nicht im Kochtopf gelandet seid«, sagte ich und löste keinerlei Heiterkeit aus.

Wir machten uns unverzüglich auf den Weg zum Polizeichef von Apia, der rein polynesisch aussah, aber einen deutschen Namen trug. Er registrierte unsere Beschwerde mit träger Resignation. Manche seiner Kompatrioten seien extrem streitsüchtig, beschwichtigte er. Fast an jedem Wochenende käme es zu brutalen Raufereien und sogar zu Messerstechereien.

Ich mußte an den Reisebericht eines seltsamen, von patriotischem Überschwang inspirierten Vorgängers denken, einen gewissen Otto Ehlers aus Pommern, der 1894 als elitärer Abenteurer Samoa als »Perle der Südsee« und als eine für das Deutsche Reich hochrentable Kolonie beschrieben hatte. Den Eingeborenen begegnete er mit Sympathie, schätzte sie als überaus kriegerisch veranlagte Menschen und bedauerte die Zähmung ihrer angestammten Wildheit. Wohl nicht auf Samoa, aber auf manchem anderen pazifischen Archipel, wie den Salomonen, gab es damals auch häufig Fälle von Kannibalismus. Ehlers erwähnte in seinem Reisebericht, daß das Fleisch von Europäern bei den Eingeborenen durchaus nicht als Leckerbissen galt, sondern einen unangenehmen Beigeschmack habe. Die Kolonialberichte haben überliefert, daß dieser forsche Erkunder fremder Sitten wenig später auf Neuguinea selbst dem Appetit der stolzen »Highlanders« zum Opfer fiel.

Man hüte sich jedoch vor Vorurteilen und blutrünstigen Anekdoten. So bereitete uns der Regierungschef von Samoa, ein beleibter, würdiger Polynesier, einen durchaus freundlichen Empfang. Er trug über der landesüblichen Tracht, einem kiltähnlichen Rock, der hier »Lapa-Lapa« heißt und bis über die Knie reicht, ein maßgeschneidertes englisches Jackett. Die Residenz von Premierminister Mata'afa Mulinu'u II. war in ein Meer herrlicher Blüten eingebettet und im überlieferten polynesischen Stil errichtet worden. Das kuppelförmige Dach ruhte auf Holzsäulen, deren Zwischenraum erfrischenden Durchzug erlaubte und bei starkem Regenfall abgeschottet wurde.

Mata'afa Mulinu'u II. hatte keinen persönlichen Bezug mehr zur

Mit seinen epischen Versen der »Lusiaden« setzte der Dichter und Abenteurer Luis Vaz de Camões der portugiesischen Weltentdeckung ein literarisches Monument.

2 Eine riesige Christusstatue, derjenigen von Rio de Janeiro nachempfunden, beherrscht die Bucht von Dili in Ost-Timor.

3 Australische Truppen griffen im Auftrag der UNO in Ost-Timor ein, um den schlimmsten Wirren ein Ende zu setzen.

Bischof Carlos Belo spielte im Unabhängigkeitskampf Timors eine wesentliche Rolle und wurde mit dem Friedensnobelpreis ausgezeichnet.

Mari Alkatiri, der Nachkomme arabischer Seefahrer aus Hadramaut, wurde erster Regierungschef dieses ansonsten rein katholischen Landes.

6 Der Terrorist Ali Ghufron demonstrierte seine religiöse Begeisterung, als er wegen d Attentats von Kuta auf Bali zu Tode verurteilt wurde.

7 Auf der indonesischen Insel Bali haben sich die Rituale des Hinduismus unverändert erhalten.

Im Jahr 1840 wurde zwischen den Maori-Häuptlingen und den britischen olonisatoren ein Vertrag unterzeichnet, der heute noch volle Gültigkeit hat.

9 Der Kriegstanz der Maori soll durch furchterregende Grimassen den Feind erschrecken.

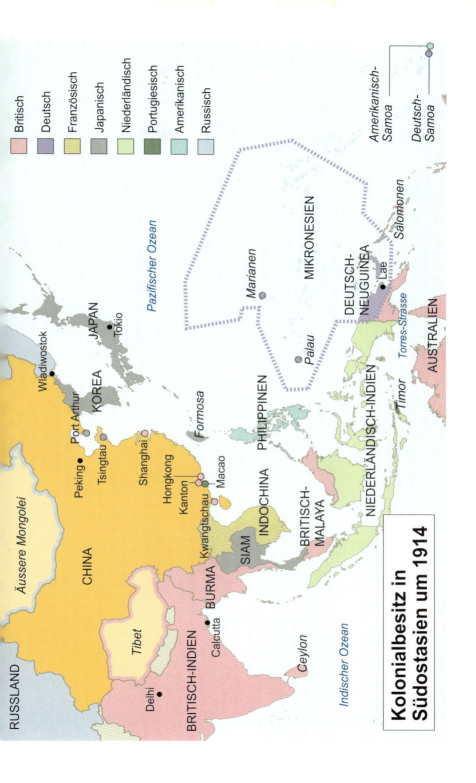

11 In Kaiser-Wilhelm-Land wurde eine Schutztruppe von Eingeborenen aufgestellt.

12 Deutsche Kolonialidylle auf Samoa im Jahr 1910.

fünfzehnjährigen deutschen Kolonialpräsenz, aber er lobte die ungewöhnliche Dynamik der zuständigen hanseatischen Handelsgesellschaft, die binnen kurzer Frist riesige Plantagen von Kokospalmen anlegte und deren Stämme wie preußische Grenadiere ausrichtete. Nach ihrer Mandatsübernahme im Jahr 1920 hätten die Neuseeländer keinerlei zusätzliche Anpflanzungen vorgenommen. Bis auf den heutigen Tag stellt die Kopra-Produktion den einzig nennenswerten Gewinnposten Samoas dar und bestreitet das Staatsbudget zu sechzig Prozent.

Trotz der mangelnden Fürsorge der Mandatsbehörden sei nach der Unabhängigkeit die Bindung an Wellington geblieben. Westsamoa leide an Übervölkerung, und es finde eine massive Abwanderung nach Neuseeland statt. Diese Migration beraube die Insel ihrer aktivsten und tüchtigsten Kräfte. Der Premierminister konnte damals nicht ahnen, daß Auckland im Jahr 2008 die heimliche Hauptstadt Samoas würde, daß die Mehrzahl seiner Landsleute im Land der Maori leben würde, denen sie ethnisch und linguistisch verwandt sind.

Die Verwaltung der größten Plantagengesellschaft wurde zur Zeit meines Aufenthalts von einer Samoanerin mittleren Alters wahrgenommen, einer Business Woman, die von einem der 329 deutschen Kolonisten des wilhelminischen Reichs abstammte und den Familiennamen Schaffhausen trug. Diese energische Matrone hatte uns auf deutsch mit »Guten Tag« begrüßt und trauerte offenbar der kurzen deutschen Präsenz nach.

Zur Besichtigung ihrer ausgedehnten Pflanzungen stellte sie mir ein Pferd zur Verfügung, ein kräftiges Tier, auf dem ich zwei Stunden lang unter den kerzengeraden Palmenstämmen wie im Säulenwald einer tropischen Kathedrale trabte und galoppierte. Da gewann plötzlich diese anfangs recht ungastliche Insel eine Spur jenes Zaubers zurück, dem einst die frühen Entdecker und Abenteurer erlegen waren. Es störte mich nicht, wenn die reifen Kokosnüsse ringsum auf den Boden krachten, hatte ich doch schon im Maghreb gelernt, daß diese Früchte – einem weit verbreiteten Aberglauben zufolge – am unteren Ende mit zwei »Augen« ausgestattet sind, die darüber wachen, daß kein wohlwollender Besucher zu Schaden kommt.

*

Die Ethnologin Margret Mead hat sich in ihren Studien intensiv mit Samoa befaßt und ein allzu idyllisches Bild von den dortigen Gesellschaftszuständen entworfen. Die Illusion vom »guten Wilden«, der schon die europäische Aufklärung erlag, wurde unlängst durch die nüchterne Schilderung des deutsch-polynesischen Schriftstellers Albert Wendt ins Reich der Fabel verwiesen. Die Bräuche, die auf Samoa vorherrschten und die Ankunft der Weißen zum Teil überlebten, waren keineswegs paradiesisch. Die dortige Gesellschaft erschöpfte sich im Gemetzel verfeindeter Stämme, unterstand einer unerbittlichen Clan-Hierarchie, deren Häuptlinge die sklavische Verehrung ihrer Untertanen genossen und aufgrund ihrer Würde als Naturpriester oder Schamanen über Leben und Tod entschieden.

Die Einführung einer formellen Demokratie dürfte sich hier schwertun. Bei den überlieferten Festlichkeiten nehmen die Chiefs die Huldigung der unteren Kasten mit strenger Autorität entgegen und bewahren ein Ritual, bei dem der Entfaltung von riesigen Bast- und Raffiah-Geweben eine magische Bedeutung zufällt.

Die christliche Missionierung hatte Samoa um das Jahr 1830 erreicht und tiefe Spuren hinterlassen. Die Kirche, die wir an jenem Sonntag aufsuchten, war von frommen Polynesiern überfüllt. Die Prediger des Dreieinigen Gottes sind heute fast ausnahmslos Einheimische. Im Lauf der Zeit erlangte ihr Einfluß auf die Gläubigen eine magische Kraft, wie sie einst den Offizianten der Naturreligion innewohnte. In dieser Umgebung erotischer Unbefangenheit, ja sexueller Ausschweifung mußten sich die angelsächsischen Künder des religiösen Puritanismus und der viktorianischen Prüderie wie in einem Vorhof der Hölle vorkommen.

Die sittliche Unduldsamkeit der christlichen Prediger hat weite Teile des Pazifik gründlich verändert. Das äußerte sich in der Kirche von Apia durch die strikte Kleidungsvorschrift, die die Sendboten des Christentums und mehr noch deren tugendhafte Frauen den Eingeborenen für den Besuch des Gottesdienstes vorgeschrieben hatten. Bei allem Respekt vor der Frömmigkeit entbehrte das Schauspiel nicht einer gewissen Komik.

Den Männern hatte man immerhin das Tragen des »Lapa-Lapa«-Rocks belassen, aber dessen Stoff mußte makellos weiß sein wie auch die langärmeligen Hemden. Das Umbinden einer Krawatte wurde zur Pflicht gemacht. Noch kurioser präsentierten sich die samoanischen Frauen. Sie waren ausnahmslos in schneeweiße Rüschenkleider gehüllt. Jede von ihnen trug auf dem rabenschwarzen Haar ein blendendweißes Kapott-Hütchen, dessen extravagante Gestaltung am Hofe Ihrer Britischen Majestät wohl als »dernier chic« Aufsehen erregt hätte. Der Höhepunkt unserer Verwunderung war erreicht, als der fromme Chor ein Kirchenlied anstimmte, dessen Melodie dem von Haydn komponierten Deutschlandlied entliehen war.

So mancher Charakterzug der Maori findet sich bei den Samoanern wieder. Das lag am gemeinsamen polynesischen Ursprung und wohl auch an der neuseeländischen Treuhänderschaft. So wurde das Rugby-Spiel mit äußerster Härte ausgetragen und zum Kult erhoben. Neben dem öffentlichen Bekenntnis zur Lehre Christi haben heidnische Urmythen überlebt, und die düstere Entstehungskunde der alten Götter lebt im kollektiven Bewußtsein fort. Der mächtige Bamyan-Baum genießt eine besondere Verehrung, und der Kriegstanz der Samoaner ähnelt dem stampfenden Ha-Ha-Ritual, mit dem die Maori ihren Feinden begegnen. Den Missionaren ist es nicht gelungen, den Einheimischen die Freude an der Tätowierung zu nehmen, die hier vor allem auf dem unteren Rückenteil in schmerzlicher Prozedur vorgenommen wird und einer künstlerischen blauen Ornamentik unterliegt.

Der Tod des Missionars

Pago Pago (US-Ostsamoa), im Sommer 1966

Der Hafen Pago Pago könnte malerisch sein. Ein wuchtiges Felsmassiv, das von dichtem Dschungel überwuchert ist, ragt steil über einer harmonisch gerundeten Bucht, die sich vorzüglich als Flottenstützpunkt eignet. Doch die menschlichen Siedlungen von Pago Pago, dem Verwaltungssitz von US-Samoa – eine Ansammlung ärmlicher Holzhütten unter Wellblechdächern –, versanken in Müllhalden und Dreck. Jahrzehntelang schien sich der Abfall angesammelt zu haben. Aufdringliche Reklamesprüche – knallrote Werbung für Coca-Cola fiel besonders ins Auge – thronten über Haufen leerer Konservenbüchsen und zerbrochener Flaschen. Altertümliche Autokarosserien aus Detroit verrosteten am Wegrand. Die Residenz des amerikanischen Gouverneurs war der einzige ansehnliche Bau in diesem schäbigen Umfeld.

Um unsere Unterkunft in Pago Pago – man spricht es »Pango Pango« aus – war es wenig besser bestellt. Das Hotel glich einer verlassenen Kaserne. Das polynesische Hotelpersonal trug abenteuerliche Hawaii-Hemden über dem landesüblichen Lapa-Lapa. Es empfing uns mißmutig, fast unhöflich. Die Leute sprachen ein abscheulich verquäktes Amerikanisch.

Der scharfkantige, steile Hang des erloschenen Vulkans erdrückte die relativ kleine Insel und ihre 60 000 Einwohner mit seinen erstarrten Lavamassen. Er trug den Namen »Rainmaker«. Jede Regenwolke, die über den mittleren Pazifik trieb, so hieß es, bleibe an diesem riesigen Riff hängen und entleere ihre Wasserduschen über Pago Pago. Literarische Bedeutung hat das triste Eiland schon vor geraumer Zeit dank einer Novelle Somerset Maughams gewonnen, die unter dem angemessenen Titel »Rain« erschienen war.

Wir hatten kaum Quartier bezogen und eine mißgelaunte Besichtigungsfahrt auf der verschandelten Ringstraße hinter uns gebracht, da zählten wir auch schon die Stunden, die uns vom Weiterflug nach

Tahiti trennten. Ich nehme an, daß die US Navy, die in diesem Außenposten amerikanischer Macht die wahre Autorität ausübt, in der Zwischenzeit für ein Minimum an Hygiene und Sauberkeit gesorgt hat. Aber meine negative Wahrnehmung entsprach nicht einer persönlichen Laune. Sie deckte sich mit den Aussagen Somerset Maughams, der hier einer ähnlich depressiven Stimmung verfiel.

Am kulinarischen Angebot der Insel jedenfalls hatte sich offenbar nichts geändert, denn der englische Autor beklagte sich bereits über die abscheulichen Hamburger, die ihm serviert wurden, »the only dish the cook knew how to make«. Es war jedoch der Regen, der den Gemütszustand des Dr. Macphail in der Short Story »Rain« unerträglich belastet.

»And Dr. Macphail watched the rain«, so beginnt die Schlüsselpassage. »Der Regen ging ihm allmählich auf die Nerven. Es war nicht wie unser milder englischer Regen, der freundlich auf den Boden tropft. Dieser Regen war erbarmungslos und irgendwie schrecklich. Man spürte in ihm die Boshaftigkeit primitiver Naturgewalt. Der Regen fiel nicht, er strömte. Er kam wie eine Sintflut vom Himmel herunter, und er trommelte auf das Wellblechdach mit einer beharrlichen Wucht, die zum Wahnsinn trieb. Der Regen entfaltete eine ihm eigene Wut, und es schien, als müßte man laut schreien, wenn er nicht einhielt ...«

Die Eingeborenen von Samoa flößten dem ansonsten recht toleranten Arzt Macphail ähnliche Abwehrreflexe ein. Diese angeblich harmlosen, einfältigen Naturkinder erschienen ihm als Ausgeburten der Finsternis mit ihren Tätowierungen und ihrem künstlich gebleichten Haar. Er traute ihnen zu, plötzlich ein langes Messer zu zücken und es ihm zwischen die Schulterblätter zu bohren. »Wer konnte schon sagen, welche dunklen Absichten hinter ihren weit auseinanderstehenden Augen brüteten«, so steigerte sich der Engländer in seine Phobie. »Die Eingeborenen erinnerten an die Fresken aus uralten ägyptischen Tempeln. Ein Schauder ging von ihnen aus, der unermeßlich alt wirkte.«

Die Erzählung »Rain« rankt sich um die Person des amerikanischen Missionars Davidson und dessen bigotte Frau. Diese protestantischen Prediger verfügten über eine lange berufliche Erfahrung, die sie in der geistlichen Bevormundung der melanesischen Bevölkerung des Salomon-Archipels erworben hatten.

Im späten neunzehnten Jahrhundert waren die Südseeinsulaner dem moralisierenden Zwang, den prüden Vorschriften, dem sektiererischen Puritanismus der christlichen, überwiegend angelsächsischen Prediger und Heilsverkünder hilflos und wehrlos ausgeliefert. Deren frömmelnder Selbstgerechtigkeit, die Somerset Maugham am Beispiel Mr. und Mrs. Davidsons darstellt, waren keine Grenzen gesetzt. Es lohnt sich, ein paar Passagen aus den Gesprächen zu zitieren, die der Reverend Davidson mit seinem zufälligen Reisegefährten, dem Arzt Macphail, führte.

»Als wir bei den Eingeborenen ankamen«, so dozierte der Missionar, »wußten sie gar nicht, was Sünde war. Sie vergingen sich gegen sämtliche christlichen Gebote, ohne überhaupt zu ahnen, daß sie Schuld auf sich luden. Der schwierigste Teil meiner Bekehrungsarbeit bestand wohl darin, den ›natives‹ erst einmal das Bewußtsein für Sünde einzuflößen.«

Mrs. Davidson ihrerseits erblickte ihren vornehmsten Auftrag darin, den halbnackten Wilden westliche Kleidung zu verpassen. So wurden die eingeborenen Frauen angehalten, sich viktorianisch im »Mother-Hubbard-Stil« zu kostümieren. Der Lapa-Lapa-Schurz war verpönt. »Die Bewohner dieser Insel«, befand die energische Dame, »werden so lange nicht gründlich christianisiert sein, ehe nicht jeder Knabe vom zehnten Lebensjahr an eine Hose trägt.« Vor allem die erotisch-suggestiven Tänze der Eingeborenen waren den Davidsons ein Greuel. Sie sahen darin den Gipfel öffentlicher Immoralität. »Ich danke Gott«, so rühmte sich die Missionarin, »daß wir ihnen diese skandalöse Lust am Tanz ausgetrieben haben.«

»Mit Fug und Recht kann ich behaupten«, betonte auch Mr. Davidson, »daß wir ihnen diese Unsitte so gründlich ausgetrieben haben, daß während meines fünfjährigen Aufenthalts auf den Salomonen kein einziger der von mir betreuten Melanesier mehr zu tanzen wagte.« Der Arzt Macphail, der ein vernünftiger Mann war, hatte diesen Auswüchsen religiösen Eifers mit wachsender Verwunderung gelauscht. Wie es denn möglich gewesen sei, eine so extreme Strenge durchzusetzen, fragte er.

»Wir haben ein ausgeklügeltes System von Geldbußen entworfen, das auch das Fernbleiben vom Gottesdienst unter Strafe stellt«, erklärte der Reverend. In Fällen hartnäckiger Weigerung würden die Sünder aus der kirchlichen Gemeinde ausgeschlossen. Der Kirchenbann habe sich wie eine gesellschaftliche Ächtung ausgewirkt. Den Schuldigen sei damit jede gewerbliche Tätigkeit entzogen, ja sie seien dem Elend ausgeliefert worden.

Der Bericht Somerset Maughams nimmt ein tragisches, abscheuliches Ende. In der kleinen Gruppe von Angelsachsen, die in Pago Pago auf die Weiterfahrt zu unterschiedlichen Zielen warten, ist auch Ms. Thompson. Diese vulgäre Pensionärin eines Bordells in San Francisco, die das Ehepaar Davidson in helles Entsetzen versetzt, befindet sich auf der Durchreise nach Sydney und versucht aus irgendeinem Grunde, den Justizbehörden Kaliforniens zu entrinnen. Der Missionar überwindet seinen Ekel, er verhindert die Abreise der öffentlichen Sünderin in Richtung Australien und predigt tagelang so eindringlich und beschwörend auf sie ein, daß sie sich zum Verzicht auf ihr Lotterleben und zur Rückkehr nach San Francisco bereit erklärt.

Jedoch es kommt anders. Am Ende seiner moralischen Aufrüstungsarbeit verfällt nämlich der Tugendbold dem ordinären Charme der zerknirschten Hure, läßt sich zur entsetzlichen Sünde des Fleisches hinreißen. Der Arzt Macphail entdeckt seine Leiche an einem trüben Morgen am Strand von Pago Pago. In seiner Verzweiflung, dem Laster und der satanischen Versuchung erlegen zu sein, hat der Missionar sich selbst mit seinem Rasiermesser die Gurgel durchschnitten und die Gnade Gottes vollends verwirkt.

Die Warnung Nerudas

Die Sturzbäche, die seit Tagen über Pago Pago niedergeprasselt waren, ebbten plötzlich ab, endeten schlagartig, verstummten wie auf den gebieterischen Wink eines unsichtbaren Dirigenten. Die ungewohnte Stille wirkte wie ein Schock, ehe ich sie als Erlösung wahrnahm. Im Hafen lagen zwei graue Zerstörer der US Navy vor Anker. Am schiefergrauen Himmel rissen ein paar blaue Fetzen auf, und durch deren fahle, gelbgerahmte Löcher fiel ein tröstlicher Schein auf das finstere Massiv des Rainmakers.

In etwa drei Seemeilen Entfernung sichtete ich ein mächtiges Schiff unter japanischer Flagge, an dessen Bug ich nur das Wort »Maru« zu entziffern vermochte. Es handelte sich um eine jener schwimmenden Fischfang- und Fischverarbeitungsfabriken, mit denen die japanischen Reedereien ungeachtet aller internationalen Proteste die Weltmeere leerfegten und in den antarktischen Gewässern den schrumpfenden Bestand an Walen zusätzlich reduzierten. Das Flaggensymbol der aufgehenden Sonne leuchtete auf dem düsteren Horizont neu aufziehender Wolken wie ein Blutstropfen auf einem Wattebausch.

Im Jahr 1966 strotzte die Supermacht Amerika vor überschäumender Kraft. Der Stille Ozean stand im Begriff, zu einem gigantischen »Mare nostrum pacificum« der USA zu werden. Das japanische Kaiserreich war nach der bedingungslosen Kapitulation von 1945 zum Vasallen geworden. Der spektakuläre wirtschaftliche und technologische Aufschwung, der sich seitdem im Land der aufgehenden Sonne vollzog, hatte an der strategischen Unterwürfigkeit, in der Tokio gegenüber den USA aus wohlverstandenem eigenem Interesse und hintergründigem Kalkül verharrte, nicht zu rütteln vermocht.

Die Volksrepublik China, der es ein knappes Jahr nach ihrer Geburt mit einem kaum bewaffneten Millionenheer gelungen war, die US Army in Korea zum Rückzug zu zwingen, versank ein Dezennium später in den tosenden Wirren der Großen Kulturrevolution und war vorübergehend jeder Handlungsfähigkeit beraubt. Gleichzeitig steigerte sich die Feindschaft zwischen den beiden kommunistischen Kolossen Asiens – China und Sowjetunion – bis an den Rand eines kriegerischen, potentiell atomaren Zusammenpralls, so daß sich in der westpazifischen Randzone ein Zustand beiderseitiger Lähmung einstellte.

An der südwestlichen Flanke des Ozeans garantierten die beiden verbündeten Commonwealth-Staaten Australien und Neuseeland verläßliche, freundschaftliche Abschirmung, zumal die Regierung von Canberra noch an der obsoleten Doktrin »White Australia« festhielt. In der indonesischen Übergangszone zum Indischen Ozean hatte der Putsch des General Suharto verhindert, daß dieser immense Archipel von 1500 Inseln in eine ideologische Konfrontation mit Amerika – sei sie marxistischer oder islamistischer Natur – abglitt. Vom neutralistischen Grundkonzept der Blockfreiheit, vom Geist von Bandung, zu der sich der Gründer-Präsident Ahmed Sukarno gegen heftigen Widerstand aus Washington bekannt hatte, war in Jakarta nicht mehr die Rede.

In Vietnam holten die Streitkräfte der USA – zehn Jahre nach dem Sieg Ho Tschi Minhs über das französische Expeditionskorps – zum Vernichtungsschlag gegen die Kommunisten von Hanoi aus. Präsident Lyndon B. Johnson war entschlossen, mit schonungslosen Luftangriffen und der Landung massiver Heeresverbände die Konsolidierung des labilen proamerikanischen Regimes von Saigon gegen die feindliche Infiltration aus dem Norden zu gewährleisten. Er glaubte, einem imaginären Dominoeffekt der Weltrevolution in ganz Südostasien entgegentreten zu müssen, den schon Dwight D. Eisenhower und John F. Kennedy als Schreckgespenst an die Wand gemalt hatten.

Bei den europäischen, vor allem den deutschen Kommentatoren bestand in der ersten Phase des US-Engagements in Vietnam nicht der geringste Zweifel an einem schnellen amerikanischen Triumph, zumal auf dem begrenzten Territorium zwischen Quang Tri und Camau das kriegerische Aufgebot sich auf eine halbe Million GIs und eine gigantische Zahl von Bombern und Helikoptern hochschraubte.

Mit meiner Warnung vor einem eventuellen Fehlschlag, die sich auf die eigene unmittelbare Erfahrung im desaströsen französischen

Indochina-Feldzug stützte, geriet ich in die mir inzwischen vertraute Rolle der »vox clamantis in deserto«. Bei den stets wohlgesinnten Kollegen der großen Gazetten erntete meine negative Voraussage Widerspruch und Spott. Nur die erfahrensten amerikanischen Kombattanten, die Elitetruppe der »Green Berets«, äußerten von Anfang an eine ähnliche Skepsis. Ein Elefant kann keine Ameisen zermalmen, hieß es dort. Von den krampfhaft aufgeblähten Einheiten der »Special Forces«, die seit 2001 und 2003 in Afghanistan und im Irak die Hauptlast des Kampfes tragen, unterschieden sich die »Green Berets« von Vietnam durch höheren IQ, durch besseres Training und eine vorzügliche Kenntnis des Terrains.

In gewissen Kreisen des Pentagon und auch bei den Offizieren der US Marines, die ich am siebzehnten Breitengrad aufsuchte, schwelgte man damals noch in extravaganten Ambitionen. Da ging es nicht nur um die Unterwerfung eines rebellischen Zwergstaates am Roten Fluß, den Air Force General Curtis LeMay in die Steinzeit zurückbomben wollte. Für eine wirklichkeitsfremde, aber kriegslüsterne Lobby in Washington schlug offenbar die Stunde der großen Revanche gegen die Volksrepublik Mao Zedongs und jene Rotte von roten »gooks«, die in Peking die Macht an sich gerissen hatten. Dieses kommunistische Zwangsregime stehe auf tönernen Füßen, werde unweigerlich den zentrifugalen Kräften des Riesenreiches erliegen und den Weg frei machen für eine von Amerika kontrollierte Form von Demokratie und Kapitalismus. Das waren keine abstrakten Hirngespinste.

Zum gleichen Zeitpunkt hatte ich die abtrünnige Insel Taiwan aufgesucht, wo Marschall Tschiang Kaischek nach seiner Niederlage von 1949 Zuflucht gefunden hatte. Seine von Amerika aufgerüstete und straff disziplinierte Nationalarmee des Kuomintang wartete ungeduldig auf grünes Licht aus Washington, um gegen das nahe Festland vorzustürmen und die marxistischen Mandarine zu verjagen. Wie konsequent die Gegenregierung von Taipeh sich auf die große Schlacht vorbereitete, konnte ich bei einer großzügig gewährten Inspektion der Inselfestung Quemoy feststellen. Diese weit vorgeschobene Bastion, die mit schwerer Artillerie bestückt und zu einem Klotz aus Beton und Stahl ausgebaut worden war, sollte als Sprungbrett für die geplante Offensive dienen. Mit dem Feldstecher konnte man von Quemoy aus in aller Deutlichkeit die Abwehrstellungen der Volksbefreiungsarmee erkennen, die sich rund um den Hafen Amoy, heute Xiamen, hinzogen. Am Ostrand des Pazifischen Ozeans, dem langgestreckten Küstenstreifen Lateinamerikas, registrierte die CIA zwar mit Argwohn eine gesteigerte marxistische Agitation, die ein paar Jahre später tatsächlich zur vorübergehenden Machtergreifung des Sozialisten Salvador Allende in Santiago de Chile führen sollte. Der starke Arm Langleys reichte damals noch bis zur Südspitze Feuerlands.

Über der Volksfrontregierung Allendes, dessen spektakuläres, ja provozierendes Verbrüderungsfest mit Fidel Castro ich Ende 1971 an Ort und Stelle miterleben konnte, schwebte von Anfang an das Damoklesschwert des »Pronunciamiento«, des Putsches einer proamerikanischen Offiziersclique unter General Pinochet. Der chilenische Dichter und Nobelpreisträger Pablo Neruda hat den Untergang seines Gesinnungsgefährten Salvador Allende in elegischer Prosa beklagt: »In seinem Arbeitszimmer erwartet er den Tod ohne weitere Gesellschaft als sein großes Herz, umgeben von Rauch und Flammen«, schrieb er. Der Zugriff Washingtons auf den lateinamerikanischen Subkontinent hatte sich wieder einmal durchgesetzt. Das Ostufer des Pazifik blieb »clean«.

Reise auf einen fremden Stern

Drake-Passage (Austral-Ozean), im März 2007

Die Drake-Passage zwischen Feuerland und den Schottland-Inseln wird bereits dem Austral-Ozean zugerechnet. Sie gilt neben dem benachbarten Kap Hoorn als der trügerischste, von unberechenbaren Riesenwogen stets aufgewühlte Meeresdurchlaß, dem so manches stolze Segelschiff zum Opfer fiel. Der russische Eisbrecher Gregory Mekejew stampfte mühselig, aber sicher dem südlichsten argentinischen Hafen Ushuaia und der schmalen Beagle-Street entgegen, wo die See sich beruhigen würde.

Hinter uns lag die Antarktis, und ich war froh, daß wir uns keinem der großen Luxusdampfer anvertraut hatten, deren kompakte Touristenschar diese Einöde aus Eis, Fels und Nebel entweiht hätte. So konnten wir uns in Gesellschaft einer robusten russischen Schiffsbesatzung der Illusion hingeben, in den roten Zodiac-Schlauchbooten als einsame Entdecker in eine mir bislang völlig fremde Umgebung vorzustoßen, an der gemessen der an seinen Rändern schmelzende Eisblock Grönlands recht menschenfreundlich erscheint.

Die Antarktis habe ich nicht als den sechsten Kontinent unseres Erdballs wahrgenommen, sondern fühlte mich auf einen anderen Planeten versetzt. Die unerbittlichen Gesetze biologischer Auslese offenbarten sich dort mit besonderer Grausamkeit. Mächtige See-Elefanten, die sich träge am unteren Geröll wälzten, tauchten wie Ungeheuer eines Horrorfilms aus dem Dunst auf.

Die Heerschar der Pinguine, die dem Menschen ohne Scheu begegnen, schien bei aller Drolligkeit ihres Watschelgangs völlig wehrlos der Gier großer schwarzer Raubvögel ausgeliefert zu sein. Diese hielten Ausschau nach jenen schwächlichen Jungtieren, die ihren braunen Flaum nicht rechtzeitig abstreifen konnten, um mit glatter Robbenhaut in das eisige Wasser abzugleiten und dort ihre Nahrungssuche aufzunehmen. Im Zustand der Erschöpfung wurden sie von den geflügelten Beutejägern regelrecht zerhackt. Ihre kräftigeren, gesunden Artgenossen, die dem Ozean zustrebten, verschwendeten keinen Blick auf ihre todgeweihten Artgenossen, von denen nach kurzem Gemetzel nur ein paar Fetzen übrigblieben und blutige Streifen, die sich dunkelrot durch die weißen Eisbrokken zogen.

Unser besonderes Interesse galt den Seeleoparden. Diese elegant gestreckten Jäger, die ihren Namen dem Fleckenmuster ihres Fells verdanken, gehören einer extrem aggressiven Robbengattung an. Sie kreuzten unterhalb der Eiskante, von der die Pinguine sich ins

Meer plumpsen ließen. Ihrem Namensvetter der afrikanischen Savanne durchaus vergleichbar, zerfleischten sie ihre Beute im Nu. Eines dieser geschmeidigen Raubtiere – es mochte vier Meter lang sein – versuchte sogar, sich in der roten Schutzverschalung unseres Zodiac festzubeißen.

Bei unseren zahlreichen Landausflügen wurden wir von sonnigem Wetter begünstigt. Nur einmal spürten wir uns den fürchterlichen Naturgewalten dieses Kontinents ausgeliefert. In der »Deception Bay«, die ihren Namen zu Recht trägt, hatten wir kaum auf dem schwarzen Lavaboden eines jungen Vulkanausbruchs Fuß gefaßt, da umhüllten uns plötzlich orkanähnliche Schneestürme, raubten uns jede Sicht, verwischten jede Spur, so daß wir uns wie Blinde an den Schultern der erfahrenen russischen Gefährten fortbewegten. Im Brausen der blendendweißen Schneemasse kam uns vorübergehend die Wahrnehmung abhanden, wo oben und wo unten war.

Zwischen gigantischen Eisschollen, die sich oft zu Gebirgen türmten, wurden wir von Buckelwalen begleitet, die sich – durchaus wohlwollend – bis auf einen knappen Abstand näherten. Sie wären durchaus befähigt gewesen, mit einem heftigen Schlag ihrer gewaltigen Steuerflosse unser kleines Boot zu zertrümmern. Die gutmütigen Kolosse des Ozeans, denen nur der Mensch mit angeborenem Killerinstinkt nach dem Leben trachtet, hätten mich eigentlich mit bösen Ahnungen erfüllen und auf die finstere Sage von Moby Dick verweisen müssen. Aber es gehörte wohl eine neurotische Geistesverirrung dazu, in diesen sich spielend tummelnden Giganten die Verkörperung des Bösen und teuflischer Verdammnis zu entdecken.

Der russische Kapitän Oleg, dem ich mich auf der Kommandobrücke häufig beigesellte, ein kraftstrotzender Seemann aus Murmansk, der der schweren See mit slawischer Gelassenheit begegnete, ließ sich noch weniger mit jenem Kapitän Ahab vergleichen, den Melville als dämonische Spukfigur gezeichnet hatte. Obwohl wir von den Wogen immer heftiger gebeutelt wurden, herrschte eine fröhliche, fast ausgelassene Stimmung an Bord. Die gute Laune der fünf jungen Russinnen, die der Mannschaft angehörten, war durch kein Unwetter zu trüben. So feierten wir meinen 83. Geburtstag mit Musik und Tanz, mit viel Wodka und einer riesigen Torte.

In der späten Nacht glättete sich der sonst so aufgebrachte Austral-Ozean. Die trügerische Stille wurde mir zum Verhängnis. Um der Seekrankheit und ihrer unerträglichen Übelkeit zu entgehen, unter der der wackere Charles Darwin fünf Jahre lang gelitten hatte, hatten wir wirksame Vorsorge getroffen und ein unscheinbares Pflaster hinter das Ohr geklebt. Dieses Zaubermittel trocknete jedoch die Kehle aus und erregte starken Durst. Der vorübergehenden Flaute vertrauend, tastete ich mich zu dem Wandschrank vor, wo sich zwei Plastikflaschen mit Wasser befanden, als ohne jede Vorwarnung ein gewaltiger Brecher seitlich gegen die Bordwand krachte.

In hohem Bogen wurde ich durch die Kajüte geschleudert, prallte auf einen metallischen Kofferrand und blieb mit entsetzlichen Schmerzen und der Befürchtung, eine Querschnittslähmung erlitten zu haben, zwei Stunden lang liegen. Später stellte sich heraus, daß ich mir lediglich eine Rippe auf dem Rücken gebrochen hatte, eine Verletzung, die problemlos und schnell verheilte. Aber mein Rücken von der Schulter bis zum Gesäß schillerte in allen Schattierungen – blau, rot, gelb und grün –, eine farbige Tätowierung, um die mich jeder Maori-Krieger beneidet hätte.

Am Ende gelang es mir, den Schiffsarzt zu wecken, der mit Morphiumspritzen die Pein linderte und mich wieder einsatzfähig machte. Um mich abzulenken, überreichte mir der Samariter einen kleinen Stapel Zeitschriften. Da wir von den Ereignissen der übrigen Welt seit zwei Wochen völlig abgeschnitten waren, griff ich begierig nach der Lektüre, mußte jedoch zu meiner Enttäuschung feststellen, daß deren Erscheinungsdatum um mehrere Monate, ja Jahre zurücklag. Beim Blättern in der archaischen Sammlung entdeckte ich in einer Ausgabe von *Newsweek* aus dem Jahr 2003 eine Abbildung, die mit merkwürdigen Assoziationen verbunden war.

Auf dem Titelblatt prangte eine Darstellung von Stärke und Triumph, die – bei Kenntnis des weiteren Verlaufs der Ereignisse – den Stempel des Niedergangs trug. Präsident George W. Bush war abgebildet, als er auf dem Deck des Flugzeugträgers »Abraham Lincoln« zu einer jubelnden Schiffsbesatzung sprach. Das Kriegsschiff kreuzte vor der kalifornischen Küste, und auf einem riesigen Transparent, das über diese hollywoodwürdige Inszenierung gespannt war, stand zu lesen: »Mission accomplished«.

Der Commander-in-Chief verkündete, allen realen Erkenntnissen zum Trotz, Amerika habe den Feldzug »Iraqi Freedom« erfolgreich abgeschlossen. Eigentlich hätte von diesem Propagandaauftritt, von der stolzen Cäsarenmaske des Präsidenten und den hoffnungsvollen Blicken seiner Matrosen eine zuversichtliche, ja euphorische Stimmung ausgehen müssen. Doch ich reagierte ganz anders, und das lag nicht nur an meiner Verärgerung darüber, daß hier wieder einmal schamlos gelogen und eine unverantwortliche Form massiver Desinformation betrieben wurde.

War es ein Wachtraum, der auf die Wirkung des Morphiums zurückzuführen war? Dieser Imperator der Neuen Welt, der das trügerische Spektakel so selbstherrlich genoß, erschien mir plötzlich unter der tragischen Maske des Kapitän Ahab, und in den weit aufgerissenen Augen der begeisterten Matrosen des Flugzeugträgers spiegelte sich das Entsetzen der Harpuniere der »Pequod«, als sie das Monstrum Moby Dick aus den Fluten des Pazifik auftauchen sahen.

Es ist nicht das erste Mal, daß ich mich bei der politischen Bewertung aktueller Vorgänge in USA der Parallele zwischen George W. Bush und dem Kapitän Ahab bediene. Gewiß, im stets zuversichtlichen, energischen Ausdruck des amerikanischen Staatschefs war nicht die geringste Ähnlichkeit zu entdecken mit der finsteren Verbissenheit, die den Walfischjäger Ahab bei seiner mythischen Jagd quälte. Aber diese zutiefst unterschiedlichen Gestalten bildeten gewissermaßen die Kehrseite der gleichen Medaille.

Beide fühlten sich in ihrer Eigenschaft als »born again« von Gott berufen, den Kräften des Bösen zu trotzen. Sie handelten im Auftrag des Allerhöchsten, um jene satanischen Kräfte auszurotten, die sich für den einen in der Untergangsvision des Wals Moby Dick, für den anderen in der Horrorgestalt des Terroristen Osama bin Laden offenbarten. In dieser apokalyptischen Konfrontation gab es kein Nachlassen, kein Rasten, keine Gnade. Der teuflische Wal verkörperte all jene Kräfte der Verdammnis, gegen die schon die Propheten Israels ihren Bannfluch geschleudert hatten, während Osama bin Laden und sein Gespenstergefolge von El Qaida den Kern einer weltweiten Verschwörung bildeten, die die Vernichtung all jener christlichen und demokratischen Werte betrieben, denen »America the beautiful« seine tugendhafte Einzigartigkeit verdankte.

Der erloschene Leuchtturm

Wenn ich immer wieder auf Erinnerungen des vergangenen Jahrhunderts zurückgreife, so geht es nicht nur um die Aufzählung persönlicher Anekdoten oder die flüchtige Schilderung bizarrer Exotik. Die Beschleunigung der geschichtlichen Abläufe, die ein Charakteristikum unserer Epoche ist, hat auch den pazifischen Raum nicht verschont. Wenn im März 2007 die Vereinigten Staaten von Amerika aus schwindelnder Höhe abgesunken waren und ihr Machtmonopol, ja ihr strahlendes Prestige eingebüßt hatten, so lag das nicht allein an George W. Bush, der in seiner maßlosen Hybris das stolze Flaggschiff USA ebenso besessen an den Rand einer Katastrophe steuerte wie – um bei diesem überstrapazierten Vergleich zu bleiben – der Kapitän Ahab seinen imaginären Viermaster dem Untergang ausgeliefert hatte.

»Der verhängnisvollste Präsident der amerikanischen Geschichte«, so ist der frömmelnde Farmer von Crawford von den eigenen Medien geschmäht worden. Das mag übertrieben klingen. Unter seinen Vorgängern befanden sich zweifellos Zufallsberufungen und Dilettanten, die ihm an Kompetenz und Entschlossenheit unterlegen waren. Nur hatte eine Fehlbesetzung im Weißen Haus in früheren Zeiten nicht so weitgreifende Folgen nach sich gezogen, ja sie wurde jenseits der Grenzen der USA kaum wahrgenommen. Dieser Zustand hatte sich dramatisch geändert, seit Amerika die Rolle der »indispensable nation« ausübt.

Noch bevor George W. Bush sich als »war president« zu profilieren suchte, hatten – zumal im asiatisch-pazifischen Raum – ungeheuerliche Gewichtsverlagerungen stattgefunden. Die Abläufe sind bekannt und sollen hier nur gestreift werden. Von einer monopolaren, auf Washington zentrierten Weltordnung kann nicht mehr die Rede sein kann, seit die US Army ihr Vietnam-Debakel erlitt, vor allem seit die Volksrepublik China in einem historisch einmaligen Kraftakt den Weg zur Weltmacht beschritt.

Nachdem Mao Zedong, dem menschenverachtenden Gründungskaiser Qin Xi Huangdi nacheifernd, die uralten konfuzianischen Gesellschaftsstrukturen zu zermalmen suchte, wurde China das phänomenale Glück zuteil, in der Person des Pragmatikers Deng Xiaoping einen genialen, verantwortungsbewußten Erneuerer und Reformer zu finden. Noch ist es zu früh, sämtliche Konsequenzen aufzuzählen, die sich aus der Selbstauflösung der Sowjetunion ableiten werden. Die Frage bleibt offen, welche neue strategische Rolle der Russischen Föderation Putins und Medwedews, die die Nachfolge des Zarenreichs angetreten hat, an ihrer langgestreckten Pazifikküste zwischen Wladiwostok und Petropawlowsk zufällt.

Wird Moskau im gegnerischen Kräftemessen mit Washington verharren? Oder wird man sich im Kreml gemeinsam mit dem neugewählten Staatslenker im Weißen Haus um die koordinierte Abwehr einer schicksalhaften Strangulation bemühen, die – allen Freundschaftsbeteuerungen aus Peking zum Trotz – die menschenleere Weite Ostsibiriens mit dem erdrückenden demographischen Übergewicht von einer Milliarde Chinesen bedroht?

Mindestens ebenso ungewiß sind das Ausmaß und die Wucht, mit denen eines Tages der militante Islamismus, den Bush mit dem Leichtsinn eines Zauberlehrlings entfesselte, auf die bislang recht verträgliche und gemäßigte Republik Indonesien übergreifen könnte. Wer mag schon garantieren, daß der zahlenstärkste Staat der islamischen Umma mit 220 Millionen Korangläubigen gegen jede Form der religiösen Rückbesinnung gefeit ist. Die benachbarten Inseln des südphilippinischen Archipels, deren Bevölkerung den Indonesiern ethnisch und konfessionell eng verwandt ist, befinden sich längst im bewaffneten Aufstand gegen die christliche und proamerikanische Regierung von Manila.

Über den unvermeidlichen Niedergang amerikanischer Weltgeltung, »The Decline of the American Empire«, sind inzwischen zahllose Veröffentlichungen – vor allem aus der Feder amerikanischer Politologen – erschienen. Mindestens ebensooft wurden zuversichtliche Oden angestimmt, um der Unbezwingbarkeit amerikanischer Energie zu huldigen und der Fähigkeit der USA, angesichts einer existentiellen Gefährdung wie der Titan Atlas der antiken Legende neue Kräfte zu sammeln und sich unwiderstehlich aufzuraffen.

Die Dämonisierung eines George W. Bush ist ebenso unangebracht wie die Verwünschungen, die erst in dem Moment zum konformistischen Chor anschwollen, als der US-Präsident wie der Held der klassischen Tragödie vom selbstverschuldeten Schicksal ereilt wurde. Immerhin hat es dieser Mann in der knappen Frist von acht Jahren fertiggebracht, sein immer noch vor Kraft strotzendes Land radikal zurückzustufen und – was viel schwerer wiegt – das glänzende Bild der Vereinigten Staaten als Vorkämpferin von Menschenrechten und Demokratie nachhaltig zu trüben.

Die Feldzüge, die dieser Herostrat leichtfertig vom Zaun brach und die er – den Einflüsterungen seiner neokonservativen Ratgeber erliegend – noch gern um einige zusätzliche Kriegsschauplätze vermehrt hätte, haben Freund und Feind, Widersachern und Vasallen des Atlantischen Bündnisses die Grenzen des amerikanischen Expansionismus vor Augen geführt. Das Pentagon hat lange gebraucht, um zu erkennen, daß im Zeitalter des »asymmetric war« die fulminante Perfektionierung von Hi-Technology und Wunderwaffen, die Entfaltung einer ungeheuerlichen Vernichtungskapazität, gekoppelt mit der Omnipräsenz eines an Allwissenheit grenzenden Beobachtungs- und Spionagesystems, nicht in der Lage sind, das unzureichende Aufgebot an eigenen Bodentruppen zu kompensieren.

Alle Planungen amerikanischer »counter insurgency« scheitern an der infanteristischen Schwäche und vor allem an der intellektuellen Unbedarftheit einer Besatzungsarmee, die die gegnerische Zivilbevölkerung durch grobschlächtiges Auftreten in den aktiven Widerstand treibt. Ob es sich um angebliche Erfolgsrezepte wie »search and destroy« oder »clear and hold« handelt, die sich gegenseitig ausschließen und bereits in Vietnam versagten, oder um die naiv-utopische Bemühung, »to win hearts and minds« – die Herzen und die Gemüter einer okkupierten Bevölkerung zu gewinnen. Der Widerstand der »Gotteskrieger« oder »Terroristen«, der Freiheitshelden oder Heckenschützen – wie immer man sie nennen mag – stützt sich bei der Auseinandersetzung im »Broader Middle East« auf die Bereitschaft zur Selbstaufopferung »fi sabil Allah – auf dem Wege Gottes« und eine höchst effiziente Anpassung an die gegnerische Strategie und modernste Elektronik.

Am Ende dieses Abnutzungskrieges, dieses »war of attrition«, steht die Zermürbung der fremden Invasoren, der »Ungläubigen«, und die Bestätigung eines Koranspruchs, der verkündet, daß »Allah stets auf seiten der Geduldigen, der Standhaften steht – Inna Allah ma'a es sabirin«.

Die europäischen Alliierten haben den Schwund strategischer Unverwundbarkeit ihres unentbehrlichen transatlantischen Verbündeten noch immer nicht voll zur Kenntnis genommen. Im Rückblick auf die Tragödie von »Nine Eleven« – mit einem Abstand von knapp zehn Jahren – erscheint die Vernichtung des World Trade Center als eine kriminelle Episode, die niemals die Anwendung des Bündnisfalles, das heißt das kriegerische Engagement der NATO laut Artikel V des Allianzvertrages, hätte rechtfertigen dürfen. Zumal damit jeder geographische Rahmen gesprengt und die willfährige Gefolgschaft der USA in einen Gespensterkrieg gegen den »Terrorismus« verwickelt wurde, dessen Zielsetzung jeder klaren Definition entbehrt.

Vermutlich wäre es für die Bürger der USA und die übrige Menschheit von Segen gewesen, wenn zum Zeitpunkt des fürchterlichen Schocks, den die Anschläge auf das Herz Manhattans und das Pentagon auslösten, ein Skeptiker, sogar ein Zyniker die Geschicke der größten Weltmacht gelenkt hätte, statt dieses religiös illuminierten

Wirrkopfes, der die Weisungen »seines Vaters im Himmel« auf seiner texanischen Ranch mit dem Gefühl exaltierter Berufung entgegennahm. Dieser sportlich auftretende Kapitän Ahab der Neuzeit, der sich gern in jovialer und kumpelhafter Pose auf dem Traktor photographieren ließ, in Wirklichkeit jedoch der Endzeitstimmung der »Evangelicals« nahestand, büßte jede Glaubwürdigkeit ein, wurde als Künder demokratischer Tugend vollends unerträglich, als er seinen Feldzug »Iraqi Freedom« mit Fehlinformationen, mit einer schamlosen Irreführung der öffentlichen Meinung zu rechtfertigen suchte.

In Bagdad sollte auf den Ruinen des Saddam-Regimes ein »Leuchtturm der Freiheit« erstehen, der im Zuge eines imaginären Dominoeffekts zwischen Marokko und Pakistan den Idealen der »Freien Welt« – anders gesagt, den amerikanischen Wertvorstellungen – zum Durchbruch verhelfen würde.

Ein Gipfel der Selbsterniedrigung war erreicht, als die Horrorbilder der gefolterten und geschundenen irakischen Häftlinge der Kerker von Abu Ghraib die Öffentlichkeit erreichten. Diese sadistischen Auswüchse und die flagrante Mißachtung der elementaren Menschenwürde gehörten ja auch in den Lagern von Guantánamo und in den Verhörzellen von Bagram, von Kandahar und so manchem anderen Ort offenbar zur Routine eines Systems, dem unlängst noch die Bewunderung und die Hochachtung der Welt galten.

Die Entrüstung der Europäer hielt sich in Grenzen, und die Regierungschefs der verbündeten Nationen verdrängten die unerträglichen Visionen aus Gründen moralischer Bequemlichkeit aus ihrer akuten Wahrnehmung. Ganz anders, geradezu explosiv hingegen wirkten sich die Enthüllungen bei jenen Völkern der sogenannten Dritten Welt aus, die sich von Amerika ein energisches Einschreiten gegen die blutigen Exzesse der eigenen Willkür-Regime und Tyrannen erhofft hatten.

Ein Freiheitslied auf Feuerland

Vor der Ankunft der »Gregory Mekejew« in Ushuaia war der Schiffsarzt noch einmal zu mir in die Kajüte gekommen, um mir eine Morphiumspritze zu verpassen. Wie sich im Gespräch herausstellte, war der ältere, bescheidene und etwas traurig wirkende Mann deutsch-chilenischer Abstammung und hatte als Anhänger Salvador Allendes den Hafen Valparaiso, wo er arbeitete, seinerzeit fluchtartig verlassen. Er war viel in der Welt herumgekommen und auf die »Gringos«, die bei der Machtergreifung des General Pinochet eine maßgebliche Rolle gespielt hatten, nicht gut zu sprechen. Doch er erging sich nicht in zügelloser Polemik. Er wußte aus trüber Erfahrung, daß die Vereinigten Staaten zur Wahrung ihrer vitalen Interessen durchaus in der Lage waren, von ihren hehren Idealen Abstand zu nehmen.

Lateinamerika hatte in dieser Hinsicht von Guatemala bis Santiago bittere Erfahrungen gesammelt. Die Bush-Administration hatte es nicht gestört, daß die Mehrzahl ihrer Vasallen und Klienten Wahlen oder Volksbefragungen schamlos manipulierte, und notfalls hatte sie sogar tyrannischen Diktatoren, brutalen Militärcliquen oder korrupten Dynasten den Steigbügel gehalten.

»Sie werden denken, ich sei ein marxistischer Ideologe geblieben«, bemerkte der Arzt mit einem entschuldigenden Lächeln, aber ich hatte ja selber oft genug festgestellt, daß die Heilsbotschaft von Demokratie und Marktwirtschaft, auf die die Europäer auf keinen Fall verzichten sollten, sich für andere Kulturkreise als untauglich, ja als kontraproduktiv erwiesen hat. Selbst in Ländern, die formell am Ritual des Parlamentarismus festhielten – gelegentlich hatten sie sogar die Perücken von Westminster beibehalten –, stellte sich eine unaufhaltsame Abkehr von wesensfremden Regierungsformen ein, die ihnen die weiße Kolonisation einst oktroyierte und dauerhaft zu vererben glaubte.

Die großen, neuen Mächte – in Wirklichkeit sind es ja die alten Mächte –, die sich nach einem halben Jahrtausend christlich-abendländischer Bevormundung wieder zu Wort und zur Macht melden, sind längst dazu übergegangen, nach eigenen gesellschaftlichen Strukturen Ausschau zu halten, ob sie nun die Suche nach dem islamischen Gottesstaat aufnehmen oder die konfuzianische Lehre von der Harmonie zwischen Himmel und Erde neu beleben. Allzuoft fällt man in die Tradition von Autokratie und Oligarchie zurück, die nur in seltenen Fällen als aufgeklärt oder wohlwollend bezeichnet werden kann.

Im Februar 2007 befand sich der finanzielle Zusammenbruch, der Absturz in die Rezession, die zwei Jahre später über die globalisierte »family of nations« wie eine Naturkatastrophe, wie ein ökonomischer Tsunami hereinbrechen würde, noch außerhalb der Vorstellungswelt der angeblich unfehlbaren Analysten und Auguren. Dabei hatte sich in Ostasien am Beispiel der regionalen »Tigerstaaten« längst erwiesen, daß das neoliberale Evangelium, wonach die demokratische Staatsform unabdingbare Voraussetzung für technologischen Fortschritt und wachsenden Wohlstand des Volkes sei, jeden Realitätssinns entbehre. Vor allem setzte sich dort mit durchschlagendem Erfolg eine originelle Praxis des Staatskapitalismus durch, die unter der Ägide von kommunistischen Einheitsparteien in China und in Vietnam reüssierte.

Das desolate Abgleiten der »jungen« afrikanischen Nationen in Chaos und Stammesfehden führte andererseits vor Augen, wie destruktiv sich die Übertragung des westlichen Parteiensystems auf den angestammten Tribalismus des Schwarzen Kontinents auswirkte. Die europäischen Politiker und Publizisten wiederum hatten sich durch die diversen militärischen Fehlschläge der USA und die dort zunehmende Verrohung der Sitten in ihrer Amerikagläubigkeit kaum beirren lassen. Sie würden an diesem Vorbild der Freiheit erst irre werden, wenn in Wallstreet der Götzentempel des Goldenen Kalbes erschüttert, wenn die existentielle Krise des angelsächsisch orientierten Turbokapitalismus und seiner Derivate auf das gefügig angepaßte System der europäischen Banken überschwappen würde.

Der Schiffsarzt hatte sich im November 1971 in Santiago de Chile aufgehalten und – wie ich ihn einschätzte – dem »historischen«

Treffen zwischen dem Máximo Líder Fidel Castro und seinem ideologischen Verbündeten Salvador Allende zugejubelt. Mein Rückblick auf dieses Volksfest unter roten Fahnen war weniger überschwenglich, war ich doch aus Uruguay angereist, wo zu diesem Zeitpunkt das revolutionäre Aufbegehren der »Tupamaros« die prächtige, in üppigem Jugendstil erbaute Metropole Montevideo am Río de la Plata in einen gespenstischen Zustand der Lähmung und Verwahrlosung versetzt hatte. Mich hatte mehr das traurige Nachspiel berührt, das sich nach dem Scheitern der revolutionären Träume an der Südspitze Lateinamerikas eingestellt hatte.

Die kurze Volksfest-Euphorie Allendes war unter den Stiefeln der Armee längst zerdrückt worden, als ich im Winter 1976 die Produktion der Fernsehdokumentation »Alle Macht den Soldaten« aufnahm. Mit Genehmigung Pinochets hatte ich am chilenischen Nationalfeiertag die Parade in Punta Arenas filmen können. Die stattliche Provinzhauptstadt liegt unmittelbar an der Magellan-Straße, dieser engen Passage zwischen Atlantik und Pazifik.

Ich weiß nicht, welche Militärbehörde mir die unverhoffte Genehmigung erteilte, auf der chilenischen Westhälfte von Feuerland das Gefangenenlager aufzusuchen, wo die Prominenz des gestürzten Allende-Regimes – Sozialisten und Kommunisten – inhaftiert war. Die Holzbaracken hinter Stacheldraht, die hohen Wachtürme waren für mich keine ungewohnte Kulisse. Die öde Buschlandschaft wirkte besonders desolat an diesem kühlen, nebligen Tag des Austral-Sommers. Wie deprimierend mußte der Aufenthalt in dieser Haftanstalt erst sein, wenn die endlose Düsternis des Austral-Winters auf den Gemütern lastete?

Die Lagerinsassen waren streng diszipliniert in Reih und Glied angetreten, und ich fühlte mich nicht sonderlich wohl. Das Kamerateam war zu diesem Ausflug gar nicht zugelassen worden. Nach einer Weile lockerte sich die Atmosphäre etwas auf. Ich erkannte die Gesichter einiger besonders profilierter Führer der gescheiterten Linkskoalition. Mit dem Generalsekretär der Kommunistischen Partei Chiles, Luis Corvalán, konnte ich ein paar Worte wechseln, und er zeigte mir heimlich einen flachen Stein, auf den er, der atheistische Marxist, die Leidenszüge Christi mit der Dornenkrone eingeritzt hatte. Dem engen Allende-Vertrauten Le Tellier gelang es sogar, mit zwei Sätzen auf ein Gedicht Pablo Nerudas zu verweisen, das den Titel »Der solidarische Engel« trug.

Unmittelbar nach meiner Rückkehr in die Hauptstadt habe ich mir den Text dieses Poems beschafft. »Er, der Engel«, so hieß es da, »beschützte mich vor der Meute, die mich haßte, vor jenen, die in den Straßen des Verbrechens johlend warteten auf mein Blut.« – Die meisten Lagerinsassen von Feuerland sollten nach zähen internationalen Verhandlungen mit der Militärjunta freigelassen und ins Exil verbannt werden. Dem unglücklichen Le Tellier hat jedoch weder dieser Gnadenakt noch die Anrufung seines Schutzengels geholfen. Nach seiner Ausweisung hatte er seine Agitation gegen das Pinochet-Regime in New York fortgesetzt, und dort traf ihn die mörderische Kugel eines Auftragskillers.

Bevor ich damals in den Hubschrauber kletterte und der Insel Feuerland den Rücken kehrte, waren die Häftlinge noch einmal im Karree angetreten, um die chilenische Nationalhymne anzustimmen. Sie taten das mit Inbrunst und Begeisterung, enthielt doch der Schlußvers einen pathetischen Hinweis auf ihre eigene prekäre Situation. Über die Magellan-Straße – gar nicht so weit entfernt vom Beagle-Kanal, den ich dreißig Jahre später an Bord der »Gregory Mekejew« passieren sollte, hallte der trotzige Refrain: »Unser Vaterland Chile, Du wirst die Zuflucht aller Freien sein oder das Grab der Unterdrücker ... el asilo serás de los libres o la tumba de la opresión!«

Am Strand der Schweinebucht

SCHWEINEBUCHT (KUBA), IM FEBRUAR 2009

Von einem Ausflug nach Guantánamo ist mir lebhaft abgeraten worden. Dieser amerikanische Stützpunkt im äußersten Osten Kubas, der einen so sinistren Ruf hat, sei weiträumig abgesperrt, und von kubanischem Gebiet aus wäre nicht einmal ein Ausblick auf die Baracken und Käfige der dort inhaftierten »Terroristen« zu erhaschen. So habe ich mich für ein anderes Ziel entschieden, dessen historischer Bedeutung sich die wenigsten erinnern dürften, obwohl der kuriose Name »Bahía de los Cochinos« oder »Schweinebucht« sich einprägen sollte.

Am 17. April 1961 war hier der Versuch Washingtons gescheitert, die sozialistische Revolution, die Fidel Castro kaum drei Jahre zuvor ausgerufen hatte, durch eine von der CIA intensiv, aber dilettantisch geplante Invasion aus den Angeln zu heben. An der Kubakrise von Oktober 1962 gemessen, als die beiden Supermächte des Kalten Krieges nach Stationierung sowjetischer Raketen auf der Zuckerinsel am Rand eines Atomkrieges standen, mag die Landung von 1400 Exilkubanern am Strand von Girón wie eine belanglose Episode erscheinen.

Ihre Nachwirkungen dürfen jedoch nicht unterschätzt werden. Dem elementaren Überlebensinstinkt Chruschtschows und John F. Kennedys war es zu verdanken, daß es beim kubanischen Raketen-Poker nicht zur nuklearen Apokalypse kam. Statt dessen wurden damals zwischen Washington und Moskau die Spielregeln eines Kompromisses, ein Verhaltenskodex vereinbart, der jeder unkontrollierten Ausweitung oder Verschärfung des Konflikts zwischen Ost und West präzise Grenzen vorschrieb. Das Fiasko der amerikanischen Intervention an der Schweinebucht wirkt hingegen langfristig nach.

Der von Eisenhower geplante und von Kennedy leichtfertig aktivierte Überfall, der sich – in sträflicher Unkenntnis der damals noch ungebrochenen Revolutionsbegeisterung der Bevölkerung – auf eine kubanische Massenerhebung gegen Fidel stützen sollte, war ebenso blamabel gescheitert wie alle anderen Versuche der CIA, den Máximo Líder durch vergiftete Zigarren und andere Scherzartikel ins Jenseits zu befördern. Ansonsten war es dem amerikanischen Geheimdienst und den von ihm finanzierten Contra-Gruppen immer wieder gelungen – sei es in Guatemala, in El Salvador, in Nicaragua, in Kolumbien, in Uruguay, in Chile –, ein

Abgleiten dieser Staaten ins Lager des radikalen Sozialismus zu konterkarieren oder im Keim zu ersticken.

Aber auf Kuba hat ein mit Moskau paktierender Zwergstaat von zehn Millionen Menschen demonstriert, daß aufsässige Latinos, die nur durch eine schmale Meerenge von den »Estados Unidos del Norte« und deren ungeheurem Rüstungsarsenal entfernt leben, bereit waren, ein halbes Jahrhundert lang den Sanktionen und Einschüchterungen der weit überlegenen »Yankees« standzuhalten und sogar zur Ausweitung der proletarischen Weltrevolution starke Truppenkontingente von »Internacionalistas« in mehrere heiß umkämpfte Staaten Afrikas zu entsenden.

Manches erinnert auf Kuba an die ehemalige DDR, wie mir mein Gefährte Udo Haase bestätigt. Seit meinem letzten Aufenthalt in Havanna vor einem Vierteljahrhundert hat sich an dem tragischen Verfall des einstigen Prunkstücks spanischer Kolonisation wenig geändert. Ein Polizeistaat ist dieses »sozialistische Modell« ebenfalls geblieben, auch wenn sich jeder Vergleich mit dem surrealistisch anmutenden Größenwahn und Personenkult Nordkoreas verbietet. Die Versorgung der Bevölkerung mit Lebensmitteln reicht aus, um zu überleben. Aber die individuellen Rationen, die in Versorgungsheften abgestempelt werden, liegen weit unter dem Niveau, das das Dritte Reich noch bis zum Ende des Krieges seinen ausgebombten Untertanen bieten konnte.

Überraschend groß ist die Zahl der westlichen Touristen auf der Karibikinsel, meist Kanadier und Deutsche. Für US-Bürger ist das von Washington verhängte Einreiseverbot weiterhin in Kraft. Aber es zeigen sich bereits die ersten Risse im System. Während es für den normalen Kubaner außerhalb der mageren Rationen praktisch nichts zu kaufen gibt, stehen den Urlaubern reichhaltig ausgestattete Devisenläden zur Verfügung.

Das Nebeneinander von zwei Währungen, eine wertlose »monnaie de singe« für die Einheimischen und ein auf Dollar und Euro ausgerichteter Peso Convertible für die privilegierten Fremden muß zwangsläufig den Überdruß an dem eigenen, hochgepriesenen System steigern. Die Anhänger Castros hätten doch gerade in der jetzigen Phase eines globalen Niedergangs des Kapitalismus die Chance gehabt, ideologisch aufzutrumpfen und auf die angeblichen Wohltaten ihres sozialistischen Systems zu verweisen. Statt dessen präsentiert sich das fehlgeleitete Experiment des karibischen Marxismus als kläglicher Mißerfolg, als erbärmliche Mangelwirtschaft.

Fasziniert blicken die Touristen auf die altertümlichen Limousinen der prärevolutionären Epoche – Buicks, Chevrolets, sogar Cadillacs aus den fünfziger Jahren –, deren mächtige Karosserien durch ständige Reparaturen eine begrenzte Fahrtüchtigkeit bewahren und sich für prächtige Souvenirfotos eignen. Insgesamt fällt in diesem exotischen Vorposten einer utopischen Weltrevolution die muntere Freundlichkeit, aber auch die lässige Resignation einer rassisch total vermischten Bevölkerung auf, die – wie Giono sagen würde – in einer intensiv ausgelebten Sexualität das »Brot der Armen« sucht.

Der spanischen Altstadt von Havanna käme der morbide, melancholische Charme vermutlich schnell abhanden, falls sich eines Tages die Tore für einen unbegrenzten Zustrom von Yankees aus dem Norden öffnen würden. Dann würden die fauligen, morschen Mauern unter grellem Putz verschwinden und schreiend bunte Plakate der Werbeindustrie ein üppiges Konsumangebot vortäuschen.

*

Mir ist nicht entgangen, daß ich zu jedem Zeitpunkt unter Beobachtung der Sicherheitsorgane stehe, daß unser Hotel Saratoga, das unmittelbar auf die gigantische Kuppel des Capitols blickt und in grandiosem Kolonialstil restauriert wurde, scharf bewacht ist. Auch unsere Fahrt zur Schweinebucht, die ohne jede Belästigung oder sichtbare Kontrolle über eine gepflegte Asphaltstraße verläuft, wird registriert. Auf dieser platten Strecke von etwa zweihundert Kilometern, die von Zuckerrohr- und Obstplantagen gesäumt ist – einen gepflegten Eindruck macht die hiesige Landwirtschaft nicht –, gibt es nichts Auffälliges oder gar Geheimnisvolles zu entdecken.

Das ehemalige Schlachtfeld an der Schweinebucht ist zu einer Art

Disneyland ausgebaut worden. Ein Panzer und eine Kanone antiker sowjetischer Bauart erinnern daran, daß die damals noch recht bescheidenen Streitkräfte Fidel Castros, durch Verräter gewarnt, bereits in Stellung gegangen waren und die Landungsboote unter konzentriertes Feuer nahmen, noch bevor die »Contras« festen Boden unter den Füßen hatten. In einer supermodern eingerichteten Gaststätte steht ein reichhaltiges Nahrungsangebot für die Bevorzugten bereit, die über Ausländergeld verfügen. Ein riesiges Gemälde im Stil des sozialistischen Realismus verherrlicht die erfolgreiche Abwehr der Invasion.

Die unglückseligen Konterrevolutionäre besaßen im April 1961 nicht die geringste Chance, einen Waffenerfolg zu erringen. Sie waren von der CIA nach hartem Training in Nicaragua lediglich mit Infanteriewaffen sowjetischer Produktion ausgestattet worden. Aber im entscheidenden Moment verweigerte ihnen John F. Kennedy die Unterstützung der US Air Force, die der Angriffstruppe fest zugesagt worden war. Die übermütigen Exilkubaner waren von Washington angestiftet und dann schmählich im Stich gelassen worden. An Ort und Stelle kann man sich nur darüber wundern, welcher Stratege ausgerechnet die Bahía de Cochinos für dieses Himmelfahrtskommando ausgesucht hatte. An der Südflanke des dortigen Strandes von Girón erstreckt sich ein weites Sumpf- und Morastgelände, wo sich lediglich die Alligatoren in ihrem Element fühlen.

Bei den in Florida zahlreichen Castro-Gegnern, die dort Zuflucht vor der Revolution gesucht hatten, schlug John F. Kennedy, dem Mann, den man für dieses Desaster verantwortlich machte, nunmehr blanker Haß entgegen. Das Gerücht wurde nie widerlegt, wonach der tödliche Anschlag auf den Präsidenten in Dallas, den man krampfhaft dem Einzeltäter Lee Harvey Oswald anzulasten suchte, von Verschwörungszirkeln erbitterter und enttäuschter Exilkubaner in geheimer Komplizenschaft mit Elementen der CIA sehr professionell angezettelt wurde.

Fidels letzter Kampf

Warum ich die Schlußbetrachtung dieses nach Ozeanien ausgerichteten Kapitels ausgerechnet auf die Karibik-Insel Kuba verlege? Das Datum spielt dabei die entscheidende Rolle. Der Februar 2009 wird in Havanna durch zwei große Ereignisse überschattet. Ganz offen wird über das langsame Dahinsiechen Fidel Castros diskutiert, der nach einem halben Jahrhundert uneingeschränkter Alleinherrschaft über die Zuckerinsel die höchste Verantwortung bereits offiziell an seinen Bruder Raoul delegiert hat. Raoul, der zuletzt als Verteidigungsminister amtierte, ist weit davon entfernt, das Charisma seines um fünf Jahre älteren Bruders zu besitzen. Es fehlt ihm auch die tiefe, sentimentale Zuneigung, die immer noch weite Teile der kubanischen Bevölkerung, in der Mulatten und Nachfahren afrikanischer Sklaven mittlerweile eine – wenn auch knappe – Mehrheit bilden, an den magischen Revolutionär bindet.

Allen Rückschlägen und Fehlentscheidungen zum Trotz verfügt Fidel weiterhin über ein gewaltiges Prestige. Das gilt nicht nur für Kuba, sondern für ganz Lateinamerika, wo selbst seine entschiedenen Gegner in ihm einen Nachfolger Bolívars oder Mirandas bewundern. Der alte, todkranke Mann, der seine Partisanenuniform gegen einen vulgären Jogginganzug eingetauscht hat, wechselt ständig sein Domizil und meidet die Öffentlichkeit.

Aber wenn dieser Machtmensch das Gefühl hat, sein unscheinbarer Nachfolger Raoul weiche allzu auffällig vom radikal-revolutionären Weg ab, dann vernimmt man aus dem Krankenzimmer sein warnendes Grollen, und der Bruder fügt sich den Weisungen. Als die Präsidentinnen von Argentinien und von Chile nach Havanna reisen, um diesem Monument lateinischer Befreiung vom Joch der »Yankees« zu huldigen, obwohl sie ihm ideologisch nicht sonderlich nahestehen, raffte sich der routinierte Charmeur noch einmal auf und erschien seinen Besucherinnen mit einer geistigen und körperlichen Lebhaftigkeit, die ihm keiner mehr zugetraut hätte.

Die Atmosphäre in Havanna erinnert mich bei aller Gegensätzlichkeit der Temperamente und Kulturen an die lähmende Stimmung, die sich Pekings bemächtigt hatte, als Mao Zedong im Sterben lag und sein »Auftrag des Himmels« erlosch. Elf amerikanische Präsidenten hat Fidel Castro überlebt, aber seit dem letzten Führungswechsel im Weißen Haus von Washington ahnt wohl dieser erfahrene politische Dinosaurier, daß in dem übermächtigen Nachbarland mit der Inauguration des neuen Präsidenten Barack Hussein Obama am 20. Januar 2009 ein politischer Erdrutsch, eine sensationelle Umkehr stattgefunden hat, die auch für die Stabilität seines eigenen Regimes unkalkulierbare Folgen nach sich ziehen wird. Es war ja so viel leichter, gegen einen Präsidenten vom Schlag George W. Bushs Front zu machen, der selbst bei den eigenen Landsleuten als Kriegstreiber und Heuchler in Verruf gekommen war, als gegen einen liberalen Farbigen zu Felde zu ziehen, dem die ganze Welt zu Füßen liegt und der – sehr viel schneller, als man in Havanna erwartete – auch gegenüber Kuba eine großzügige Kursänderung andeutet und offenbar auf die überflüssigen Blockademethoden seiner Vorgänger verzichten möchte. Eine solche Lockerung und Öffnung – das spürte der ermattete Befehlshaber der »Barbudos« – würde sich für die Selbstbehauptung des von ihm errichteten Zwangsregimes weit negativer und zersetzender auswirken als die ermüdenden Haßtiraden und die kleinlichen Wirtschaftsschikanen, in die sich die Neokonservativen verrannt hatten.

Schon hört man in Washington, daß den in USA lebenden Kubanern uneingeschränkte Ausreisegenehmigungen in ihre alte Heimat erteilt und der Besuch ihrer Familienangehörigen jenseits der Straße von Florida erlaubt würde. Am Ende einer solchen massiven Familienvereinigung, einer solchen Sippen-Symbiose, könnte die bei den Kubanern stets ausgeprägte paradoxe Zuneigung für den Lebensstil der Yankees – man denke nur an die Leidenschaft für das Baseball-Spiel, die auch Castro teilt – wieder zum Zuge kommen. Die Attraktivität der Konsumgesellschaft würde ein übriges tun.

Andererseits stellt sich die Frage, ob die unterschwellig vorhandene Bewunderung des »American way of life« nicht kompensiert wird durch eine unaufhaltsame Kubanisierung und Hispanisierung Floridas, die infolge der massiven Präsenz großer Immigrantenkolonien bereits weit gediehen ist. Der ungehemmte Zustrom von Neueinwanderern nach Öffnung der US-Grenzen könnte eine folgenschwere ethnisch-kulturelle Umschichtung zugunsten der Latinos nach sich ziehen, eine »Reconquista«, die heute bereits zwischen Río Grande und Hudson River um sich greift.

Der sozialistische Umsturz auf Kuba hatte bewirkt, daß die allmächtige Oligarchie spanischer oder baskischer Einwohner, das heißt solcher rein europäischen Ursprungs – soweit sie nicht auswanderte –, ihre exklusive, führende Position einbüßte und der Gleichberechtigung, ja der Bevorzugung der bislang unterprivilegierten Bevölkerungsmehrheit der Farbigen Rechnung tragen mußte. Dabei stellte man mit etwas Verwunderung fest, daß die oberste Führungsschicht, zumal die beiden Idole der marxistischen Revolution, der weißen Oberschicht angehörten. Die Familie Fidel Castros war erst vor einer Generation aus dem spanischen Asturien nach Kuba ausgewandert. Der als Märtyrer verehrte Che Guevara wurde als Sohn iberischer Eltern der gehobenen Klasse in Argentinien geboren.

Wird nunmehr nach der Zwischenphase des Bruders Raoul ein Mulatte oder ein Schwarzer an die Spitze des Staates treten, wie das dem ethnischen Proporz des Inselstaates entspräche? Von Rassismus ist auf Kuba tatsächlich kaum etwas zu spüren, aber es mutet schon eigenartig an, daß in dem Moment, da Fidel Castro – Sohn europäischer Einwanderer –, der in seiner Alleinherrschaft überwiegend von der nichtweißen Bevölkerungsmehrheit seiner Karibik-Insel getragen wurde, im Begriff steht, das Zeitliche zu segnen, in den USA, die unlängst noch als Hort rassistischer Vorurteile und Diskriminierung angeprangert wurden, ein Präsident ins Weiße Haus gewählt wird, dessen Vater einem afrikanischen Niloten-Stamm aus Kenia entstammt und zu allem Überdruß noch der Glaubensgemeinschaft des Propheten Mohammed angehörte.

Ein schwarzer Messias aus USA

Daß den Vereinigten Staaten von Amerika in der Stunde schwerster Bedrängnis die rettende Heilsgestalt unter den Zügen eines Afro-American erstand, daß dieser 44. Präsident Barack Hussein Obama von seinen Bewunderern in aller Welt wie ein Messias gefeiert wurde, deutet auf eine historische Wende hin, an der gemessen der Anschlag auf das World Trade Center von Manhattan zum »fait divers« schrumpft.

In der Berufung eines schwarzen Citizen – in Wirklichkeit handelt es sich um einen Mulatten – zum Staatschef und Commander-in-Chief offenbart sich eine soziologische Revolution. Im Jubiläumsjahr Charles Darwins ist man versucht, von einer genetischen Mutation der nordamerikanischen Gesellschaftsstruktur zu sprechen, die erst am Anfang ihrer evolutiven Weiterentwicklung steht.

Vermutlich wäre dieser sensationelle ethnische »Coup d'État« sogar knapp gescheitert und der republikanische Gegenkandidat John McCain hätte einen schmalen Vorsprung behauptet, wenn nicht die Basis des Finanz- und Wirtschaftssystems, auf der die angelsächsisch-protestantische Staatsgründung der USA bisher ruhte, in ihren Grundfesten erschüttert worden wäre. Auf dem Höhepunkt der Krise reichte es nicht, daß der calvinistisch geprägte Kapitalismus, der sich anfangs in puritanischer Strenge entfaltet hatte, durch die maßlose Gier der Spekulanten und den vulgären Hedonismus einer neuen Kategorie von Glücksrittern verdrängt wurde.

Seltsame Zufälle treten hier zutage. Weit über die Grenzen der USA hinaus verbreitet sich ein Gefühl der Erleichterung, ja der Erlösung, daß die verhängnisvolle Ära der Irrungen unter George W. Bush zu Ende geht. Darüber hinaus kommt die Hoffnung auf, daß Amerika, das seiner Erbsünde der Rassendiskriminierung so spektakulär den Rücken kehrte, wieder zu den hohen Idealen der Menschenrechte und der Menschenwürde zurückfindet, die die Europäer nach dem Zweiten Weltkrieg so dankbar und bewundernd übernommen hatten.

Die Debatte darüber, wer Barack Hussein Obama wirklich ist, welche Form von »changes« er tatsächlich erzwingen will und kann, wird andauern und unweigerlich an Brisanz gewinnen. Die Euphorie ist vor einem ernüchternden »backlash« nicht gefeit. Der bizarre Werdegang, der Barack Obama dazu gebracht hat, die erdrückende Last seines Vorgängers auf sich zu nehmen, die Chancen und die Risiken, denen er sich ausliefert, werden noch ganze Legionen von Kommentatoren, Geographen und Historikern beschäftigen. Es wäre vermessen, heute schon Konklusionen vorwegzunehmen.

Man muß die USA seit einem halben Jahrhundert kennen, aus der Zeit, als die Rassensegregation in den Dixie-Staaten tatsächlich noch einer Apartheid gleichkam, um das Wunder von Washington in seinem ganzen Ausmaß zu erkennen. Lyndon B. Johnson hatte die Nationalgarde, dann sogar die Armee ausschicken müssen, um die Durchsetzung seiner Civil-Rights-Gesetzgebung um 1965 *manu militari* zu erzwingen.

»Ich hätte nie gedacht, daß der Tag Barack Obamas jemals kommen würde«, schreibt der Kolumnist Frank Rich, »und ich kann immer noch nicht glauben, daß es sich wirklich ereignet hat.« Er verdeutlicht das am Beispiel des Regierungssitzes Washington D. C., der sich zur Zeit der Wahl John F. Kennedys als erste amerikanische Großstadt mit überwiegend schwarzer Bevölkerung herausbildete, ohne daß diese ethnische Realität einem flüchtigen Besucher überhaupt aufgefallen wäre. »Drei Monate nach dem Wahltag«, so stellte Rich im Januar 2009 weiter fest, »bleibt die Tatsache kaum erklärbar, daß das amerikanische Volk die Präsidentschaft einem jungen, schwarzen Mann anvertraute, der aus dem Nichts zu kommen schien – who seemed to come out of nowhere.«

Zur Feier seiner Inauguration ist Barack Obama die Bahnstrecke von Philadelphia nach Washington gefahren, die vor ihm Abraham Lincoln benutzt hatte. Ob er sich wohl bewußt war, daß für sein großes Vorbild die Sklavenbefreiung eine zweitrangige Bedeutung besaß und daß es ihm beim extrem verlustreichen Krieg gegen die

Südstaaten in erster Linie darum ging, die Einheit der jungen Nation zu retten? In zahllosen Zeitungsartikeln wurde Obama als »schwarzer Kennedy« gefeiert, aber dieser in Europa beliebteste aller amerikanischen Präsidenten hat für die Überwindung der Rassendiskriminierung keinerlei Initiative ergriffen. War er doch in der damaligen Situation noch auf ein reaktionäres weißes Stimmenpotential in Dixie-Land angewiesen. Unvermeidlich wird Martin Luther King ins Gedächtnis gerufen mit seiner Predigt: »I have a dream!« Aber das einzige, was diese zutiefst unterschiedlichen Repräsentanten der schwarzen Bevölkerungsgruppe vereint, ist die Gefahr des Meuchelmordes, dem Martin Luther King bereits zum Opfer fiel und die Barack Obama ständig umlauert.

Der Ursprung des schwarzen Mannes im Weißen Haus gibt manches Rätsel auf. Die Tatsache zunächst, daß sein Vater nicht etwa der Nachkomme von westafrikanischen Sklaven war, die sich immerhin auf eine lange Präsenz in Amerika berufen können, sondern daß er im ostafrikanischen Kenia als freier Mann geboren und Angehöriger des nilotischen Luo-Volkes war, hätte beinahe eine Vielzahl der alteingesessenen Afro-Americans davon abgehalten, diesem Außenseiter, diesem Exoten, diesem Newcomer ihre Stimme zu geben.

Der offiziellen Biographie zufolge hat der kenianische Großvater Obamas am antikolonialistischen Aufstand gegen die Briten teilgenommen, wurde von den Kolonialherren inhaftiert und gefoltert. Da es sich dabei nur um die Mau-Mau-Revolte handeln kann, die in den fünfziger Jahren ausbrach und deren Niederkämpfung ich an Ort und Stelle miterlebte, kommen bei mir Zweifel auf.

Die Mau-Mau rekrutierten ihre kleinen Trupps von Dschungelkämpfern nämlich ausschließlich beim Bantu-Volk der Kikuju, deren eindrucksvoller Anführer und Inspirator Jomo Kenyatta sich nach langer Verbannung als erster Präsident des unabhängigen Staates von Nairobi durchsetzen sollte. Die Luo hingegen verhielten sich damals wie heute in altangestammter Gegnerschaft gegen die dynamischen und aufsässigen Kikuju. Wie dem auch sei, der Einzug Obamas ins Weiße Haus hat in ganz Afrika einen Sturm der

Begeisterung ausgelöst, und der schwarze Präsident wird gar nicht umhinkommen, den Nöten und Wirren seines geplagten Ursprungskontinents eine bevorzugte Aufmerksamkeit zu widmen.

Aus dem Namen Barack Hussein geht eindeutig hervor, daß sein Vater, der im überlieferten Stammesmilieu aufgewachsen war, der muslimischen Glaubensgemeinde angehörte. Er hatte eine bemerkenswerte akademische Karriere durchlaufen, bevor er als Universitätsdozent auf Hawaii die durch und durch weiße Mutter Obamas kennenlernte und ehelichte. Das arabische Wort »Barak« ist mit »Segen Allahs« zu übersetzen, und der Name Hussein bezieht sich auf den Enkel des Propheten Mohammed, der vor 1300 Jahren als Kämpfer des schiitischen Glaubenszweiges in Kerbela den Märtyrertod erlitt.

Daraus leiten manche Iraner ab, daß Vater Obama Schiit gewesen sein müsse. Da das koranische Recht sich an die patrilineare Erbfolge hält und den Nachkommen eines Muslim zwangsläufig in die islamische Umma eingliedert, würde im Prinzip das Ausscheiden von dieser weltweiten religiösen Gemeinschaft als »irtida«, als »ridda«, als Abfall vom wahren Glauben verdammt und mit dem Tod bestraft. So wäre es nicht ausgeschlossen, daß der neue amerikanische Präsident, der sich zum Christentum bekennt, das Ziel eines islamischen Fanatikers würde. Die Gefahr jedoch, daß ihn ein rabiater weißer Rassist, ein Nostalgiker des Ku-Klux-Klan ins Visier nähme, ist wesentlich größer.

Die Eltern Obamas haben sich relativ früh getrennt. Die weiße amerikanische Mutter, die aus Kansas stammte, verließ mit ihrem Sohn Barack den US-Staat Hawaii, um eine Lehrtätigkeit in Indonesien aufzunehmen, wo sie einen Malaien heiratete, der wohl ebenfalls ein Muslim war. Der kleine Barack war damals acht Jahre alt und verbrachte zwei Jahre – von 1967 bis 1970 – in einer staatlichen Schule des gehobenen Menteng-Viertels von Jakarta. Alle Behauptungen, die aus saudischer Quelle ausgestreut wurden, der junge Obama habe in Indonesien eine Koranschule aufgesucht, haben sich als falsch erwiesen.

Aber aus jener Zeit stammt die echte Sympathie, eine sentimentale Bindung zu diesem volkreichsten islamischen Staat und seinen Einwohnern. In seiner Lehranstalt von Jakarta, wo Schüler sämtlicher Ethnien des riesigen Archipels problemlos miteinander lebten und der Mulatte »Barry« – wie sie ihn nannten – einem rassischen Typus entsprach, der auf den Molukken stark vertreten ist, wuchs er praktisch als Indonesier unter Indonesiern auf und erlernte die Landessprache im Nu.

Der neue Staatschef der USA verfügt über ein intimes Verständnis der koranischen Lehre und Kultur, von der sein Vorgänger nicht die geringste Ahnung hatte. Selbst die islamistischen Parteien Indonesiens fühlten sich durch die Berufung Obamas geschmeichelt, auch wenn ihr Generalsekretär Anis Matta fassungslos reagierte. »Ich habe größte Mühe, mir vorzustellen«, soll er gesagt haben, »wie ein Mann, der zur Hälfte Muslim ist, es fertigbrachte, von der Mehrheit der Amerikaner gewählt zu werden.«

In seiner Autobiographie berichtet Obama ausführlich über seine besonders enge Beziehung zu den Großeltern mütterlicherseits, vor allem zu seiner Großmutter, die er auf dem Höhepunkt des Wahlkampfes noch an ihrem Totenbett in Hawaii aufsuchte. In Kansas galt dieses kleinbürgerliche Ehepaar als weiß und angelsächsisch. Angeblich war ein Ururgroßvater aus Irland eingewandert, und vielleicht verlieh die rauhe keltische Abstammung dem brillanten halbschwarzen Aufsteiger die nötige Durchsetzungskraft, die Robustheit, aber auch die Verschlagenheit, die er so dringend benötigte, als er sich beim politischen Engagement im Dschungel der unerbittlichen Parteienlandschaft von Chicago bis zur Würde eines Senators von Illinois aufschwang. Den unentbehrlichen Rückhalt hatte er sich dort bei der afroamerikanischen Unterschicht verschafft und genoß vor allem die Unterstützung eines eifernden schwarzen Predigers, der vor Haßtiraden gegen die Weißen nicht zurückschreckte.

Der Fall Obama steht für eine Gewichtsverlagerung in USA, die weit über das Schicksal seiner ungewöhnlichen Persönlichkeit hinausreicht. Sein Name klingt wie das Signal für ein Amalgam unterschiedlicher Rassen, für ein multikulturelles Magma, das die schrittweise Umgestaltung Nordamerikas andeutet. Es sind ja nicht nur die African-Americans, deren Prozentsatz sich bei etwa zwölf Prozent der Gesamtbevölkerung stabilisiert hat, die sich nicht länger aus den Staatsgeschäften ausschließen lassen.

Der Zustrom lateinamerikanischer Zuwanderer, vor allem aus dem vom Bandenkrieg der Drogenmafia aufgewühlten Mexiko, hat eine profunde Umschichtung bewirkt. Die spanisch-indianischen Mestizen, die Hispanics, Latinos oder »Spics«, wie sie von der verbitterten weißen Unterschicht genannt werden, machen mit schätzungsweise fünfzig Millionen Menschen bereits ein Sechstel der Gesamtbevölkerung der USA aus, und ihre Immigration – legal oder illegal – nimmt ständig zu.

Der neue Präsident empfinde aufgrund seiner multikulturellen Vita und seiner dunklen Hautfarbe eine spontane Affinität zu den spanisch oder portugiesisch geprägten Staaten des Subkontinents, so sollte sein Auftritt bei der Konferenz von Trinidad und Tobago kommentiert werden. Eine deutsche Zeitung schreckte nicht vor der Feststellung zurück, er passe »geradezu idealtypisch zu dem Rassenkuddelmuddel« dieser Region. Daraus ergebe sich die Wiederbelebung einer gegenseitigen Sympathie und eine Konsolidierung des nordamerikanischen Einflusses jenseits des Río Grande, der in den letzten Jahrzehnten so sehr zu Schaden gekommen war.

Man kann die Dinge jedoch auch aus einer ganz anderen Perspektive sehen. Nicht die Gringos des Nordens würden am Ende die Nutznießer dieser ethnisch-kulturellen Annäherung sein, sondern jene buntgescheckte Staatenwelt, die den USA wirtschaftlich zwar weit unterlegen bleibt, mit Hilfe ihres demographischen Übergewichts und einer neu entwickelten Dynamik jedoch die Balance zu ihren eigenen Gunsten verschieben könnte.

Die Gretchenfrage, die diesseits des Atlantiks an Obama gerichtet wird, lautet bereits: »Wie hältst du es mit Europa?« Ob er die atlantische Präferenz weiterführen wird, für die sich seine sämtlichen Vorgänger entschieden hatten, ob er Europa instinktiv eine Priorität einräumen wird, die bislang der Leitfaden amerikanischer Außenpolitik war? Berührungspunkte zum alten Kontinent hat es in seinem

Curriculum Vitae kaum gegeben, und vielleicht hat ihn der hemmungslose Jubel von 200 000 Berlinern vor der Siegessäule im Tiergarten ähnlich befremdet, wie das angeblich bei John F. Kennedy der Fall war, als dessen Erklärung »Ich bin ein Berliner« einen Begeisterungstaumel auslöste, der eines Reichsparteitages würdig war.

Bevor er zu den renommiertesten Universitäten der Ostküste, Columbia und Harvard, überwechselte, hatte er im Occidental College am Nordrand von Los Angeles eine überaus liberale Bildungsstätte besucht, wo weiße, schwarze, asiatische und hispanische Alumni in brüderlicher Gemeinschaft Kundgebungen gegen die Apartheid in Südafrika veranstalteten und »Barry«, wie er auch dort hieß, die Gelegenheit verschafften, im Februar 1981 seine erste politische Rede zu halten. An den Universitäten der pazifischen Küste der USA herrscht wohl eine besondere Mentalität vor. Wo sonst wäre den Studenten eine Dissertation zu dem Thema abverlangt worden: »Wie haben unterschiedliche Gesellschaften ihre Vorstellungen von Gerechtigkeit, vom Sakralen und von der Wahrheit definiert?« Dort hatten sich auch die asiatischen Einwanderer, Chinesen und Inder, längst in den Führungsebenen des wirtschaftlichen Managements durchgesetzt, und die Scholaren aus dem Reich der Mitte schlossen die besten Examen ab.

Wer erinnert sich heute noch daran, daß vor einem halben Jahrhundert nicht nur die Farbigen, sondern auch die Katholiken in »God's Own Country« als minderwertige, obskurantistische Sonderkategorie, als »Papisten« geschmäht wurden? Inzwischen ist die römische Kirche mit fünfzig Millionen Gläubigen zur weitaus stärksten christlichen Denomination in USA angewachsen, und kein Politiker kann dieses Wahlpotential ignorieren.

Auch in der »Jewish Community«, die etwa zwei Prozent der amerikanischen Bevölkerung ausmacht, hat sich eine geradezu verblüffende Umwälzung vollzogen. Nicht nur in den Südstaaten herrschte vor gar nicht langer Zeit ein ausgeprägter Antisemitismus vor. Selbst in den Wirtschafts- und Industriezentren des Nordens galten Juden als Außenseiter, hatten keinen Zugang zu den elitären »Country Clubs«, wurden sogar in zahlreichen Hotels als unerwünschte Gäste abgewiesen. Um sich gegen die etablierten protestantischen Großbanken durchsetzen zu können, die sich auf die calvinistische Ethik berufen, taten sich die jüdischen Finanzunternehmen, die man auf bescheidenem Niveau halten wollte, extrem schwer, um am Ende ihre Rivalen auf den zweiten Rang zu verweisen.

Heute verfügt die israelitische Minderheit in allen Bereichen des ökonomischen, aber auch des intellektuellen Lebens und der wissenschaftlichen Forschung über Spitzenpositionen und übt einen politischen Einfluß aus, der den Kritikern der »Jewish lobby« absolut disproportioniert und unerträglich erscheint. Auf dem Umweg über die biblischen Heilserwartungen, die die Gründung des Staates Israel bei den protestantischen Evangelikalen weckte, haben sich paradoxerweise gerade jene sektiererischen Gegner des Judentums als zuverlässigste Verbündete des Zionismus erwiesen und stehen der jeweiligen Regierung von Jerusalem fast bedingungslos zur Seite.

Den Kassandrarufen, die aus Europa über den Atlantik tönen und die den Vereinigten Staaten einen unaufhaltsamen Abstieg voraussagen, wird oft entgegengehalten, daß der Prozentsatz der Europäer an der Gesamtbevölkerung des Globus binnen relativ kurzer Frist von zwanzig Prozent auf vier Prozent geschrumpft sei und daß die Überflutung des Abendlandes durch afrikanische und orientalische Migranten die Form einer Völkerwanderung anzunehmen drohe. Dem könnte eine nüchterne und deprimierende Analyse der Verhältnisse in der Neuen Welt entgegengehalten werden.

Samuel Huntington, der durch seine düsteren Prognosen vom *Clash of Civilizations* berühmt wurde, hat in seiner letzten Studie *Who are we?* einen beschwörenden Appell an seine weißen und protestantischen Landsleute gerichtet, die er der rassischen und kulturellen Erosion ausgesetzt sieht. Er ruft sie dazu auf, dem Substanzverlust mit verzweifelter Energie entgegenzutreten. Es war wohl ein schicksalhafter Zufall, daß Huntington fast genau an dem Tag verstarb, an dem der Afroamerikaner Barack Hussein Obama erkoren wurde, das Schicksal von »God's Own Country« in seine Hände zu nehmen.

»A man from nowhere«

Welches ist die wahre Heimat Barack Hussein Obamas, dieses »man from nowhere«? Es ist bestimmt nicht Kansas, wo ihm die liebevolle weiße Großmutter gestand, daß sie sich selbst als kleines Kind noch vor dem »schwarzen Mann« gefürchtet habe. Es kann auch nicht Kenia sein, dessen afrikanische Stammesfehden wie auch das vom britischen Empire hinterlassene Flair ihm fremd blieben. In das Occidental College von Los Angeles, in die Elite-Akademien der Ostküste, hat er sich am Ende wohl so erfolgreich eingefügt, weil er nicht nur ein brillanter Intellektueller war, sondern auch ein exzellenter Sportler, ein hervorragender Basketballspieler. Den Ruf des »wonder negro« ist er in Harvard nie losgeworden. In Chicago, wo er seinen politischen Aufstieg erzwang, war es gewiß nicht leicht, festen Boden unter den Füßen zu gewinnen, in dieser Stadt, von der Saul Bellow schreibt: »Chicago ist nirgendwo. Es hat keine Grundlage. Es ist ein Etwas, das im amerikanischen Raum schwebt.« – »Chicago zu lieben«, hat ein anderer Autor, Nelson Algren geschrieben, »kommt der Liebe zu einer Frau gleich, die eine gebrochene Nase hat – like loving a woman with a broken nose.«

Bleibt also nur Hawaii, wo Obama das Licht der Welt erblickte. Hier kehren wir zu dem Grundthema zurück, dem dieses Kapitel über die unterschiedlichsten Facetten Ozeaniens gewidmet ist. Hier schließt sich ein Kreis. Der Pazifische Ozean tritt wieder in den Vordergrund mit seiner heroischen Saga unermüdlicher Entdecker und Seefahrer. Der bedeutendste von ihnen, James Cook, ist bei seiner vergeblichen Suche nach einer Nordwestpassage eher zufällig auf diese Inselgruppe gestoßen, die man zunächst als Sandwich-Archipel bezeichnete. Bis Mitte des neunzehnten Jahrhunderts hatte sich hier ein polynesisches Königreich behauptet, und im Jahr 1894 hatten die ersten amerikanischen Kolonisten vorübergehend mit dem Gedanken gespielt, ähnlich wie bei der kurzlebigen Staatenbildung von Texas im Zentrum des Stillen Ozeans eine eigene Republik zu gründen. Erst im Jahr 1959, also kurz vor der Geburt

Obamas, war Hawaii zur Würde eines fünfzigsten Bundesstaats der USA erhoben worden.

Diesem Umstand verdankt der heutige Präsident, daß er überhaupt als Kandidat in Frage kam, denn der Anspruch auf das höchste Amt setzt voraus, daß der Anwärter auf amerikanischem Boden geboren wurde. Wie alle, die ihm nahestehen, bestätigen, ist Obama durch seine Bindung an diese Inselgruppe mitten im Stillen Ozean entscheidend geprägt worden, und dort hat er wohl auch – als Sohn einer alleinstehenden Mutter – die glücklichsten Jahre seines Lebens unter der Betreuung seiner weißen Großeltern verbracht.

»This man is an island«, hat eine seiner Mitschülerinnen, die den japanischen Namen Yamanaka trägt, die Sonderstellung des jungen Obama an der exklusiven Privatschule Punahou beschrieben, wo ein ganzes Sammelsurium von Rassen sich zum Unterricht traf. Da waren – wie es im Pidgin der dortigen Einheimischen hieß – neben den »Haole«, den Nachkommen von Missionaren, die Landbesitz erworben hatten, vor allem die Chinesen stark vertreten, die sich meist vom Kuli zum reichen Businessman hochgearbeitet und häufig polynesische Frauen geheiratet hatten. Da waren aber auch die gemischtrassigen Nachkommen amerikanischer Soldaten, die auf diesem strategischen Außenposten stationiert wurden.

Für jede ethnische Kategorie gibt es im dortigen Slang einen besonderen Spitznamen, der recht seltsam klingt, aber nicht böse gemeint ist. So heißen die Filipinos »Buk Buk«, die Koreaner »Yabo«, die Portugiesen »Portagee«. Diskriminierung gab es offenbar nicht, obwohl die reinen Schwarzen, »Kuro Chan« genannt, laut Aussage der jungen Yamanaka, »auf der anderen Straßenseite wohnten«. Laut Statistik setzen sich die Einwohner von Hawaii wie folgt zusammen: zwei Prozent reine Polynesier, fünfzehn Prozent Mischlinge, vierzig Prozent Ostasiaten (Chinesen und Japaner), zwölf Prozent Filipinos und 23 Prozent Weiße.

Wenn jemand die neue »Destiny« der Vereinigten Staaten von Amerika verkörpert, die sich auf den Pazifik ausrichten würde, so ist das wohl ihr 44. Präsident. Ich berufe mich auf amerikanische Zeitzeugen, wenn ich mich dem Einfluß widmen will, den dieser als Naturwunder gefeierte Archipel auf den jungen Barack Obama ausgeübt hat. Daß auf der Insel Oahu, auf der Honolulu gelegen ist, nicht nur Hula Hula getanzt und sorglos in den Tag gelebt wurde, hatte bereits Seefahrer James Cook erfahren müssen. Mit dem kriegerischen Instinkt der Maori auf Neuseeland war James Cook relativ gut zurechtgekommen, aber die Eingeborenenstämme von Hawaii wurden ihm zum Verhängnis. Im Jahr 1779 geriet er in den Hinterhalt einer ganzen Flotte von Kriegskanus und fand im Kampf mit den Eingeborenen den Tod.

Was Obama in Wirklichkeit in sich aufgenommen hat, sei der »Aloha spirit«, so beschreibt es wenigstens Noel Kent, seines Zeichens Professor für ethnische Studien an der Hawaii-Universität Manoa, der seit dreißig Jahren die Psychologie des multikulturellen Archipels wissenschaftlich untersucht. »Obama hat mehr von der Mentalität Hawaiis in sich aufgenommen als von den Eigenheiten Chicagos«, behauptet der Dozent; »das zeigt sich, wenn er sich kühl und konzentriert zurücklehnt.«

Der heutige Präsident habe sich auf Oahu jene unaufgeregte Gelassenheit zugelegt, die für die Aloha-Geisteshaltung typisch sei. Der demokratische Abgeordnete Neil Abercrombie, der Hawaii im Repräsentantenhaus von Washington vertritt und Obama von Anfang an wohlwollend begleitete, betont ebenfalls das beherrschte, ausgewogene Auftreten, die Fähigkeit, Ruhe zu wahren und Ruhe zu stiften, die für Hawaii typisch sei. Von der Aloha-Mentalität heißt es, sie zeichne sich durch die friedfertige Akzeptanz unterschiedlicher Ideen und Kulturen aus. Von ihren Ursprüngen her seien die Hawaiianer von dem Glauben durchdrungen an eine göttliche, spirituelle Kraft, aus der alle Lebensenergie hervorgehe.

Seine japanische Mitschülerin Lois-Ann Yamanaka hat diese rassische Alchimie etwas anders formuliert. Für sie, deren Vorfahren schon sehr früh von Nippon eingewandert waren, galt »Barry« nicht als wirklicher »local boy«, weil ein solcher seit Generationen auf dem Archipel beheimatet sein müsse. Sie habe ihn, wie sie schreibt, als echten Insulaner erst akzeptiert, als sie ihn bei seinem letzten Urlaub auf Hawaii beim Surfen beobachtete. Da habe er sich als Wellenreiter mit der stolzen Gelassenheit, mit der geschmeidigen Eleganz von der Brandung tragen lassen, sei schwerelos auf den Wellen geritten, wie das sonst nur einem »local boy« angeboren sei. Es mag krampfhaft klingen, eine Beziehung herzustellen zwischen dem Kapitän Ahab der frühen pazifischen Legende, der bei seinem Schicksalskampf mit dem Bösen den eigenen Dämonen verfiel, und dem jungen Afroamerikaner, der in den Wogen des Ozeans – ungetrübt von irgendwelchen monströsen Visionen – seine Lebensfreude und seine schier unerschütterliche Zuversicht auslebt.

Aber dieser Außenseiter im Weißen Haus – »der Mann ist eine Insel« –, der alle ererbten und anerzogenen Normen Amerikas sprengt, wird am Ende daran gemessen werden, ob es ihm gelingt, das Grauen und den Fluch zu besiegen, die aus den Folterzellen von Guantánamo, aus der Trümmerlandschaft von Faluja, aus dem zerborstenen Mammon-Tempel von Wall Street diese großartige Nation und ihre Gründungsideale mit einem Geruch von Verwesung und Fäulnis zu überziehen drohen. Es wird ein neues Amerika sein, »another country«, auf dessen enge Partnerschaft die Europäer zwangsläufig angewiesen sind.

Aber schon werden Risse sichtbar, wenn dieser Abkömmling eines afrikanischen Moslems seine Annäherung an den Islam so weit treibt, daß er – wie sein übel beleumundeter Vorgänger George W. Bush – in Istanbul, in der Hagia Sophia zumal, die einmal das imponierendste Bauwerk der orientalischen Christenheit war, für eine Aufnahme der Türkei in die Europäische Union plädiert, ohne deren Staatslenker überhaupt konsultiert zu haben. Die Zeit naiver Verherrlichung und blinder Ergebenheit in den transatlantischen Beziehungen gehört der Vergangenheit an. Wer möchte heute noch das Lied aus den ersten Nachkriegsjahren anstimmen: »Nach Arizona und Arkansas, wo früher mal der Rote Mann saß, da woll'n wir alle hin«? Eine andere Schnulze beschrieb Hawaii damals als eine »Insel aus Träumen geboren«. Diese Verkitschung paßt nicht mehr in unsere Gegenwart.

Heute tritt uns aus Obamas Zufallsheimat Hawaii eine ganz andere Vision entgegen: »Ein Präsident, der aus Träumen geboren ist«. Das sei ohne jede Ironie gesagt. Der »American dream«, von dem Samuel Huntington noch meinte, die spanischsprachigen Neueinwanderer müßten ihn auf englisch träumen, um an ihm teilzuhaben, hat seit dem 20. Januar 2009 die Züge eines smarten, eleganten und zielbewußten Afroamerikaners angenommen. Ihm wird die Last eines Titanen aufgebürdet werden. Er wird zermürbenden Prüfungen ausgesetzt sein. Um dieser historischen Tragik zu begegnen, wird es nicht ausreichen, daß er sich den »Aloha spirit« angeeignet hat.

Canto quarto

JAVA

Indonesische Schattenspiele

Geburtstag des Propheten

YOGYAKARTA, IM MÄRZ 2008

Der Geburtstag des Propheten Mohammed – Maulud oder Maulid genannt – wird in Solo, dem alten Sultanssitz im Herzen Javas, wie eine riesige Kirmes und ein Familienfest gefeiert. Selbst für asiatische Verhältnisse wirkt das Gedränge beklemmend. Mit unendlicher Geduld hat sich mein Begleiter, der Agronom Ipang, mit seinem alten Peugeot bis in die Nähe der Agung-Moschee durchgeschlängelt. Einen Parkplatz findet er in dem Gewühl jedoch nicht, so daß er während meines Besuchs der »Mesjid«, die mit weit ausgreifendem Dach im Stil eines malaiischen Gemeindehauses gebaut ist, zusätzliche Runden fahren muß in der Hoffnung, mich am Eingang des Gebetshauses wieder anzutreffen.

Die Gläubigen sind in dichten Reihen aufgestellt, und ich verweile nach dem Murmeln eines »bismillah rahman rahim« nur kurz im hintersten »soff«. Fast jeder Beter trägt die für Malaien typische schwarze Samtkappe in Form eines Schiffchens.

Das Maulud-Fest, so habe ich einmal gelernt, sei gar kein authentischer muselmanischer Feiertag, in keiner Weise zu vergleichen mit dem Fasten- oder dem großen Opferfest, die der Koran vorschreibt. Der Geburtstag des Propheten sei gewissermaßen in Nachahmung und Anlehnung an das Weihnachtsfest der Christen entstanden und diene vor allem dazu, den Kindern die Religion nahezubringen und sie, soweit möglich, mit Geschenken zu überhäufen.

Ich bin der einzige Nichtasiate in diesem Getümmel, das vom Lärmen der Kleinen, dem Zimbelklang des Gamelan und dem verzweifelten Hupen der Autobusse bestimmt wird, zwischen deren kompaktem Blechstrom zahllose Motorräder einen Durchlaß suchen. Bei den Erwachsenen herrscht keinerlei Ausgelassenheit vor. Dem Fremden begegnet man mit dem landesüblichen Lächeln, das ich nach Kräften erwidere. Immer wieder werde ich in schlechtem Englisch nach meiner Herkunft gefragt, und ich behaupte in der »lughat el fusha«, die ich einst mühsam gepaukt hatte, daß ich aus dem Libanon stamme.

Die Stadt Solo, die mehr als eine halbe Million Menschen zählt, gilt als Hort einer strengen islamischen Religionsausübung und unterscheidet sich dadurch von manchen anderen Regionen Indonesiens. Sie leidet darunter, daß sie stets im Schatten des nur achtzig Kilometer entfernten Sultanats Yogyakarta stand, dessen Herrscher sich im achtzehnten Jahrhundert als der weitaus mächtigste Fürst auf Java durchsetzen konnte. Immer wieder ist es in Solo zu blutigen Aufständen gekommen, die sogar die Form von kollektivem Amoklauf annahmen. Von diesen rabiaten Ausbrüchen ist der Maulud-Feierlichkeit nichts anzumerken.

Der Palast, der Kraton des Sultans, dessen Zugang verschlossen ist, wird von einem Riesenrad überragt. Die hier vorherrschende Prüderie verhindert nicht, daß neben einer Mehrzahl verschleierter Frauen auch manche Mädchen in Jeans auf den Motorrädern sitzen. Ihr langes schwarzes Haar quillt unter Sturzhelmen, manchmal sogar unter Cowboyhüten hervor. Mir fallen auf den T-Shirts freche Sprüche auf: »Love me« oder »Can't touch me«.

Trotz der angeblich latent antiwestlichen Stimmung drängen sich die Familien vor den unvermeidlichen McDonald's-Buden und Pizza Huts. Das Geschenkangebot, das den Eltern für die Bescherung der Kleinen zur Verfügung steht, läßt zu wünschen übrig. Plüschtiere in Himmelblau und Rosarot zeichnen sich durch besondere Häßlichkeit aus. Billige Nachahmungen von Barbiepuppen werden halbnackt und recht sexy feilgeboten, und man fragt sich, wie sich diese Frivolität mit den strengen Vorschriften der Schriftgelehrten, der Ulama, vereinbaren läßt.

Auf der Fahrt nach Solo habe ich eine bescheidene christliche Kirche entdeckt. Da fällt mir plötzlich ein, daß – durch einen puren Zufall der unterschiedlichen Kalender – der Kreuzestod Christi in diesem Jahr an dem gleichen Tag betrauert wird, an dem die islamische Glaubensgemeinschaft die Geburt ihres Propheten Mohammed feiert. Ein eigenartiges Zusammentreffen, auch wenn es keinerlei Absicht entspricht. Nachdenklich hat mich diese Koinzidenz dennoch gestimmt. Hier wird tragisch daran erinnert, daß die Eroberung der Welt durch den weißen Mann, die vor genau einem halben Jahrtausend die Ozeane überwand und zu ihrem Triumphzug ausholte, parallel zur Ausbreitung des Christentums stattfand, daß Kolonisierung und Missionierung beinahe zwangsläufig Hand in Hand gingen.

Wie unterschiedlich dieses »heilige Experiment« verlief, das einer tiefen und frommen Überzeugung entsprang, gleichzeitig jedoch mit extrem grausamen, inquisitorischen Methoden durchgeführt wurde, läßt sich an der Gegensätzlichkeit der katholischen und der protestantischen Expansion darlegen. Die Mönche des heiligen Franziskus und des heiligen Dominikus, im Verbund und oft rivalisierend mit der elitären Kerntruppe des Papstes, mit den Jesuiten des Ignatius von Loyola, haben die halbe Welt der religiösen Autorität Roms unterstellt, von Lateinamerika bis zu den Philippinen, von Südindien bis zum Kongobecken Zentralafrikas. Die Patres der Societas Jesu, die aufgrund ihres unermüdlichen Studiums am Hof von Peking den Rang hoher Mandarine bekleideten, hatten sich zeitweilig in der Hoffnung gewiegt, durch die Taufe des Drachensohns und seines Hofes das gewaltige Reich der Mitte für die »alleinseligmachende Kirche« zu gewinnen.

Die protestantischen Konfessionen haben sich in ihrer Vielfalt schwerer getan mit der kulturellen und ethnischen Verschmelzung, die in den meisten katholischen Diözesen praktiziert wurde und oft zu erstaunlichen Assimilationsergebnissen führte. Wenn die Protestanten sich in dieser exotischen Umgebung durchsetzten, mußten sie – zumal zwischen Kapstadt und Pretoria – das Handicap der calvinistischen Lehre überwinden. So übertrugen die dort lebenden Buren ihre Vorstellung von der Prädestination auf ihre rassischen Vorurteile und die Differenz zwischen Weiß und Schwarz. Die prüde Nüchternheit der Reformierten, ihr Verzicht auf heiligen Kult und liturgisches Decorum, an dem lediglich die Anglikaner festhielten, förderte das Entstehen von bizarren, oft extravaganten Formen des Synkretismus mit den im Untergrund schlummernden Naturreligionen. Auf ganz andere Weise wiederum wurde der ganze Norden Asiens – vom Ural bis zum Pazifik – von den bärtigen Popen der prawoslawischen Kirche Rußlands, der byzantinischen Glaubensform des Christentums, einverleibt.

In jenen Kulturkreisen, die sich gegenüber allen Konversionsbemühungen der christlichen Mächte resistent oder immun erwiesen – in der weltumspannenden Umma des Islam, im starren Kastengefüge des Hinduismus, in der kontemplativen Absonderung des Buddhismus – erzielte zumindest das aufrührerische Gedankengut der Aufklärung verspätete Erfolge, nachdem die Klerisei in den Ruf des Obskurantismus und der Fortschrittsfeindlichkeit geraten war.

Noch heute zehrt die vielgerühmte »Demokratie« Indiens von einer importierten Form des »Enlightenments« und dem Gedankengut der »Fabian Society«. Dieser Trend wurde in der Person des ersten indischen Regierungschefs Jawaharlal Nehru – wohlweislich ein Brahmane der vornehmsten Kaste – überzeugend verkörpert. Daß die Aufklärung, »les lumières«, wie sie in ihrem Ursprungsland Frankreich heißt, zwar eine leidenschaftliche Verwerfung christlicher Dogmatik vollzog, in Wirklichkeit jedoch auf dem Urgrund der Lehre des Nazareners gedieh, sollten erst spätere Generationen wahrnehmen.

Schon in früheren Veröffentlichungen habe ich die Aussage des französischen Schriftstellers André Malraux zitiert, der selbst Agnostiker und alles andere als ein klerikaler Frömmler war: »Das XXI. Jahrhundert wird religiös sein oder es wird nicht sein – le vingt-et-unième siècle sera religieux ou ne sera pas.« Aus dieser

Prognose ließe sich für Europa ein düsteres Schicksal ableiten. In dem Maße nämlich, wie andere Kontinente zu ihren Mythen und Riten zurückfinden, verzichtet das Abendland auf die eigenen Glaubensgewißheiten, löst sich von der ererbten Religiosität. Auf das Modewort »Leitkultur« sollte man in diesem Zusammenhang lieber verzichten. Jedenfalls steht der westliche Hedonismus der eifernden, der kämpferischen Wiedergeburt oder Erneuerung anderer Bekenntnisse, vor allem des unmittelbar benachbarten Islam, rat- und hilflos gegenüber. »Die Menschenrechte sind kein Religionsersatz«, heißt es in einer Broschüre des französischen Heeres. Wer wäre schon bereit, für die Oktroyierung des politischen Pluralismus, für die erzwungene Weitergabe unserer parlamentarischen Bräuche das eigene Leben zu opfern, zumal die betroffenen fremden Völkerschaften nicht das geringste Verlangen nach einer solchen Übernahme bekunden?

Die verheißungsvolle Epoche, als Kemal Pascha, der unter dem Namen Atatürk die moderne Türkei mit Brachialgewalt auf den Trümmern des Osmanischen Reiches errichtete, das Edikt erließ: »Es gibt nur eine Zivilisation, und das ist die europäische«, liegt weniger als ein Jahrhundert zurück. Heute macht die radikale Ausrichtung auf das Vorbild des Abendlandes keinen Sinn mehr. Das läßt sich an der jüngsten Entwicklung der postkemalistischen Türkei ablesen, die Schritt für Schritt zur islamischen Tradition und Gesittung, ja zu heimlichen Kalifatsträumen zurückfindet.

Warum eignet sich die indonesische Insel Java so trefflich für eine Deutung religiöser Gegensätze und religiöser Analogien? Von den 220 Millionen Einwohnern der Republik Indonesien leben 130 Millionen auf Java. Hier überlagern sich sukzessive Schichten kultureller Vielfalt und historisch differenzierter Doktrinen. Die Verworrenheit ist groß, und die Analysen der Beobachter stimmen selten überein. Nicht nur Java, ganz Indonesien taumelt seit dem Kampf um die Unabhängigkeit von Holland, der 1948 erfolgreich abgeschlossen wurde, in einen seltsamen Kontrast:

Auf der einen Seite verweisen wohlwollende Exegeten auf die konstitutionell verankerte Duldsamkeit der »Pancasila«, die die koranische Religion in diesem Land vor den fanatischen Exzessen bewahre, die hier und dort im Dar-ul-Islam aufflackern. Auf der anderen Seite wird Insulinde periodisch durch Ausbrüche mörderischer Wut heimgesucht, durch kollektive Raserei, die sich bei Gelegenheit als »Jihad« gebärdet und auch im internationalen Wortgebrauch mit der malaiischen Vokabel »Amok« benannt wird. Jedes Mal, wenn ich mich publizistisch mit Indonesien befaßte, wurde ich der Schwierigkeit gewahr, so viele Widersprüche zu gliedern und zu durchleuchten.

Der Geist von Bandung

Ein kurzer Rückblick auf meinen ersten Aufenthalt auf Java im Sommer 1954: Von der langen holländischen Präsenz waren damals nur noch spärliche Spuren zu entdecken. Der ehemaligen Kolonialmetropole Batavia, die nunmehr Jakarta hieß, hatte sich chaotische Unruhe bemächtigt. Die Niederländer hatten zur Entsumpfung dieses auf Meeresniveau gelegenen Hafens ein System von Kanälen, von »Graachten« gezogen, aus deren fauligem Wasser entsetzlicher Gestank und dichte Moskitoschwärme aufstiegen. An eine erträgliche Unterkunft war nicht zu denken. Das einzige Hotel »Batavia« war mit Gästen überbelegt.

Als beherrschendes Wahrzeichen der neuen Zeit hatte Präsident Ahmed Sukarno eine mächtige Säule errichten lassen, von deren Gipfel eine goldene Flamme wie das Feuer der Unabhängigkeit leuchtete. »Merdeka«, so nannte man die gewonnene Souveränität in der neu eingeführten Einheitssprache Bahasa Indonesia. Ich nächtigte schließlich in einem brütend heißen Schuppen, dessen Enge ich mit einem mürrischen, fettleibigen Inder teilte. Meinem damaligen Reisegefährten, dem Photographen Öttinger aus Saarbrücken, war es bei der Ankunft weit schlimmer ergangen. Er verfügte über das seltsame Reisedokument, das zur Zeit des autonomen Saar-Staates Johannes Hoffmanns die französische Republik mit dem dicken Aufdruck »Sarrois« ausstellte. Den indonesischen Behörden erschien der Paß so verdächtig, daß Öttinger drei Tage in Hausarrest verbrachte.

Daß diese weitverstreute, disparate Inselwelt in einem einzigen Staatsgebilde zusammengehalten wurde, kam einem Wunder gleich. Die Molukken-Insel Ambon – mehrheitlich von Christen bewohnt – hatte heftigen Widerstand gegen die Einverleibung in das Reich »Bung« Karnos geleistet, des »Bruder Karno«, wie der Staatschef bei seinen Anhängern hieß. Da die Niederländer unter den Christen von Ambon einst den Kern ihrer Kolonialtruppe rekrutiert hatten, zogen sich die Kämpfe lange hin und endeten mit einer massiven Auswanderung dieser Minderheit in die neblige, triste Landschaft Bataviens.

Selbst Java war zu jener Zeit längst nicht befriedet. Gegen die säkulare Republik Sukarnos hatten sich muslimische Partisanengruppen formiert, die vor allem den westlichen Teil der Insel verunsicherten. Auf unserer Bahnreise von Jakarta nach Bandung, wo die Holländer sich in günstiger Höhenlage einst von der schwülen Hitze der Küste erholten, standen wir unter militärischem Schutz. Ein gepanzerter Waggon mit schweren Maschinengewehren war vor die Lokomotive gekoppelt worden, und eine ähnliche rollende Festung bildete das Ende unseres Konvois. Die muselmanischen Glaubenskämpfer hatten sich unter dem Namen »Dar-ul-Islam« zusammengeschlossen und standen teilweise unter dem Befehl eines ehemaligen Offiziers der niederländischen Kolonialarmee namens Westerling, der zum koranischen Glauben übergetreten und wegen seiner Freude am Blutvergießen berüchtigt war.

Bei der neuen Staatsdoktrin Indonesiens, »Pancasila« genannt, jenen fünf Prinzipien, die Sukarno entworfen hatte, handelte es sich um ein Gemisch von offizieller Toleranz und gebieterischer Staatsraison. Bemerkenswert war die Gleichstellung der fünf großen Religionen: des Islam, dem neunzig Prozent der Indonesier angehörten, des Buddhismus, des Hinduismus sowie der christlichen Konfessionen der Katholiken und Protestanten. Dazu gesellten sich das Bekenntnis zur Demokratie und das zwingende Gebot der nationalen Einheit, das jeden territorialen Verzicht, jede Form von Separatismus ausschloß und die Zugehörigkeit West-Neuguineas zur Republik von Jakarta kategorisch forderte.

Aus diesem Programm, das zumindest in der Theorie eine repräsentative Regierung und soziale Gerechtigkeit anmahnte, ging immerhin hervor, daß die Ideale der europäischen Aufklärung selbst in den vom Kolonialismus schonungslos vergewaltigten Territorien die revolutionären Eliten und die einheimische Intelligenzija positiv und nachhaltig inspiriert hatten.

In jenen Tagen bereitete sich Bandung auf die Abhaltung der ersten Konferenz für afrikanisch-asiatische Solidarität vor, die ein Jahr später unter der Schirmherrschaft Sukarnos zusammentrat und sich allmählich als Bewegung der »Blockfreien« formierte. Noch verharrte in der idyllischen Gartenstadt Bandung, die heute zu einem Monstrum von einer Million Menschen angeschwollen ist, eine kleine Schar niederländischer Kaufleute und pensionierter Beamter. Sie bereiteten sich auf die Rückkehr ins Mutterland vor und erinnerten sich mit Wehmut an die Zeit, da Bandung als »javanisches Paris« gefeiert wurde. Manche der Anwesenden hatten einheimische Frauen geheiratet.

Ich fand schnell Zugang zu dieser kleinen Restgruppe, die sich gerade zu einer Hochzeit versammelt hatte. In jedem zugereisten jungen Europäer sahen sie einen Verbündeten und einen potentiellen Ehepartner für ihre Töchter. Die attraktive Braut des Tages, mit leichtem malaiischem Einschlag, trug den schönen Namen Maria Landwehr. Die Trauung wurde von einem Geistlichen der Reformierten Kirche vorgenommen, und noch einmal kam die biedere, etwas spießige Atmosphäre der einst so selbstbewußten »Expatriates« aus Holland auf. Wieder verspürte ich den modrigen Geruch zerfallender europäischer Macht.

Die schläfrige Stadt Bandung, wo die weißen Villen der Kolonisatoren noch in die grüne Hügellandschaft eingebettet waren, sollte mit einem Schlag historische Bedeutung erlangen. Der Begriff »Dritte Welt« wurde dort erfunden. Die farbige Menschheit Asiens und Afrikas, die sich mit der Gründung einer Reihe unabhängiger Staaten und der Geburt neuer Nationen durchgesetzt hatte, war nunmehr eifersüchtig darauf bedacht, daß sie nicht im Zuge des sich versteifenden Ost-West-Konflikts in eine neue Form von Abhängigkeit oder Knechtung durch die weißen Hegemonialmächte geriet. Präsident Sukarno hatte bei der Formierung dieser Allianz eine maßgebliche Rolle gespielt, und es war ihm gelungen, so beachtliche Partner wie Indien und die Volksrepublik China in sein weitgespanntes Konglomerat einzubeziehen.

Die Stoßrichtung war eindeutig: Es ging darum, die politische und kulturelle Dominanz des »weißen Mannes« abzuschütteln, ob sie nun eine Nachwirkung verblichener europäischer Kolonisation war oder ob sie sich bereits des ideologischen Konfliktes zwischen Washington und Moskau, der Konfrontation zwischen Kommunismus und Kapitalismus bediente, um rund um den Erdball Verbündete und Trabanten zu mobilisieren. Man wollte sich nicht einem neuen Netzwerk von Abhängigkeit und Knechtung ausliefern und verhindern, daß der Union Jack und die Tricolore von einst durch »Stars and Stripes« und »Hammer und Sichel« ersetzt würden.

Am ersten Treffen in Bandung 1955 habe ich nicht teilnehmen können, aber ein paar Jahre später erlebte ich in Belgrad den Höhepunkt dieser buntgescheckten Allianz der Dritten Welt, die – von sehr unterschiedlichen Konzepten ausgehend – der Utopie schrankenloser Selbstbehauptung und Selbstbestimmung in einer zweigeteilten Welt der Hegemonen anhing und sich zur Formel eines tugendhaften Neutralismus bekannte.

Es war ein eindrucksvolles Spektakel, als die malerisch kostümierten Delegationen an einem heißen serbischen Sommertag die Stufen der »Duma« von Belgrad erklommen. An ihrer Spitze befanden sich so illustre Gestalten wie der Inder Jawaharlal Nehru, der Indonesier Ahmed Sukarno, der Ghanaer Kwame Nkrumah, Kaiser Haile Selassie von Äthiopien, der ägyptische Rais Gamal Abdel Nasser, der Kongolese Antoine Gizenga und – als Repräsentant der Volksrepublik China – der Mao-Vertraute Zhou Enlai.

Die Monsterveranstaltung fand auf europäischem Boden am Ufer der Save statt, aber als einziger Europäer betrat der jugoslawische Staatschef Marschall Tito die Rednertribüne. Als Verfechter abendländischer Interessen konnte dieser kommunistische Machtmensch, der Hitler und Stalin erfolgreich getrotzt hatte, jedoch schwerlich eingeordnet werden.

In meiner Eigenschaft als Afrikakorrespondent der ARD war ich 1961 nach Belgrad gereist, spielte doch dort die Kongokrise, an der die UNO Dag Hammarskjölds so kläglich scheitern sollte, eine vorrangige Rolle. Fast schien es, als schwebe das Gespenst des Kongolesen Patrice Lumumba, des ermordeten Vorkämpfers schwarzer Emanzipation, über dem Parlamentsgebäude von Belgrad. Bei Sonnenuntergang war ich mit dem Kollegen Ulrich Schiller, der für die Balkan-Berichterstattung zuständig war, auf den Festungswällen der alten Türkenburg Kalemegdan spazierengegangen. Das Bollwerk war erst durch den Prinzen Eugen dem Osmanischen Reich entrissen worden. Nach dieser Niederlage ging es mit dem Imperium des Sultans und Kalifen unaufhaltsam bergab.

Angesichts der bunten Ansammlung fremdrassiger Potentaten und Staatslenker, die sich hier ein Stelldichein gaben, angesichts einer damals noch weit überschätzten Kohäsion der in Gärung befindlichen Dritten Welt, hatten wir darüber reflektiert, ob sich nicht ein neuer Sturm auf das Abendland anbahnte, ähnlich dem Feldzug Suleiman des Prächtigen, dessen Janitscharen einst bis an die Tore Wiens vordrangen.

Der lächelnde General

In jenem fernen Sommer 1954 bot sich mir die Gelegenheit, den Generalsekretär der Kommunistischen Partei, Dipa Nusantara Aidit, kennenzulernen und mit ihm ein Gespräch zu führen. Sein Büro war irgendwo zwischen den stinkenden Kanälen der kolonialen Altstadt untergebracht, die mit den Graachten der niederländischen Städte leider nicht zu vergleichen waren.

Der noch junge Kommunistenführer Aidit hatte mich durch seine gewandten Umgangsformen und seine intelligente Argumentation beeindruckt. Er hätte zweifellos das Zeug zu einem charismatischen Volkshelden besessen. Die wenigsten hätten damals vorausgesagt, daß sein mächtiger südostasiatischer Zweig der Weltrevolution zehn Jahre später in einem grauenhaften Pogrom untergehen würde.

Aus dem antikommunistischen Pronunciamento des Jahres 1965, das zur Entmachtung Ahmed Sukarnos führte, ging der Chef der Einsatztruppen, General Hadji Mohammed Suharto, als unangefochtener Militärdiktator Indonesiens hervor. Die amerikanischen, britischen und australischen Geheimdienste waren, wie sich herausstellen sollte, an diesem Putsch diskret, aber wirksam beteiligt. Mit Sicherheit kam der radikale prowestliche Kurswechsel Jakartas der Strategie Washingtons äußerst gelegen. Fast zum gleichen Zeitpunkt holten die amerikanischen Streitkräfte nämlich mit wachsendem technischem und personellem Aufwand zu ihrem verhängnisvollen Abenteuer in Vietnam aus. Das Pentagon war brennend daran interessiert, daß an der Südflanke seines Engagements in Indochina kein neutralistisches, mit Kommunisten paktierendes Regime am Ruder blieb.

Die autoritäre Staatsführung des Armeeführers Suharto, der bei aller Unerbittlichkeit seiner Repression stets ein freundliches Gesicht zur Schau trug und den Namen »the smiling General« trug, sollte der US-Kriegführung in Vietnam den Rücken frei halten und ein Bollwerk der Stabilität gewähren.

*

Im August 1954 hatte ich mich nicht lange im indonesischen Bandung aufgehalten. Mit der Eisenbahn erreichte ich die alte Königsstadt Yogyakarta, die als historisches und kulturelles Herz Javas gilt. Ich traf dort zum Zeitpunkt eines islamischen Festes ein, das unter dem Namen »Sekaten« begangen wurde. Erst später entdeckte ich, daß der Ausdruck Sekaten einer Verballhornung des arabischen Wortes »Schahadatani« entsprach, dem doppelten Bekenntnis zur Einzigkeit Allahs und zur Autorität seines Propheten Mohammed. Im damaligen Straßenbild von Yogyakarta war mir bereits aufgefallen, daß viele Frauen den »Hijab«, den Schleier, trugen, was in Jakarta und den übrigen Landesteilen noch die Ausnahme war. Das Fest – vom klimpernden Spiel der Gamelan und feierlicher Rezitation von Koran-Suren begleitet – entfaltete eine märchenhafte orientalische Pracht.

Im Mittelpunkt der Zeremonie stand die in Goldbrokat gehüllte Person des Sultans Hamengkubuwono IX. Dieser Fürst war klug genug gewesen, rechtzeitig für die nationalistische Revolution Partei zu ergreifen, und wurde vom Staatsgründer Sukarno zum Vizepräsidenten der Republik Indonesien berufen. Die Sekaten-Prozession bewegte sich vom Kraton, vom Palast, zur Freitagsmoschee, und mir schien es, als bleibe hier das strenge, karge Ritual der islamischen Gebetsübung noch eng verwoben mit den polytheistischen Mythen des Hinduismus, der zur Zeit der großen malaiischen Inselreiche die Gesellschaftsstrukturen Javas nachhaltig geprägt hatte.

Der Sultan selbst trat bei aller koranischen Rechtgläubigkeit mit den prunkvollen Allüren eines Rajah auf und mochte im Unterbewußtsein des Volkes weiterhin als Wiedergeburt Vischnus oder Schivas verehrt werden. Niemand hätte sich in jener Stunde vorstellen können, daß diese fromme, in respektvoller Ehrfurcht erstarrte Menschenmasse zehn Jahre später einem grauenhaften Blutrausch verfallen und unter Anstiftung der islamischen Jugendorganisation »Ansar« ein fürchterliches Gemetzel unter den angeblichen Staatsfeinden und Kommunisten veranstalten würde.

Erwachen der Schriftgelehrten

Ein halbes Jahrhundert ist seit dem javanischen Zauber des Sekaten-Festes von 1954 an mir vorbeigerauscht, und ich befinde mich wieder im Innenhof des Kraton des Sultans von Yogyakarta. Zu später Stunde, aber in aller Öffentlichkeit findet eine Aufführung des althergebrachten Schattentheaters, des Wayang Kulit, statt. Die platten Figuren sind aus Büffelleder geschnitten und begegnen dem Zuschauer mit seltsam verzerrtem Profil, mit vorstehender Nase, bizarrem Kopfschmuck und spindeldürren Gliedmaßen. Mir hatten die Puppen, die auf vielen Märkten feilgeboten werden, nie sonderlich gefallen.

Doch an diesem Karfreitagabend beleben sie sich, von einer spärlichen Lampe im Hintergrund angestrahlt, mit eindrucksvoller Gestik hinter dem aufgespannten Schirm. Was hier dargestellt wird, ist die altindische Sagenwelt des Ramayana und des Mahabharata. Die Namen und Taten der Heroen oder Dämonen sind jedem Javaner vertraut. Das Interesse und die Anteilnahme des Volkes am Schicksal dieser fernen, düsteren Legendengestalten, die aus einem ganz anderen, dem arisch-indischen Kulturkreis importiert wurden, die Freude an ihren Kämpfen und Leidenschaften ermüden offenbar nie. Die Aufführung des Wayang Kulit beginnt nämlich in der Regel am frühen Abend und dauert bis in die Morgenstunden des folgenden Tages.

Die Schilderung und die Dialoge der altüberlieferten Vorgänge werden von dem nie erlahmenden Puppenspieler, dem Dalang, in wechselnden, auch weiblichen Tonlagen rezitiert. Es heißt, daß der Durchschnitts-Javaner heute noch die aktuellen politischen Ereignisse unbewußt auf das Gebaren der Helden und Ungeheuer von einst überträgt. Hinter jedem Geschehnis der Gegenwart vermute er die geheimnisvolle Aktion eines unsichtbaren Drahtziehers, eines Puppenspielers. Der Dalang ist einem weitverbreiteten Aberglauben zufolge mit Zauberkräften, zumindest mit magischem Wissen ausgestattet.

Warum ich so ausführlich auf diese heidnischen Bräuche zu sprechen komme, die den strengen Jüngern der islamischen Salafiya wie Teufelszeug, wie »Kufr«, wie Sünde wider die reine Lehre des Korans erscheinen müssen? An den Islam, wie er in Indonesien von der weitaus stärksten Menschenballung der gesamten Umma praktiziert wird, knüpft sich nämlich die Hoffnung vieler westlicher Interpreten, auf Java herrsche doch eine synkretistische, extrem tolerante Form der Religionsausübung vor, die eines Tages die unerbittlichen Anhänger der Scharia und des radikalen Jihadismus zurückdrängen könnte und die zumindest beweise, daß die religiösen Exzesse, die das Treiben der Taleban und Moslembrüder in Verruf gebracht haben, nur ein sehr partieller Aspekt dieser weltumspannenden Lehre sind.

Der Agronom Ipang, dem ich mich als Mentor anvertraut habe, besitzt leider nur geringes theologisches Wissen. Er ist ein überaus versöhnlicher Muslim und vermerkt mit Befriedigung, daß bei der bevorstehenden Parlaments- und Präsidialwahl der moderate Staatschef Susilo Bambang Yudhoyono und seine Demokratische Partei die weitaus besten Chancen haben. Dieser ehemalige General, vom Volk mit der Abkürzung S. B. Y. benannt, verfügt über beachtliche Popularität.

In Solo fallen mir auch zahlreiche blutrote Plakate mit der Abbildung eines Stiers auf, die für die Partei des »Demokratischen Kampfes« der ehemaligen Präsidentin Megawatti Soekarnoputri werben. Der Familienname weist sie als Tochter des Staatsgründers Sukarno aus, und der Vorname Megawatti wurde ihr wohl als Ausdruck der damaligen Begeisterung für technische Modernisierung und Elektrifizierung verliehen. Immerhin ist es bemerkenswert, daß eine Frau zwischen 2001 und 2004 das höchste Amt in diesem überwiegend islamischen Staat ausüben konnte. Wenn sie sich in dieser Position nicht halten konnte, so spöttelt Ipang, lag das an ihrem Mangel an Ausstrahlung und einer angeborenen Trägheit, die sie während der Kabinetts- und Parlamentssitzungen häufig in tiefen Schlaf versinken ließ.

Durch ein Gewirr von Gassen hat Ipang mich zu einer bescheidenen Madrassa mit Moschee und Minarett geleitet, wo angeblich ein Korangelehrter mit profunder Kenntnis über den Zustand der Umma in Indonesien residiert. Imam Sobirin, neben dem ich mich auf einer Bastmatte niederkauere, ist kein Fanatiker. Er empfängt mich mit großer Herzlichkeit. Der 44jährige Malaie ist klein gewachsen. Zu seinem weißen Gewand trägt er das übliche schwarze Samtkäppchen. Um dem Vorbild des Propheten zu folgen, hat er versucht, sich einen Bart wachsen zu lassen, aber zu mehr als ein paar Haarbüscheln am Kinn hat dieses Bemühen nicht geführt. Beim Einleitungsgespräch verweist er darauf, daß er Vater von zehn Kindern ist. Eine weibliche Assistentin, die zum vorgeschriebenen Kopftuch eng geschneiderte Jeans trägt, serviert uns Tee.

Zuerst erkundigt sich der Imam nach der Zahl der Muslime in Deutschland. Dann erklärt er mir, daß in Indonesien die Rechtsschule oder »Madhhab« der Schafeiten am stärksten vertreten sei. Hier entfalte sich jedoch die Religion des Propheten, Ehre und Lob seinem Namen, in allen möglichen Facetten. Schon zur Zeit der holländischen Fremdherrschaft habe sich eine Erneuerungsbewegung gebildet, die unter dem Namen »Nahdat ul Ulama« – Erwachen der Schriftgelehrten – antrat und heute als bedeutendste islamische Partei für eine sehr gemäßigte Richtung steht.

Daneben hat sich im Lauf der Zeit die »Muhammadiya« als Parallelorganisation herausgebildet. Bei beiden herrscht offenbar die Sorge vor, ihre staatstragende, recht liberale Grundausrichtung könne in Zukunft vor allem bei den Jugendlichen durch radikale Gruppierungen abgelöst werden unter dem Einfluß finanzstarker, radikaler Wahhabiten-Prediger aus Saudi-Arabien, die für eine rigorose, kompromißlose Ausrichtung auf den Koran und für die strikte, ja exzessive Auslegung der koranischen Gesetzgebung, der Scharia, agitieren.

Dieser Entwicklung stehe unter anderem die zum Säkularismus neigende Sammelbewegung Golkar entgegen, auf die der Militärdiktator General Suharto sich gestützt hatte und die bei den Streitkräften über eine beachtliche Anhängerschaft verfügt. Auch diverse »Tarikat«, mystisch gestimmte Bruderschaften oder Derwisch-

Orden, die der kontemplativen Sufiya zugerechnet werden, seien vor allem auf dem Land stark vertreten. Deren Spannweite reiche von der Naqschbandiya, die in Zentralasien entstand, bis zur Tidjaniya, die im Maghreb gegründet wurde.

Äußerst zurückhaltend äußert sich Ustaz Sobirin, als ich ihn nach den militanten Islamisten befrage. Die starke Präsenz der radikalen »Jamaat el Islamiya« in Solo ist für die Sicherheitsdienste kein Geheimnis. Dieser Bund von Verschwörern wirbt insgeheim für die Errichtung eines neuen Kalifats. Wie ihre eifernden Glaubensbrüder von Aceh in Nordsumatra werden sie gelegentlich mit den afghanischen Taleban verglichen, aber sie haben offenbar an Zustimmung verloren, seit ihnen das mörderische Attentat von Kuta auf Bali zur Last gelegt wird.

Wer kann im Land der magischen Puppenspieler den tatsächlichen Stand des religiösen Erwachens ermessen? Ein Korsett puritanischer Unduldsamkeit schnürt neuerdings diese Gesellschaft zusammen, in der es früher von barbusigen Prostituierten wimmelte und die Transvestiten – mehrheitlich einer gesonderten Kaste aus Bali entstammend – vor den Ausländerhotels lungerten. Bei aller Mäßigung sorgt Staatspräsident S. B. Y., der sich als General auf die Wahrung von Ruhe und Ordnung versteht, für die rechtzeitige Eindämmung hysterisch-fundamentalistischer Ausschreitungen und die Zähmung einer im Untergrund operierenden »Front islamischer Verteidigung«.

Doch die sich verschlechternde wirtschaftliche Lage könne zur Folge haben, daß der Kampfruf des Bali-Terroristen Ghufron wieder mehr Anklang findet, als man in der augenblicklichen Phase der Gelassenheit und Toleranz vermutet. »O ihr Muslime«, hatte Ali Ghufron unter dem Applaus seiner Bewunderer im Gerichtssaal geschrien, »euer Lohn ist Jihad, eure Ehre ist Jihad. Für euch gibt es keinen Platz unter der Sonne, solange ihr nicht das Schwert schwingt gegen die Festungen der Ungläubigen, der Abtrünnigen und der Übeltäter.«

Von solchen Ausbrüchen hält sich der fromme Ustaz Sobirin wohlweislich fern. Über einen Abgrund koranischer Wissenschaft verfügt er offenbar nicht. Seine Lehrtätigkeit konzentriert sich auf den Hadith, auf die verbürgte Überlieferung aus dem Leben des Propheten. Als ich erwähne, daß ich in Usbekistan am Grabe des großen El Bukhari, des berühmtesten, allgemein anerkannten Biographen und Sammlers dieser Chronik, und auch am mächtigen Sarkophag des Mystikers Naqschband, des »Goldschmiedes der Seele«, verweilt hatte, gewinne ich Sympathie und Hochachtung. Bevor wir uns trennen, überreicht mir der Imam ein signiertes Dokument mit dem arabischen Vermerk: »el isnad sahih el Imam el Bukhari«. Damit nahm er mich symbolisch in seine Bruderschaft auf, die den Namen »Pondok Kutubussittah« trug. »Am liebsten hätte unser Prediger Sie gleich in die Glaubensgemeinschaft des Propheten Mohammed aufgenommen«, scherzt Ipang bei unserer Weiterfahrt.

»Goldschmied der Seelen«

Ich erwähne diese Episode von Solo so ausführlich, weil sich in ihr die ungebrochene, werbende, die eifernd missionarische Kraft des Islam offenbart. Ich zögere, meinem Begleiter von ähnlichen Erlebnissen in der Türkei und in Afrika zu berichten. Vor zwei Dekaden war ich im Istanbuler Fatih-Viertel auf der Suche nach einem Politiker der islamistischen Refah-Partei des Professors Erbakan an ein paar freundliche junge Männer geraten, von denen ich vergeblich auf arabisch versuchte, eine Auskunft zu erhalten.

Daraufhin verwiesen sie mich an einen würdigen alten Hodscha, der auf der anderen Straßenseite seines Weges ging und mit dem ich mich zweifellos verständigen könnte. Mit einiger Mühe kam ich mit dem Korangelehrten ins Gespräch. Mit gütigem Lächeln wandte er sich an mich: »Du hast dir solche Mühe gegeben, die Sprache unseres Propheten zu erlernen. Bist du denn auch in der Lage, das islamische Glaubensbekenntnis, die ›Schahada‹, aufzusagen?« fragte er. Ohne zu zögern, rezitierte ich brav: »Aschhadu anna la Illah illa Allah wa aschhadu anna Muhammada rasul Allah – Ich bekenne, daß es keinen Gott gibt außer Gott und daß Mohammed sein Prophet ist.« Da brach der alte Hodscha in helle Freude aus und umarmte mich. »Du hast die Schahada aufgesagt; damit bist du einer von uns, bist du Moslem geworden, und du wirst eingehen in die Gärten des Paradieses.«

Ähnliches widerfuhr mir im westafrikanischen Gebirge Guineas im Fouta-Djalon, wo die kriegerischen Nomadenstämme der Peul – man nennt sie auch Fulani oder Fulbe – ihre Herden weiden. Noch im späten neunzehnten Jahrhundert hatte diese schlankgewachsene Hamitenrasse die ganze Sahelzone entlang des Niger bis zum Tschad-See unter ihre Herrschaft gebracht und die dortigen Stämme in einem gewaltigen Jihad zum Islam bekehrt. Wenn sie unter ihrem Feldherrn und Emir Osman dan Fodio nicht ganz Nigeria der koranischen Umma einverleibten, so hatte das an der Tsetsefliege des Regenwaldes gelegen, der ihre Pferde erlagen und die dem Vorrücken ihrer Reiterheere bis zur Küste Einhalt gebot. Immerhin bilden die Fulbe, die Nachfahren des Emir Dan Fodio, die heute die Nordprovinzen Nigerias nach den strengen Vorschriften der Scharia regieren, weiterhin die Oberschicht in diesem endlosen Savannengürtel, wo sie sich durch eine Verschmelzung mit den negroiden Haussa konsolidierten.

Man schrieb das Jahr 2000, als ich – die übliche Segensformel murmelnd – die zentrale Moschee des Fouta-Djalon in Dalaba betrat. Die versammelten Gläubigen luden mich ein – obwohl ich mich als christlicher »Ungläubiger« zu erkennen gegeben hatte –, mich in der vordersten Reihe vor dem »Mihrab«, der Gebetsnische, einzuordnen, und ich unterzog mich den Übungen des Freitagsgebets, des exakt ausgerichteten Verharrens im Schneidersitz und der häufigen Verneigungen in Richtung Mekka. Ich empfand diese rhythmischen Bewegungen als eine recht mühsame, sogar schmerzliche Gymnastik, während die einheimischen Greise sich mit Leichtigkeit bewegten.

Der Imam, der offenbar den Ruf großer Gelehrsamkeit und vorbildlicher Frömmigkeit genoß, forderte mich nach der Khutba, der

Predigt, auf, mit seinen Koranschülern im Vorhof der Moschee ein Gespräch zu führen. Der würdige, selbstbewußte Mann drückte sich in vorzüglichem Französisch aus. Er bat mich, seinen »Tullab« – so lautet der arabische Plural von Talib – über meine Erfahrungen im asiatischen Raum, vor allem in Afghanistan, zu berichten, wozu ich mich gern bereit fand.

Etwa eine Hundertschaft junger Männer hockte vor der Steinbank, auf der ich neben dem Imam Platz genommen hatte. Meinerseits bestand großes Interesse, zu erfahren, inwieweit das fromme Kriegervolk der Peul, das weit verstreut lebt, seinen ethnischen Zusammenhalt und seine religiöse Führungsrolle bewahrt hatte. Demnach, so erfuhr ich, war die »Nahda«, das religiöse Wiedererwachen, in vollem Gange, und wenn es denn nötig sei, seien sie auch bereit zur Wiederaufnahme des Kampfes auf den Pfaden Allahs, »fi sabil Allah«.

Unvermittelt richtete sich ein Talib auf, nachdem ich einen versöhnlichen Koranvers zitiert hatte, und bat mich – ähnlich wie der Hodscha von Istanbul – meine Kenntnisse des Islam durch Aufsagen der Schahada zu bestätigen. Wieder deklamierte ich das Glaubensbekenntnis, was laut allgemeingültiger Lehre ausreicht, um Mitglied der islamischen Umma zu werden. Sobald ich die Einzigkeit Allahs und die Berufung des Propheten formuliert hatte, erhob sich lauter Jubel unter den jungen Leuten. Jetzt sei ich doch einer von ihnen, jetzt gehöre ich ihrer heiligen Gemeinschaft an. Der weise Imam neben mir hatte natürlich nicht den gleichen voreiligen Schluß gezogen und lächelte amüsiert. Ob ich mich im Falle einer Bekehrung nicht auch beschneiden lassen müsse, fragte ich im Scherz, aber da wandte er ein, daß man aufgrund meines hohen Alters auf diese Prozedur verzichten könne.

Mehr als anekdotischen Wert besäßen diese seltsamen Erfahrungen nicht, wird man einwenden. Aber beide Male habe ich intensiv gespürt, mit welcher Begeisterung der Übertritt zum Glauben des Propheten zielstrebiger denn je von den Kräften der islamischen Erneuerung betrieben wird, daß die Missionierung durchaus nicht immer durch unduldsamen Zwang begleitet wird, sondern daß im Fall meiner »Bekehrung« – auch wenn sie rein fiktiv war – eine helle, brüderliche Genugtuung aufkam, dem Konvertiten zum Heil verholfen zu haben.

Auf Java behauptet sich tatsächlich eine relative Duldsamkeit gegenüber den in der Pancasila erwähnten religiösen Bekenntnissen. Aber diese Toleranz, die weit entfernt ist vom stupiden Obskurantismus jener afghanischen Taleban, die die riesigen Buddhastatuen von Bamyan sprengten, sollte auch nicht überschätzt werden. Sie schließt gelegentliche Brandanschläge auf Kirchen und sogar Pogrome gegen die fehlgeleiteten »Kuffar« nicht aus.

Im Umkreis von Yogyakarta besuchte ich die buddhistische Kultstätte von Borobodur, die den kolossalen Ausmaßen ägyptischer Pyramiden nahekommt. Trotz der erdrückenden Mittagshitze bin ich bis zur Spitze dieser Nachahmung des Meru-Berges geklettert, wo unter der wabenförmigen Anhäufung zahlloser Stupas die Gestalt Gautamas in weltabgewandter Beschaulichkeit dargestellt ist. Eine gewaltige Besuchermenge – ausschließlich Indonesier – drängte sich auf den steilen Stufen und huldigte als brave Muslime dem mysteriösen Erbe ihrer Ahnen. Zu Füßen der riesigen Steinkulisse traten barbarisch kostümierte Tanzgruppen auf, die beinahe aztekisch wirkten und auf bizarre Weise die Unvereinbarkeit dieses Kultes mit den strengen Geboten des islamischen Monotheismus unterstrichen. Wer weiß schon, daß im vierzehnten Jahrhundert die Vajradhara-Sekte sich an dieser Stelle sexuellen Ausschweifungen hingab, die in krassem Gegensatz zur buddhistischen Weltentsagung standen?

In ähnlichem Gedränge bewegten sich die javanischen Familien bei ihrem Feiertagsausflug zum gigantischen Pantheon der hinduistischen Tempel von Paramban, wo die extravagante Götterwelt der Brahmas, Vischnus und Schivas, in Stein gemeißelt, auf die ewige Wiederholung von Schöpfung und Untergang verweist. Niemand schien an diesen Relikten der hinduistischen Jahiliya Anstoß zu nehmen, ja ich gewann den Eindruck, daß die endlosen Kolonnen der Mopeds, deren behelmte Fahrer wie ein dichter Insektenschwarm um das Heiligtum kreisten, sich diesen Monumenten ihrer Geschichte mit der Ehrfurcht von Pilgern näherten.

14 Die Rückbesinnung Indonesiens auf den Islam äußert sich auch durch die zunehmende Verschleierung der Frauen.

Der Tempel von Borobodur auf Java erinnert an eine große buddhistische Vergangenheit.

Die holländischen Kolonialherren hatten in Batavia, dem heutigen Jakarta, Kanäle nach dem Modell ihrer Grachten angelegt.

17 Der große Navigator Ferdinand de Magellan wurde bei einer Zwischenlandung auf den Philippinen von aufgebrachten Eingeborenen erschlagen.

18 In bizarrer Form äußert sich auf den Philippinen am Karfreitag die religiöse Inbrunst der katholischen Einwohner.

9 Im 16. Jahrhundert hofften die Jesuiten, das Reich der Mitte zum Christentum zu bekehren.

20 Der Befehl »Die Deutschen an die Front«, der im Boxerkrieg gegen China erteilt wurde, löste seinerzeit patriotische Begeisterung aus.

21 In würdiger Form nahm Großbritannien 1997 Abschied von seiner chinesischen Kronkolonie Hongkong.

Die chinesischen Behörden warfen dem Dalai Lama ein zu enges Verhältnis zu dem -Präsidenten George W. Bush vor.

Der hochverehrte Guru Rinpoche fehlt in keinem Kloster der buddhistischen mas von Bhutan.

24 Die berühmtesten Architekten der Welt hinterlassen in Astana oft extravagante Entwürfe ihrer Phantasie.

25 Der Palast Nursultan Nasarbajew in Astana ist der Allmacht eines Sultans oder Emirs würdig.

Das Ärgernis Manuel II.

Ein paar Tage vor dem Osterfest 2008 bin ich einer Einladung des deutschen Botschafters Paul von Maltzahn gefolgt, der eine Runde von Experten versammelt hat. Die nüchterne Lagebeurteilung des Diplomaten hatte ich schon etliche Jahre zuvor schätzengelernt, als er die Interessen der Bundesrepublik in Teheran vertrat. Wer im schiitischen Gottesstaat der iranischen Ayatollahs gelebt hat, hütet sich vor voreiligen Analysen. Trotz der Versöhnlichkeit, die sich unter dem jetzigen Präsidenten Susilo Bambang Yudhoyono eingestellt hat und die von deutschen Orientalisten als Beweis für die Verträglichkeit von Islam und Demokratie gerühmt wird, verzichtete der Botschafter auf Schönfärberei.

Neben der islamischen Massenbewegung »Nahdat ul Ulama« hat sich die andere gewichtige Islam-Partei, die »Muhammadiya«, einer strengen Koranauslegung zugewandt. Sie findet bei den Studenten technischer Hochschulen zunehmenden Einfluß und beruft sich auf die Erneuerungsbewegung der »Salafiya«, die unter ihrem ägyptischen Inspirator Scheikh Mohammed Abduh im Westen zunächst positiv und fortschrittlich bewertet wurde, ehe ein radikaler Flügel zu Mord und Totschlag aufrief. Daß der jetzige Staatschef Indonesiens religiöse Harmonie zu stiften sucht und damit den stärksten Zuspruch bei den Parlamentswahlen erzielt hat, wird als positives Signal gewertet, zumal die aus der Armee hervorgegangene Golkar-Bewegung wie auch die Demokratische Partei der Sukarno-Tochter Megawatti dem indonesischen Nationalismus den Vorrang vor dem religiösen Engagement einräumen. Es besteht Hoffnung, daß dem gewaltigen Inselstaat jene konfessionellen Spannungen erspart bleiben, die so viele andere Regionen erschüttern.

Wer seine Beobachtungen jedoch im alten Sultanssitz Solo anstellt, wo die schlummernde Gewaltbereitschaft nach Ausrottung der einst stark vertretenen kommunistischen Partei nunmehr im religiösen Fanatismus ein neues Betätigungsfeld finden könnte, der muß feststellen, daß sich hier – wie in der Provinz Aceh im Norden Sumatras – die koranische Gesetzgebung bereits durchgesetzt hat.

Mag die »Jamaat el Islamiya«, die ganz offen für die Schaffung eines islamischen Gottesstaates eintritt, bei den jüngsten Wahlen auch ziemlich kläglich abgeschnitten haben, an höchster Stelle wagt man es nicht, gegen jene Verschwörergruppen, die unter dem Verdacht stehen, an den grauenhaften Attentaten von Bali beteiligt zu sein, mit der gebotenen Strenge vorzugehen.

Es berührt seltsam, daß die Korangelehrten der »Majlis el Ulama Indonesia« ohne theologische Berechtigung Fatwas verkünden, die die extreme Prüderie der wahhabitischen Frömmler Saudi-Arabiens nachahmen. Selbst der Staatschef konnte nicht umhin, die »Ahmadiya«-Sekte, die von der reinen Lehre abweicht, unter striktes Verbot zu stellen. Mit der gebotenen Diskretion agieren unterdessen die Zellen der »Hizb Tahrir«, der Partei der Befreiung, die den Kampf gegen den amerikanischen Imperialismus und die restlichen Kreuzzügler auf ganz Südostasien ausdehnen möchten. Immerhin hatten sich 3000 indonesische Mudjahidin am antisowjetischen Krieg in Afghanistan beteiligt. Neben der Türkei, die angeblich noch am westlichen Säkularismus festhält, entsendet Indonesien jedes Jahr das stärkste Pilgerkontingent zur Wallfahrt, zur Hadj nach Mekka und Medina.

In einem diskreten Klostergarten haben wir in Jakarta zum schnalzenden Ruf der Geckos in kleiner Runde bis spät in die Nacht über die Bedrängnis der Christenheit offen und ausführlich diskutiert. Da ich als Internatszögling im Geiste des heiligen Ignazius von Loyola aufgewachsen war, besaß ich den nötigen »Stallgeruch«, um an dieser offenen Kritik der eigenen Hierarchie teilzunehmen. »Auch wir nehmen Bekehrungen vor, wenn sich die Möglichkeit dazu ergibt. Wir folgen der Aufforderung Christi, alle Völker des Erdballs zu taufen, soweit das heute noch in einer islamischen Umgebung möglich ist«, meinte ein junger französischer Pater aus der Bretagne. Aber was habe den deutschen Papst wohl dazu veranlaßt, die spektakuläre Taufe eines Mohammedaners aus dem Maghreb zu zelebrieren, wo ein solcher Abfall vom koranischen Glauben doch einer Hinrichtung durch die eigenen Familienangehörigen gleichkomme? Noch größeres Unbehagen rief die Regensburger Vorlesung Benedikts XVI. hervor, als der Heilige Vater Manuel II., einen obskuren Kaiser des ermatteten Byzantinischen Reiches, zitierte und dessen Behauptung übernahm, die Lehre Mohammeds habe nichts Neues und ansonsten nur Negatives bewirkt. Ich war schon mehrfach von hohen Prälaten darauf angesprochen worden, daß der römische Pontifex damit nicht nur einen völlig unnötigen Disput mit der gesamten Umma heraufbeschwor, sondern daß er auch – was für einen Gelehrten seines Ranges erstaunlich ist – einer historischen Fehldeutung erlegen sei, habe doch die Verbreitung des Islam in der primitiven Stammesgesellschaft Arabiens eine positive gesellschaftliche Revolution bewirkt.

Bei allen zeitbedingten Unzulänglichkeiten habe die koranische Lehre die Gleichheit aller Gläubigen, die Pflicht zur Fürsorge für die Armen und Leidenden, die Witwen und Waisen eingefordert. Vor allem – und damit sei der durchschlagende Erfolg, die rasante Ausbreitung der Lehre zu erklären – existierten in dieser zutiefst egalitären Gesellschaft weder Klerus noch Adel, wenn man von der hierarchischen Struktur der schiitischen Minderheit und dem Prestige absieht, das die Nachkommen des Propheten, die »Schurafa«, genießen, ohne sich in den meisten Fällen auf einen glaubwürdigen Stammbaum berufen zu können.

Dem polnischen Vorgänger auf dem Thron Petri wäre eine solche Entgleisung nicht unterlaufen, entrüstete sich der Bretone. Benedikt XVI. habe seinem Auftrag noch zusätzlich geschadet, als er sich in einer Moschee von Istanbul zur nachgiebigen Versöhnungsgeste bereit fand, zum gemeinsamen Gebet mit dem Ulama in Richtung Mekka. Statt dessen hätte er mit strenger Mahnung die Gemeinschaft der Völker auf die Verfolgung und Ächtung aufmerksam machen müssen, denen die uralte apostolische Christenheit des Orients ausgesetzt ist.

Oft genug würden diese Gemeinden von Zwangsregimen und Potentaten bedrängt, die sich lediglich unter dem Schutz amerikanischer und europäischer Waffen auf ihren usurpierten Thronen halten könnten. Der von Ayatollah Khomeini gegründete schiitische Gottesstaat im Iran lege eine größere Toleranz gegenüber der christlichen und sogar der jüdischen »Familie des Buches« an den Tag als mancher angebliche Freund des Westens. Selbst der fürchterliche irakische Diktator Saddam Hussein habe seine christlichen Untertanen weit wohlwollender behandelt als der NATO-Verbündete und Europa-Kandidat Türkei.

Umsiedlung nach Sumatra

Die Rückkehr des Globetrotters in Gegenden, die ihn einst erfreuten oder entzückten, ist meist mit Enttäuschung verbunden. In Indonesien ist mir diese Ernüchterung erspart geblieben. Das mag eine rein individuelle Wahrnehmung sein. Man rollt eben nicht mehr mit der Eisenbahn quer durch Java, sondern benutzt ein weitverzweigtes Netz von Fluglinien. Die Infrastruktur ist besser als erwartet. In den Hotels wird ein Service geboten, der in Europa selten geworden ist. Dabei zeichnen sich die weiblichen Angestellten – das ist ja auch in China der Fall – durch besondere Kompetenz und Beflissenheit aus.

Natürlich lebt die Masse der Bevölkerung weiterhin in Armut, aber zum Himmel schreiendes Elend ist selten. Aus der ostasiatischen Finanzkrise der neunziger Jahre ist das Land fast unvermittelt in den Strudel der neuen weltweiten Rezession geraten. Vierzig Prozent der Bevölkerung lebt von knapp zwei Dollar pro Tag. Doch die Stunde des aufsässigen Tumults hat noch nicht geschlagen.

Bei der Betreuung der Ärmsten haben sich ausgerechnet jene islamistischen Organisationen Verdienst und Ansehen erworben, die im Westen im Verdacht des Terrorismus stehen. Über den rötlichen Ziegeldächern, die das andernorts übliche Wellblech vorteilhaft ersetzen, wachsen immer mehr Minarette hoch. Die Gebetsstätten

sind in recht dürftigem Stil errichtet, weisen aber auch bizarre architektonische Einfälle auf, wie jene »Jami'« bei Solo, die an die Basilius-Kathedrale von Moskau erinnert. Das hektische Treiben im Stadtkern wird von zahllosen, auf Kredit erworbenen Motorrädern beherrscht. Die klotzige Festung aus der frühen holländischen Zeit, deren Mauern vom Monsunregen geschwärzt sind, erhebt sich wie eine finstere Kulisse. Die Reisfelder Javas steigen weiterhin in Stufen vor dem bedrohlichen Hintergrund brodelnder Vulkane an.
Die Insel leidet unter dramatischer Überbevölkerung. Nur an wenigen Orten der Welt leben die Menschen so eng zusammengedrängt. Normalerweise müßte eine solche Kompression explosive Stimmung und ständige Querelen zur Folge haben. Aber in Insulinde hat sich eine Mentalität durchgesetzt, die in einer Broschüre der deutschen Botschaft zutreffend wie folgt beschrieben wird:

»Die altjavanische Kultur in ihren vielfältigen Aspekten hat ein spezielles soziales Verhaltensmuster geschaffen, bei dem zwei Elemente eine wichtige Rolle spielen: Zum einen ist es das auch in anderen asiatischen Gesellschaften angelegte Streben nach Harmonie, zum anderen die Tatsache, daß in Java die Menschen so dicht aufeinander wohnen, daß sich notgedrungen strenge Regeln des höflichen Miteinanders entwickelt haben.
Indonesier sind bemüht, zumindest in äußerer Übereinstimmung und Harmonie mit ihren Mitmenschen zu leben. In Indonesien ist man daher in allen Situationen gleichbleibend freundlich und lächelt. Man lächelt auch, wenn man eine Antwort nicht weiß oder nicht geben will, um den Gesprächspartner nicht zu verletzen. Jeder soll sein Gesicht wahren können. Der Javaner vermeidet direkte Aussagen, besonders wenn sie ablehnender Natur sind. Entsprechend ist von einem indonesischen Gesprächspartner selten ein klares ›Nein‹ zu erwarten. Ein deutliches Zögern oder ein ›Vielleicht‹ ist vielfach als Ablehnung anzusehen. Auch in schwierigen Situationen bleibt die Stimme ruhig und gelassen. Deutliche, aggressive Gefühlsäußerungen führen zum Gesichtsverlust und schaden der Harmonie.

Je wichtiger ein Thema, je höherstehend der Gesprächspartner ist, desto leiser spricht man. Selten wird man ungeduldig oder laut. Es wird wenig gestikuliert. Auch beim Handeln gilt: Immer freundlich sein, damit jeder sein Gesicht wahren kann. Zurückhaltung, Rücksichtnahme auf andere und ein Verhalten, das niemals in die Enge und damit in den Gesichtsverlust treibt, sind die wichtigsten Grundlagen altjavanischer Zivilisation, die sich bis heute erhalten haben und auch in der technischen Gesellschaft der indonesischen Großstädte wirksam bleiben. Allerdings stammt der Begriff ›Amok‹ ebenfalls aus dem hiesigen Kulturkreis.«

Schon die Niederländer hatten versucht, dem unerträglichen Druck dieser demographischen Ballung durch Zwangsumsiedlungen auf andere, weniger dicht bevölkerte Inseln entgegenzuwirken. Das Experiment war gescheitert. Nach dem Militärputsch von 1965 nahm der neue Staatspräsident Suharto mit robusten Methoden eine ähnliche Umschichtung unter dem Slogan »Transmigrasie« in Angriff. Auch seine Aktion verfehlte ihr Ziel. Im Frühjahr 1975 wurde ich Augenzeuge einer solchen menschlichen Transplantation.

In einem trostlosen Sumpfgebiet Westsumatras hatte der »lächelnde General« Suharto im Raum von Rantau-Rasau ein neues Umsiedlerprojekt höchstpersönlich eingeweiht. Die Erde dort war schwarz und faulig. In den frisch ausgehobenen Kanälen stand das brackige Wasser dunkel gefärbt wie stinkendes Blut. Die Luft wimmelte von Moskitos. Ein bleierner Himmel lastete auf schwarzen Baumstümpfen, und wir fühlten uns dem Ersticken nah.

Der Staatschef, der in Zivil mit dem schwarzen Samtkäppchen auftrat, schien weniger unter dieser Trostlosigkeit zu leiden als die Neusiedler aus Ostjava, die aus ihrer fruchtbaren, lieblichen Heimat in die feindliche, menschenleere Wildnis verpflanzt wurden. Mit wohlwollender Miene hatte Suharto die angetretenen Pfadfinder begrüßt, die Notabeln seiner Gunst versichert, das kleine Erntemesser zur Hand genommen, um symbolisch ein paar Reisbüschel zu schneiden. Nach der Rezitation der Fatiha-Sure des Korans weihte er eine Moschee aus Blech und Holzlatten ein. Dann war er mit seinem Jet nach Jakarta zurückgeflogen und hatte die unglückseligen Exilanten ihrem Schicksal überlassen.

Während ich der Maschine nachblickte, kam mir der Gedanke, daß mir, falls ich Javaner wäre, die Perspektive einer Auswanderung in die wüstenähnliche, aber aus vielerlei Gründen zukunftsträchtigere Küstenzone Nordaustraliens verlockender, zumindest erträglicher erschiene als die Verbannung in den verseuchten Morast Sumatras oder Kalimantans. Die weißen Australier können sich glücklich schätzen, daß die Indonesier diesen naheliegenden Ausweg aus ihrer quälenden Enge offenbar gar nicht wahrzunehmen scheinen.

Eine malaiische Völkerwanderung in Richtung Süden, eine Transmigrasie in den Norden und Westen des Fünften Kontinents, der zum Greifen nahe liegt, steht in Jakarta noch überhaupt nicht zur Debatte. In jüngster Vergangenheit hat der australische Premierminister Kevin Rudd die strikten Einwanderungsgesetze seines Vorgängers Howard gelockert und die meisten gefängnisähnlichen Lager aufgelöst, wo illegale »Immigrants« unter seinem Vorgänger eingesperrt wurden.

Doch eine neue Welle von Elendsflüchtlingen hat bei den weißen Australiern Zukunftssorgen geweckt. Bei den Gestrandeten handelt es sich jedoch keineswegs um indonesische Nachbarn, sondern um Asylsuchende aus Afghanistan, Pakistan und Sri Lanka, die den Wirren und der Not ihrer Heimat zu entkommen suchen. Der Direktor des Zentrums für Immigration und multikulturelle Studien an der »Australian National University«, James Jupp, ließ – unter Hinweis auf die verwundbare Position seiner überwiegend europäischen Nation am Rande Asiens – verlauten: »Bei uns kommt das Gefühl auf, daß wir am falschen Platz leben, daß Millionen und Millionen Asiaten nur darauf warten, uns komplett zu überschwemmen.«

»Ad majorem Dei gloriam«

Von Christenverfolgung kann in Indonesien nicht die Rede sein. Die Katholiken sind dort mit fünf bis sechs Millionen Gläubigen etwas stärker vertreten als die diversen protestantischen Gemeinden. Unterschwellig existiert jedoch eine Diaspora-Mentalität, und die Vergangenheit hat gelehrt, daß insbesondere die straffe hierarchische Struktur der römischen Kirche bei der Masse der 220 Millionen Muslime Argwohn erweckt und latente Feindseligkeit schürt. Standen unlängst nicht sogar die »Papisten« der USA im Verdacht mangelnder Staatstreue, weil sie die Unfehlbarkeit des Papstes in dogmatischen Fragen akzeptierten?

Ein paar hundert junge Leute haben sich in Yogyakarta gegen sieben Uhr abends zur Feier der Auferstehung des Herrn im weit ausladenden Kirchenschiff der Jesuiten-Hochschule eingefunden. Die Societas Jesu rekrutiert ihre Mitglieder ausschließlich unter gebürtigen Indonesiern. Der deutsche Pater Markus, wie wir ihn nennen wollen, erklärt mir die Organisation seiner straff geführten Ausbildungsstätte.

Die Wände des Gotteshauses sind mit Szenen des Evangeliums bemalt. Die Erlösungskunde aus dem Heiligen Land wird in einen javanischen Rahmen übertragen. Jesus und Maria sind in die hiesige Landestracht gekleidet. Eine naive, ergreifende Gläubigkeit spricht aus diesen Fresken. Die Rolle, die Jesus von Nazareth als Fürbitter der Armen und Bedrückten beanspruchte, ist das stets wiederkehrende Motiv. Über dem Altar leuchtet eine riesige Darstellung des Auferstandenen, der – ganz in Weiß gehüllt – mit ausgestreckten Armen der Erde entrückt wird.

Die Studenten sind in ihrer besten Kleidung erschienen. Mich beeindruckt die Heiterkeit der Jungen und Mädchen. Daß ein Europäer sich ihnen zugesellt, erfüllt sie offenbar mit Freude und Zuversicht, und immer wieder strecken sich mir Hände entgegen. Der deutsche Pater hat zweifellos an der liturgischen Gestaltung der Ostermesse mitgewirkt. Die Texte der frommen Lieder, die im

Chor gesungen und von einem kleinen Orchester begleitet werden, sind natürlich in der Nationalsprache verfaßt. Aber die Melodien sind mir aus der eigenen Kindheit wohlvertraut. »Großer Gott, wir loben Dich«, klingt es auf oder »Fest soll mein Taufbund ewig stehn«.

Der zelebrierende Priester wird bei seinem Gang zum Altar von einem anmutigen Reigen junger Frauen geleitet, die ein hellblaues Seidengewand tragen und sich mit angeborener Grazie bewegen. Die Laien sind in den Gottesdienst einbezogen. So werden Ciborium und Kelch von zwei Schülern getragen. In Weihrauchschwaden gehüllt, blicken große Ordensfiguren auf die Gemeinde, wie der heilige Franziskus Xaverius, der in Indien missionierte, aber auch Petrus Canisius, der im Abendland an der Spitze der Gegenreformation stand und in meinem Internat von Fribourg, wo er bestattet ist, als zweiter Apostel Deutschlands verehrt wurde.

Die Vulgarisierung der Liturgie, die in Deutschland oft zu grotesken Verrenkungen klerikaler Anpassung an den vermeintlichen Zeitgeist geführt hat, ist den Christen von Yogyakarta erspart geblieben. Unter Berücksichtigung der javanischen Eigenheit wird das Osterevangelium, die Erscheinung des vom Tod auferstandenen Heilands vor den Jüngern von Emmaus, theatralisch wie ein mittelalterliches Mysterienspiel aufgeführt. Die schlichte Szene ist frei von Kitsch und Effekthascherei. Sie berührt mich zutiefst.

Die jungen Leute bereiten sich auf die Kommunion vor, an der sie ohne Ausnahme teilnehmen werden. Ich spüre, daß jedermann auch von mir erwartet, daß ich zum Altar schreite, um die Hostie, den »Corpus Christi«, aus der Hand einer dunkelhäutigen Nonne zu empfangen. Getreu meiner präkonziliaren Erziehung beuge ich mich zu Pater Markus. »Ich möchte ja gerne an der Kommunion teilnehmen«, sage ich, »aber ich habe nicht gebeichtet.« Der Jesuit zögert keine Sekunde: »Gehen Sie trotzdem hin«, fordert er mich lächelnd auf. »Dann erteilen Sie mir wenigstens die Absolution«, insistiere ich und höre die Worte: »Ego te absolvo ...«

*

Zum Abendessen habe ich den deutschen Geistlichen nach dem Gottesdienst in das Hyatt-Hotel am Rande von Yogyakarta eingeladen. Noch trägt die Fünfsterne-Herberge, deren geschmackvolle und komfortable Einrichtung mit javanischen Stilelementen geschmückt ist, den Namen einer nordamerikanischen Hotelkette. Aber die US Citizens sind selten geworden. Die offiziellen Vertreter der USA verbarrikadieren sich in ihrer Botschaft, die zur Festung ausgebaut wurde. Der Touristenstrom von einst ist abgeflaut, und massive Handelsdelegationen gibt es kaum noch. Das liegt am niedrigen Kurs des Dollar, der Reisen ins Ausland beträchtlich verteuert, aber mehr noch an der Befürchtung, Anschlägen von Terroristen, Entführungen oder Erpressungen ausgesetzt zu sein. Auch die Australier sind seit dem Bombenanschlag von Kuta vorsichtig geworden. Im Speisesaal überwiegen asiatische Gäste aus den fernöstlichen Wohlstandssphären wie Südkorea, Taiwan, Malaysia oder Singapur, aber auch zahlreiche Indonesier können sich offenbar die Kosten einer solchen Unterbringung leisten.

Die wenigen anwesenden Weißen fallen unangenehm auf. Sogar zum Dinner erscheinen sie in abscheulichem Freizeitlook. Obwohl sie zweifellos aus vermögenden Verhältnissen stammen, treten sie wie Landstreicher auf mit halblangen Schlabberhosen und Sandalen, was wohl »coole« Lässigkeit vortäuschen soll. Fast alle haben sich am Swimmingpool einen Sonnenbrand geholt, und ihre gerötete Haut unterscheidet sich unvorteilhaft von den matten Bronzetönen der Eingeborenen. Ihre lauten Gespräche und dröhnenden Heiterkeitsausbrüche übertönen geradezu peinlich die zurückhaltende Gesittung der Asiaten.

Irgendwie kommt das Gefühl auf, daß diese plumpen Barbaren überflüssig und ärgerlich geworden sind. Tröstlich für europäische Ohren sind die Klänge des kleinen Orchesters – ein Klavierspieler und zwei zierliche Mädchen mit Geige und Flöte –, deren Weisen ein wenig nostalgisch stimmen. Sie haben eine Vorliebe für die Beatles. Auf »Let it Be« folgen »Yesterday« und »Rain and Tears«; am Ende gehen sie zu Edith Piaf über und deren Lied »La vie en rose«.

Bei Tisch deutet Pater Markus an, daß er die Möglichkeit eines dauerhaften Religionsfriedens in diesem Raum weniger hoffnungsvoll beurteilt als seine Confratres in Jakarta, die im vergangenen Jahr in der »Muhammadiyah University« von Solo gemeinsam mit einer Reihe von Koranlehrern ein einträchtiges Colloquium über den »Clash of civilizations« veranstalteten. Es gebe in Indonesien eine Regel, wonach alle acht Jahre eine blutige Konfrontation politischer oder konfessioneller Natur fällig sei. Ähnlich verhalte es sich ja auch mit Vulkanausbrüchen. Man solle sich durch die offizielle Verträglichkeit nicht täuschen lassen. Sie entspräche einem Verhalten, das bei den Malaien als »Mussawarah« praktiziert werde.

Die Ursachen, die vor vierhundert Jahren zur plötzlichen Bekehrung der hinduistischen Fürstentümer Javas zum Islam führten, seien aufschlußreich. Seinerzeit war es darum gegangen, die unerträgliche Diskriminierung des Kastensystems abzuschaffen, die Entmachtung der Brahmanen-Oligarchie zu erzwingen und eine neue Grundlage des Zusammenlebens zu finden. Ähnliche Motivationen für ein plötzliches Aufbäumen der Massen – wenn auch unter ganz anderen gesellschaftlichen Voraussetzungen – würden auch heute bestehen.

Zur Stunde gebe es jedoch keine schwerwiegenden Probleme zwischen den konfessionellen Gruppen, und seine Diözesanen kämen mit den Predigern des Islam recht reibungslos aus. Im Falle tätlicher Übergriffe von Fanatikern gegen seine Gemeinde würde er nicht zögern, die Koranschüler einer benachbarten »Pesantren« um Beistand zu bitten. Sorge bereitet dem Jesuiten der neue Radikalismus, der von außen einsickert, der durch wahhabitische Emissäre aus Saudi-Arabien und – was beunruhigender klingt – durch militante Eiferer aus dem nahen Malaysia geschürt werde.

Ich äußere mein Bedauern, daß auch in Indonesien der liturgische Universalismus der lateinischen Sprache, in der ich zu beten gelernt hatte, durch das Konzil Vatikan II beseitigt worden sei, daß die Messe leider in Bahasa Indonesia gelesen wird. Aber Pater Markus, der der hektischen »Modernisierung« der letzten großen Kirchenreform in mancher Hinsicht kritisch gegenübersteht, widerspricht mir. Die Asiaten könnten dann ja auch verlangen, daß die Europäer das Vaterunser auf Chinesisch beten, wendet er ein.

Dennoch – so empfinde ich es wenigstens – ist mit dieser linguistischen Vervielfältigung rund um den Erdball ein einigendes Element abendländischer Kultur verlorengegangen. Gewiß, das dürftige Kirchenlatein läßt sich nicht an der Sprache Ciceros messen, und bei der Bewahrung der Tradition müßten die Christen eigentlich auf das Aramäische, die Sprache Jesu, oder zumindest auf das Griechische, das Idiom der hellenistischen Antike, zurückgreifen.

Ich erinnere mich an die offizielle Reise General de Gaulles durch die Sowjetunion, als der französische Präsident in Sankt Petersburg – damals Leningrad – auf dem Besuch einer katholischen Sonntagsmesse bestand und dieser Gottesdienst von einem litauischen Priester auf Lateinisch zelebriert wurde. Noch mehr hatte mich ein Erlebnis in Chengdu, der riesigen Metropole der chinesischen Yangtse-Provinz Szetschuan, bewegt. Dort hatte ich noch zu Lebzeiten Mao Zedongs eine jener katholischen Pfarreien aufgesucht, die sich unter staatlichem Zwang von Rom losgesagt hatte. Nach der Messe, die der chinesische Geistliche – »un prêtre assermenté«, hätte man zur Zeit der Französischen Revolution gesagt – getreu dem tridentinischen Ritus auf Lateinisch abhielt, war er dicht an mich herangetreten und hatte in einer Sprache, die kein Dolmetscher und Aufpasser verstehen konnte, mir eindringlich sein Bekenntnis zugeraunt: »Credo in unam catholicam et apostolicam Ecclesiam.«

Wenn man die Überlebenschancen des Christentums in Asien und der sogenannten Dritten Welt an der Zahl der dort tätigen Missionare europäischer oder nordamerikanischer Herkunft messen würde, ergäbe sich der tragische Eindruck, daß in Bälde für die Kirche nur noch der Weg in die Katakomben oder in die Bedeutungslosigkeit offenstehe, räumt der Jesuit ein. Das Abendland leide an einem fatalen Mangel an Berufungen zum geistlichen Stand, an einer Auszehrung der kirchlichen Substanz, ganz im Gegensatz übrigens zum erstaunlichen Wiedererstarken des prawoslawischen, des russisch-orthodoxen Patriarchats. Bei jenen farbigen Völkern hingegen, die die katholische Lehre übernommen hatten, herrsche keinerlei Mangel an Seminaristen, Nonnen und Priestern. Das könne auf Dauer nicht ohne Folgen bleiben. Gewisse Formen des Synkretismus – zumal mit den afrikanischen Naturreligionen – würden bereits in Kauf genommen, und das eindeutige Übergewicht des »Weißen Klerus«, das bislang als gottgegeben angesehen wurde, müsse unweigerlich den demographischen und ethnischen Verlagerungen auch innerhalb der römischen Hierarchie angepaßt und reduziert werden.

Zum Zeitpunkt unseres Dialogs in Yogyakarta zeichnete sich in USA die vor kurzem noch unvorstellbare Berufung eines Afro-American, eines »Negro« zum Präsidenten der Vereinigten Staaten von Amerika ab. Da war es nicht ausgeschlossen, darin kommen wir überein, daß in gar nicht so ferner Zukunft auch im Vatikan ein dunkelhäutiger Pontifex Maximus in die Nachfolge jener Oberhirten eindringen würde, an deren Anfang ein semitischer Orientale aus Galiläa, der hebräische Fischer Simon Petrus, gestanden hatte.

Die Ängste des Mister Ping

JAKARTA, IM MÄRZ 2008

Wenn man einer Studie der Weltbank Glauben schenkt, wäre der Untergang der indonesischen Hauptstadt Jakarta auf den 6. Dezember 2025 programmiert. Zu diesem Zeitpunkt würde die Megapolis von dreizehn Millionen Einwohnern so weit in ihrem sumpfigen Untergrund versackt sein, daß die Meeresfluten der Java-See sich wie eine Sintflut über sie ergössen. Nun hat sich die Weltbank, im Verein mit ihrer Schwesterorganisation, dem Internationalen Währungsfonds, in ihren finanziellen Prognosen, für die sie eigentlich zuständig sein sollte, eine solche Serie total falscher Aussagen geleistet und gleichzeitig mit ihren gebieterischen Weisungen an währungsschwache Staaten soviel Unheil angerichtet, daß die Einwohner der niederländischen Stadtgründung Batavia keine schlaflosen Nächte verbringen sollten.

Ich weiß nicht, warum die Stadt in den Guidebooks für Touristen so negativ beurteilt wird. Verglichen mit der verrotteten Hafenstadt, die ich 1954 zum ersten Mal entdeckte, hat sich Jakarta durchaus erfolgreich in die Serie der urbanen Giganten Ostasiens eingereiht, die von Seoul über Shanghai und Hongkong bis Singapur reicht. Schlimmer als in Bangkok sind die nervtötenden Verkehrsstaus auch nicht. In den erbärmlichen Slums, die natürlich existieren, täuschen die roten Ziegeldächer über die dürftigen Lebensbedingungen ihrer Einwohner ein wenig hinweg. In dem alten holländischen Viertel Kuta, wo die niederländische Oostindische Compagnie die britischen Rivalen im Jahr 1690 endgültig aus dem Felde schlug, haben die Behörden sich sogar um eine recht gelungene Rekonstruktion kolonialer Relikte bemüht. Mir fallen Schulbusse auf, die Mädchenklassen in strikt islamischer Einheitstracht zur Besichtigung fahren.

Man mag am Wahrzeichen der Unabhängigkeit, der 132 Meter hohen Säule am Merdeka-Platz, beanstanden, daß für die krönende Flamme 35 Kilogramm puren Goldes verwendet wurden. Aber häßlicher als die Siegessäule im Berliner Tiergarten ist sie nicht. In Anspielung auf die amourösen Extravaganzen des Staatsgründers und seine Kollektion bildschöner Gespielinnen hat der Volksmund diesem Symbol indonesischer Staatswerdung den Namen »Sukarnos last erection« verliehen.

Längs der Straße vom Flugplatz zur Stadtmitte, eine Strecke von 35 Kilometern, ist die Autobahn durch massive Neubauten gesäumt, deren Architektur mit den monumentalen Fassaden Pekings vergleichbar ist. Das kreisförmige neue Zentrum, in dem auch mein Hotel gelegen ist, umschließt einen üppigen tropischen Park, dessen Wasserbecken die Ausmaße eines Fußballfeldes erreicht. Bunt angestrahlte Kaskaden sprudeln dort ein flüssiges Feuerwerk hoch. Bei Einbruch der Dunkelheit leuchtet eine riesige Glaskuppel auf. In ihrem Glanz spiegeln sich die Apartment- und Bürogiganten, die auch hier im Aquariumstil aus Glas und Aluminium errichtet wurden. Das Ganze macht sich ungleich prächtiger und repräsentativer als das mißlungene Durcheinander architektonischer Experimente, das den Potsdamer Platz in Berlin verschandelt.

Ich bin nicht als Tourist nach Jakarta gekommen, bemerke aber mit Genugtuung, daß hier die Dienstleistungsgesellschaft, die sich im Westen durch zunehmenden Verzicht auf die bescheidensten Formen von Dienstleistungen auszeichnet, noch nicht das tägliche Leben erschwert. Zur Beförderung steht eine Vielzahl preiswerter, hochkomfortabler »Blue Bird«-Taxis zur Verfügung, von der man in Paris nur träumen kann. Bei einer Stadtrundfahrt entdecke ich den stattlichen schneeweißen Amtssitz des früheren holländischen Generalgouverneurs und stelle eine frappierende Ähnlichkeit mit dem Casinogebäude von Scheveningen fest.

Auch in Jakarta hat der weiße Mann den Rückzug angetreten. Jedenfalls sind die letzten »Kaukasier« um Diskretion und Unauffälligkeit bemüht. In der Panorama-Lounge meines Hotels sind, mehr noch als in Yogyakarta, die Staatsangehörigen der asiatischen »Schwellenländer« unter sich. Die zahllosen Japaner, die früher als Manager, Firmenvertreter und Touristen den Ton angaben, sind inzwischen von Chinesen unterschiedlicher Provenienz abgelöst worden. Die Frauen sind in der Minderheit, aber selbst in dieser Luxusherberge überwiegt das Tragen des »Hijab«. Zur Cocktailstunde, während die Geschäftsabschlüsse intensiv, aber beinahe lautlos ausgehandelt werden, spielt ein kleines Orchester auf. Drei junge Frauen erregen weniger durch den Wohllaut ihrer Stimmen als durch das gewagte Dekolleté Aufsehen, das in der zunehmend prüden Atmosphäre dieses früheren Sündenbabels provozierend wirkt.

Indonesien durchlebt eine ruhige Phase. Man kann sich kaum vorstellen, daß noch auf dem Höhepunkt der asiatischen Wirtschaftskrise im Mai 1998 ein tosender Mob durch die Straßen der Hauptstadt raste, daß Geschäfte geplündert, Bars und Restaurants zertrümmert wurden. Die haßerfüllten Ausschreitungen richteten sich vor allem gegen die in Indonesien ansässigen Chinesen. Aber auch die 2005 im fernen Kopenhagen veröffentlichten Mohammed-Karikaturen hatten hier wütende Proteste ausgelöst. Niemand konnte sich erklären, wie die entfesselten Eiferer eine solche Anzahl an dänischen Nationalflaggen, »Danebrog« genannt, aufgetrieben hatten, die sie unter gellenden Sprechchören verbrannten.

Wie lange die ererbte javanische Regierungskunst der stillschweigenden und flexiblen Übereinstimmung, der »Musjawarah«, dieses Reich der 1500 Inseln vor den weltweiten Turbulenzen abschirmen könne, ist die Frage, auf die Dr. Fawzi immer wieder zurückkommt. Mein Gastgeber, der über hohe akademische Grade und ein beachtliches Vermögen verfügt, besitzt Verwandte in Deutschland, mit denen ich befreundet bin. Mit der Einladung in das indonesische Restaurant Lara Djongrang, das typisch javanische Einrichtung mit arabischen Stilelementen vereint, hat Fawzi eine gute Wahl getroffen. Wie so viele reiche Indonesier entstammt er einer chinesischen Einwandererfamilie aus der Küstenprovinz Fujian.

Ob wirklich achtzig Prozent des indonesischen Volksvermögens sich in den Händen von rührigen »Compradores« aus dem Reich der Mitte befinden, kann er nicht bestätigen. Die Behauptung erscheint ihm weit übertrieben, aber mit knapp drei Prozent der Gesamtbevölkerung nimmt diese Minderheit zweifellos eine durch Fleiß und Tüchtigkeit erworbene Vorzugsstellung ein. Ähnlich wie die Juden Europas waren sie noch unlängst rassistischen Pogromen ausgeliefert. Man hatte ihnen sogar die Nutzung der eigenen Sprache untersagt. Erst seit dem Jahr 2000 wurden die Ausnahmegesetze abgemildert, aber bei den meisten Malaien gelten die Chinesen weiterhin als ausbeutende Staatsfeinde, die von Neid und Mißtrauen umgeben sind.

Dr. Fawzi hat zum großen Kummer seiner christlichen Familie versucht, diesen Verdächtigungen zu entgehen, indem er zum Islam übertrat und sogar seinen Namen änderte. Ob er wirklich integriert ist, erscheint mir zweifelhaft. Um zusätzliche Sicherheit bemüht, hat sich der Apostat intensiv mit den vielfältigen Tendenzen und Abweichungen befaßt, denen die koranische Lehre auf Java ausgesetzt ist. Aus den Sand- und Steinwüsten Arabiens stammend, war sie in Insulinde auf eine ihr wesensfremde Umgebung gestoßen, auf eine üppig wuchernde Tropenvegetation.

Galten die Gesetze Darwins von der Anpassung der Gattungen an veränderte Lebensbedingungen und Klimaschwankungen auch für eventuelle Mutationen im religiösen Bereich? Diese Thematik beschäftigt den abtrünnigen Chinesen, auch wenn er sich beim Unterricht seiner indonesischen Studenten solcher Spekulationen tunlichst enthält. Ich habe dem pragmatischen Intellektuellen, der wie ein fetter Buddha wirkt, solche hintergründigen Überlegungen gar nicht zugetraut.

Wie prekär es um die Angehörigen der Han-Rasse in Indonesien bestellt ist, hatte ich bereits in den siebziger Jahren erfahren bei einer durch Maschinenschaden verursachten Zwischenlandung in Jambi, einer Provinzhauptstadt Zentral-Sumatras. Durch eine obskure Empfehlung aus dem Stadtviertel Saigon-Cholon war ich an einen gewissen Mr. Ping geraten und hatte in seinem verrotteten Hotel übernachtet. Die Nacht war unerträglich schwül in Jambi. Die Elektrizität war ausgefallen, die Klimaanlage mit einem ächzenden Laut stehengeblieben. Im ausgedehnten Chinesenviertel, wo die Männer nur mit Turnhosen bekleidet waren, fand ich mich mühsam zurecht. Die Menschen waren wohl unempfindlich gegen die Moskitoschwärme, die aus den nahen Sümpfen aufstiegen und sich im Schein der Karbidlampen zu glitzernden Wolken ballten.

Die Holzhäuser der Chinesen waren damals von den indonesischen Behörden durch ein diskriminierendes Schild, eine Art »Judenstern«, kenntlich gemacht. »W.N.A. – Jina« war zu lesen, und jeder Malaie wurde darauf hingewiesen, daß hier ein Fremder lebte, ein Schmarotzer und Aussauger. Bei den Chinesen von Jambi herrschte im Umgang mit den »Bumiputra«, mit den »Söhnen des Bodens«, wie die Malaien sich selbst nennen, eine Mischung aus Furcht, Geringschätzung und Trotz. Mr. Ping war ein spindeldürrer alter Mann mit kahlem Schädel, dem niemand ansah, daß er einen höchst einträglichen Reishandel betrieb. Zwei seiner Söhne fuhren auf knatternden Hondas vor. Eine Enkelin in kurzem Kattunkleid servierte Reis, Krabben und Suppe. Das Gespräch kam mühsam in Gang.

Unter General Suharto, der alles andere als ein muslimischer Fanatiker war, habe sich das Zusammenleben der Rassen doch erträglicher gestaltet, fragte ich in die Runde. Aber ich stieß auf Skepsis. Daß Suharto sich insgeheim von drei »Dukun«, von Schamanen und Magiern, beraten lasse, die strenggläubigen Muslimen ein Greuel seien, deute nicht auf Versöhnlichkeit hin, genausowenig wie das offizielle Festhalten an der Staatsdoktrin »Pancasila«, diesem wohlklingenden Gemisch aus schwammigen Demokratieparolen, Toleranzedikten und kompromißlosem Nationalismus.

»Wir Chinesen haben beim Umsturz von 1965 auf grauenhafte Weise den Blutrausch des indonesischen Gastvolkes, die Wut der Malaien, den Fanatismus der Muslime zu spüren bekommen. Von diesem Entsetzen haben wir uns längst nicht erholt«, erklärte der älteste Sohn. »Was uns trennt, ist ja nicht nur die Rasse und die Kultur. Mehr als alles andere gibt die Religion den Ausschlag. Sie hassen uns, weil wir Schweinefleisch essen.« Er war soeben von einer Reise zu Verwandten in Malaysia zurückgekommen. Auch dort war es 1969 zu blutigen Auseinandersetzungen gekommen. Die ethnische Gemengelage sei allerdings eine ganz andere. In Malaysia müßte sich das malaiische Staatsvolk der Bumiputra mit einem beachtlichen Bevölkerungsanteil von 25 Prozent Chinesen und acht Prozent Indern abfinden. Die Vorschriften der koranischen Gesetzgebung dulden dort auch keine Mischehen, keine Akkulturation selbstbewußter Minderheiten von Ungläubigen oder »Kuffar«.

Im Gegensatz zum Königreich Thailand, wo sich im Schatten Buddhas eine intensive familiäre Verschmelzung zwischen der staatstragenden Nation der Thai und der massiven Präsenz chinesischer Immigranten bis hinauf in die königliche Dynastie vollzogen hatte, bleibe die Distanzierung zwischen den ethnischen Fronten Indonesiens weiterhin unerbittlich. Der alte Mr. Ping setzte ein freudloses Grinsen auf. »Vergessen Sie unsere Klagen«, warf er ein. »Politik in Indonesien ist immer Schattentheater, und dahinter sitzt stets irgendein unbekannter, unsichtbarer ›Dalang‹, ein Drahtzieher, ein Puppenspieler. Hoffentlich trägt er demnächst nicht das weiße Gewand des mohammedanischen Ustaz.«

Der wohlgenährte, joviale Dr. Fawzi, der mir im Restaurant Lara

Djongrang von Jakarta etwa dreißig Jahre nach dieser Stippvisite in Jambi gegenübersitzt, ist ein ganz anderer Typus als der melancholische Reishändler Ping. Seit den Erlassen des Jahres 2000 war den Chinesen Indonesiens eine oberflächliche Gleichberechtigung zugestanden worden. Vielleicht spielte dabei auch der Umstand eine Rolle, daß in der Zwischenzeit die Volksrepublik China zum Rang einer Weltmacht aufgestiegen war und im Begriff stand, die kommerzielle Spitzenstellung Japans wie auch die strategische Allmacht der USA im ganzen ostasiatischen Raum zu erschüttern, ja abzulösen.

In seiner Eigenschaft als Dozent an einer technischen Hochschule der Hauptstadt stellt der Konvertit Fawzi mit bösen Ahnungen fest, daß der bislang in den ererbten Sufi-Bräuchen und in geheimem hinduistischem Erbgut erstarrte Islam Indonesiens gerade bei den jungen Eliten durch die Erneuerungsbewegungen der Salafiya erfaßt wird. Das aktive Eintreten der religiösen Fundamentalisten für soziale Fürsorge und Gerechtigkeit dürfte – ähnlich wie im Maghreb, im arabischen Orient, in der gesamten Umma – auf Dauer bei den darbenden Massen den politischen Ausschlag geben.

Zwar gehe die Polizei des Präsidenten Yudhoyono rigoros gegen die Verschwörer der illegalen »Islamischen Verteidigungsfront« vor, aber im Laufe des endlosen Prozesses gegen die Bombenleger von Bali wurden die Sicherheitsdienste durch die Erkenntnis aufgeschreckt, daß operative Zellen dieser malaiischen Mudjahidin sich grenzübergreifend in paramilitärischen Befehlszonen oder »Mantiqi« organisierten. Mantiqi I richtete seine Aktivität auf Singapur und Malaysia aus; Mantiqi II konzentrierte seine aufrührerische Tätigkeit auf das zentrale Staatsgebiet Indonesiens, während Mantiqi III von Sulawesi oder Celebes aus auf die Südphilippinen übergriff, wo der Aufruhr gegen die christliche und proamerikanische Regierung von Manila seit Jahrzehnten andauert.

»Wenn Sie eine aktuelle Inszenierung der spanischen ›Reconquista‹, des unerbittlichen religiösen Verdrängungskampfes zwischen Islam und Christentum, in ostasiatischer Widerspiegelung erleben wollen«, rät mir Fawzi, »dann sollten Sie einen Ausflug zum Sulu-Archipel und zur Insel Mindanao unternehmen. Dort schlägt sich die Regierungsarmee der Präsidentin Arroyo Macapagal in Erbfolge der spanischen Königin Isabella la Católica mit dem Aufstand, mit dem Heiligen Krieg der Moro-Befreiungsfront und der Abu-Sayaf-Bande herum.« Diese Konfliktsituation ist mir seit langem vertraut. Ich habe dort einst die muslimischen Rebellen, die »auf dem Wege Allahs« kämpften, persönlich getroffen.

Canto quinto

PHILIPPINEN

Die Inseln des Magellan

Die Mauren des Fernen Ostens

MANILA, OSTERN 1972

Nirgendwo wird das Leiden Christi so pathetisch, so grauenvoll dargestellt wie auf den Philippinen, deren Bevölkerungsmehrheit vor Jahrhunderten zum katholischen Glauben bekehrt wurde. Den Karfreitag des Jahres 1972 hatte ich in einem Städtchen der philippinischen Hauptinsel Luzon ganz anders erlebt als mehr als dreißig Jahre später in der javanischen Sultanstadt Solo. Die durchweg männlichen Büßer hatten sich die Dornenkronen auf den Schädel gedrückt, daß ihnen das Blut über die Stirn floß. Dutzende von Flagellanten geißelten ihren Rücken, bis breite, tiefrote Striemen aufplatzten.

Andere hatten sich – was wohl mehr Spaß machen mußte – mit Blechhelmen und Lanzen als römische Legionäre verkleidet. Sie peitschten die Christus-Darsteller durch die Gassen und fesselten sie schließlich ans Kreuz, ehe sie diese Golgatha-Kopien aufrichteten. Irgendwo auf Luzon ließ sich jedes Jahr ein Sonderling mit Nägeln an das Kreuz schlagen, so hatte man uns gesagt. Ich beobachtete fasziniert, wie der blutige Rücken eines im Staub ausgestreckten jungen Mannes von einer alten Frau in pedantischer Regelmäßigkeit mit einer Rute bearbeitet wurde.

Aus unzähligen Lautsprechern dröhnten Choräle und Bußlieder, doch am populärsten waren in dieser Karwoche die Weisen des großen Welterfolges: »Jesus Christ, Superstar«. Das düstere Ritual der Karwoche entfaltete sich in ekstatischer Inbrunst bei den prachtvollen Prozessionen, denen die Statuen verzückter, blutüberströmter Märtyrer vorangetragen wurden, steigerte sich in der nächtlichen Stunde der österlichen Auferstehung zu einem taumelnden religiösen Triumphalismus. Die »Semana Santa«, die nach dem Vorbild Sevillas mit Umzügen von Büßern gestaltet wurde, und die Verkitschung des Erlösungsmythos durch den Medienrummel Hollywoods waren auf den Philippinen eine eigenartige, schockierende Synthese eingegangen. Aber das entsprach im Grunde der historischen Entwicklung dieses ostasiatischen Archipels.

Schon als Kind hatte mich die grandiose Expedition fasziniert, die in den Chroniken des »bedeutendsten Seefahrers aller Zeiten«, des Portugiesen Ferdinand de Magellan, überliefert wird. Unter dem Namen Fernando de Magallanes hatte er seine Flotte von fünf Karavellen in den Dienst der spanischen Krone gestellt. Auf Weisung Kaiser Karls V. sollte er – unter Respektierung des päpstlichen Schiedsspruchs zur Aufteilung des Globus – nach einem Seeweg suchen, der – im Gegensatz zu den Lusitaniern, die die malaiische Inselwelt und ihren unermeßlichen Reichtum an Gewürzen über den von ihnen beherrschten Indischen Ozean erreicht hatten – durch Erkundung neuer Passagen zu erschließen wäre. Nach Überquerung des Atlantik und Umschiffung der Südspitze Amerikas hatte sich für Magellan die unendliche Weite des Stillen Ozeans aufgetan. So erreichte er am Ostrand Asiens die Philippinen, die dem spanisch-habsburgischen Weltreich eingegliedert werden sollten.

Vielleicht wurde meine Bewunderung für die Conquistadoren zusätzlich durch das erste französische Gedicht animiert, das ich in meinem Literaturunterricht lernte. Das Poem von José-María de Heredia ließ die grausame Romantik dieser Abenteurer anklingen, die – »ivres d'un rêve héroique et brutal – trunken von einem heroischen und brutalen Traum« »neue Gestirne aus unbekannten Meeren aufsteigen sahen«.

*

Am Ende der endlosen Reise durch den Pazifik, den Magellan als erster Weißer durchschiffte, wurde er auf der Philippineninsel Cebu von den Eingeborenen erschlagen. Aber seine kleine Flotte sollte als erste die Umrundung des Erdballs vollbringen. Nur eine der fünf Karavellen erreichte nach ungeheuren Strapazen, aber mit Gewürzen überfrachtet, ihren iberischen Heimathafen. Die Schiffsbesatzung hatte als verwegene Vorläufer der »Globalisierung« die Route vorgegeben.

Nach den Flächenbombardements der US Air Force im Zweiten Weltkrieg verblieben der Hauptstadt Manila, die vierhundert Jahre lang der spanischen Krone unterstanden hatte, nur noch geringe Spuren dieser kolonialen Präsenz. Im Krieg gegen Madrid, den der US-Präsident Theodore Roosevelt um 1900 vom Zaun brach und der der Karibikinsel Kuba eine relative Unabhängigkeit verschaffte, hatten auch die Philippinen den Besitzer gewechselt. Sie wurden der amerikanischen Verwaltung unterstellt.

Unmittelbar nach dem Kriegseintritt Japans im Dezember 1941 hatten die Soldaten des Tenno die Inselgruppe im Handstreich erobert. Sie gewährten ihr eine fiktive Unabhängigkeit, die nach der Kapitulation Nippons durch Washington bestätigt wurde. Das Schicksal der Philippinen unterscheidet sich auffällig und fundamental von dem der anderen Staaten Südostasiens, die auf den Trümmern ehemaliger europäischer Besitzungen ihre nationale Eigenstaatlichkeit verwirklichten.

Am deutlichsten offenbarte sich mir diese Sonderstellung, als ich kurz vor der Semana Santa 1972 die große, südlich gelegene Insel Mindanao aufsuchte und dort auf eine archaisch anmutende Bürgerkriegssituation stieß. Am Ende einer strategischen Landzunge war der Hafen Zamboanga von den Spaniern zu einer eindrucksvollen Festung ausgebaut worden. Magellan war auf dem Visaya-Eiland Cebu dem Überfall des Häuptlings Lapu-Lapu zum Opfer gefallen. Wenig später landeten die Kriegshaufen der spanischen Krone und etablierten sich mit Hilfe ihrer überlegenen Feuerwaffen.

Ähnlich wie in Lateinamerika wurden die Eingeborenenstämme von Luzon und der Visayas, die noch ihren Naturreligionen anhingen, mühelos unterworfen. Die spanischen Mönche fanden hier einen fruchtbaren Boden für ihre Missionierung und impften der überwiegend malaiischen Bevölkerung den Glauben an die römische Kirche so nachhaltig ein, daß dort – wie in der Semana Santa von Luzon sichtbar wurde – eine exaltierte, naive Frömmigkeit aufkam, die dem ehemaligen iberischen Mutterland längst abhanden gekommen ist.

Auf Mindanao hingegen und den südlich angrenzenden Inseln – dem Sulu-Archipel zumal – stießen die Eroberer auf hartnäckigen Widerstand, der sich ihrem Vordringen über Jahrhunderte hinweg erfolgreich erwehrte. Sie prallten auf fanatische, religiös motivierte Gegner, die sich unter dem Einfluß arabischer Prediger zum Islam bekehrt hatten und die koranische Vorschrift des Propheten Mohammed mit aufopfernder Todesbereitschaft gegen die christlichen Eindringlinge verteidigten.

Es muß auf die Seeleute und Soldaten der Katholischen Könige, die kurz zuvor das letzte islamische Fürstentum Andalusiens, die »Taifa« von Granada, unterworfen und die christliche »Reconquista« der Iberischen Halbinsel endlich zum Abschluß gebracht hatten, wie ein Schock gewirkt haben, als sie am anderen Ende der Welt, jenseits der ozeanischen Weiten, auf wehrhafte islamische Sultanate stießen, die den »reyes de taifas« Andalusiens gar nicht so unähnlich waren.

Die Muslime waren aus Spanien vertrieben worden; auf den Südphilippinen behaupteten sich jedoch die Krieger Allahs, und den Eroberern aus dem Abendland fiel nichts Besseres ein, als diese Malaien, die dem »Götzen« Mohammed huldigten, als »Moros«, Mauren, zu bezeichnen. Sie übertrugen den Namen jener arabischberberischen Völkerschaften Nordafrikas auf sie, deren rauhe Reiterscharen einst ihre Heimat unterworfen und dem »Dar-ul-Islam« einverleibt hatten.

Als nach 1900 die Beauftragten Theodore Roosevelts die besiegten Spanier ablösten und sich in der Folge bemühten, die katholischen Filipinos recht und schlecht zu amerikanisieren, stieß das Expeditionskorps der USA ebenfalls auf den erbitterten Partisanenkampf der Moros. Der amerikanische Befehlshaber, General Pershing, der 1917 das US-Interventionsheer des Ersten Weltkrieges in Frankreich befehligen sollte, ging mit äußerster Härte gegen diese islamischen Rebellen – heute würde man »Terroristen« sagen – vor. Er wurde dort als »Black Jack« bekannt und veranstaltete eine erbarmungslose Repression. Aber seine Marines holten sich immer wieder blutige Köpfe bei den Moros.

Die Festung Zamboanga hatte auch den amerikanischen Besatzungstruppen als Ausgangspunkt für ihre Strafaktionen und Unterwerfungsbemühungen gedient. Als nach dem Zweiten Weltkrieg die erste halbwegs unabhängige Regierung der Philippinen – gestützt auf die katholische Mehrheit des Archipels und das Wohlwollen der USA – ihre Autorität im Süden, bei den Moros, die allenfalls ein Fünftel der Gesamtbevölkerung der Republik ausmachten, durchzusetzen suchte, flammte die unermüdliche Guerrilla wieder auf. Den Namen »Moro« hatten sie übrigens bereitwillig akzeptiert.

Sehr bald organisierten sie sich in einer locker strukturierten »Moro Liberation Front«, der sich später eine strikt religiös orientierte »Moro Islamic Liberation Front« beigesellte. Während die pro-amerikanische »demokratische« Regierung von Manila ihre junge Armee ausschickte, um den kommunistischen Aufstand der »New People's Army« – auch »Hukbalahap« genannt – unter Anleitung des US-Colonels Lansdale auf der Hauptinsel Luzon mit bewährten Methoden der »counter-insurgency« unter Kontrolle zu bringen, war der Bürgerkrieg auf Mindanao zu einem grausamen Gemetzel ausgeartet. Hier ging es nicht – wie bei den Marxisten im christlichen Norden – um eine neu importierte westliche Ideologie. Hier wurde der fundamentale Konflikt zwischen zwei rivalisierenden Religionen ausgetragen, die beide im Laufe der Jahrhunderte tiefe Wurzeln geschlagen hatten.

Ratten und Barracudas

Als wir um die Osterzeit 1972 in Zamboanga eintrafen, lag der malerische Hafen im roten Licht der Abendsonne. Hier war die Geschichte lebendig geblieben. Aus den mächtigen Steinquadern der Zitadelle sprach weiterhin der längst verklungene Imperialanspruch der Hispanität. Neben unserem Hotel, das unmittelbar ans Meer grenzte, sammelten sich sogenannte See-Zigeuner und boten uns blendend weiße Korallenbüsche an. Die großen Segler mit dem knallbunt bemalten Bug wirkten barbarisch und fremd. Außer ein paar amerikanischen Offizieren waren wir die einzigen ausländischen Gäste. Mit den Kellnern, die Langusten servierten, konnten wir uns in fast reinem Kastilianisch verständigen. Das war in den übrigen philippinischen Provinzen, wo das malaiische »Tagalog« als Nationalsprache gilt, sich in Wirklichkeit jedoch das Amerikanische überall durchgesetzt hat, längst nicht mehr möglich.

Beim Abendspaziergang entdeckten wir, in die hohe Mauer des Kastells eingelassen, das Muttergottesbild der »Virgen del Pilar de Zaragoza«. So nah war die Herrschaft der Katholischen Könige von Spanien noch. Alte und junge Frauen, mit weißen oder schwarzen Spitzenmantillen auf dem Kopf, knieten vor dem Marienbild und zündeten Kerzen an. Das Abendgeläut der schweren Glocken der Kathedrale von Zamboanga dröhnte weit über die Reisfelder am Stadtrand. Ein alter Mann kniete mit kreuzweise ausgestreckten Armen bei der Madonna mit dem Kind.

Jenseits des Palmenhains leuchtete die Silberkuppel einer Moschee. Dort bediente sich der Muezzin, um gegen den erzenen Schwall der christlichen Glocken anzukommen, längst eines Lautsprechers, wenn er zum Gebet rief. »Allahu akbar«, klang der Kampfschrei des Islam gegen den katholischen Triumphalismus an. »Allah ist größer!«, und der Routine-Appell gewann seine alte herausfordernde Bedeutung zurück.

Wenige Tage zuvor hatten wir unter Begleitschutz der philippinischen Armee die Kampfzone Mindanaos im Umkreis der Stadt

Cotabato besucht. Der Konflikt zwischen Moslems und Christen war bereits in den ersten Nachkriegsjahren durch die massive Einwanderung von katholischen Filipinos aus dem armen Visaya-Archipel ausgelöst worden. Mit stillschweigender, aber aktiver Unterstützung der Zentralregierung in Manila hatten die Neusiedler durch List und Gewalt die Bodenrechte der dort ansässigen Muslime an sich gerissen.

Als diese sich zur Wehr setzten, organisierten die Christen blutrünstige, bewaffnete Banden, die auf den stolzen Namen »Ilagas«, das heißt »Ratten«, hörten. Sie gingen mit äußerster Grausamkeit gegen die einheimischen Muselmanen vor. Die Ohren der getöteten Gegner wurden als Trophäen konserviert. Die Moslems wiederum taten sich im Kampfbund der »Barracudas«, der »Raubfische«, zusammen. Im Stadtkern von Cotabato, im Gewirr der Wellblechbaracken und Strohhütten, hatten die Brandstiftungen dieses unerbittlichen Bruderkrieges breite, verkohlte Schneisen hinterlassen. Auf dem flachen Land mußten die christlichen Zuwanderer sich vor den Anstürmen der Moros in Wehrdörfern verbarrikadieren. Sie wurden durch Hubschrauber versorgt.

Die philippinischen Armee-Einheiten machten einen sehr lässigen Eindruck. Gegen Abend gruppierte sich ein Trupp Soldaten malerisch um einen Panzer und zündete ein Lagerfeuer an. Einer von ihnen griff zur Gitarre und sang ein melancholisches Lied in der malaiischen Tagalog-Sprache. Aber die Melodie, der Rhythmus, wirkte fast andalusisch. Die Offiziere hielten sich abseits von der Truppe. Sie waren geprägt vom präzisen amerikanischen Drill, aber auch ein Hauch hispanischer Grandezza haftete ihnen noch an, gemildert durch die malaiische Heiterkeit.

Die meisten Filipinos aus dem Norden trugen Amulette mit der Jungfrau Maria um den Hals. Sie zeigten uns voller Verachtung die Koransprüche, die sie bei den Leichen der gefallenen Rebellen entdeckt hatten. Die Moros hatten sich offenbar von diesen Suren magischen Schutz gegen Verwundungen und Tod versprochen.

Dieser Archipel am Rande der gewaltigen asiatischen Landmasse neigte in mancher Beziehung dem lateinamerikanischen Subkontinent zu. Das importierte amerikanische Demokratiemodell war sehr bald dem »Caudillismo« gewichen, und die politische Opposition in Manila konnte nur noch auf ein »Pronunciamiento« hoffen, um einen Regimewechsel zu erzwingen. Schließlich hatte der »American way of life«, der mit Coca-Cola und Baseball-Begeisterung zu triumphieren schien, die protzige Männerpose des »Machismo« nicht verdrängen können. Hatte nicht sogar Präsident Marcos seine Karriere als »Pistolero« begonnen, als er einen politischen Gegner seines Vaters angeblich aus dem Weg räumte? Später hat er sich im Abwehrkampf gegen die Japaner als Guerrilla-Führer bewährt.

Der deutschen Öffentlichkeit sollten diese fernen Wirren erst zu Ohren kommen, als im Jahr 2000 die unglückliche Lehrerfamilie Wallert aus Göttingen während ihres Ferienaufenthalts im malaysischen Landstreifen Nord-Borneos – genau gesagt im Sultanat Sabah – von einheimischen Gangstern auf eine vom Dschungel überwucherte Insel des Sulu-Archipels verschleppt wurde, die bereits zum philippinischen Staatsgebiet gehört. Die Gangster unterhielten engste kommerzielle und familiäre Bindungen zu ihren malaiischen Komplizen im Umkreis von Kota Kinabalu. In diesen Gewässern blühte auch jede Form von Waffenschmuggel und Piraterie. Die Banditen, die Frau Wallert in helle Verzweiflung trieben, gebärdeten sich als muslimische Widerstandskämpfer der Gruppe »Abu Sayyaf« und untermalten ihre Drohgesten mit dem Ruf »Allahu akbar«.

Die Bundesregierung hatte sich damals der Vermittlung des libyschen Staatschefs Oberst Qadhafi bedient, um die Geiseln gegen Zahlung eines beachtlichen Lösegeldes befreien und repatriieren zu können. Es spannte sich ein mysteriöser Bogen zwischen diesen Banditen, die dem kriegerischen Stamm der Tausog angehörten und ihren religiösen Widerstand gegen Manila als Vorwand für ihre räuberische Tätigkeit nutzten, und dem sendungsbewußten Diktator Libyens, der die Welt durch seine vestimentären Extravaganzen erheiterte und durch seine Terroranschläge beängstigte. Das ständig beschworene Bindeglied zwischen den Ganoven von Jolo am

Rande des Pazifik und dem Paranoiker von Tripolis am Südufer des Mittelmeers war das gemeinsame Bekenntnis zum Islam.

Spätestens in jenen Tagen hektischer Verhandlungen hätten die Deutschen bemerken müssen, daß sich zwischen dem nordafrikanischen Maghreb und den malaiischen Archipelen im äußersten Osten des asiatischen Kontinents ein gewaltiger, durchgehender Landgürtel schließt, der von 1,3 Milliarden Korangläubigen bewohnt ist. Der Fall Wallert hatte das terroristische Potential aufgedeckt, das dieser orbitalen Gemeinsamkeit innewohnen konnte. In Wirklichkeit zeichnete sich in diesem Raum eine religiöse Erweckungsbewegung ab, die in unterschiedlichen Formen den Kampf gegen den westlichen Imperialismus aufgenommen und sich in tugendhafter Unerbittlichkeit zum Jihad rüstete, wenn die Umstände dies erforderten.

»Allah erkennt die Seinen«

Kehren wir noch einmal nach Zamboanga in der Osterzeit des Jahres 1972 zurück. Ich hatte mich bei den Filmaufnahmen in der dortigen Freitagsmoschee mit einem jungen, schmächtigen Imam namens Ahmed, einem »Ustaz«, wie man hier sagte, angefreundet. Er hatte sich bereit erklärt, mir bei einem Erkundungsausflug zu den wahren, den gottgefälligen Kriegern der »Moro Liberation Front« behilflich zu sein. Als Ziel hatte er die Nachbarinsel Basilan ausgewählt, die als unbezwungene Bastion der Mudjahidin galt. Ahmed führte uns zunächst auf den menschenwimmelnden Markt von Zamboanga, wo wir schwarze, längliche Kopfbedeckungen kauften, eine Art »Schiffchen«, wie sie von den meisten Muslimen Südostasiens getragen werden. Diese Tarnung löste bei uns eine solche Heiterkeit aus, daß wir uns der damit verbundenen Gefahr gar nicht bewußt wurden.
Unser Aufbruch vollzog sich ohne Aufsehen. Ahmed steuerte auf

zwei offene Auslegerboote zu, deren Besitzer knallbunte Handtücher zu Turbanen gewunden hatten. Sie sahen uns schweigend und etwas mißbilligend zu, während wir das Kameramaterial verstauten und unsere Käppchen zurechtrückten. Die Außenbordmotoren sprangen an, und auf einer spiegelglatten See tuckerten wir zwischen prächtig bemalten Seglern und den Patrouillen-Avisos der philippinischen Marine dem offenen Meer entgegen. Die alte spanische Kolonialfestung von Zamboanga und die Palmensilhouette der Küste schrumpften und schwebten eine Weile in der zitternden Tropenluft. In der Ferne zeichnete sich allmählich eine andere Insel, der schwarze Urwald von Basilan ab. Nach etwa dreistündiger Fahrt öffnete sich eine sandige Bucht mit einem Pfahldorf und einer für malaiische Verhältnisse stattlichen Moschee.

»Wir sind am Ziel«, sagte Ahmed. Plötzlich rannten bewaffnete Männer mit wildem Blick auf uns zu, redeten gestikulierend auf den Ustaz ein. Wir spürten die Verlegenheit und die Angst, die sich des Koranlehrers bemächtigten. »Ich glaube, wir sind ins falsche Dorf geraten«, raunte er mir zu. »Ich hatte dort unsere Ankunft ankündigen lassen, aber diese Männer wissen von nichts.« Unsere Boote hatten sich im Sand festgefahren, und wir wateten an Land. Vor uns lag das Dorf Tuburan, eine der Hochburgen des Moro-Aufstandes, wie uns eine Woche zuvor ein philippinischer Fregattenkapitän lässig erklärt hatte.

Ich will nicht im Detail unsere recht leichtsinnige Expedition nach Basilan und den Aufenthalt bei den Moros im Dorf Tuburan schildern. Wir waren in weit größerer Gefahr als während meiner einwöchigen Gefangenschaft beim Vietcong, die ein Jahr später erhebliches Aufsehen erregte. Interessant für mich war die Feststellung, daß wir es bei diesen Partisanen mit sehr unterschiedlichen Fraktionen zu tun hatten.

Da waren die frommen Greise, die meist die Pilgerfahrt nach Mekka hinter sich gebracht hatten und ein erstaunlich reines Hocharabisch sprachen. Deren Sympathie gewann ich relativ schnell durch die Rezitation von ein paar Ayat, ein paar Versen des Koran. Aber da gab es auch junge Fanatiker, die teilweise an den Universitäten der Insel Luzon mit dem marxistischen Gedankengut der »New People's Army« in Berührung gekommen waren. Für sie galten wir als Spione der amerikanischen CIA. Ustaz Ahmed palaverte zwar unermüdlich, aber mir flüsterte er zu, daß wir uns in Lebensgefahr befanden.

Einen wahren Schock empfand ich, als ein langhaariger Unterführer mit Kalaschnikow sich plötzlich aufrichtete und ich auf seinem grünen T-Shirt ein großes Hakenkreuz mit der deutschen Inschrift »Sieg Heil« entdeckte. Diese unberechenbaren Freischärler durften auf keinen Fall erfahren, daß unser wackerer Kameramann Jossi Kaufmann von Geburt Israeli war und sogar im ersten Suez-Krieg von 1956 mit der Panzertruppe von Zahal auf dem Sinai gekämpft hatte. Sein Paß lag, Allah sei Dank, im Hotelzimmer von Zamboanga, aber wie leicht wäre es, über einen Mittelsmann die Gästeliste einsehen zu lassen.

Die Rettung kam am folgenden Tag – nach einer schwülen Tropennacht, die ich schlaflos verbrachte – in Gestalt eines etwa dreißigjährigen »Qaid-el-askari«, der sich als Abubakr vorstellte und uns im Gegensatz zu unseren bisherigen nervösen Bewachern mit Selbstbeherrschung und Reserve nach den Gründen unserer Anwesenheit fragte. Er war schlammverkrustet von der Patrouille, die er gerade unternommen hatte.

Unser drängendes Angebot, mit einem positiven Fernsehbericht die Weltöffentlichkeit auf den heroischen Kampf der Moros gegen ihre Unterdrückung durch die korrupte Regierung von Manila aufmerksam zu machen, fegte er mit einer knappen Handbewegung weg. Als ich den Namen Qadhafi erwähnte, dessen heimliche Waffenlieferungen an die philippinischen Mudjahidin mir bekannt waren, reagierte Abubakr mit einem verächtlichen Lächeln. Die gelegentliche Unterstützung, die ihn aus dem malaysischen Sultanat Sabah erreichte, kommentierte er mit den Worten: »Aus den Zigaretten- und Whisky-Schmugglern von Sabah sind Waffenhändler geworden.«

Ausgerechnet Jossi überraschte uns wenig später mit der freudigen Nachricht, daß Abubakr beschlossen hatte, uns zu einer Erkundungsfahrt auf seinem morschen Kutter einzuladen, und die Erlaubnis zum Filmen erteilt hatte. Ein bunter Haufen erwartete uns am Strand. Aus den Mandelaugen der jungen Krieger leuchtete Wildheit. In dieser Gegend waren Piraterie und Heiliger Krieg seit Jahrhunderten Hand in Hand gegangen. Imponierend war die besonnene Autorität, die von dem Qaid ausging. Er hatte jetzt einen grünen Turban um den Kopf gewunden. An diesem Morgen werde er keinen Feindkontakt suchen, sondern wolle uns ein Tausog-Dorf der Moros zeigen, das von der philippinischen Soldateska überfallen und eingeäschert worden sei. Die Einwohner hätten sie massakriert.

Unter häufiger Wiederholung des »Takbir«, der dreifachen Beteuerung der Größe Gottes, »Allahu akbar«, haben wir unser Ziel erreicht und tatsächlich eine Ortschaft vorgefunden, in der nur noch einige Hühner gackerten. Alle Häuser und Hütten waren dem Erdboden gleichgemacht. Nach einem Festmahl, das uns durch schüchterne Mädchen mit dem vorgeschriebenen Kopftuch serviert wurde, durften wir am Nachmittag mit einem Motorboot nach Zamboanga zurücktuckern.

*

Bis zum heutigen Tag bleibt mir dieser junge Kommandeur des Heiligen Krieges in Erinnerung. Er beeindruckte mich durch seine Verläßlichkeit, seine Gastfreundschaft, vor allem aber durch die unerschütterliche Todesbereitschaft, die ich in späteren Jahren bei den Mudjahidin der »Hizb-e-Islami« in Afghanistan oder bei den Pasdaran des Ayatollah Khomeini in deren Abwehrkrieg gegen Saddam Hussein wieder antreffen sollte. Ich werde diesen Männern, die bereit sind, sich als »Schuhada«, als Märtyrer, zu opfern, niemals meinen Respekt verweigern.

Im Hotel angelangt, verabschiedeten wir uns von Ahmed, der sich für seinen Irrtum bei der Landung in Tuburan entschuldigte. »Wir stehen noch am Anfang unserer Bewegung«, beteuerte er. Es hätten sich in die fromme Befreiungsbewegung auch ein paar unliebsame, dem wahren Glauben entfremdete Elemente eingeschlichen. »Aber Allah erkennt die Seinen. Der Jihad wird keine Pause kennen, ehe nicht auf unseren Inseln des Südens eine unabhängige Islamische Republik gegründet ist. Dazu brauchen wir keine gottlose Ideologie und keinen Marxismus. Aber wir lassen uns auch nicht mehr von korrupten Datus und den herrschsüchtigen Sultanen gängeln. Sie sind alle Repräsentanten der feudalistischen Vergangenheit und suchen bereits mit den Abgesandten des Präsidenten Marcos nach einem Kompromiß, um ihre Privilegien zu wahren. Wir werden einen egalitären Islam predigen.«

Der kleine Ustaz hatte uns lange die Hand geschüttelt und war einsam aus dem frivolen Rahmen des Hotels davongegangen, wo sich die ersten philippinischen Paare trotz der frühen Stunde eng umschlungen zu Jazzmusik bewegten. Er kehrte zurück in das Halbdunkel seiner Koranschule und in die prüde Gewißheit seines Glaubens.

Ein frommes Taxi-Girl

Von der Terrasse aus beobachteten wir einen kleinen Konvoi philippinischer Soldaten in Kampfmontur. Als sie die schwarze Festungsmauer mit dem Marienbild der Virgen de Zaragoza passierten, bekreuzigten sie sich, bevor sie nach Norden abzweigten, wo die Moros einen tödlichen Hinterhalt gelegt hatten. In der Lobby gesellte sich uns ein junger Marineoffizier zu. Als ich ihm sagte, daß wir uns nach Basilan gewagt hatten, erklärte er uns lachend für verrückt. »Jetzt brauchen Sie doch wohl Zerstreuung und Whisky«, meinte er und geleitete mich zum Nightclub »New Vinta« im alten kastilischen Stadtkern. Er ließ mich bald allein und verschwand mit einem der Mädchen, die in einer Art Aquarium hinter Glas auf Freier warteten.

Auch mir wurde ein hübsches, spärlich bekleidetes Taxi-Girl zugewiesen. Ich lud sie zum Drink ein und erwartete das übliche Geplapper. Aber als ich mein Abenteuer auf Basilan bei den Moros kurz erwähnte, wurde sie ernst. Sie betonte – trotz ihres sündhaften Berufs – ihre katholische Frömmigkeit und fragte mich unvermittelt: »Glaubst du an Gott?« Nach einer Pause fügte sie hinzu: »Weißt du, daß man in diesem Land ohne Glauben an Gott nicht leben kann?« So wie das philippinische Taxi-Girl Sunny – so nannte man sie in der New Vinta –, so hätte sich Jean-Paul Sartre seine *putain respectueuse* – seine »ehrbare Dirne« – gewiß nicht vorgestellt.

*

Am folgenden Morgen traten wir den Rückflug nach Manila an. Am Airport empfing uns der philippinische Fahrer Ben und nahm mich gleich beiseite. Ben war lächerlich klein gewachsen, doch die breite Messernarbe in seinem wilden malaiischen Gesicht gab ihm etwas Verwegenes. Wir hatten Ben im Verdacht, der wohlorganisierten Unterwelt von Manila anzugehören, was mein Vertrauen in ihn nicht minderte. Ben hatte – während er auf uns wartete – die Nachrichten gehört. »Seit gestern haben die Nordvietnamesen eine Großoffensive gestartet«, sagte er. »Sie sollen die südvietnamesischen Linien schon durchbrochen haben.«

Tatsächlich hatte General Giap wieder einmal überraschend zugeschlagen und genau an der Stelle angegriffen, wo niemand damit rechnete, an der schmalen Demarkationslinie längs des zehnten Breitengrades. Die Südvietnamesen, die den Bodenkampf allein führen mußten, seit die amerikanische Militärpräsenz durch Präsident Johnson auf 50 000 GIs reduziert worden war, hatten in diesem vernachlässigten Sektor ihre schlechteste, die Dritte Infanteriedivision, stationiert.

Als die Sturmtruppen Hanois sich nach vernichtender Artillerievorbereitung plötzlich mit Rudeln sowjetischer Panzer vom Typ T52 und T54 auf die Stellungen der Südisten stürzten, gab es kein Halten mehr. Die US Air Force war durch die niedrige Wolkendecke in ihrer Bodenintervention gehemmt. Die amerikanischen Advisors ließen sich mit Hubschraubern aus den umzingelten Stützpunkten der McNamara-Linie rund um Dong Ha und Cam Lo ausfliegen, was die Moral der Saigoner Truppe vollends untergrub. Schon hieß es, die Provinzhauptstadt Quang Tri sei gefallen.

Zum gleichen Zeitpunkt war eine andere nordvietnamesische Panzerkolonne aus dem kambodschanischen Grenzraum nördlich von Saigon längs der Straße 13 nach Süden vorgeprescht und hatte das Distriktstädtchen Loc Ninh im Handstreich erobert. Bei An Loc hingegen waren die im Bewegungskrieg ungeübten Nordvietnamesen, die ihre Panzer ohne ausreichenden infanteristischen Schutz nach vorn geworfen hatten, jedoch auf die entschlossene Abwehr südvietnamesischer Fallschirmjäger und deren panzerbrechende Waffen geprallt. Zwanzig Kilometer südlich von An Loc kam der Angriff zum Stehen.

Auch am 17. Breitengrad brach die hoffnungsvoll gestartete Offensive kurz danach im apokalyptischen Bombenhagel der amerikanischen Luftwaffe zusammen. Von nun an wußte jeder, der hören und sehen konnte, daß für Saigon die Stunde geschlagen hatte.

Preisgabe durch den »großen Bruder«

Warum erwähne ich überhaupt die gescheiterte Aktion der Erben Ho Tschi Minhs im Zusammenhang mit dieser philippinischen Retrospektive? Hier läßt sich eine gewisse Parallele ziehen zu der Situation im Irak, wie sie sich heute präsentiert. Nach dem Debakel der USA, das im Frühjahr 1975 mit der schmählichen Flucht der letzten amerikanischen Elemente vor den in Saigon vorrückenden Panzern Hanois endete, hatten die USA zwar einen schmerzlichen Prestigeverlust erlitten und sahen sich internen Turbulenzen mit einer Masse von Kriegsgegnern ausgesetzt. Global betrachtet war die geostrategische Lage der Vereinigten Staaten jedoch nicht tangiert. Ihr militärisches Übergewicht auch im ostasiatisch-pazifischen Raum war keineswegs gebrochen. Die Domino-Theorie, die drohende Ausweitung des Kommunismus in ganz Südasien, die Kennedys Intervention in Vietnam motiviert hatte, erwies sich als Trugschluß.

Und dennoch drängt sich eine gewisse Ähnlichkeit zu der Entwicklung auf, der sich die US Army sowohl in Mesopotamien als auch am Hindukusch ausgesetzt sieht. Im Jahr 1972 waren nämlich die Waffenstillstandsverhandlungen zwischen Henry Kissinger, dem Außenminister Präsident Nixons, und dem nordvietnamesischen Bevollmächtigten Le Duc Tho in Paris längst in Gang gekommen. Der Secretary of State hatte nach endlosem Tauziehen dem kommunistischen Politbüro von Hanoi bereits zugestanden, daß keine amerikanischen Bodentruppen mehr dem antikommunistischen Regime von Saigon unter General Nguyen Van Thieu zur Seite stehen würden. Die südvietnamesische Armee, die weit über eine halbe Million Soldaten aufgeboten und ebenso viele bewaffnete Milizen rekrutiert hatte, war auf sich selbst gestellt.

Was die Franzosen einst *le jaunissement*, die »Gelbfärbung« ihres kriegerischen Engagements in Indochina genannt hatten, wiederholte sich bei den Amerikanern nach dem Schock der Tet-Offensive des Vietcong zu Beginn des Jahres 1968. Diverse Divisionen dieser Südarmee erwiesen sich aufgrund der zutiefst antikommunistischen Haltung ihrer Offiziere weit zuverlässiger und schlagkräftiger als die proamerikanischen Armee- und Polizeikräfte, die Washington in der derzeitigen Rückzugsphase im Irak aufgestellt hat und die auch in Afghanistan die Verantwortung des Kampfes gegen die Taleban übernehmen sollen.

Die kalte Staatsraison, die Richard Nixon bewog, den verlustreichen Feldzug in Vietnam so bald wie möglich zu beenden, und die von Henry Kissinger genial praktiziert wurde, lief im Jahr 1973, also ein knappes Jahr nach der erwähnten Osteroffensive Hanois, auf einen Waffenstillstand hinaus. Er beraubte die Südvietnamesen der bislang unentbehrlichen Unterstützung durch die amerikanische Luftwaffe und ließ sogar zu, daß die regulären Streitkräfte Nordvietnams, die in Stärke von etwa 60 000 Mann bereits in die Republik von Saigon eingedrungen waren, sich nicht über den 17. Breitengrad zurückziehen mußten.

Das Armistice-Abkommen, das 1973 in Paris unterzeichnet wurde – das hätte damals jeder wissen müssen –, bedeutete die Preisgabe des verbündeten Präsidenten Nguyen Van Thieu in Saigon. Es kam dem Verrat an einem beachtlichen Teil der südvietnamesischen Bevölkerung gleich, die auf den Schutz der allmächtigen USA gebaut hatte. Von nun an gab es keine klare militärische Front mehr südlich der Demarkationslinie, sondern das sogenannte »Leopardenfell«.

Während Henry Kissinger mit dem Friedensnobelpreis ausgezeichnet wurde, den sein zäher Widerpart Le Duc Tho ablehnte, schoben sich die Vorauselemente der Nordarmee systematisch nach Süden vor. Die Kampfhandlungen flackerten nach Verweigerung jeden militärischen Beistandes für die Regierung von Saigon immer heftiger auf bis zur blitzartigen Großoffensive Hanois im März 1975, die auch die letzten Kämpfer, die wackeren, überwiegend katholischen Fallschirmjäger der Südarmee, hinwegfegte.

*

Die Geschichte, so heißt es, wiederholt sich nicht. Das ist nur partiell wahr. Die Zustände an Euphrat und Tigris oder am Hindukusch sind in mancher Beziehung grundverschieden von den Kräfteverhältnissen, die in Vietnam vorherrschten. Vor allem das ideologische beziehungsweise religiöse Umfeld ist total anderer Natur.

Aber auch für den Irak hatte bereits der »War President« George W. Bush das Signal zur progressiven Räumung Mesopotamiens durch die US Army gegeben. Umstritten waren lediglich die Termine. Seinem Nachfolger Barack Obama bleibt zur Stunde nichts anderes übrig, als den von ihm beschleunigten Abzug der amerikanischen Bodentruppen durch die forcierte Aufstellung einheimischer Divisionen aufzuwiegen, was bei der fortdauernden konfessionellen Verfeindung zwischen Sunniten und Schiiten sowie bei der bereits vollzogenen De-facto-Abspaltung Irakisch-Kurdistans ein sehr fragwürdiges Unternehmen ist.

Der angestaute Haß, der historisch verwurzelte Argwohn zwischen der bislang den Irak beherrschenden sunnitischen Minderheit und der »Schiat Ali«, der Gefolgschaft des Imam Hussein, die seit dessen Martyrium in Unterdrückung verharrt, dürfte sich nach dem Abzug der letzten GIs in einem mörderischen Bürgerkrieg austoben. Daran dürfte der Verbleib von amerikanischen Ratgebern und Instrukteuren in der beachtlichen Stärke von 50 000 Mann nicht viel ändern.

Die Dreiteilung der irakischen Republik würde unvermeidlich, wenn nicht die beiden Schutzmächte – Amerika für die Sunniten und Kurden, die Islamische Republik Iran für ihre schiitischen Glaubensbrüder – einen tragfähigen Modus vivendi finden. In dieser Situation bleibt nur noch das Vertrauen in die wohlwollende Fügung Allahs.

In mancher Beziehung öffnet sich – ich betone, daß die Niederschrift dieser Zeilen im Frühjahr 2009 erfolgt – in Afghanistan eine vergleichbare Perspektive. Die halbwegs einsichtigen Offiziere der Atlantischen Allianz sind sich voll bewußt, daß der Krieg am Hindukusch nicht zu gewinnen ist. Auch dort beeilt man sich, mit amerikanischem Geld rekrutierte lokale Armeekräfte und eine bislang extrem schwache Polizei in großem Umfang aufzublähen.

Die Afghanisierung des Krieges ist das weithin proklamierte Ziel, ähnlich wie man in Bagdad die Irakisierung betreibt. In beiden Konflikten könnte – im Gegensatz zu Vietnam – ein Scheitern der USA und seiner Verbündeten immense geostrategische Umschichtungen und Verwerfungen nach sich ziehen. Hier geht es um die angestrebte Vorrangstellung Irans am Persischen Golf sowie um die drohende Destabilisierung, ja Anarchie, die sich Pakistans bemächtigen könnte, des einzigen islamischen Staates, der bislang über die Atombombe verfügt.

Präsident Johnson tanzt mit Imelda

Wenden wir uns ein letztes Mal den Philippinen zu. Der große Kriegsrat für den Sieg in Vietnam fand in Manila im Herbst 1966 statt, also ein Jahr nach dem massiven amerikanischen Eingreifen. Präsident Lyndon B. Johnson, der – in Außenpolitik und Strategie unerfahren – sich auf die angebliche Sachkenntnis der engsten Berater des ermordeten John F. Kennedy, »the best and the brightest«, verließ, inszenierte eine verfrühte Siegesfeier. Das Fest wies – mutatis mutandis – eine gewisse Analogie zu jenem spektakulären Flugzeugträger-Auftritt seines späteren Nachfolgers George W. Bush im Jahr 2003 auf, das unter dem Motto »mission accomplished« stattfand.

Die spanische Kolonialresidenz bot der Zusammenkunft einen prunkvollen Rahmen. Neben den Premierministern von Australien und Neuseeland waren Präsident Park Chung Hee aus Korea und ein thailändischer General aus Bangkok dem Ruf des amerikanischen Präsidenten gefolgt. Die Republik von Saigon war durch Regierungschef Nguyen Cao Ky und dessen Rivalen, General Nguyen Van Thieu, repräsentiert. Ferdinand Marcos spielte mit viel Gewandtheit und Eleganz den Gastgeber. Die Politiker und Militärs hatten alle das weiße philippinische Spitzenhemd über der dunklen Hose an. Die schattigen Alleen des Parks von Malacañang waren von mandeläugigen Mädchen gesäumt. Sie trugen die spanische Kolonialtracht mit angeborener Grazie.

Die eigentliche Gipfelkonferenz hatte nicht lange gedauert. Hinter verschlossenen Türen hatte Lyndon B. Johnson seinen Alliierten mitgeteilt, daß Amerika seine Kriegsanstrengung in Vietnam bis zum Enderfolg steigern werde, daß die GIs in Zukunft die Offensivoperationen in eigene Regie nähmen. Den Südvietnamesen würden lediglich Verteidigungsaufgaben zufallen. Der Vorschlag des Fliegergenerals Nguyen Cao Ky, den Landkrieg nach Nordvietnam, in die Hochburg des Feindes, zu tragen, wurde vom Tisch gefegt. Das Risiko einer chinesischen »Freiwilligen«-Intervention nach koreanischem Muster war zu groß. Angesichts der Entschlossenheit des US-Präsidenten und seines gewaltigen Einsatzes prophezeite die Weltpresse, die in Scharen nach Manila geströmt war, daß die Tage des Vietcong nunmehr gezählt seien.

Das Treffen von Manila endete mit einem ungezwungenen Bankett. Um Johnson und Marcos gruppiert saßen die offiziellen Teilnehmer an einer langen Tafel. Der festliche Raum mit den schweren spanischen Möbeln wurde von Fackeln erleuchtet. Ein Orchester musizierte. Der amerikanische Präsident hatte dem Alkohol kräftig zugesprochen. Wenn er sein Glas zum Toast erhob, erdrückte seine mächtige Cowboygestalt die asiatischen Partner. Johnson hatte sich Hals über Kopf in das Vietnam-Abenteuer gestürzt, pokerte mit der Weltmachtrolle der USA und setzte dabei seine politische Karriere aufs Spiel.

Ich sah mir an diesem Abend die Männer und Frauen am Tisch der Prominenten sorgfältig an. Die Urwüchsigkeit Johnsons wirkte ungestüm und sympathisch an diesem kosmopolitischen Ende der Welt, wo Asien sich mit der Hispanität vermählt hatte, ehe ein halbes Jahrhundert US-Präsenz die Philippinen zusätzlich mit dem Firnis des »American way of life« überzog. Der Präsident hatte seine Frau, Lady Bird, mitgebracht. Mit ihrer vorspringenden Nase und dem Elsterblick glich sie tatsächlich einem Vogel. Aber sie strahlte jene amerikanische Freundlichkeit aus, die so entwaffnend ist.

Von einer ganz anderen Klasse war die Gastgeberin in Malacañang, Imelda Marcos. Sie bewegte sich wie eine Königin und war blendend schön. Die ehemalige Beauty Queen der Philippinen hatte mit den Jahren etwas Fülle angesetzt, was ihr aber gut stand. Man sagte ihr großen Einfluß auf ihren Mann nach. Die Oppositionspresse von Manila, die damals noch sehr aggressiv war, machte sie dafür verantwortlich, daß das Vermögen des Marcos-Clans ins Unermeßliche gestiegen sei. Wie so viele Asiatinnen in führender Position besaß sie Persönlichkeit, Intelligenz und stählerne Energie. Diese herrschaftliche Frau brachte es durch ihre natürliche Eleganz und durch ihr Auftreten zustande, daß der Präsident der Vereinigten Staaten von Amerika wie ihr Vasall erschien. Zehn Jahre später erlag sogar der greise Mao Zedong ihrem Charme und küßte bei einem seiner letzten öffentlichen Auftritte der First Lady der Philippinen die Hand.

Präsident Marcos gab eine gute Figur ab. Mit den Amerikanern verstand er umzugehen, seit er im Zweiten Weltkrieg an ihrer Seite mit Bravour gefochten hatte. Man merkte ihm an diesem Abend nicht an, daß ihm die innere Opposition im Parlament und die Straßenunruhen der Studenten zu schaffen machten, ganz zu schweigen von den versprengten Trupps der »New People's Army«, die in den Bergen der Insel Luzon ausharrten und ihre Emissäre neuerdings in den brodelnden muselmanischen Süden des Archipels entsandten.

Die Regierungschefs von Australien und Neuseeland wirkten wie hohe Beamte aus dem Stab des Präsidenten der USA. Premierminister Holt von Australien hatte unter der Wirkung von Hitze und Alkohol einen knallroten Kopf bekommen, der mit der elfenbeinernen Blässe der Asiaten kontrastierte. Als das Orchester einen Slow spielte, eröffnete Johnson mit Imelda Marcos den Tanz. Er drückte sie eng an sich und hatte Mühe, das Gleichgewicht zu halten. Nguyen Cao Ky, der Übergangspräsident von Südvietnam, forderte Lady Bird auf. Der angebliche Playboy Ky war in asiatischen Augen keine Respektsperson. Seine amerikanischen Gönner hofften vergeblich auf politische Profilierung und Initiative.

Am äußersten Ende der Tafel saß eine reglose Figur aus Bronze, Präsident Park Chung Hee von Südkorea. Angesichts der alkoholischen Ausgelassenheit, der amerikanisch-australischen Kumpanei und ihrer lauten Geselligkeit hatte Park sich abgekapselt und trug unverblümt seine Mißlaune, seine Geringschätzung zur Schau. Er tanzte nicht und rührte das Essen kaum an. Die Backenknochen seines harten Soldatenschädels traten stark hervor, die Schlitze waren fast geschlossen. Dieser Sohn armer koreanischer Bauern war nach dem Putsch von 1961 von der Generaljunta an ihre Spitze berufen worden, weil sie ihn als blasse Übergangsfigur einschätzte. Das war ein schwerwiegender Irrtum, denn mit konfuzianischer Autorität und einer in der Armee des Tenno anerzogenen Strenge hatte General Park alle Hebel der Macht in Seoul an sich gerissen. Er konnte es sich leisten, in Manila wie der »steinerne Gast« aufzutreten. Zwei südkoreanische Elitedivisionen kämpften im Abschnitt von Qui Nhon in Zentral-Annam. Wo die Soldaten aus dem »Land des stillen Morgens« zuschlugen, da wuchs kein Gras mehr. Die Südkoreaner waren in Vietnam gefürchtet wie die Hunnen, mit denen sie angeblich entfernt verwandt waren. Daran gemessen waren das thailändische Kontingent und die paar philippinischen Soldaten, die nach Südvietnam entsandt worden waren, Operettenkrieger. Die Neuseeländer waren nur symbolisch vertreten. Die Australier hingegen bewährten sich im Dschungelkrieg und sorgten für Ordnung in ihrem Abschnitt zwischen Xuan Loc und Vung Tau.

Ein Mitglied des Präsidentenstabes beugte sich zu Johnson und teilte ihm mit, daß eine randalierende Menge von Halbwüchsigen und Studenten das Hotel der amerikanischen Delegation belagere und in Sprechchören die Beendigung des Vietnamkrieges sowie die Räumung der US-Basen auf den Philippinen fordere. Es war weit nach Mitternacht. Lyndon B. Johnson gab das Signal zum Aufbruch. Er war bester Laune. Er stieg in seine gepanzerte Limousine. Über die Lautsprecheranlage ließ er mit schwerer Zunge immer wieder den philippinischen Gruß »Mabuhai« in den nächtlichen Park von Malacañang dröhnen. Auf der Treppe winkte ihm Imelda Marcos mit unergründlichem Lächeln nach.

*

Nur zwei knappe Jahre waren seit der Konferenz von Manila vergangen. Man feierte im Februar 1968 das chinesische Neujahrsfest, da holte der Vietcong, zur totalen Überraschung und zum Entsetzen General Westmorelands, zu der bereits erwähnten Großoffensive aus, eroberte die meisten Dörfer des Mekong-Deltas im Handstreich, trug die Guerrilla bis in den Stadtkern von Saigon und in den Garten der amerikanischen Botschaft vor. Gleichzeitig erstürmten im Zentralabschnitt reguläre nordvietnamesische Regimenter die alte annamitische Kaiserstadt Hue. Sie konnten von den US Marines nur unter schweren Verlusten aus dem festungsähnlichen Palast vertrieben werden.

Die Tet-Offensive endete mit einer fürchterlichen Niederlage der kommunistischen Partisanen, deren Kaderstrukturen aus dem Untergrund aufgetaucht waren und sich selbst enttarnt hatten. Nach Einsatz der gigantischen amerikanischen Übermacht, der Auslöschung zahlloser Ortschaften durch die US Air Force fand eine unerbittliche Repression statt, der die meisten politischen Kommissare des Vietcong zum Opfer fielen. »Wir mußten die Stadt Bentre vernichten, um sie zu retten«, lautete der Satz des zuständigen amerikanischen Offiziers. Dieses Zitat aus meinem damaligen Lagebericht wurde seitdem hundertmal plagiiert.

Dennoch war das Massaker an der »Südvietnamesischen Befreiungsfront«, wie der Vietcong sich offiziell nannte, eine politische Katastrophe für die Kriegführung Lyndon B. Johnsons. Von nun an übernahm Hanoi das direkte Kommando. Die amerikanische Öffentlichkeit, vor allem die Studenten, die vor der Einberufung standen, entdeckten, daß dieser verspätete Kolonialeinsatz gegen eine Bande kommunistischer Zwerge in einen fatalen Abnutzungskrieg einmündete. Mit einem Schlag schwand unter dem Eindruck der Antivietnam-Psychose, die von den USA auch auf Deutschland übergriff, der Siegeswille, und die bis dahin intakte Kriegsmoral der US Army brach zusammen.

Ich habe den plötzlichen Meinungsumschwung bei so vielen deutschen Intellektuellen, die bislang in ihrer Ignoranz hemmungslos auf einen schnellen Waffenerfolg Amerikas eingeschworen waren und nunmehr ihre Bündnistreue wie einen alten Hut fortwarfen, stets als schändlichen Opportunismus empfunden, zumal sie jetzt zu dem Gegröle »Ho-Ho-Ho Tschi Minh« durch die Städte der Bundesrepublik und West-Berlin stürmten.

Zutiefst erschüttert war Johnson vor die Kamera getreten und teilte seinem Volk mit, daß er für die anstehende neue Präsidentenwahl als Kandidat nicht zur Verfügung stehe. Der ihm nachfolgende Commander-in-Chief, Richard Nixon, war Realist und Zyniker, kurzum der Mann, den die Stunde brauchte. Mit Hilfe Henry Kissingers vollzog er eine historische Entscheidung, die längst fällig, aber innenpolitisch hochriskant war.

Im Jahr 1972 erkannte er die Volksrepublik China an und reiste zu Mao Zedong nach Peking. Von nun an war sein Bestreben nur noch darauf gerichtet, den Rückzug aus dem indochinesischen »Quagmire«, wie David Halberstam es nannte, möglichst schnell anzutreten. Daß er und sein kluger Außenminister dabei die Vernichtung Kambodschas anstifteten und die südvietnamesischen Verbündeten nach endlosen, irreführenden Verhandlungen den Erben Ho Tschi Minhs ans Messer lieferten, konnte einem Mann nichts anhaben, der zwar nach dem Watergate-Skandal als »Bösewicht« in die amerikanische Geschichtsschreibung eingehen sollte, aber vermutlich zu den wenigen Realpolitikern der USA in diesem Jahrhundert zählt.

Die aussichtslose Verstrickung in einen endlosen, verlustreichen Dschungelkrieg hatte es Nixon erlaubt, das kommunistische Reich der Mitte in eine angespannte, stets prekäre Partnerschaft mit Washington einzubeziehen. Angesichts der Tatsache, daß es den roten Mandarinen von Peking nach dem Tod des »Großen Steuermanns« gelang, in einer Spanne von nur dreißig Jahren zur kraftstrotzenden, dynamischen Weltmacht aufzusteigen, erscheint im Rückblick das amerikanische Debakel von Saigon eben doch als ein Meilenstein der modernen Geschichte.

Karikatur einer Demokratie

Der befürchtete Dominoeffekt ist nach dem unrühmlichen Abzug der US Army aus Indochina bekanntlich nicht eingetreten. Weder Thailand noch Malaysia oder Burma wurden von dem Triumph und der Wiedervereinigung Vietnams unter kommunistischem Vorzeichen im geringsten tangiert und schon gar nicht die Philippinen. Dort stellten die isolierten Aufstandsherde der marxistisch ausgelegten New People's Army keine nennenswerte Gefahr für die Regierung von Manila mehr dar. Aber Präsident Marcos und seine überwiegend weiblichen Nachfolger im Malacañang-Palast sahen sich mit der sich stetig versteifenden Aufstandsbewegung der Moros, seiner im Süden lebenden Landsleute und einer südostasiatischen Facette des Heiligen Krieges ausgesetzt.

Was haben die heutigen Malaien von Luzon und Mindanao mit den düsteren Zukunftsbetrachtungen zu tun, denen sich ein Teil der weißen Menschheit hingibt? Es wäre grotesk, die Guerrillabekämpfung, die der jungen philippinischen Armee zugefallen ist und die kaum in der Lage sein dürfte, den islamischen Aufruhr zwischen Zamboanga und Davao, vor allem aber auf dem Sulu-Archipel in den Griff zu bekommen, in eine gemeinsame Front mit ihren früheren Kolonialherren zu pressen.

Das religiöse und politische Erbe, das sie vom Okzident übernommen haben, räumt den Einwohnern dieses ostasiatischen Inselstaates eine einzigartige, irgendwie mit dem Westen verwandte Sonderstellung und Bestimmung ein. Die Spanier hatten in vierhundert Jahren einen intensiven Kulturtransfer erzielt, der auf der erfolgreichen Christianisierung der malaiischen Stämme der Hauptinsel Luzon und der Visayas beruhte, wo der Islam noch nicht Fuß gefaßt hatte. Die katholischen Filipinos stellen heute die Mehrheit der Gesamtbevölkerung dar. Die spanischen Kolonisten, die sich – ähnlich wie in Lateinamerika – Latifundien aneigneten, waren nicht zahlreich genug, um eine sichtbare ethnische Vermischung, die Schaffung einer breiten, ja überwiegenden Schicht von Mestizen zu zeugen, wie das zum Beispiel in Mexiko der Fall war.

Bemerkenswerterweise unterstand diese ferne asiatische Inselgruppe lange Zeit der Autorität des spanischen Vizekönigs von Mexiko, war allerdings mit dieser Verwaltungszentrale nur einmal im Jahr durch eine Galeone verbunden. Die katholische Kirche etablierte sich hier wie im Mutterland als höchste moralische Instanz. Den verschiedenen Missionsorden gelang es, bei den in Armut lebenden »Campesinos« eine inbrünstige, von Aberglauben durchsetzte Frömmigkeit zu verwurzeln. Aber der iberische Klerus war damals in sozialen Fragen ebenso konservativ, ja reaktionär, wie die kirchliche Hierarchie. Sozialarbeit wurde im Sinne der karitativen Gebote geleistet und die Misere des Volkes als göttliche Fügung hingenommen, war doch die Erde ohnehin ein »Tal der Tränen« und den Verlockungen Satans ausgesetzt.

Die Ankunft der US Marines des General Pershing um das Jahr 1900 hätte als Signal aufklärerischer Umerziehung die Ausrichtung der Filipinos auf jene freiheitlichen Ideale bewirken können, die die Vereinigten Staaten groß und bewundernswert gemacht hatten. Es gab jedoch in diesem exotischen Raum nicht die geringste Voraussetzung für die Entfaltung des dynamischen und schöpferischen Kapitalismus, den Max Weber aufs engste mit der calvinistischen Prädestinationslehre der frühen puritanischen Pilgerväter verbindet. Von »pursuit of happiness« als Verfassungsideal konnte unter dem Joch der neuen, einheimischen Oligarchie der Großgrundbesitzer, der »rosca«, wie man in gewissen Ländern Lateinamerikas sagt, nicht die Rede sein.

In Manila entstand nach der Proklamation der Unabhängigkeit eine Karikatur des US-amerikanischen Präsidial- und Congress-Systems. In Krisensituationen gab die Armee den Ausschlag. Bei den »grandes families« – in Parteien gruppiert, die sich in ihrer gesellschaftlichen Substanz allzu ähnlich waren und über den Erhalt ihrer Privilegien mittels Zwang und Korruption wachten – war man weit entfernt von irgendeinem System der »checks and balances«. Die spanische Sprache wurde erstaunlich schnell durch das amerikanisch gefärbte Englisch verdrängt und neben dem malaiischen Idiom Tagalog zur offiziellen Amtssprache. Eine spektakuläre Mimikry fand statt, aber die Assimilierung war wohl oberflächlich.

In Washington hatte man schließlich Anstoß genommen am willkürlichen Regierungsstil des Präsidenten Marcos und an der Verschwendungssucht der nicht mehr ganz so schönen Imelda. Der Versuch liberaler Politiker in USA, auf das straffe Regiment des »Pistolero« eine liberale, volksnahe Staatsführung folgen zu lassen, scheiterte jedoch. Corazon Aquino – als Betschwester belächelt –

trat als Präsidentin an die Stelle ihres ermordeten Gatten. Aber auch sie versuchte gar nicht ernsthaft, die skandalöse Not ihrer Untertanen zu lindern.

Ihre Nachfolgerin, die winzig gewachsene Gloria Arroyo Macapagal – der Name vereint zwei der reichsten lokalen Dynastien – behauptete ihre Position an der Spitze des Staates sogar gegen aufsässige Generale, betrachtete das Volk lediglich durch die Brille einer erlahmten katholischen Religiosität und einer lauen sozialen Bevormundung, die Erinnerungen an den portugiesischen Diktator Salazar weckte. Sie legte dabei eine politische Härte, einen stählernen Durchsetzungswillen an den Tag, den man dieser zierlichen Puppe gar nicht zugetraut hätte. Die Rolle der Frau in den höchsten Sphären ostasiatischer Politik wird ständig unterschätzt.

Der historische Skandal auf den Philippinen besteht darin, daß dieser Staat, der über fruchtbare Landschaften und kaum erschlossene Bodenschätze verfügt, neben Bangladesch und Nordkorea als Armenhaus Ostasiens gilt. Das passiert ausgerechnet einem Volk, das der abendländischen Heilslehre des Christentums sowie, in einer späteren Phase, der amerikanischen Menschenrechts- und Demokratie-Ideologie in vollem Umfang teilhaftig wurde. Hunderttausende von Filipinos, die weiterhin für die angestammte Führungsclique wie Leibeigene schuften oder in den Slums der großen Städte am Rande der Abfallhalden ein erbärmliches Auskommen suchen, haben versucht, ihr Schicksal durch Auswanderung und Arbeitsuche in der Fremde zu verbessern.

Die Privilegierten kamen in den USA unter, und auch Europa bietet für Hausangestellte günstige Arbeitsplätze, was ihnen erlaubt, die in der Heimat verbliebenen Familien finanziell zu unterstützen. Aber wehe den christlichen Sklaven der Neuzeit, die sich von dubiosen Anwerbern mit trügerischen Versprechungen in die arabischen Golfemirate oder, schlimmer noch, nach Saudi-Arabien verfrachten lassen.

Man möge mir erlauben, neben meiner Begegnung mit Sunny, der »ehrbaren Dirne« der Vinta-Bar von Zamboanga, auch über das Schicksal der philippinischen Hausangestellten Flora zu berichten. Sie war, mit einer korrekten Aufenthaltsgenehmigung ausgestattet, bei meiner Frau seinerzeit in Hamburg im Haushalt tätig. Die gute Flora war nicht nur eine fleißige, absolut verläßliche Hilfe. Für mich stand sie beinahe im Geruch der Heiligkeit. Sie hatte ihre Heimatinsel Cebu verlassen, um ihrem Bruder mit ihren bescheidenen Einkünften das Studium zu finanzieren. Die Natur hatte Flora nicht begünstigt. Sie war durch eine Hasenscharte entstellt, aber im katholischen Glauben, in einer gottergebenen Frömmigkeit fand sie Trost und Lebensfreude. Die Wallfahrten nach Lourdes und Fatima waren Höhepunkte ihres Lebens, und sie träumte davon, eines Tages genügend Geld zu sparen, um auch ins Heilige Land zu pilgern, wo »Our Lord«, wie sie es ausdrückte, für die Erlösung der Menschheit den Kreuzestod erlitten hatte.

Als ihr Vater im fernen Cebu schwer erkrankte, reiste sie nach Hause, um ihn zu pflegen. Aber damit hatte sie ihre Aufenthaltsgenehmigung in der Bundesrepublik verwirkt. Sie ließ sich später von einem superreichen Öl-Protzen in einem arabischen Scheichtum anheuern. Dort wurde Flora wie Dreck behandelt und um die vereinbarten Einkünfte betrogen. Von ihrem arabischen Dienstherrn war sie zum Schuften rund um die Uhr verurteilt, und lediglich der Entstellung durch die Hasenscharte verdankte sie wohl, daß sie nicht von ihm oder seinen Söhnen vergewaltigt wurde. Sie muß unsäglich gelitten haben, um meiner Frau aus dieser Verbannung eine verzweifelte Botschaft zu schicken, in der sie um Erlösung bettelte.

Am härtesten trifft es die Filipinos, daß in Saudi-Arabien – entgegen den ausdrücklichen Garantien des Koran zugunsten der »Familie des Buches« – kein christlicher Gottesdienst abgehalten werden darf, ja sogar der Besitz von Kreuzen und Bibeln unter Strafe stand.

Man wird mir entgegenhalten, die Lebensverhältnisse auf den Philippinen hätten sich inzwischen gebessert, so wie die Laudatoren des indischen Wirtschaftswunders häufig argumentieren, in den letzten Jahren sei doch das tägliche Durchschnittseinkommen in dieser »größten Demokratie der Welt« von einem auf zwei Dollar angestiegen. Es fragt sich nur, ob diese pauschale finanzielle Verbesserung wirklich den verschuldeten Kleinbauern und Pächtern oder gar der Masse der »Dalit«, der Unberührbaren, zugute kommt. Oder ob nicht in Wirklichkeit das Geld in die Kassen der privilegierten Kasten, der Großgrundbesitzer und der ausbeuterischen Wucherer, der »Zamindar«, der Indischen Union fließt.

Die Christenheit Amerikas und Europas ist tief gefallen, daß sie eine solche Diskriminierung und Knechtung ihrer philippinischen Glaubensbrüder, auch wenn sie nicht der »kaukasischen Rasse« angehören, widerspruchslos hinnimmt, daß sie sich durch die beherrschende Position der saudischen Dynastie auf dem Petroleummarkt erpressen und erniedrigen läßt. Ich habe bei meinen Besuchen in Jeddah oder Riad niemals eine Bibel mitgeführt. Dafür fand ich als Gabe des Hotels auf meinem Nachttisch eine Ausgabe des »Protokolls der Weisen von Zion«.

Die indonesischen Muslime stellen die zahlreichste Gruppe von »Hadji«, die jährlich die Reise zur Heiligen Kaaba in Mekka antreten. Ähnlich verhält es sich mit den christlichen Filipinos, die in hellen Scharen am Karfreitag nach Jerusalem pilgern, schwere Holzkreuze schultern, ihre Litaneien anstimmen, um den Leidensweg Christi nachzuvollziehen. Mir ist auf der Via Dolorosa aufgefallen, daß sich auch kompakte Gruppen von Indianern aus den Andenstaaten in die Prozession einreihten. An ihrer Hautfarbe und frommen Gestik konnte ich sie von ihren ostasiatischen Glaubensbrüdern kaum unterscheiden. Sollte das Christentum, das im Abendland einem schier unaufhaltsamen Erosionsprozeß ausgesetzt ist, in Zukunft sein Schwergewicht und seine Überlebenshoffnungen auf jene exotischen, farbigen Völker verlagern, die noch stark im Glauben sind?

Der Staatskapitalismus als Lösung

Auf den Philippinen hat der weiße Mann seine Chance verspielt, in Manila, am Rande der asiatischen Kontinentalmasse, ein vorbildliches Staatswesen ins Leben zu rufen und – gestützt auf die christlichen Gebote der Caritas und eine Variante des »American dream« – allen anderen Staaten dieser Region ein Vorbild sozialer Gerechtigkeit, wirtschaftlicher Dynamik und freiheitlicher Entfaltung vorzuführen.

Statt dessen behaupten sich in Manila eine Pseudo-Demokratie, bodenlose Korruption und ein Zustand krassester gesellschaftlicher Verwerfungen. So muß der Westen tatenlos und erschrocken zusehen, wie sich die Erneuerung, die technische Entwicklung, ein System sozialen Ausgleichs und des zunehmenden Wohlstandes der Gesamtbevölkerung in Staaten vollzieht, die das Heil ihrer Bürger in einer strengen, autoritären Auslegung des Konfuzianismus finden, wie das anfänglich unter dem wohlwollenden Despoten Lee Kwan Yew in Singapur, aber auch in Taiwan und in Südkorea geschah.

Der gewaltige Umbruch jedoch, der die Welt erbeben läßt, wie Napoleon es auf Sankt Helena voraussagte, vollzog sich in China. Nach dem Abflauen, ja dem Scheitern des Maoismus, der immerhin das Prinzip menschlicher Solidarität mit seiner Maxime »Dem Volke dienen« angemahnt hatte, kam dort eine originelle Formel für gigantisches industrielles Wachstum, für Entwicklung von High Technology und sensationelle Anhebung des Lebensstandards zum Zuge, die sich auf einen seltsamen Synkretismus stützt. Unter der Autorität der Kommunistischen Einheitspartei und einer straffen Form des Staatskapitalismus entfesselte sich die wissenschaftliche und vor allem merkantile Begabung der Han-Rasse.

In der Lehre einer utopischen Harmonie, die das Politbüro von Peking der parlamentarischen »Streitkultur« des Westens entgegensetzt, finden sich Konfuzius, Mao Zedong und jener erste legendäre Kaiser Qin Xi Huangdi wieder. Dessen Reichsgründung zweihundert Jahre vor Christus erlaubt es heute der offiziellen Propaganda, die verblaßte Doktrin des Marxismus-Leninismus durch einen ehrgeizigen, alle Normen sprengenden Nationalismus zu ersetzen. Das chinesische Modell hat in dem wiedervereinigten, in kommunistischer Ideologie erstarrten Vietnam Nachahmung gefunden. Noch steht die gigantische Leninstatue vor der Zitadelle von Hanoi, aber die kommunistische Lao-Dong-Partei ist geschmeidig geworden unter einem Generalsekretär, der sich diskret, aber effizient mit seinen Reformen vortastet. An Peking gemessen, wurde Tokio inzwischen auf den zweiten Rang verwiesen.

Die japanischen Samurai, die 1941 ausgezogen waren, die »große ostasiatische Wohlstandssphäre« zu beherrschen, stellen immer noch ein technologisches und wirtschaftliches Potential erster Güte dar, aber das Klientel-System und die ererbten Gesellschaftsstrukturen der fast ununterbrochen regierenden Liberaldemokratischen Partei (LDP) lassen sich auf andere Länder nicht übertragen. Die allzu enge, oft unterwürfig wirkende Beziehung zum ehemaligen amerikanischen Feind, die allerdings nicht ewig dauern dürfte, stößt bei den Nachbarn auf Skepsis und Verwunderung. In gewisser Hinsicht ist Japan zum England des Pazifik geworden.

In Indonesien, Thailand, um nur diese zu nennen, begegnet man dem westlichen Wirtschaftssystem mit Argwohn, seit angeblich die katastrophale Rezession der neunziger Jahre durch die verfehlten Richtlinien des Internationalen Währungsfonds verursacht wurden. Die neue, recht beachtliche Wirtschaftserholung Jakartas, die sich auf die Aufnahmefähigkeit des Binnenmarktes stützt, orientiert sich nicht mehr an den Kriterien, die einst von Wall Street vorgegeben wurden. Der vielgepriesene Turbokapitalismus hat in den vergangenen zwei Jahrzehnten jede schöpferische Qualität eingebüßt. Er ist leider allzuoft unter der Fratze des Casino- oder gar Raubtierkapitalismus aufgetreten. Seine Anziehungskraft ist dabei verlorengegangen.

Was wird von dem »way of life« des weißen Mannes, zumal des Nordamerikaners, den die junge Generation in der Dritten Welt und den Schwellenländern weiterhin zu kopieren sucht, am Ende übrigbleiben? Coca-Cola und McDonald's, das Angebot von Fastfood, besser gesagt von Junkfood, das monströse Fettleibigkeit zur Folge hat und zu einer weltweiten Plage wurde; die sportliche, der Modernität angepaßte Kleidung von Jeans und T-Shirt, eine dem Abendland weit überlegene zeitgenössische Literatur und eine unerschöpfliche Musikszene, deren Ursprünge jedoch auf die Spirituals der afrikanischen Sklaven zurückgehen.

Hollywood hat seine schöpferischste Phase wohl hinter sich, und wer käme heute schon in Europa auf die Idee, ein amerikanisches Auto zu kaufen? Wie ein Menetekel klingt da der Zusammenbruch, die unvermeidliche Insolvenz des Automobilgiganten General Motors über den Atlantik, hatte doch unter der Präsidentschaft Eisenhowers dessen Secretary of Defense Charles E. Wilson, dem man zu enge Geschäftsbeziehungen zu GM vorwarf, damals überzeugend erwidert: »What is good for General Motors, is good for the United States.«

Kurzum, die farbige, die »nichtweiße« Menschheit wendet sich von einem westlichen System ab, das ihr trotz aller gegenteiligen Beteuerungen im Namen der Freiheit politische Instabilität und ökonomische Gradwanderungen zumutet. Sie richtet sich eher auf autoritäre Regime aus, auf »wohlwollende Despoten« – eine Kategorie, die eingestandenermaßen extrem selten ist –, und blickt gebannt auf den chinesischen Koloß von 1,3 Milliarden Menschen, der seine Bedeutung als Reich der Mitte zurückgewonnen hat. Der Han-Rasse ist es auf sensationelle Weise gelungen, der Masse seiner aus dem Elend auftauchenden Bevölkerung ausreichende Ernährung, soziale Fürsorge und einen rasant wachsenden Bildungsstand ihrer Kinder zu verschaffen.

Die von Washington geführte Allianz erweist sich als unfähig, den diversen gegnerischen Freischärlergruppen des radikalislamischen Feindeslagers das Rückgrat zu brechen. Die US Army findet sich in den neuen Spielregeln des asymmetrischen Krieges nicht zurecht und erleidet trotz einer absurden Steigerung ihrer phänomenalen technologischen Überlegenheit einen Rückschlag nach dem ande-

ren. Das nagt zusätzlich am unlängst noch strahlenden Prestige der
»einzig verbliebenen Supermacht«.

Wir sind von den desolaten Zuständen auf den Philippinen ausgegangen, um zu dieser globalen Betrachtung zu gelangen. Jenseits der Südchina-See, auf dem asiatischen Kontinent, vollzieht sich der systematische Aufbau einer militärischen Macht, der Volksbefreiungsarmee, die einst Mao ins Leben rief und die heute ihre maritimen Ambitionen klar zu erkennen gibt. Schon seit Gründung der Volksrepublik sind die Archipele Spratley und Paracel, eine Ansammlung winziger Atolle, in deren Umkreis reiche Vorkommen an Erdöl und Gas geortet wurden, auf den offiziellen Landkarten als unveräußerlicher Bestandteil Chinas eingezeichnet. Südlich von Hainan handelt es sich um eine weite Meereszone, die fast an die Küsten Vietnams, Malaysias und auch der Philippinen heranrückt. Im Ernstfall ließe sich hier, falls der territoriale Anspruch verwirklicht würde, der gesamte maritime Verkehr der Straße von Malacca, die vom Indischen zum Stillen Ozean führt, kontrollieren und notfalls blockieren. Ein paar winzige Garnisonen wurden auf einigen dieser Eilande bereits stationiert, was unter den Anrainern heftigen Widerspruch, berechtigte Sorgen und sogar begrenzte Gegenmaßnahmen ausgelöst hat.

Seit die Mandarine von Peking der ASEAN-Organisation gegenüber als freundliche Nachbarn auftreten und der riesige Drache, dieses Fabeltier des Erfolgs, ein harmloses Antlitz zeigt, werden die strategischen Ansprüche zurückgestellt. Den südostasiatischen Partnern wird eine ertragreiche wirtschaftliche Zusammenarbeit in diesem Raum angeboten und schmackhaft gemacht. Die vorübergehend angespannten Beziehungen zwischen den absolut konträren Regimen von Manila und Peking haben sich weitgehend geglättet, denn man weiß auch im Malacañang-Palast, wer in absehbarer Zukunft im Westpazifik die Schiedssprüche fällen wird.

Während ich diese Zeilen schreibe, entdecke ich in einer amerikanischen Agenturmeldung, daß die autokratische Präsidentin Gloria Arroyo Macapagal, nach Niederschlagung eines Militärputsches in der Hauptstadt, ihre verblüffende Energie wieder gegen den islamischen Gegner an der Südflanke ihrer christlichen Republik richtet. Auf Mindanao, so lese ich, ist es zu heftigen Gefechten zwischen Regierungssoldaten und Guerrilleros der Moro Liberation Front gekommen. In dem Sumpfland der Insel, wo reiche Erdgas- und Ölvorkommen entdeckt wurden, mußten 50 000 Familien evakuiert werden.

Die laufenden Verhandlungen über eine eventuelle Autonomie des islamischen Südens sind damit bis auf weiteres zum Stillstand gekommen. Die Regierung von Manila sieht sich auf ihrem eigenen Territorium der unheilschwangeren Kombination von muselmanischem Aufbegehren und verlockendem Petroleum-Reichtum ausgesetzt, die sich wie ein roter Faden durch das verkrampfte Verhältnis des Westens zum weltumspannenden Gürtel des »Dar-ul-Islam« zieht.

Die Klage des Aeneas

Mit einer kurzen Anekdote aus der Epoche der Conquistadoren wollen wir diesen epischen Rundblick auf Südostasien abschließen. Versetzen wir uns in das Jahr 1521 zurück. Der portugiesisch-spanische Weltentdecker Ferdinand de Magellan war soeben auf den Visayas erschlagen worden. Von seiner ursprünglichen Flotte aus fünf Karavellen waren nur noch zwei seetüchtig, und die erreichten mit großer Mühe jene legendären Molukken-Inseln, wo der größte Reichtum der damaligen Zeit, nämlich die Gewürznelken, kostbarer als Gold, auf den Bäumen wuchsen.

Der Spanier Juan Sebastián de Elcano, der das Kommando der Expedition übernommen hatte, ließ vor dem winzigen Eiland Tidore den Anker setzen und nahm mit dem dortigen Sultan – bis hierhin war der Islam also schon vorgedrungen – Verhandlungen auf. Der Sultan war gern bereit, seine kostbaren Gewürze, darunter auch Pfeffer, Zimt, Vanille und Muskat, an die Fremden zu verkaufen, wenn sie ihm Schutz gewährten gegen seinen Rivalen und unmittelbaren Nachbarn, den ebenfalls muslimischen Sultan von Ternate, dessen ebenso kleines Reich auf einem Vulkanriff mit den Portugiesen paktierte.

Die Lusitanier waren nach Umschiffung des Kaps der Guten Hoffnung und Durchquerung des Indischen Ozeans ihren iberischen Nachbarn zuvorgekommen, hatten bereits auf den Molukken Fuß gefaßt und transportierten mit ihren Schiffen die kostbare Nelkenfracht nach Lissabon.

Nur einer Karavelle Magellans ist – mit Gewürzen überfrachtet – die Heimreise nach Spanien gelungen. Die »Victoria« hatte damit die erste Weltumseglung vollbracht und definitiv bewiesen, daß die Erde eine Kugel ist. Mit dem Erlös der Ladung, die die an Skorbut erkrankten, total erschöpften Matrosen nach Hause brachten, waren die gewaltigen Kosten des Unternehmens Magellan mehr als ausgeglichen. Die unglückliche Mannschaft der vierten Karavelle »Trinidad« konnte die morschen Planken ihres Seglers nicht mehr seetüchtig machen, fiel in die Hände der Portugiesen und endete im Kerker.

Aber die Erben Heinrichs des Seefahrers sollten ihrer fernen Besitzungen nur ein Jahrhundert lang froh werden. Im Jahr 1605 vernichtete die Flotte der »Vereenigde Oostindische Compagnie« mit überlegener Schiffsartillerie das schwache portugiesische Aufgebot bei Tidore und Ambon. Die lange holländische Kolonialherrschaft über Indonesien begann, und nun waren es die »Pfeffersäcke« von Amsterdam, die sich an den magischen Tropengewächsen bereicherten. Nach endlosen Scharmützeln wurde das Königreich Portugal auf den bescheidenen Restbesitz der Osthälfte von Timor abgedrängt, und auf diesem Umweg kommen wir an den Ausgangspunkt dieses Buches zurück.

Welch erstaunliches Spektakel und welcher Wandel der Zeiten. Zwei atlantische Rand- und Kleinstaaten der Europäischen Union unserer Tage – Portugal und Holland – haben in jenen Tagen ihre imperialen Träume, ihre merkantile Gier ungezügelt ausgelebt. Am Ende stand wie ein mörderischer Taifun das kurze japanische Zwischenspiel des Zweiten Weltkrieges. Das Hissen der Fahne mit der roten Scheibe der aufgehenden Sonne über der Molukken-See besiegelte 1942 den letzten Akt einer usurpierten Größe des Abendlandes. »Quis talia fando temperet a lacrimis – Wer vermag sich bei solcher Schilderung der Tränen zu enthalten?« beklagte der Held Aeneas im Epos des Dichters Vergil den Untergang von Troja. Man erlaube auch uns, am Ende dieses bunten Kaleidoskops fernen Weltgeschehens eine historische Träne zu vergießen.

Canto sexto

CHINA

»Zittere und gehorche!«

Der Kaiser und die Hunnen

PEKING, IM JUNI 2007

Also sprach Kaiser Wilhelm II. am 27. Juli 1900 bei der Verabschiedung des deutschen Ostasiatischen Expeditionskorps zur Niederschlagung des Boxeraufstandes im Kaiserreich China:

»Kommt Ihr vor den Feind, so wird derselbe geschlagen! Pardon wird nicht gegeben! Gefangene werden nicht gemacht! Wer Euch in die Hände fällt, sei Euch verfallen! Wie vor tausend Jahren die Hunnen unter ihrem König Etzel sich einen Namen gemacht, der sie noch jetzt in Überlieferung und Märchen gewaltig erscheinen läßt, so möge der Name Deutscher in China auf tausend Jahre dank Euch in einer Weise bestätigt werden, daß es niemals wieder ein Chinese wagt, einen Deutschen scheel anzusehen!«

Der Wortlaut dieser Ansprache klang sogar in den Ohren des damaligen Reichskanzlers Chlodwig zu Hohenlohe-Schillingsfürst so exzessiv, daß er die anwesenden Journalisten auf eine stark verkürzte und abgemilderte Version der »Hunnenrede« verpflichtete. Aber das Unheil war geschehen. Während des Ersten Weltkriegs sollte die britische Propaganda die Hunnen-Metapher aufgreifen und als Symbol für deutsche Barbarei anprangern.

Wilhelm II. hatte sich in Bremerhaven auf die Ermordung des deutschen Gesandten Klemens von Ketteler durch die Aufrührer der Boxerbewegung bezogen. Bei besserer Geschichtskenntnis hätte er gewußt, daß das frühe christliche Abendland vor den asiatischen Horden des Hunnenkönigs Attila – bei den Germanen Etzel genannt – im Jahr 451 auf den Katalaunischen Feldern der Champagne durch eine Koalition von Römern und Westgoten gerettet wurde. Bei zusätzlicher Recherche hätte er erfahren, daß das von ihm bewunderte nomadische Turkvolk der Hunnen – in Fernost als Hsiung Nu bekannt und gefürchtet – schon vor unserer Zeitrechnung immer wieder die fruchtbaren Ebenen des Reichs der Mitte verwüstet hatte, ehe es sich als ungestüme Eroberer und »Geißel Gottes« gegen Westen wandte und entscheidend zur Völkerwanderung der germanischen Stämme beitrug.

Aber was scherte den letzten Hohenzollernherrscher »die Not der Nibelungen«? Das wilhelminische Reich beteiligte sich längst an der geplanten Aufteilung des Reichs der Mitte. Der Kaiser polemisierte hemmungslos gegen die »gelbe Gefahr« und gab ein Gemälde in Auftrag, auf dem die westlichen Völker unter deutscher Führung in heroisierendem Kitsch aufgerufen wurden, ihre »heiligsten Güter« gegen die feindlichen Horden zu verteidigen. Das patriotische deutsche Publikum erbaute sich ebenfalls an der Darstellung deutscher Marinefüsiliere, die zum Sturmangriff gegen die asiatischen Untermenschen ansetzen, nachdem ihnen das beglückende Kommando »The Germans to the Front!« erteilt worden war.

»O tempora, o mores«, mag man einwenden. Das übrige Staatenkonzert der weißen Menschheit stand den Deutschen in ihrer imperialen Expansionssucht ja keineswegs nach. Der Schlußstrich unter die anmaßende europäische Präsenz in China – ein halbes Jahrtausend nachdem die Portugiesen an der Küste von Kwantung ihre Dependenz Macao ausbauten – war erst im Dezember 1999 gezogen worden.

Den Briten war es vergönnt, das Ende dieses ebenso grandiosen wie beschämenden Kapitels europäischer Weltherrschaft mit einem würdigen Finale zu zelebrieren. Unter sintflutähnlichen Monsunböen hatte sich die Wachablösung vollzogen. Eine kleine britische Garde-Einheit holte den Union Jack mit einem quasi liturgischen Ritual ein, während eine Vorausabteilung der chinesischen Volksbefreiungsarmee mit erstarrten Gesichtern und der Gestik von Robotern den letzten Teilfetzen kolonialer Erniedrigung dem Reich der Mitte wieder einverleibte.

Gouverneur Chris Patten gab eine gute Figur ab, während der nasse Sturm ihm ins Gesicht klatschte. Im Platzregen gingen die Tränen verständlicher Trauer und Wehmut unter, die seiner Tochter über das blasse Gesicht rannen. Laut Abkommen mit Peking wurde dem Hafen Hongkong und der Halbinsel Kowloon ein Sonderstatus eingeräumt. Dem letzten Repräsentanten der britischen Krone war es gelungen, für die Einwohner des ehemaligen Empire-Juwels einige parlamentarische Sonderprivilegien durchzusetzen, an deren Gewährung zur Zeit der Kolonialherrschaft keine Regierung im fernen London jemals gedacht hätte.

Die Militärpräsenz der Deutschen im Reich der Mitte war schon nach Ausbruch des Ersten Weltkriegs zu Ende gegangen. Der verzweifelte Widerstand der kleinen kaiserlichen Garnison von Qing Dao brach im Feuer der anstürmenden Japaner zusammen. Diese Episode wurde in dem Erlebnisbericht *Der Flieger von Tsingtau* festgehalten, den die meisten Pennäler der Weimarer Republik gelesen haben dürften.

In den zwanziger Jahren hatte sich die Reichswehr von den wilhelminischen Vorurteilen schnell befreit und gewährte dem Generalissimo Tschiang Kaischek und seiner Kuomintang-Armee intensive Ausbildungshilfe. Vorübergehend stand diese strategische Kooperation unter dem Befehl des Generals von Seeckt. Als die Nationalsozialisten sich jedoch für eine enge Allianz mit Japan entschieden und die fernöstlichen Untertanen des Tenno aufgrund ihrer kriegerischen Bravour gewissermaßen zu »Ehrenariern« erklärten, wurden die Beziehungen zur chinesischen Nationalregierung, die sich aus Nanking in die unzugängliche Yangtse-Metropole Tschungking abgesetzt hatte und engsten Kontakt zu den USA pflegte, jäh abgebrochen.

Nach der Machtergreifung Mao Zedongs tat sich die Bonner Republik besonders schwer mit der Anerkennung der kommunistischen Volksrepublik. Es war vor allem dem diplomatischen Geschick und der profunden Landeskenntnis der Botschafter Erwin Wickert und Konrad Seitz zu verdanken, daß Westdeutschland sich zu einer realistischen Einschätzung des immensen Potentials dieses erwachenden Giganten durchrang. Von seiner China-Visite kehrte der damalige Bundeskanzler Kurt Georg Kiesinger mit dem von vielen belächelten Ausspruch zurück: »Ich sage nur China, China, China!«

Helmut Schmidt bewies in seiner Regierungszeit die ihm eigene staatsmännische Weitsicht, als er in der Abgeschiedenheit des Zhongnanhai den kaum noch verständlichen Äußerungen des halb gelähmten »Großen Steuermanns« aufmerksam lauschte. Helmut Kohl wiederum ließ sich durch das Protestgeschrei der Tibet-Lobby nicht hindern, seinen Staatsbesuch im Reich der Mitte durch einen Abstecher in die Autonome Region Tibet abzurunden und den Erben Mao Zedongs mit dem Pragmatismus zu begegnen, der ihn charakterisierte.

Worauf sich die an Sinophobie grenzende Abneigung zurückführen läßt, die immer wieder in den Reden deutscher Politiker und in den Kolumnen deutscher Journalisten aufkommt, ist schwer zu erklären. Bundeskanzler Schröder hätte sich am liebsten über das Lieferverbot moderner Waffensysteme an die Volksbefreiungsarmee resolut hinweggesetzt, aber er konnte seine ohnehin gespannten Beziehungen zur Administration George W. Bushs nicht unbegrenzt strapazieren.

Seine Nachfolgerin Angela Merkel hingegen huldigte der »political correctness«, wie sie von Washington vorgegeben war. Sie versäumte keine Gelegenheit, den roten Mandarinen von Peking ins Gewissen zu reden, sie mit erhobenem Zeigefinger auf die Einhaltung demokratischer und humanitärer Normen zu verweisen, denen die deutsche Diplomatie in anderen, weit skandalöseren Fällen nur geringe Bedeutung schenkte. Die Kanzlerin fühlte sich einer »werteorientierten Außenpolitik« verpflichtet und war sich offenbar nicht bewußt, daß außerhalb des nordatlantischen Kulturkreises eine Reihe wirtschaftlich und machtpolitisch aufstrebender »Schwellenländer« über ganz andere gesellschaftliche Kriterien und Traditionen verfügen, um den Fortschritt und das Erstarken ihrer Völker zu forcieren.

Am Beispiel Chinas offenbart sich mit betrüblicher Deutlichkeit, in welchem Ausmaß den Europäern und Amerikanern das geschichtliche Bewußtsein abhanden gekommen ist. Die Fehldiagnose des Politologen Fukuyama vom »End of History« war auf allzu fruchtbaren Boden gefallen. So begegnet die westliche Welt dem phänomenalen Aufstieg Chinas in den Rang der zweiten Weltmacht mit einem Gemisch aus Arroganz und Mißgunst. Noch halten allzu viele »Experten« an der Vorstellung fest, sie hätten es bei den 1,3 Milliarden Angehörigen der Han-Rasse mit einer unterentwickelten, allenfalls zum Plagiat westlicher Errungenschaften befähigten Menschheitsgattung zu tun. Auf der anderen Seite erzeugt die explosive Dynamik Chinas wachsende Furcht, ja die Ahnung des eigenen Rückfalls in unerträgliche Mittelmäßigkeit.

Unter den Epigonen der letzten chinesischen Mandschu-Dynastie hatte das Reich der Mitte den Anschluß an die Moderne verpaßt, erlag während einer Zwischenphase von 100 bis 150 Jahren einer tragischen Dekadenz. Der Drachenthron hatte sich dem Wahn hingegeben, der unübertreffliche Mittelpunkt der Welt zu sein. Durch diese Selbstüberschätzung geblendet, versäumte China die längst fällige Anpassung seiner gesellschaftlichen und produktiven Kapazitäten an die industrielle Revolution, während das imperiale Japan die Meiji-Erneuerung einleitete, die es ihm erlaubte, den weißen Hegemonialmächten des ausgehenden neunzehnten Jahrhunderts von gleich zu gleich zu begegnen.

Konfuzius und die Aufklärung

Um die ungeheuerliche Bedeutung des Wandels zu begreifen, den die Erben Mao Zedongs nach dem Ableben dieses genialen und fürchterlichen Revolutionärs vollzogen, bedarf es eines Rückblicks, der über mehrere Jahrzehnte hinausreicht. Selbst zum Zeitpunkt ihrer tiefsten Erniedrigung, als die gewaltige Landmasse zwischen Shanghai und Urumqi den begehrlichen Aufteilungsabsichten der europäischen Kolonialmächte hilf- und wehrlos ausgeliefert schien, hatte sich bei dieser wimmelnden Bevölkerungsmasse niemals irgendeine Form von Minderwertigkeitskomplex eingestellt, jenem Gefühl genetischer Unterlegenheit, das den unbefangenen und konstruktiven Umgang mit manch anderen Völkerschaften der »Dritten Welt« mit schier unüberwindlichen Vorbehalten belastet. Selbst in den Augen des hungerleidenden chinesischen Rikschakulis in den internationalen Konzessionen am Huangpu blieb der weiße »Taipan« – so macht- und reichtumstrotzend er auftreten mochte – ein ungeschliffener Barbar.

Noch im Jahr 1972, als ich zum ersten Mal mit offizieller Erlaubnis die lange Strecke zwischen Peking und Kanton im Eisenbahnwaggon bereiste, wurde dem wißbegierigen Ausländer ein Schauspiel geboten, dessen erdrückende symbolische Bedeutung sich erst in jüngster Vergangenheit in vollem Umfang offenbarte. Die große proletarische Kulturrevolution war zu jenem Zeitpunkt abgeflaut, aber sie bestimmte immer noch den Regierungskurs.

In Shanghai hatte unser offizieller Begleiter gleich am Tag der Ankunft uns zu jenem kleinen Park am Huangpu-Fluß geführt, dessen Zugang zur Zeit der internationalen Konzession angeblich durch ein Schild versperrt war: »Hunden und Chinesen verboten«. Im Hintergrund der Grünanlage erhoben sich die wuchtigen Mauerwerke der Banken und Geschäftshäuser des »Bund« zu jener pompösen Kulisse, wie sie nur das britische Empire in ein paar Hauptstädten Asiens hinterlassen hat. Am frühen Morgen hatten wir dort eine überwiegend ältliche Riege von Gymnasten gefilmt, die – das konzentrierte Gesicht der aufgehenden Sonne zugewandt, ganz in Blau gekleidet – die zirkulär langsamen, beschwörerisch und weihevoll wirkenden Bewegungen des Tai Chi ausführten. Diese Leibesübungen waren aus fernster chinesischer Vergangenheit überliefert. Sie waren dem uralten taoistischen Streben nach langem Leben und Harmonie entliehen und wurden vom dröhnenden Rhythmus der Hymne »Der Osten ist rot« untermalt. Dieser Triumphgesang ist heute seltsamerweise aus dem Angebot revolutionärer chinesischer Musik verschwunden. Die ehemaligen Trutzburgen des westlichen Kapitalismus an der Uferfront des Bund, die seinerzeit alles zu beherrschen schienen, sollte man heute, nach dem fieberhaften Ausbau einer monströsen, fast furchterregenden Skyline auf der ins Meer getriebenen Halbinsel Pudong, aus schwindelnder Höhe betrachten. Die Hochhäuser von einst sind auf die Dimension eines Spielbaukastens geschrumpft.

Nach relativ kurzer Unterbrechung findet China wieder zu jenem erhabenen Rang zurück, der ihm seit vier Jahrtausenden zusteht. »La Chine plus vieille que l'histoire«, formulierte Charles de Gaulle – »Suche die Wissenschaft bis hin nach China! – utlub el 'ilm hatta fi Sin«, heißt es in der Überlieferung des Propheten Mohammed. Zu dessen Lebzeiten hätte man eine entsprechende geistliche Bereicherung vergeblich im christlichen Abendland gesucht.

Die Päpste des Mittelalters waren sich der Bedeutung dieses geheimnisvollen Imperiums bewußt. Immer wieder hatten sie den Versuch unternommen, durch die Entsendung kirchlicher Emissäre an den Hof von Peking, wo damals die mongolische Yuan-Dynastie residierte, ein Bündnis gegen die rasante Ausbreitung der islamischen »Futuhat« zu schmieden, die sich des Grabes Christi bemächtigt hatten. Schon dehnte sich der unaufhaltsame Eroberungsritt der Muselmanen rund um das Mittelmeer, ja bis nach Zentralasien aus. Die Bemühungen des Heiligen Stuhls sind allesamt gescheitert. Der staunende Okzident blieb in seiner Kenntnis der blühenden Zivilisation zwischen den Strömen Hoang Ho und Yangtsekiang im wesentlichen auf die umstrittenen und extravaganten Reiseschilderungen Marco Polos angewiesen.

Eine wirkliche Verbindung zwischen dem Stellvertreter Christi in Rom und dem chinesischen Himmelssohn in Peking kam erst zustande, als der Jesuitenorden seine hochgebildeten Emissäre über Macao in die Verbotene Stadt entsandte. Noch heute gibt die Sternwarte des italienischen Paters Ricci – von der kolossalen Silhouette der chinesischen Hauptstadt fast erdrückt – Kunde vom Bemühen der Societas Jesu, auf dem Wege eigener, zumal astronomischer Wissenschaft Rang und Ansehen in einer exotischen Umgebung von Höflingen, Feldherren, Kurtisanen und Eunuchen zu finden. Manche von ihnen, so der Pater Schall aus Köln, wurden mit den höchsten Würden des Mandarinats ausgezeichnet. Sogar auf dem Gebiet der Kriegskunst suchte sich die Gesellschaft Jesu unentbehrlich zu machen, indem sie ihrem Gastvolk, das das Pulver längst erfunden hatte, das Gießen von Kanonen beibrachte, um die Nomadenvölker der nördlichen Steppe besiegen zu können, die sich wieder einmal anschickten, den Drachenthron zu erobern und der erlahmenden Ming-Dynastie den Todesstoß zu versetzen.

Um die Umgebung des Papstes für ihre Missionsarbeit zu gewinnen, hatten die Jünger des Ignatius von Loyola ein überaus positives, fast idyllisches Bild vom Reich der Mitte entworfen. Ihr Ehrgeiz war auf die Bekehrung des Kaisers von China zum katholischen Glauben gerichtet, in der Annahme, daß die Hinwendung seiner zahllosen Untertanen zur Botschaft des Kreuzes dann nur noch Frage eines imperialen Erlasses wäre.

Die Societas Jesu hat verzweifelt versucht, die starren, dogmatischen Vorstellungen der Renaissancepäpste zu durchbrechen und insbesondere den Ahnenkult, der für das konfuzianische China unverzichtbar war, nach bewährter kasuistischer Methode mit der Heiligenverehrung der Katholizität in Einklang zu bringen. Die Jesuiten sind nicht nur an der Weigerung Roms gescheitert, dieser exotischen Abschweifung nachzugeben. Ihr ganzes Konzept war möglicherweise verfehlt. Abgesehen von einer Reihe hoher Würdenträger, die sich taufen ließen, verharrte der Hof in der unwandelbaren Rigidität der konfuzianischen Sittenlehre und ihrer pedantischen Riten. Selbst die Mandschu-Eroberer, die sich, kaum dem Barbarentum entronnen, auf dem Drachenthron einrichteten, unterwarfen sich den uralten Regeln des Meisters Kong, ja praktizierten seine Vorschriften mit dem Eifer von Neophyten.

Die Berichte der Jesuiten hatten die päpstliche Riten-Kongregation nicht umgestimmt. Im Jahr 1742 setzte Papst Benedikt XIV. mit seinem kategorischen Edikt einen Schlußstrich unter diese fernöstliche Akkulturation und verbaute damit möglicherweise eine einmalige Missionierungschance der Geschichte. Paradoxerweise fanden die frommen Patres eifrige, begeisterte Lehrer unter ihren schärfsten ideologischen Gegnern, den kirchenfeindlichen Philosophen und Dichtern der Aufklärung. In ihrem Bemühen, abendländisches Interesse für das Reich der Mitte zu wecken, Subventionen und Anerkennung für ihre entsagungsvolle Tätigkeit in Peking zu gewinnen, war das Reich der Mandschu-Kaiser, das bereits im achtzehnten Jahrhundert mit vielen Kennzeichen des Verfalls und der geistigen Sklerose behaftet war, von den europäischen Geistlichen als eine ideale Gelehrtenrepublik platonischen Zuschnitts beschrieben worden.

Der Kaiser thronte lediglich als wohlwollendes Symbol erdentrückter Despotie über ihr, während der Stand der Krieger, der im spätfeudalen Europa hohes, fast exklusives Ansehen genoß, bei den Söhnen des Himmels auf der untersten Gesellschaftsstufe rangierte und sich keinerlei Achtung bei jenen Gebildeten erfreute, die die höchste Autorität innehatten. Daß in Peking das Erlangen mandarinaler Würden an das Bestehen von philosophischen, ja literarischen Examina gebunden war, die – theoretisch zumindest – jedem begabten Untertan des Kaisers offenstanden, daß die Rangordnung der hohen Verwaltung einer »Meritokratie« entsprach, von der im damaligen Europa kaum jemand zu träumen wagte, schürte zusätzliche Begeisterung.

Die Aufklärung des achtzehnten Jahrhunderts entdeckte ein utopisches Spiegelbild ihrer eigenen Wunschvorstellungen in jenem fernen Imperium des Ostens, das Europa bereits mit seinen Porzellanfiguren entzückte. Die Mode der »chinoiseries« erfreute die Höfe des Abendlandes. Friedrich der Große ließ im Park von Sanssouci einen chinesischen Pavillon errichten, und die Philosophen

– Leibniz, Voltaire und Fénelon an der Spitze – waren des Lobes voll für eine asiatische Staatsform, die Friedfertigkeit, Toleranz, geistige Harmonie und vor allem die Priorität der Gebildeten zu garantieren schien. Konfuzius, der alte Lehrmeister, der fünfhundert Jahre vor Christus den Söhnen des Drachen den Weg des Einklangs zwischen Himmel und Erde gewiesen hatte, wurde an hervorragender Stelle in das Pantheon der »Lumières« eingereiht.

Wie plötzlich und unerbittlich der Verfall eines Imperiums ablaufen kann, das sich eben noch als Zentrum des Universums betrachtete, dem alle anderen mehr oder minder barbarischen Potentaten sich nur mit Geschenken und Huldigungen als Vasallen nähern konnten, wurde unter der späten Qing- oder Mandschu-Dynastie auf geradezu exemplarische Weise vorgeführt. Noch im Jahr 1793 hatte der letzte große Kaiser Qian Long von dem Botschafter Seiner britischen Majestät Lord Macartney, der ein für beide Seiten vorteilhaftes Handelsabkommen aushandeln wollte, verlangt, daß er sich dem demütigenden Ritual des Kotau, dem dreimaligen Niederknien mit jeweilig dreimaliger Verbeugung bis zum Boden, unterwürfe, was der Beauftragte Londons resolut ablehnte.

Unter Qian Long hatte die lange Kette kaiserlicher Herrlichkeit noch einmal einen Höhepunkt erreicht. Er hatte die heutigen Autonomen Regionen der Volksrepublik – die Mongolei, Ost-Turkestan und vor allem auch Tibet – unter die Autorität seines Drachenthrones gebracht. Sechzig Jahre lang hatte er regiert, und es war ihm gelungen, seinen Untertanen jene verheerenden Bürgerkriege und Bauernaufstände zu ersparen, die die Grundfesten des Staatsgebäudes in vier Jahrtausenden immer wieder erschüttert hatten. Als Folge dieser Friedensperiode und einer klugen Agrarpolitik hatte sich die Bevölkerung Chinas von 150 Millionen Menschen auf das Doppelte, 300 Millionen, vermehrt. Zur gleichen Zeit verfügte England über ganze acht Millionen Einwohner.

Dennoch war der Niedergang vorprogrammiert, wie der französische Schriftsteller und Politiker Alain Peyrefitte in seinem Buch *L'Empire immobile* (Das unbewegliche Reich) wenige Wochen vor den tragischen Ereignissen am Platz des Himmlischen Friedens im

Jahr 1989 schrieb. Kaiser Qian Long hatte – von langer Herrschaft ermattet – auf den Himmelsthron verzichtet. Er war sich bei aller Glorie seines Regnums wohl bewußt geworden, daß er einem verkrusteten, in steriler und immobiler Tradition erstarrten System verhaftet blieb, während Europa in einer Phase ungestümer industrieller Revolution und strahlender Fortschrittsgläubigkeit davonstürmte. Das Aufeinandertreffen von zwei so unterschiedlichen Kulturen war von vornherein entschieden.

Es gehörte bis dahin zum Wesen Chinas, daß es ganz auf Beharrung ausgerichtet war. Konfuzius hatte bei der Dekretierung seines Gesellschaftsmodells, das – fern von aller Metaphysik – auf das harmonische Zusammenleben der Menschen unter festgefügten Autoritäten und Regeln ausgerichtet war, stets nach rückwärts geblickt, auf eine legendäre Vergangenheit, auf das »Goldene Zeitalter« der mythischen Dynastien Shang und Zhou, deren Perfektion es wiederherzustellen galt.

Das Abendland hingegen – an erster Stelle das Königreich England, das mit der protestantischen Reformation, mit dem Ausbau seiner welterobernden Flotte, dem Aufkommen einer dynamischen Ethik von Handel und Bereicherung sich schon auf eine technische Revolution zubewegte – blickte gebannt auf die Zukunft und widmete sich der Erfüllung seiner »great expectations«.

Niemals hat sich der westliche Imperialismus so skrupellos und raffgierig dekuvriert wie bei dem Opiumkrieg 1839. Das wesentliche Ziel Londons war es, den gewaltigen chinesischen Markt für den ungehemmten Import und Konsum des Rauschgiftes zu öffnen, das die britische East India Company auf ihren Plantagen in Indien produzierte. Den englischen Händlern ging es darum, das Handelsdefizit, das vor allem durch den Ankauf von chinesischem Tee und chinesischer Seide entstand und sich laufend zu Ungunsten der Briten vergrößerte, dank des tödlichen Kompensationsgeschäftes auszugleichen.

Bei dieser Gelegenheit war den Söhnen des Himmels zum ersten Mal ihre groteske militärische Unterlegenheit vor Augen geführt worden. Aber es sollte ein volles Jahrhundert vergehen, ehe die kommunistischen Umstürzler, auf die revolutionäre Inbrunst ihrer Volksbefreiungsarmee gestützt, die letzten Spuren dieser Unterjochung auslöschten. Schneller noch als der Absturz in eine schändliche Unterwürfigkeit, die durch die Greuel der japanischen Besatzung vor Ausbruch des Zweiten Weltkrieges ins Unerträgliche gesteigert wurde, hat sich dann das fulminante Wiedererstarken des Reiches der Mitte vollzogen. Der Westen mag vor allem die erbarmungslose kommunistische Tyrannei und deren fürchterliche Hekatomben der Revolution Mao Zedongs in Erinnerung behalten. Die Masse der heute lebenden Chinesen bewertet diesen radikalen Umbruch als positive geschichtliche Leistung. Mao schuf die Voraussetzungen dafür, daß die von ihm gegründete, von Deng Xiaoping gründlich reformierte Volksrepublik sich neuerdings anschickt, die Vereinigten Staaten von Amerika aus ihrer hegemonialen Rolle als einzig verbliebene Supermacht zu verdrängen.

Wer sich heute über die Annexion und Gleichschaltung Tibets durch Peking entrüstet, sollte zudem bedenken, daß die Qing-Dynastie schon im Jahr 1720 ihr Protektorat über das Dach der Welt verhängte. Wenn in der Folge der bizarre Mönchsstaat der Dalai Lama nicht dem britischen Empire angegliedert wurde, das über den Himalaya nach Norden ausgriff, so war das lediglich dem Erlahmen jenes »great game« zu verdanken, das sich London und Sankt Petersburg in schwindelnder Gletscherhöhe um die Kontrolle Zentralasiens lieferten.

»Dem Volke dienen!«

Lhasa, im Juni 2007

Am Flugplatz Lhasa wartet eine Gruppe von Mädchen in der tibetischen Schürzentracht, um den Reisenden, die aus Xian ankommen, einen weißen Seidenschal um den Hals zu winden. Es ist die gleiche Geste, mit der auch der Dalai Lama seine Gäste und Gesprächspartner ehrt. Ich nehme allerdings an, daß die von ihm überreichte Gabe in kostbarerer Qualität gewoben ist. Jedenfalls sollte bei den Ankömmlingen der Eindruck erweckt werden, daß die Autonome Region Tibet auch unter der Souveränität der Chinesischen Volksrepublik ihre eigenen Riten und Bräuche beibehält. Als Begleiterin und Dolmetscherin hat sich mir in Xian eine junge, attraktive Chinesin namens Fangyi Tian zugesellt. Mit ihrem modisch geschnittenen Pagenkopf und der hellen Elfenbeinhaut verkörpert sie die junge, ehrgeizige Aufsteigergeneration, die sich in gewähltem Mandarin ausdrückt. Um ihre Deutsch- und Englischkenntnisse ist es leider nicht so gut bestellt, aber sehr schnell kommt zwischen uns – bei aller Distanz, die sie wahrt – spontane Sympathie auf.

Ursprünglich hatte ich die Reise nach Lhasa mit jener Eisenbahn zurücklegen wollen, die die chinesischen Planer – allen Einwänden ausländischer Experten zum Trotz – erfolgreich über eine lange Permafrost-Strecke in die Höhe von 5000 Metern geführt hatten, eine Leistung, die die Bundesbahndirektion schwerlich erbringen könnte. Aber über das Abteil, das ich für mich allein reserviert hatte, um nicht dem fröhlichen Lärm chinesischer Familien ausgesetzt zu sein, war offenbar in Peking anderweitig verfügt worden. Doch ich sollte, wie man mir zusicherte, bei meiner Rückkehr von Lhasa nach Peking dieses Wunderwerk der Technik benutzen können.

Die Mehrzahl der Ankömmlinge waren chinesische Touristen, wie sich an ihrem Outfit erkennen ließ. Sie erwarben gleich nach Ankunft eine Anzahl Sauerstoffbehälter aus Blech und hielten die Nase an deren Plastiköffnung. In 4000 Meter Höhe war das keine überflüssige Vorbeugung, wie ich selbst an meinem erschwerten Atmen feststelle. Die tibetische Hauptstadt Lhasa ist mir nicht unbekannt. Ich hatte sie bereits im Sommer 1981 dank einer seltenen Genehmigung aufsuchen können und war damals vor meinem Abflug aus Chengdu auf meine Höhentauglichkeit getestet worden.

In knapp dreißig Jahren hat sich auf dem Dach der Welt so manches verändert. Anstelle der Baracke, die einst als Airport diente, ist eine jener eleganten Luxusanlagen entstanden, mit denen inzwischen alle größeren chinesischen Provinzstädte ausgestattet sind. Die Anfahrt zu unserer damaligen Behausung, einer bescheidenen Herberge, hatte ich nicht so lange in Erinnerung. Wir benutzen die vierspurige, perfekte Autobahn auf einer Strecke von über siebzig Kilometern.

War mir Lhasa seinerzeit als eine begrenzte Ansammlung niedrig geduckter Wohnstätten in gebührendem Abstand von dem gewaltigen, alles beherrschenden Potala-Palast erschienen, so haben sich jetzt moderne Zweckbauten bis in die unmittelbare Nachbarschaft dieser immer noch imponierenden Burg des Dalai Lama gedrängt. Ringsum herrscht geschäftiges Treiben, und mir fällt auf, daß die chinesischen Inschriften in größeren Zeichen ausgeführt sind als die darunter befindlichen Hinweise in tibetischer Sprache.

Meiner Gefährtin Fangyi hat sich gleich nach der Ankunft ein tibetischer Reiseführer zugesellt. Dessen Gesicht ist aufgrund der rauhen Höhenlage in ähnlich rötlicher Bronzefarbe getönt, wie man sie bei den indianischen Andenvölkern in Lateinamerika antrifft. Er stellt sich als Wang Chuk vor und drückt sich in kaum verständlichem Englisch aus. Die Chinesin und der Tibeter verkehren höflich miteinander, aber irgendwie spüre ich, daß sie zwei verschiedenen Welten angehören.

Das Luxushotel Jingcheng, in dem ich ein supermodernes, etwas unpersönlich wirkendes Zimmer beziehe – auf dem großen Flachbildschirm kann ich sogar, wie ich sofort nachprüfe, ausländische Sender, darunter CNN, empfangen –, ist leider abseits von der großen Durchgangsstraße in einem Hinterhof gelegen. Mit etwas Wehmut erinnere ich mich an meine karge Unterkunft des Jahres 1981, die weit außerhalb von Lhasa lag, vor deren Brüstung jedoch der vierzehn Stockwerke hohe weiße Palast des Gottkönigs in einsamer Herrlichkeit wie eine exotische Gralsburg aus dem Morgennebel auftauchte.

Es besteht kein Zweifel, daß sich die Pekinger Volksrepublik, nachdem der Verwüstungswahn der roten Kulturrevolution die meisten Klöster zerstört, die rot gewandeten Lamas auf grausame

Weise gequält und unersetzliche Kleinodien vernichtet hatte, zu einer gewaltigen Wiederaufbau- und Modernisierungsleistung aufgerafft hat. Es wehen zwar überall die roten Fahnen Mao Zedongs mit den fünf Sternen, aber auch die bunten Tuchfetzen, die, an langen Stangen befestigt, durch ihre ständige Bewegung im Wind die buddhistischen Gebetsformeln unaufhörlich wiederholen sollen – ähnlich, wie das bei den Gebetsmühlen in den Händen der Gläubigen der Fall ist –, ragen hoch auf. Lhasa ist zu einer recht banalen Stadt geworden. Die inbrünstige Frömmigkeit scheint sich auf das eng verschachtelte alte Gassengewirr zu konzentrieren. Aus ihm leuchtet das goldene Dach des ehrwürdigsten tibetischen Heiligtums, des 1300 Jahre alten Jokhang-Tempels, wie ein Magnet heraus, der weiterhin Scharen von Pilgern anzieht. Die frommen Jünger Gautamas haben meist beachtliche Entfernungen zurückgelegt und – immer wieder lang auf dem Boden ausgestreckt – sich mühselig fortbewegt. In tiefer Ehrfurcht umkreisen sie die mystische Weihestätte in unermüdlicher körperlicher Anstrengung.

Ich bin wohl an diesem Tag der einzige Europäer, der in dem Labyrinth von Altären verweilt und sich von den unzähligen Darstellungen von Buddhas und Bodhisattvas beeindrucken läßt. Die immer noch zahlreichen, in ständiger Bewegung befindlichen Mönche nehmen keine Notiz von mir, und ich bewege mich laut Vorschrift im entgegengesetzten Uhrzeigersinn um die Statue des Buddha Shakyamuni. Das Kunstwerk aus purem Gold hatte der Überlieferung zufolge die Prinzessin Wen Cheng aus der chinesischen Tang-Dynastie als Hochzeitsgeschenk mit sich geführt, als sie den damaligen tibetischen König Songtsen Gampo heiratete.

Ich erwähne diese Episode nicht, um mich einer ausführlichen Tibet-Beschreibung zu widmen, zu der mir die Voraussetzungen fehlen, sondern weil die heutigen Machthaber in Peking mit dieser Eheschließung ihren Anspruch auf die Einverleibung Tibets in die Volksrepublik begründen. Die Besitznahme, die Kaiser Qian Long um die Mitte des achtzehnten Jahrhunderts vornahm, erscheint daneben als ein weniger romantisches, dafür aber realpolitisch gewichtiges Argument für die Erweiterung des Reichs der Mitte bis zum Himalaya. In den zahllosen Buden und Läden im Umkreis des Jokhang-Tempels werden kitschige Devotionalien feilgeboten. Die Zeit, als dem Reisenden noch echte Tankas verkauft wurden, grell gefärbte Darstellungen aus jener furchterregenden Dämonenwelt, die für die tantrische Form des tibetischen Buddhismus bezeichnend ist, gehört längst der Vergangenheit an. Mir fällt die Überzahl von Han-Chinesen auf, die nicht nur an ihrer hellen Hautfarbe als ethnische Fremdkörper zu erkennen sind. Natürlich mangelt es nicht an Polizisten in grasgrüner Uniform mit den breiten goldenen Tressen. In erdrückender Zahl bewegen sich die chinesischen Touristen in der für sie exotischen Umwelt. Sie photographieren mindestens so intensiv und unaufhörlich wie japanische Ferienreisende. Unter der Führung ihrer Gruppenleiter hüten sie sich zwar, sich in den bizarren Heiligtümern unziemlich aufzuführen, aber irgendwie beobachten sie die vom Gipfelsturm, der eisigen Höhenluft und einer kargen Existenz gezeichneten Einheimischen mit einem angeborenen Gefühl kultureller Überlegenheit, mit ähnlichem Abstand wie weiße Amerikaner die überlebenden Indianer in ihren Reservaten.

Auch die gescheite Fangyi steht der fremden Umgebung recht verständnislos gegenüber, und ich habe von ihr – abgesehen von ein paar Propagandasprüchen, die die enge Verbundenheit der Autonomen Region mit der brüderlichen Volksrepublik betonen – keinerlei befriedigende Auskunft über Land und Leute erhalten können.

Wie viele Einwohner heute in Lhasa leben, lautete eine meiner ersten Fragen. In den Reiseführern war die Zahl von 200 000 Menschen angegeben, aber das entspricht nicht den Aussagen meiner Begleiter. Der Tibeter Wang Chuk nennt die Zahl 40 000, wird jedoch von Fangyi belehrt, die Bevölkerung Lhasas beziffere sich auf 100 000. Wang Chuk findet für diesen Widerspruch eine hintergründige und aufschlußreiche Erklärung: »Das mag stimmen«, räumt er ein, »es leben hier eben nur 40 000 Tibeter, aber 60 000

Chinesen.« Bei dieser Gelegenheit stelle ich fest, daß die beiden sich nur mit großen Schwierigkeiten auf Chinesisch verständigen können, so daß sie meist auf ihr relativ bescheidenes Englischvokabular zurückgreifen, um miteinander zu kommunizieren.

An rotgewandeten Lamas fehlt es nicht im Stadtbild. Vor allem sind sie zu Hunderten in den riesigen Monasterien am Stadtrand zu finden. Nicht weit davon entfernt hat die Volksbefreiungsarmee eine im chinesischen Stil gebaute, durch hohes Mauerwerk geschützte Kaserne errichtet. Durch das Eingangstor erkenne ich den einzigen chinesischen Schriftzug, den ich zu entziffern vermag. Ich hatte ihn als Titel meiner ersten Fernsehdokumentation über das China der späten Kulturrevolution verwendet, und die Losung des Großen Vorsitzenden, die der Volksbefreiungsarmee immer noch die Richtung weist, lautet:»Dem Volke dienen!«

Auch in Lhasa werden umfangreiche Vorbereitungen getroffen für die Olympiade, die im August 2008 stattfinden und in Tibet durch einen spektakulären Höhepunkt eingeleitet werden soll. Das Olympische Feuer ist dann tatsächlich von einer Bergsteigermannschaft auf den Gipfel des Mount Everest getragen worden. Im gelegentlichen Gespräch mit sprachkundigen Funktionären des Reisebüros, die mir ansonsten durch geschniegelte Eleganz und einen in China ganz ungewöhnlichen Mangel an Respekt vor meinem hohen Alter unangenehm auffallen, erfahre ich, mit welch ungestümem Geltungsbedürfnis, mit welch patriotischem Triumphgefühl die Masse der Han-Chinesen – ganz unabhängig von ihrer politischen Ausrichtung – diesem sportlichen Weltereignis und dem erwarteten Regen an Goldmedaillen entgegenfiebern. Auf die Olympiade von Peking konzentrierte sich bereits der geballte Ehrgeiz des Imperiums.

Sperrzone am Himalaya

Das eigentliche Ziel meiner Tibetreise in diesem Sommer 2007 gilt der Erkundung der neuen Verbindungswege, die über den Taple-Paß im Himalaya in Richtung Indien ausgebaut wurden. In Peking war die Rede davon, die Zugverbindung, die Lhasa erreicht hat, bis zur Grenze des ehemals unabhängigen Fürstentums Sikkim zu führen und, wenn möglich, eine Allwetterverbindung von Autobahn und Schienen in Richtung auf die Häfen Bengalens, zumal Kalkutta, zu realisieren. Ein solch organischer Kommunikationsstrang besäße auch den Vorteil einer terrestrischen Transportmöglichkeit, die den langwierigen und eventuell problematischen Seeweg durch die Straße von Malacca drastisch verkürzen und jedem fremden Zugriff entziehen würde.

Die Indische Union hat auf diese chinesische Progression an ihrer Nordgrenze bislang äußerst zögerlich reagiert. Zwar führt noch eine winzige Eisenbahn in das Hochland von Darjeeling und dessen Teeplantagen, wo einst die Briten Zuflucht vor der erdrückenden Monsunschwüle Calcuttas suchten. Ganz unbedenklich für Indien wäre diese enge Verknüpfung aber nicht. Während die Welt sich über die Annexion Tibets durch Mao Zedong entrüstete, hatte die im Westen hochverehrte Ministerpräsidentin der Indischen Union, Indira Gandhi, die Tochter Nehrus, ohne viel Aufhebens den König von Sikkim aus seiner bizarren Hauptstadt Gangtok vertrieben. Sie hatte die Auflehnung der dort lebenden buddhistischen Bevölkerung gegen die Einverleibung in einen überwiegend hinduistischen Staatsverband ignoriert und in den Klöstern, die der Verehrung Gautamas geweiht waren, ihre Soldaten stationiert. Ich hatte mich persönlich von dieser militärischen Okkupation, die der Präsenz der chinesischen Volksbefreiungsarmee in Tibet in nichts nachstand, im Sommer 2006 an Ort und Stelle überzeugen können.

Es gibt für den Generalstab in Delhi noch zusätzliche Gründe, in dieser undeutlich definierten Grenzregion einen allzu engen Schulterschluß mit den Chinesen zu vermeiden. Nicht nur in Sikkim herrscht Unzufriedenheit mit der Bevormundung durch die fremde Besatzung. Südlich davon ist die gewaltige Kontinentalmasse der Indischen Union nur durch einen schmalen Territorialschlauch von knapp 100 Kilometern Tiefe mit seinen östlichsten Provinzen und Teilstaaten Assam, Nagaland und Arunachal Pradesch verbunden, wo seit Jahrzehnten ein Zustand rebellischen Aufruhrs gärt. Für ausländische Reisende sind diese Territorien gesperrt.

Jenseits des erwähnten Korridors befindet sich bereits die Nordgrenze von Bangladesch, dessen muslimische Bevölkerung auf engstem Platz zu ersticken oder im Gangesdelta zu ertrinken droht. Seit der »partition« des Subkontinents im Jahr 1947 hatte Ost-Bengalen zwar seine Verselbständigung von Pakistan vollzogen, aber die Bangladeschi schüren weiterhin tiefe Ressentiments gegen die hinduistischen Erbfeinde von West-Bengalen.

*

Meine Überlandreise führt mich längs der Gletscherketten und der gleißenden Gipfel des Himalaya zu dem berühmten Lama-Kloster von Shigatse, dessen Besuch mir 1981 verweigert worden war. Inzwischen sind in der gewaltigen, stufenförmig angelegten Tempelanlage die Verwüstungen der Kulturrevolution und ihrer Rotgardisten beseitigt, und das erbauliche klösterliche Leben der Bonzen ist – auf den ersten Blick – wiederhergestellt. Nicht von ungefähr befindet sich auch hier eine respektgebietende Kaserne der Volksbefreiungsarmee in unmittelbarer Nachbarschaft.

Breite Autobahnen schlängeln sich zwischen Abgründen und überhängenden Felswänden. In den flachen Regionen des Hochlandes, wo seinerzeit nur Yak- und Schafherden der Nomaden weideten, ist mit Hilfe von Staudämmen Agrarland geschaffen worden. In der rauhen Steppe von einst werden jetzt Getreide, Raps, Citrusfrüchte und sogar Reis angebaut. Den eisigen Stürmen begegnet man mit der Anpflanzung weit ausgedehnter Forstgebiete. Auch Industrieanlagen sind aus dem spröden Boden gewachsen.

Es entstanden langgezogene Straßensiedlungen in rein tibetischem Stil, und über ihren Dächern wehen – unter Verzicht auf die blutrote Flagge der Volksrepublik – die bunten Gebetsfahnen des tibetischen Glaubens.

Mag sein, daß es sich dabei um eine asiatische Abart von Potemkinschen Dörfern handelt, die längs der belebten Straße nach Shigatse dem fremden Besucher den wachsenden Wohlstand der einheimischen Bevölkerung und kulturelle Harmonie zwischen den Rassen vorgaukeln sollen. Aber ohne Zweifel hat in Tibet eine grandiose Aufbauleistung stattgefunden, und diesem Gebirgsvolk, das früher in Not und Hunger ein kümmerliches Dasein fristete, eine für alle spürbare Anhebung ihres Lebensniveaus beschert.

Ob damit die Zustimmung der Bevölkerung, eine wachsende Loyalität gegenüber der Protektoratsmacht in Peking erreicht wird, bleibt jedoch mehr als zweifelhaft. Es ist ja nur eine Frage der Zeit, bis die spärliche Urbevölkerung durch die massive Einwanderung von Han-Chinesen zur pittoresken Minderheit reduziert wird, wie das in der Inneren Mongolei, ebenfalls eine Autonome Region, die zwischen Mandschurei und Gobi einen riesigen Halbmond bildet, bereits eingetreten ist.

1989 hatte ich die dortige Hauptstadt Hohhot aufgesucht und einige volkstümliche Darbietungen dieses einst so gefürchteten Nomadenvolkes in der nach Norden ausufernden riesigen Graslandschaft bewundern können. Alle kulturelle Scheinförderung täuschte nicht darüber hinweg, daß der Prozentsatz der reinrassigen Mongolen an der Gesamtbevölkerung damals schon auf siebzehn Prozent herabgesunken war.

Ähnliches steht wohl am Ende auch den Tibetern bevor. Zwar werden im ehemaligen Sommerpalast des Dalai Lama die zahllosen Abbildungen des vertriebenen Gott-Königs dem fremden Besucher nicht demonstrativ angeboten, wie das noch 1981 der Fall war. Aber die symbolische Bedeutung dieses »Heiligen Vaters« für das kulturelle Überleben, die mystische Religiosität und das nationale Selbstbewußtsein seiner Landsleute ist bis heute erhalten geblieben und taucht – selbst im Gespräch der Chinesen – immer wieder auf.

Daß es wenige Monate nach meiner Abreise aus Lhasa zu gewalttätigen antichinesischen Ausschreitungen kommen würde, die den Glanz der olympischen Spiele verdüstern sollten, konnte damals kein Außenstehender erahnen.

*

Meine eigentliche Reiseabsicht habe ich nicht verwirklichen können. Südöstlich von Shigatse, wo mich ein Buddha mit Pferdekopf besonders beeindruckt, befahren wir die Asphaltbahn über die Gabelung von Gyangze bis zu der kleinen Ortschaft Kangmar. Von da an, so versichern mir meine Betreuer, sei die Straße durch den forcierten Ausbau kaum noch passierbar. Darüber hinaus sei die Zone zum militärischen Sperrgebiet erklärt worden.

Was bleibt mir an Impressionen von dieser kurzen Expedition? Eindrucksvoll waren die mächtigen Burgen, die auf steilen Klippen, ganz anders als die Lama-Klöster, auf eine kriegerische Vergangenheit verwiesen. Oft sind die Monasterien der Lamas und die Festungen der früheren Feudalherren kaum zu unterscheiden. Auch hier hat die Kulturrevolution pittoreske Ruinen hinterlassen.

Am Straßenrand versuche ich vergeblich mit den dort arbeitenden Einheimischen ins Gespräch zu kommen. Ihre ledergegerbten Gesichter verschönen sich zu einem strahlenden Lächeln, als sie mich vermutlich für einen Amerikaner halten. Als solcher, so spüre ich, gelte ich als ihr heimlicher Verbündeter in der unverbrüchlichen Treue dieser einfachen Menschen zu ihrem geliebten Exil-Führer. Sie kennen nur ein einziges englisches Wort: »bye-bye«, das sie mir zum Abschied pausenlos nachrufen. Die Architektur der Ortschaft Gyangze ist modern und reizlos. Die Nahrung, die dort serviert wird, ist kaum genießbar, und die vom Wirt angepriesene »Spring roll« aus Yak-Fleisch unverdaulich.

In kulinarischer Hinsicht war ich auch in Lhasa nicht verwöhnt worden. Im Altstadtdistrikt von Barkor hatten wir das renommierte Restaurant »House of Shambhala« aufgesucht. In dem relativen Komfort der verschachtelten Holzräume hatte einst die Elite des Landes, die adligen Großgrundbesitzer und die zu hohen Würden gelangten Lamas, gelebt. Immerhin wagte ich es dort, den landesüblichen Tee mit Yak-Butter widerwillig, aber ohne gesundheitliche Folgen zu trinken.

Auf dem flachen Land hingegen, auf der Route nach Sikkim, hat mein tibetischer Begleiter Wang Chuk auf einer Rast in einem ärmlichen Hof bestanden. Ich hatte den Verdacht, er wollte mir vorführen, daß bei allem Fortschritt und aller Modernität, mit denen Peking sein Land zu segnen suchte, immer noch eine breite Schicht von Bauern an diesen Vorzügen kaum Anteil hätten. Die alte Bäuerin wohnte tatsächlich in einem recht erbärmlichen Schuppen. Auch dort war mir entsprechend der Landessitte der Tee mit Yak-Butter ausgeschenkt worden. Aber im Gegensatz zu dem Gebräu, das mir in Lhasa angeboten wurde, hatte in dieser entlegenen Gegend keinerlei Sterilisation stattgefunden, was in der Folge jenes Übel bei mir auslöste, das die Amerikaner als »Montezumas Rache« bezeichnen und das in dieser Weltgegend als »Rache des Guru Rinpoche« gelten könnte. Offenbar werden die Menschen, die in dieser rauhen Umgebung ihre schwere Arbeit verrichten, nicht alt, so daß die Mitteilung Wang Chuks, ich sei 83 Jahre alt, fröhliche Verwunderung auslöste, als sei ihnen die Erscheinung eines exotischen Bodhisattva begegnet.

»Abgrund der Weisheit«

Der Zeitpunkt für den spektakulären Aufruhr gegen die chinesische Bevormundung, gegen den »kulturellen Genozid«, wie der Dalai Lama die Sinisierung seiner Heimat nennt, der plötzlich über Lhasa und eine Reihe tibetischer Siedlungen hereinbrach, war gut gewählt. Das internationale Kesseltreiben gegen einen harmonischen Ablauf der Pekinger Olympiade war planmäßig vorbereitet worden. Es gipfelte in der häßlichen Gewaltszene, als in Paris ein paar »Menschenrechtler« einer körperlich behinderten Athletin die Olympische Flamme brutal entreißen wollten.

Die Gewalt in Tibet war von rotgewandeten Lamas und ihren Gefolgsleuten ausgegangen, die angeblich im Namen ihrer buddhistischen Lehre sich solcher Übergriffe hätten enthalten müssen. Jedenfalls war die Brandschatzung chinesischer Geschäfte und Niederlassungen, die entfesselte Volkswut, die sich plötzlich nicht nur gegen die fremden Besatzer, sondern auch gegen die muslimische Minderheit der Hui entlud, das Produkt einer präzisen Planung. Um das festzustellen, bedarf es keiner finsteren Verschwörungstheorien. Die westlichen Medien haben die Zwischenfälle nach Kräften aufgebauscht. Die Niederknüppelung tibetischer Demonstranten vor der chinesischen Botschaft in der nepalesischen Hauptstadt Katmandu wurde im Fernsehen so dargestellt, als seien es chinesische und nicht nepalesische Polizisten, die erbarmungslos die Schlagstöcke führten.

Niemand wird behaupten, daß der Dalai Lama diese Übergriffe angestiftet habe, die immerhin mehrere Todesopfer forderten, aber ganz ohne Zweifel wurden die massiven Störaktionen von turbulenten Elementen tibetischer Exilorganisationen – nicht ohne Mitwirkung ausländischer Geheimdienste – angezettelt, die des beschwichtigenden Einlenkens ihres kompromißbereiten Gott-Königs längst überdrüssig sind. In den westlichen Metropolen waren es überwiegend exzentrische Figuren des Showgeschäfts, die sich wieder ins Rampenlicht bringen wollten und die Olympischen Ringe als symbolische Handschellen darstellten.

Darüber hinaus wirkte es wie eine internationale Absprache, als der Dalai Lama von der deutschen Bundeskanzlerin fast wie ein Staatsoberhaupt in ihrem Amtssitz empfangen wurde, während unmittelbar danach George W. Bush die ihm verbliebene Amtszeit nutzte, um dem höchsten Würdenträger des tibetischen Buddhismus, dem »Herrn des weißen Lotus«, eine hohe amerikanische Auszeichnung zu verleihen. Wie hätte wohl der damalige Präsident der Vereinigten Staaten von Amerika reagiert, falls – um ein absurdes Beispiel zu zitieren – dem Indianerhäuptling Sitting Bull, dessen Volk vor der physischen Ausrottung stand, im Ausland eine ähnliche Huldigung zuteil geworden wäre?

Die deutsche Regierungschefin, die dem demokratischen Präsidentschaftskandidaten Barack Obama einen Auftritt vor dem Brandenburger Tor verweigert hatte, empfand keinerlei Bedenken, dem Dalai Lama diese Tribüne zu verschaffen. Hunderttausende deutsche Bewunderer dieses »Ozeans der Weisheit« verfielen in mystische Verzückung. Der Heilsbringer aus Tibet, der sich zu neuen Reisen in die Bundesrepublik rüstet, ist – wie *Der Spiegel* bestätigt – in Deutschland populärer als der deutsche Papst, und der Buddhismus hat der jungen Generation offenbar mehr zu bieten als das Christentum. Ein kleines Erlebnis am Rande: Beim Übernachten in einem Luxushotel von Düsseldorf entdeckte ich in der Schublade meines Nachttischs neben der Bibel, die vermutlich von den Zeugen Jehovas gestiftet war, auch eine Einführung in die erhabene Lehre Gautamas, die Gabe einer offenbar recht finanzkräftigen Gesellschaft für die Förderung des Buddhismus.

Es liegt mir nichts ferner, als eine Person hohen geistlichen Ranges, die von der Mehrzahl seiner Landsleute als göttliche Wiedergeburt verehrt wird, in irgendeiner Weise zu schmähen. Daß er mich bei einer persönlichen Begegnung in Frankfurt nicht sonderlich beeindruckte, kann nicht als Kriterium dienen. Aber ganz offensichtlich hat eine weltweite Lobby versucht, sich dieses Mannes zu bedienen, um unter Mißbrauch des olympischen Verbrüderungsfestes alte Vorurteile und Ängste gegenüber dem schier unwiderstehlichen Aufstieg der Han-Rasse zu schüren.

Aber eines muß festgehalten werden: Den Drahtziehern der Anti-China-Kampagne ist es tatsächlich gelungen, den sportlichen Wettbewerb, von dem sich die Milliardenbevölkerung des Reiches der Mitte weltweite Gemeinsamkeit und eine durchaus berechtigte Anerkennung ihrer Leistungen versprach, in einen Schauplatz von Zank, Eifersucht und Mißgunst zu verwandeln. Wer meint, er hätte mit diesen Manipulationen, die sich sogar in der verzerrten Berichterstattung der Olympiade von Peking widerspiegelten, den hehren Zielen von Freiheit und Menschenrechten gedient, sollte sich bewußt sein, daß – von einigen Außenseitern abgesehen – beim größten Volk der Erde der Eindruck entstand, in eine Diskriminierung

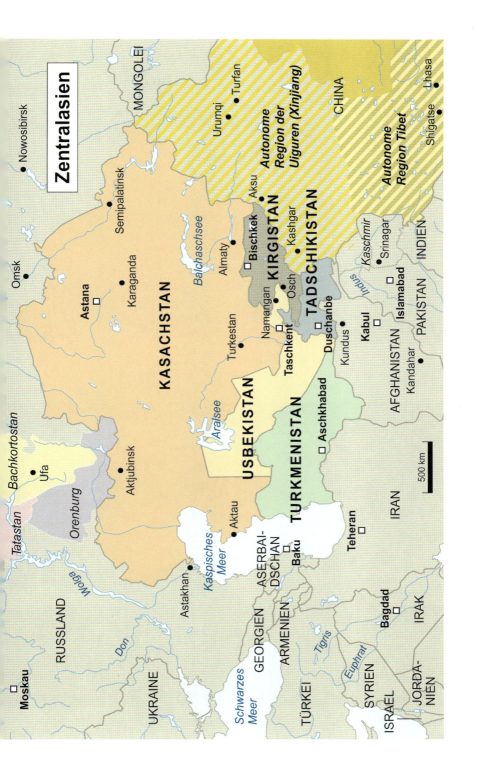

27 Zu Ehren des islamischen Mystikers Hodscha Ahmed Yassavi ließ der Welteroberer Tamerlan in der Ebene des Syr Daria ein grandioses Mausoleum errichten.

28 Der Mullah Shusif Mohamedofa Baimuratuiy von Schewtschenko in Kasachstan erhielt seine religiöse Ausbildung in der afghanischen Stadt Kundus.

Am Kaspischen Meer weiden Dromedare zwischen den Öl-Bohrtürmen.

Seit Dschingis Khan hat sich die zentralasiatische Welt der Jurten und der Pferde kaum verändert.

31 Nach Brauch der Schamanen wird auf dem Berg Salomons bei Osch der »gesteinigte Teufel« ausgetrieben.

Noch zelebrieren die Söhne der ˍgisischen Oligarchen ihre aufwendigen ˍchzeitsfeiern zu Füßen der Statue ˍnins.

33 Das Standbild eines Sowjetsoldaten hält in Kirgistan weiterhin Wache an der Grenze zu China.

34 Die Moschee Id-Kah von Kaschgar in der Autonomen Region der Uiguren erscheint als das letzte Bollwerk des nationalen und islamischen Widerstands gegen Peking.

35 Bei den muslimischen Uiguren der chinesischen Provinz Xinjiang verbergen sich die Frauen der Gläubigen hinter besonders hässlichen Tüchern.

Im amerikanischen Transit-Center von Manas treffen die GI's Vorbereitungen für ihren Einsatz am Hindukusch.

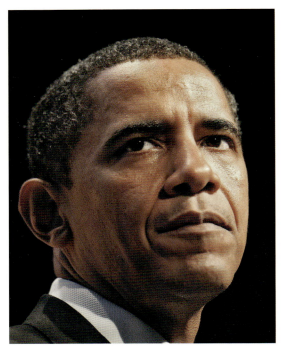

37 In Zentralasien tritt Barack Hussein Obama ein schweres Erbe an.

38 In der rauen Bergwelt Afghanistans könnte sich das Schicksal der Atlantischen Allianz entscheiden.

und Mißachtung zurückgestoßen zu werden, denen es ja unlängst noch auf so schmähliche Weise ausgesetzt war.

Es geht hier um weit mehr als um das Macht- und Einflußringen, das sich China und die USA – letztere gestützt auf indische Schützenhilfe – seit der Machtergreifung Mao Zedongs im Umkreis des Himalaya liefern. Die im Westen um sich greifende Schwärmerei für den Buddhismus – inkarniert in der Person des Dalai Lama – offenbart eine bestürzende metaphysische Ratlosigkeit.

Das religiöse Bedürfnis, das nun einmal dem Homo sapiens seit seiner Entstehung innewohnt und das ihn von allen anderen animalischen Gattungen unterscheidet, wird offenbar durch die überlieferten abrahamitischen Mythen nicht mehr befriedigt. In dieses mentale Vakuum drängt sich eine in mancher Hinsicht bewundernswerte Offenbarung, die aber gerade in ihrer tantrischen tibetischen Auslegung durch dunkle Relikte von Schamanentum verdüstert wird. Allzu viele Amerikaner und Europäer haben mit ausufernder Phantasie das tibetische Hochland in eine Art Shangri-La verwandelt. Die Aussicht auf Wiedergeburt und das alles erlösende Nirwana soll die dem Menschen innewohnende Todesfurcht, die unerträgliche Ungewißheit dessen, was danach kommt, durch exotisch verklärte Weisheitssprüche überwinden.

Wohlweislich werden alle gründlichen Studien verdrängt, die sich mit den realen gesellschaftlichen Zuständen in Tibet befassen. Die chinesische Volksbefreiungsarmee hatte mit ihrer atheistisch-materialistischen Ideologie und brutalen Unterdrückungsmethoden zwar der schauerlichen Rückständigkeit ein Ende gesetzt und die Voraussetzungen für technischen Fortschritt und die Anhebung des bislang erbärmlichen Daseins gefördert. Aber sie hat diesem kleinen, in seinen Überlieferungen lebenden Volk auf dem Dach der Welt die national-religiöse Identität, ja die Seele geraubt.

Seit der Flucht des Dalai Lama, die durch speziell von der CIA ausgebildete Kampa-Krieger abgeschirmt wurde, ist ein halbes Jahrhundert vergangen. Hätte er – unter den ursprünglichen Gesetzen seines Landes – seine Existenz weiterhin als Gott-König im Potala-Palast verbracht, wäre er möglicherweise, wie so manche seiner dreizehn Vorgänger, im Intrigenkampf der Mönchsgemeinschaften zerrieben oder gar vergiftet worden. Aber heute hat die geistliche Desorientierung des Westens es diesem über ein eigenartiges Charisma verfügenden Außenseiter der Weltpolitik erlaubt, Verehrung und Heilserwartungen gerade bei Angehörigen gehobener Gesellschaftsschichten zu wecken, bei der sogenannten Prominenz des Showbiz, der Politik, sogar diverser Wirtschaftsmanager Herolde seiner Botschaft zu finden. Wenn allerdings Reinhold Messner, der in Begleitung seiner tibetischen Sherpas nach Überwindung des Höhenrausches auf den höchsten Gipfeln des Himalaya eine tiefe Affinität zu dem »Herrn der Ringe« empfindet, dann sollte das respektiert werden.

Ob dem Dalai Lama der Titel »Seine Heiligkeit« zusteht, der selbst einem gläubigen Katholiken bei der Benennung des Papstes nur schwer über die Lippen kommt, mag er selbst entscheiden. Erich Follath, der den Dalai Lama durchaus wohlwollend beschreibt, kommt nach langen Dialogen zu dem Schluß, daß für eine Vielzahl Abtrünniger, die an den Werten unseres westlichen Kulturkreises verzweifeln, dieser eigensinnige Schamane zum »Repräsentanten einer sanften Weltmacht, zur höchsten moralischen Instanz, zuständig für die Grundfragen der Menschheit, wie Lebenssinn, Glück, Gerechtigkeit und Frieden« geworden ist. Als postmoderner Engel mit urzeitlichen, in der Wiedergeburt stets reinkarnierten Wurzeln, als letzter gemeinsamer Nenner für Begeisterungsfähige und Skeptiker, Ohnmächtige und Übermächtige, Neurotiker und Naturburschen – eine Art Trostpflaster für die in Globalisierungsgewinner und -verlierer zersplitterte Erde, so sieht Erich Follath, auf dessen Urteil ich stets viel gegeben habe, den Dalai Lama.

»Wenn so viele Menschen im Westen in seiner Person immensen spirituellen Trost gefunden hätten, so äußert sich der ›Abgrund der Weisheit‹, dann sage das mehr aus über sie als über ihn«, zitiert Follath den »weisen Clown«, der nach dieser Aussage in dröhnendes Gelächter verfallen sei. Schonungsloser und scharfzüngiger kann die Entwurzelung des »weißen Mannes« am Ende seines Parcours durch Christentum, Aufklärung, mörderisches Neu-Heidentum, Verwerfung von Vernunft und Maß nicht angedeutet werden. Der »Herr des weißen Lotus« – in seine rote Mönchskutte gehüllt – sollte dem Abendland eher als ein Künder seines Niedergangs denn als Prophet einer weltabgewandten Erlösung erscheinen.

Die Ohnmacht Buddhas

Der religiösen Weisheit und Würde des Buddhismus soll hier durchaus gehuldigt werden. Aber zum Rezept beglückender Staatsführung oder zur Friedensstiftung ist er nun einmal nicht geeignet. Darin unterscheidet sich die Lehre Gautamas übrigens nicht sonderlich von den anderen uns bekannten Religionen.

Meine persönlichen Erfahrungen beziehen sich im wesentlichen auf den Bereich der ursprünglichen Theravada- oder Hinayana-Schule, deren in safrangelbe Togen gehüllte Mönche zu früher Stunde aus ihren Klöstern, ihren Sanghas, in langer Reihe ausschwärmen, um in Tonkrügen von den knienden Gläubigen ihre Nahrung einzusammeln.

Besonders am Herzen lag mir das Königreich Kambodscha, das unter der extravaganten, aber klugen Herrschaft des Prinzen Sihanouk meiner Vorstellung vom Paradies auf Erden am nächsten kam. Über dieses heitere Land, das – von jeder Erbsünde verschont – in familiärer Ungezwungenheit und materieller Sorglosigkeit in den Tag lebte, ist im Jahre 1970 ein grauenhafter Horror hereingebrochen. Das von Präsident Nixon und Henry Kissinger geschürte Komplott hatte die Sakralfigur Norodom Sihanouk, der sich ihren Plänen der Kriegsausweitung widersetzte, durch einen Armeeputsch gestürzt. Diese Insel des Friedens mitsamt ihren zahllosen Pagoden wurde den Vernichtungsschlägen der US Air Force ausgeliefert. Urplötzlich wurde das idyllische Kambodscha ein Opfer der Verwüstung, der sittlichen Verrohung durch das Vordringen primitiver Mörderbanden. Die sogenannten Roten Khmer, die sich von einer pseudorevolutionären Agrar-Utopie blenden ließen, hatten in den Tiefen des Dschungels auf ihre Stunde gewartet. Etwa zwei Millionen Menschen wurden von den »Khmers Rouges« gezwungen, ihre eigenen Massengräber, die »Killing Fields«, auszuheben.

In jüngster Vergangenheit hat vor allem die dumpfe Militärdiktatur von Burma oder Myanmar die Entrüstung aller aufrechten oder verlogenen Demokraten wachgerufen. Unter der Kolonialherrschaft, als das hinterindische Irrawaddy-Tal mit dem Lied verklärt wurde: »On the way to Mandalay where the flying fishes play«, galt bei den britischen Verwaltungsbeamten der Satz: »To be a Burmese means to be a Buddhist.« Diese mystische Grundausrichtung hat nicht verhindert, daß seit dem Tag der Unabhängigkeit eine brutale Militärclique die Hauptstadt Rangoon in ein stählernes Korsett zwang, die in frommer Schicksalsergebenheit verharrende Bevölkerung tyrannisierte und die auseinanderstrebenden ethnischen Komponenten der Burmesischen Union mit Waffengewalt unterwarf.

Noch schlimmer ist es einem anderen, im Theravada-Buddhismus verwurzelten Staatswesen an der Südspitze des indischen Subkontinents ergangen. In Ceylon, das heute Sri Lanka heißt, hatte ich einst in Kandy in einer endlosen Schlange Gebete murmelnder Gläubiger den »authentischen«, allerdings überdimensionalen Zahn Buddhas bestaunt. Dessen Ermahnungen zur Versöhnlichkeit und zum Gewaltverzicht haben jedoch nicht verhindern können, daß die Regierung von Colombo einen endlosen Vernichtungskrieg gegen die Minderheit hinduistischer Tamilen auslöste, die als Plantagenkulis aus dem indischen Teilstaat Tamil Nadu rekrutiert worden waren und in ihrem nördlichen Schwerpunkt Jaffna politische Unabhängigkeit von der buddhistischen Mehrheit, zumindest ein weites Maß an Autonomie von Colombo forderten. Gegen diese Rebellion, vor allem gegen die gefürchteten »Tamil-Tiger« ist die Armee des buddhistischen Commonwealth-Staates mit allen zur Verfügung stehenden Vernichtungsmethoden vorgegangen. Als schließlich im Sommer 2009 der bewaffnete Widerstand der Tamilen zusammenbrach, wurde die wehrlose Zivilbevölkerung in scharf bewachten Baracken zusammengepfercht, die den Ausdruck »Konzentrationslager« verdienen.

Dem Kerngebiet des Theravada-Buddhismus, dem Königreich Thailand, sind solche Greuel erspart geblieben, was zu einem wesentlichen Teil der gottähnlichen Autorität und der Weisheit des greisen Königs Bhumibol zu verdanken ist. Doch das alte Siam taumelt seit Jahrzehnten von einem Militärcoup zum nächsten. Die Korruption in den Ministerien Bangkoks und die fröhliche Lasterhaftigkeit, die allenthalben vorherrscht, lassen sich mit dem buddhistischen Tugendkanon allerdings kaum vereinbaren. Neuerdings verschärft sich zudem der blutige Konflikt mit den malaiisch-muslimischen Separatisten in den äußersten Südprovinzen.

Aus unmittelbarer Nähe habe ich in den frühen sechziger Jahren erlebt, wie auf Weisung von Präsident Kennedy der Versuch unternommen wurde, die in Südvietnam stark vertretene Mahayana-Schule politisch zu instrumentalisieren und als Gegenkraft gegen die ideologische Ausweitung des Kommunismus aufzubauen. Der Opfertod eifernder Mönche, die sich selbst mit Benzinflaschen in Brand setzten, erregte damals weltweites Aufsehen. Die schöne Madame Nhu, eine Schlüsselfigur der katholischen Diktatur Ngo Dinh Diems, hat das grausige Schauspiel allerdings nur zu der zynischen Aussage veranlaßt, sie sei nicht verantwortlich dafür, daß diese Narren ihr eigenes »Barbecue« veranstalteten. Lange dauerte es nicht, da mußte auch die CIA erkennen, daß der Vietcong die Klöster der Jünger Gautamas infiltrierte und für seine Ziele zu nutzen verstand.

Aus fernster mythischer Vergangenheit ist uns die Saga des buddhistischen Herrschers Ashoka aus der Maurya-Dynastie überliefert, der etwa zweihundert Jahre vor Christus fast den ganzen indischen Subkontinent auf die Lehre Siddharthas ausrichtete, den Hinduismus weitgehend verdrängte, ohne jedoch dessen Kasten-Strukturen überwinden zu können. Doch Ashoka war alles andere als ein Held der Sanftmut und der Duldsamkeit. Der Legende zufolge ließ er seine 99 Brüder und Rivalen hinrichten und jeden

Widerstand seiner Untertanen im Blut ersticken. Dann allerdings habe seine Läuterung und seine Bekehrung zur wahren Lehre stattgefunden.

Ashoka schickte seine buddhistischen Missionare bis nach Indonesien und in den afghanischen Hindukusch aus. Auf Java ist als Monument dieser Bekehrungsarbeit die kolossale Tempelkonstruktion von Borobodur erhalten geblieben, während im afghanischen Bamyan die riesigen, in hellenistischen Faltenwurf gekleideten Fels-Buddhas dem Bildersturm stupider Taleban zum Opfer fielen und gesprengt wurden. Manche Historiker behaupten übrigens, daß der listige König Ashoka sich der Friedens- und Entsagungslehre Buddhas bedient habe, um besonders räuberische und kriegerische Stämme an den Grenzen seines Reiches in unterwürfige und fromme Untertanen zu verwandeln und zu pazifizieren. Ähnlich sollen ja auch chinesische Kaiser der Ming-Dynastie vorgegangen sein, um die Konversion barbarischer Steppenhorden zur sanften Besinnlichkeit der buddhistischen Sanghas zu betreiben und die ungezähmte Wildheit in resignierte Unterwürfigkeit zu verwandeln. Manche Mongolen, so vernahm ich, beklagen heute noch diese »psychische Kastration« ihrer stürmisch-aggressiven Veranlagung.

Im Land des glücklichen Drachen

Wer den Buddhismus als Märchen unserer Tage, als verwirklichten Traum von Shangri-La erleben will, der begebe sich nicht nach Dharamsala, dem Amtssitz des Dalai Lama auf indischem Boden, wo sich im Umkreis eines recht harmlosen Gott-Königs alle nur denkbaren Geheimdienste tummeln. Statt dessen beeile er sich, das in Sichtweite des Mount Everest gelegene Königreich Bhutan aufzusuchen, dessen Herrscher – mit vier Schwestern verheiratet – den Entschluß faßte, das grob-materialistische Streben des Westens nach »Gross National Product« durch die vergeistigte Mehrung einer »Gross National Happiness« zu überwinden.

Im Sommer 2005 habe ich mich an Ort und Stelle überzeugen können, daß es sich dabei um keine Scharlatanerie handelte, sondern daß Jigme Singye Wangchuk, Urenkel des Gründers der dortigen Drachen-Dynastie, bei seinen rund sechs Millionen Untertanen einen Zustand allgemeiner Zufriedenheit und frommen Wohlbehagens schuf. Das bescheidene Dasein und die begrenzten Möglichkeiten der Bedürfnisbefriedigung werden von der Bevölkerung keineswegs als Entbehrung oder Benachteiligung empfunden.

Die asiatischen Nachbarstaaten waren überrascht, als dieser wohlwollende Despot nach relativ kurzer Regentschaft im Jahr 2006 auf seinen Thron verzichtete und seinen Sohn Jigme Khesar Namgyal als Nachfolger einsetzte. Er empfahl seinen Untertanen sogar, gewisse Praktiken westlicher Demokratie zu übernehmen und ein Mehrparteiensystem einzuführen. Vielleicht tat er das, um eventuellen Vorwürfen mangelnder Liberalität zuvorzukommen, die in Washington und vor allem in Neu-Delhi erhoben werden könnten. Das Volk ging höchst widerstrebend zu den Urnen. In freier Wahl verschaffte es spontan der Partei des »Gelben Drachen«, das heißt der Partei des Königshauses, die Gesamtheit der Abgeordnetensitze.

Noch ist Bhutan, das den Tourismus aufs Äußerste beschränkt, sich selbst treu geblieben. Das Königshaus hat eine einheitliche Landestracht angeordnet: Für Männer ist das ein kiltähnlicher Rock und Wollsocken, die bis zum Knie reichen. Sämtliche Neubauten müssen den Stil ästhetischer Eleganz einhalten, der von den großen Monasterien, den festungsähnlichen »Zhong«, vorgegeben wurde. Die Klöster verharren im altüberlieferten Ritual. Von den fremden Besuchern wird hier kaum Notiz genommen. Während der endlosen Rezitation der Mantras und Sutren, die die Mönche in den exakt ausgerichteten Karrees ihrer weinroten Roben vornehmen, wachen ein paar ältere, grimmige Aufseher darüber, daß zumal bei den Novizen keine Zerstreutheit und kein Gespräch aufkommt. Sonst bekommen sie die mehrschwänzigen Peitschen zu spüren.

Mit demselben Strafinstrument verfolgten die Bonzen auch unsere Schritte, als wir den Zhong verließen. Es galt wohl, jene Dämonen und Schlangengeister zu vertreiben, die sich auf unseren Spuren in die langen Alleen goldener Buddha- und Bodhisattva-Statuen eingeschlichen haben könnten. In dieser archaisch esoterischen Umgebung fühlte ich mich ein wenig in jene Klosteratmosphäre versetzt, die Umberto Ecco in seinem Roman *Der Name der Rose* beschrieben hat.

Prüde und sonderlich schamvoll geht es bei diesem entkrampften Gebirgsvolk übrigens nicht zu. Die Wohnhäuser sind häufig mit außergewöhnlichen Fabeltieren bemalt, vor allem aber auch mit realistischen Darstellungen männlicher Genitalien, die mit blauen und rosa Schleifchen verziert sind. Besonders fiel mir an dieser kuriosen Mahayana-Schule der Kult auf, der ihrem Lieblingsheiligen, dem »zweiten Buddha« und höchsten Guru Rinpoche, gewidmet ist. Im achten Jahrhundert hatte er, auf einem Tiger reitend, die Berge von Bhutan erreicht. Mit krausem Bartwuchs wird er wie ein ausgeflippter Hippie unserer Tage dargestellt.

Dieser heilige Lama, auch als Lotus-geborener Padmasambhava verehrt, hat sich durch erotische Extravaganzen und grobe Scherze hervorgetan. So soll er bei einer einzigen Mahlzeit eine ganze Kuh und eine Ziege mit Haut und Haaren verspeist haben. Es folgte ein gewaltiger Rülpser, und Guru Rinpoche erbrach ein kurioses Tier, das nur in dieser Himalayazone anzutreffen ist und als eine Art Wunderwesen gilt. Ich habe die »Rinder-Gemse« mit den Ausmaßen eines Kalbes und zotteligem grauem Fell als besonders häßliche Tiergattung empfunden. Doch dieses Mißgeschöpf, »Takin« genannt, genießt Schutz und ernährt sich von extrem stacheligem Laub, dessen bloße Berührung mit der menschlichen Haut wie ein schmerzhafter Nadelstich wirkt.

Der kurze Aufenthalt in Bhutan verhalf mir zu einem seltsamen Zaubererlebnis, das meiner eher skeptischen Veranlagung gegenüber jeder Form von Magie überhaupt nicht entsprach. Unser stämmiger Begleiter Udai – in die vorgeschriebene Landeskluft gekleidet – kam mir zu Hilfe, als mein Schädel mit voller Wucht auf die scharfe, kantige Steinverkleidung einer niedrigen Klosterpforte knallte. Eine tiefe Kerbe hatte sich in meine Stirn eingeschnitten. Der Kopf dröhnte vor Schmerz. Da nahm Udai mich beiseite, umkreiste meine Verletzung weihevoll mit seinen Händen, holte tief Atem und blies mir mehrfach ins Gesicht. Mit einem Schlag war die unerträgliche Qual verschwunden und sollte sich auch nicht mehr einstellen. Die Narbe hingegen ist erst nach zwei Wochen allmählich verblaßt.

Wie lange die Idylle von Bhutan erhalten bleibt, liegt im Ratschluß Buddhas. Schon kommt es zu Spannungen mit den hinduistischen Zuwanderern aus Nepal, die sich am Südrand des Königsreichs angesiedelt haben. Auf ähnliche Weise war eine Migration von Nepalesen dem Königreich Sikkim zum Verhängnis geworden, als die indische Regierung sich ihrer als umstürzlerisches Element bediente. Aus dem östlich gelegenen Assam dringen neuerdings Freischärler in die entlegenen Dschungelgebiete Bhutans ein, um dort Schutz vor ihren indischen Verfolgern zu suchen. Schon geht die Sorge um, die Lockerung der Tourismusbegrenzung sowie die Zulassung der trivialen Fernsehprogramme aus »Bollywood« könne geistige Verwirrung auslösen. Die Zunahme von Selbstmorden gerade bei jungen Leuten wird mit Ratlosigkeit registriert.

Auf keinen Fall darf der Fremde jedoch dem Irrtum verfallen, die Glückseligkeit des Drachenreichs von Bhutan, die sanfte Lebensfreude seiner Menschen ließen sich mit den Zuständen vergleichen, die vor dem Einmarsch der chinesischen Volksbefreiungsarmee im Gottesstaat der rotgewandeten Lamas von Tibet vorherrschten. Selbst Guru Rinpoche, der sich in Bhutan als eine Art heiterer, glückspendender Kobold präsentiert, gewinnt am Nordrand des Himalaya ein furchterregendes Antlitz und unterwirft die auf ihn eingeschworene Gefolgschaft des Dalai Lama seinen zornigen Launen, seiner unberechenbaren Willkür.

Die Botschaft des Goldaffen

»Es ist unglaublich, fast unheimlich, mit welcher Ignoranz die treuherzigen Deutschen den Dalai Lama, diesen gelb-roten ›Gott zum Anfassen‹, der erst im zwanzigsten Jahrhundert dem finstersten Mittelalter entsprungen ist und der sich mit erstaunlichem Geschick westliche Begriffe von Liberalismus, Humanismus und Psychologie angeeignet hat, als ›Jesus der Neuzeit‹ anbeten.«
Das Zitat habe ich den Tibet-Experten Victor und Victoria Trimondi entliehen. Aus persönlichem Antrieb hätte ich nicht gewagt, ein so vernichtendes Urteil zu fällen. Ich will nicht behaupten, daß die anbetende Hinwendung so vieler unserer Landsleute zu einem exotischen Heilskünder aus dem Himalaya einem dauerhaften Rückfall in schamanistisch anmutende Pseudospiritualität entspricht.

Was die einfältige Bewunderung einer obskuren tantrischen Form des Buddhismus jedoch zum Ausdruck bringt, ist die intellektuelle und psychische Verwirrung des »weißen Mannes«. Nach seiner Abkehr von der eigenen theologischen Überlieferung, von der »tradition judéo-chrétienne«, wie die Franzosen sagen, ist es geradezu Mode geworden, den Trugbildern und Phantasmen anderer Kulturen nachzulaufen. Dabei geht aus seriösen Studien des Lamaismus hervor, daß Leibeigenschaft, Sklaverei, Erbfolge durchaus übliche Praktiken der damaligen feudalistischen Gesellschaft waren. Dazu gehörten auch eine strenge klerikale Hierarchie, düsterer Dämonenglaube, Geheimriten und »sexual-magische Praktiken«. Die seltenen Filmdokumente in Schwarzweiß, die uns aus der Epoche vormaoistischer tibetischer Unabhängigkeit erhalten sind, veranschaulichen eine Serie von kultischen Ritualen, deren grauenhafter Spuk und an Epilepsie grenzende Trancezustände tiefstes Befremden auslösen sollten.

Die Denaturierung des wahren Heilsweges, den der authentische Buddha predigte und der die Ausübung weltlicher Macht weit von sich weist, wird in der profunden Analyse der Tibetologin Jane Bunnag ohne jede Spur von Polemik beschrieben. »Die Schlüsselrolle der Mönche und ihrer ›Sanghas‹«, so schreibt sie, »prädestiniert sie theoretisch zu einer führenden Stellung auf vielerlei Gebieten. Aber die Gläubigkeit ihrer frommen Gefolgschaft verwehrt sich dagegen, daß sich die Mönche ihre Hände mit gesellschaftlichen und nationalen Entwicklungsprogrammen – im wörtlichen wie im übertragenen Sinne – schmutzig machen. Die Stärke der Mönche liegt darin, zwar in der Gesellschaft zu leben, aber nicht Teil der Gesellschaft zu sein, was den Wert ihres moralischen Einflusses steigert, ihre praktische Nützlichkeit jedoch auf ein Minimum reduziert.«

*

Am Abend vor meiner Abreise aus Lhasa habe ich meine beiden Gefährten zu einem Abschiedsessen geladen. Ich hatte bei Fangyi darauf gedrängt, daß mir die zuständige tibetische Religionsbehörde am Ende doch noch einen in Fragen buddhistischer Religiosität erfahrenen Experten als Informationsquelle zur Verfügung stelle. Meine Bemühungen, von Wang Chuk Einblicke in die lokalen Mahayana-Strukturen zu gewinnen, waren an dessen Ignoranz und nicht zuletzt am unzureichenden englischen Vokabular kläglich gescheitert. So verwechselte er bei meiner Frage nach den vier Schulen des tibetischen Tantrismus die Begriffe »Philosophie« und »Photokopie«. Zweifellos hielt auch er – wie die große Mehrheit seiner Landsleute – an der Idealvorstellung jener theokratischen Herrschaft seines Dalai Lama fest, der lange vor seiner Geburt aus dem Potala-Palast hatte fliehen müssen.

Bei der selbstbewußten Han-Chinesin Fangyi hatte ich das Gefühl, der mönchische Mummenschanz, die obskurantistische Magie auf dem Dach der Welt, wo wundertätige Gurus per Telepathie miteinander kommunizieren, seien für ihr teils konfuzianisch, teils maoistisch geprägtes Weltbild ohne das geringste Interesse. Gewiß, der Buddhismus hatte, wie der volkstümliche Roman *Die Reise nach Westen* beschreibt, auch Zugang zum Reich der Mitte gefunden, und jedem Chinesen ist die Märchenfigur des Mönches Xuan Zang bekannt, der in Begleitung des »Goldaffen« auf seiner Wanderung nach Indien so manches Abenteuer bestand.

Aber die Mahayana-Bräuche, die bei breiten Volksschichten der Han-Rasse starken Anklang fanden, verschmolzen in einem typisch chinesischen Synkretismus sehr bald mit den ursprünglichen Zauberpraktiken des Taoismus zu einem vielfältigen Sammelsurium. Größter Beliebtheit erfreute sich die Figur des lachenden Buddha, der mit strahlendem Gesicht auf seinem von reichem Essen prall gefüllten Bauch weist und von der Askese des Religionsgründers weit entfernt ist. Diese Importreligion aus Indien entsprach im wesentlichen den abergläubischen Bedürfnissen der bescheidenen Gesellschaftsschichten, während die intellektuell und literarisch gebildete Elite des Mandarinats den Schriften und Geboten des Meister Kong absoluten Vorrang einräumte und sich an dessen Ahnen- und Ritenkult orientierte.

Ich war angenehm überrascht, als wir im Jingcheng-Hotel von einem hochgewachsenen jungen Tibeter abgeholt wurden, der sich durch seinen hellen Teint und sein gewandtes, urbanes Auftreten von der Mehrzahl seiner Landsleute unterschied. Lhundup, wie wir ihn nennen wollen, hatte zwei Jahre in Kalifornien verbracht, sprach ein sehr gutes Englisch und vertrat jenen Typus ideologischer Unbefangenheit, mit der sich in autoritär regierten Staaten die Angehörigen des Nachrichtendienstes durchaus vorteilhaft von der üblichen Mitteilungsscheu und Verschlossenheit ihrer Mitbürger unterscheiden. Jedenfalls hatte die geheime Amtsstube, die Lhundup geschickt hatte, einen vorzüglichen Gesprächspartner ausgewählt.

Das Abendessen fand – das mußte wohl so sein – wieder im »House of Shambhala« statt. Dort wird neben schwer genießbarem Essen auch Yogi-Unterricht, geistliche Erbauung in separaten Räumen geboten. Gelegentlich werden sogar lokale Modekollektionen vorgeführt. »Sie wollen ja nicht gleich mit mir über den Dalai Lama sprechen?« fragte Lhundup scherzhaft und stimmte ein Lachen an, das fast so dröhnend klang wie die Heiterkeit des »Ozeans der Weisheit«.

Er versuchte gar nicht, die Zustände in seiner Heimat, auch das problematische chinesische Protektorat schönzureden, wie das in den offiziellen Propagandabroschüren üblich war. Er mokierte sich ohne Umschweife über die Fabelbilder, die von so manchen Abenteurern, Hobbyforschern, Spionen und Wirrköpfen aus dem Westen entworfen würden, bis hin zu jenen Exzentrikern, die auf dem Dach der Welt eine von der Sintflut verschonte Menschengattung und im Umkreis der Klöster die Spuren einer arischen Urrasse entdeckt zu haben glaubten. »Eines sollten Sie bedenken«, fuhr er mit ernstem Unterton fort, »wenn wir Chinesen nicht unsere alten, organischen Bindungen an Tibet wiederaufgenommen hätten, würden die Inder sich längst mit amerikanischer Hilfe in Lhasa etabliert haben.«

Der hochgebildete Mann gab mir auch die Erklärung des Wortes »Shambhala«. Der Weg nach Shambhala führe laut tantrisch-buddhistischer Lehre den Erleuchteten zu jenem Ort der Erlösung, des Eingehens in einen immateriellen Zustand des Glücks, der nur durch Verzicht auf alle trivialen Bedürfnisse und Verlockungen des Lebens erlangt werden könne. »Es mag Sie interessieren, daß laut dem Kalachakra-Mantra aus dem zehnten Jahrhundert, dem auch der vierzehnte Dalai Lama anhängt, dieser Zustand der Perfektion, die Verwandlung Shambhalas aus einer mystischen Vision in eine erhabene Wirklichkeit, erst nach einer grauenhaften Phase kosmischen Zusammenpralls und menschlicher Verderbtheit erreicht werden kann.«

Offenbar war Lhundup über meine enge Beschäftigung mit dem revolutionären Islam unterrichtet, denn er verwies auf eine seltsame Verwandtschaft der großen Weltreligionen. Immer wieder trete die gemeinsame Vision nach einer Zwischenphase blutiger Wirren auf. Das Auftauchen falscher Propheten oder die höllische Erscheinung des Antichristen werde in der Schlacht von Armageddon gipfeln, jener grauenhaften Prüfung und quälenden Vorstufe der Läuterung, bevor der Himmel sich öffnet für die Parusie des Messias, Mehdi oder des Buddha Shakyamuni. Es bestehe doch eine eigenartige Parallelität zwischen den endzeitlichen Hinweisen der jüdischen

Kabbala, der chiliastischen Erlösungserwartung der protestantischen Evangelikalen in USA, zwischen der schiitischen Mystik der »Hodschatiyeh«, der auch der jetzige iranische Präsident Ahmadinejad nahestehe und die alles Heil von der Wiederkehr des Verborgenen Zwölften Imam erwartet, zu gewissen geradezu apokalyptisch anmutenden Schreckensvisionen des tibetischen Tantrismus. In diesem Punkt habe sich die theologische Interpretation der Mönchsgemeinschaften von Lhasa und Shigatse weit von dem erhabenen Prinzip der »Ahimsa«, des Gewaltverzichts, entfernt, das der authentischen Lehre Gautamas im Westen so viele Junge zutreibe.

Wir plauderten anschließend noch eine Weile über geopolitische und strategische Zustände in Zentralasien, bevor wir uns, dem chinesischen Brauch entsprechend, nach dem letzten Bissen unverzüglich, fast grußlos trennten. Fangyi und Wang Chuk hatten sich während der sprunghaft verlaufenen Unterhaltung jeder Äußerung enthalten.

Am Flughafen von Lhasa verabschiedete sich Wang Chuk am folgenden Tag mit einer buddhistischen Sutra, die dem Namen »Shambhala« eine hintergründige Bedeutung verlieh. Ob er damit auf meine rastlose Reisetätigkeit anspielen wollte? In dem Sakraltext hieß es: »Ein meditierender Mensch gewinnt eine ganz besondere Sicht der Dinge. Der eilfertige Reisende gewinnt einen ganz anderen Standpunkt. Es gibt so viele unterschiedliche Deutungen. Welches ist die wahre? Ein Mensch, der auf der Suche nach Shambhala durch die Welt reist, kann diese Erleuchtung kaum finden. Aber das bedeutet nicht, daß Shambhala nicht entdeckt werden kann.«

Der Wahn vom Himmlischen Frieden

Peking, im August 2007

Der Flug von Lhasa nach Peking, der quer über das Yangtse-Becken von Szetschuan führt, hat mich für die versäumte Eisenbahnstrecke entschädigt. Die ungeheuerlichen Felsmassen, die in schwarzer Zerklüftung unter der Maschine abrollen – das Quellgebiet des mir so vertrauten Mekong-Stroms –, sprengen alle Vorstellungen, die uns aus Europa vertraut sind. Die bizarren Kleinstaaten, die hier zwischen den beiden Giganten China und Indien eingeklemmt liegen, laufen jederzeit Gefahr, von diesen überdimensionalen Machtblöcken zermalmt zu werden. Die Japaner waren im Zweiten Weltkrieg gut beraten, vom Durchbruch auf den Verwaltungssitz Chongqing, wohin sich ihr nationalchinesischer Gegner Tschiang Kaischek zurückgezogen hatte, abzusehen. Zwischen diesen brodelnden Klüften und Abgründen war an ein militärisches Vordringen nicht zu denken.

Was wird in fünfzig Jahren von Tibet und seinen hintergründigen Mythen übrigbleiben? Die Gesamtzahl dieses Volkes, dessen Siedlungsraum weit über die ihm zugewiesene Autonome Region hinausreicht, wird auf annähernd sechs Millionen beziffert. Was vermag eine solche Minderheit gegen die erdrückende Kohäsion von mehr als einer Milliarde Han-Chinesen? Am Ende dürften ein folkloristisches Museum und eine faszinierende Spurensammlung für Ethnologen stehen.

Bei der Bewertung der gelegentlichen Aufsässigkeit diverser Fremdvölker, die dem Reich der Mitte einverleibt wurden, gehen die Europäer von völlig falschen Prämissen aus. Dem Abendland kann es nicht gleichgültig sein, ja es stellt sich die nackte Überlebensfrage, wenn – um nur diese Beispiele zu erwähnen – die Zahl der Algerier zwischen 1960 und 2000 von acht auf dreißig Millionen, die der Iraker zwischen 1950 und 1990 von fünf auf 25 Millionen hochgeschnellt ist, während der eigene Bevölkerungsstand nur durch den unablässigen Zustrom außereuropäischer Migranten auf dem bisherigen Niveau gehalten wird. Für die außereuropäischen großen Siedlungsgebiete der weißen Menschheit – Nordamerika und Sibirien zumal – gelten ähnlich düstere Perspektiven.

Vor zweihundert Jahren waren die europäischen Kolonialmächte noch zutiefst davon überzeugt, ihnen sei der göttliche Auftrag erteilt, den in barbarischer Rückständigkeit und Willkür dahindämmernden Völkern Asiens und Afrikas die erlösende Botschaft des Christentums oder der Aufklärung zu vermitteln. Rudyard Kipling bezeichnete diese zivilisatorische Mission als »Bürde des weißen Mannes«.

Mit einem ähnlichen Gefühl kultureller Überlegenheit und technologischer Brisanz dürften heute die Chinesen den rückständigen Rassen in ihren Randzonen begegnen und sich rühmen, ihnen den Weg in eine bessere, würdigere Zukunft zu weisen. Seit die höchsten Gremien der Kommunistischen Partei von Peking begriffen haben, daß die von Deng Xiaoping vorgegebene Richtlinie der »Einkind-Familie« zu gesellschaftlicher Vergreisung und sozialen Engpässen führt, ist die drakonische Geburtenbeschränkung relativiert und der normale Wachstumsrhythmus wiederhergestellt worden.

Die aus Amerika und Europa unablässig vorgetragenen Ermahnungen an das Reich der Mitte, sich den westlichen Prinzipien von freier Meinungsäußerung, parteipolitischer Vielfalt und peinlicher Observanz der Menschenrechte unterzuordnen, klingen zunehmend bizarr und unglaubwürdig. Selbst im Berliner Reichstag dürfte sich allmählich herumsprechen, daß die im Westen gepriesene parlamentarische »Streitkultur«, die sich – unter Vernachlässigung der wirklich relevanten Probleme – in Debatten über den Mindestlohn von Briefträgern und die Spitzfindigkeiten von Hartz IV erschöpft, nicht einmal mehr den Erwartungen und Bedürfnissen eines Achtzig-Millionen-Volkes gerecht wird.

*

Peking leidet unter einem besonders grauen, schwülen Sommertag. Das Palace Hotel, an das ich mich seit Jahrzehnten gewöhnt habe und wo ich mich wohl fühle, hat in den Untergeschossen jene protzigen Luxusboutiquen aus aller Welt eingerichtet, die wohl in keiner halbwegs exklusiven Herberge unserer Tage fehlen dürfen. Gleich an der nächsten Straßenkreuzung ragt eine Super-Mall mit ausschweifender Pracht wie eine Kathedrale des Konsums in den niedrig hängenden Smog. Sie stellt ihre Rivalen und ursprünglichen Vorbilder der amerikanischen Metropolen in den Schatten.

Da ist es beruhigend, daß ich in einer Nebengasse, die in Richtung auf die Verbotene Stadt führt, eine bescheidene Reihe von Verkaufsständen finde, wo unter allem nur denkbaren Touristenkitsch auch die großen Männer der Kommunistischen Revolution als Geschirrbemalung und kleine Statuetten wie verblaßte Devotionalien erhalten sind. Auch das Rote Buch Mao Zedongs ist in allen möglichen Übersetzungen im Angebot.

Was mich frappiert, ist die Indifferenz, mit der die chinesischen Händler mit diesen einstigen Objekten obligatorischer Volksverehrung umgehen. Der Große Steuermann wird in brüderlicher Eintracht mit seinem Erzfeind Lin Biao abgebildet, der bei einem gescheiterten Putsch ums Leben gekommen war. Auch Liu Xaoqi ist als Volksheld wiederauferstanden, nachdem er einst als chinesischer Chruschtschow alle Übel des bürgerlichen Revisionismus verkörpert hatte. Es fehlt im Grunde nur noch Marschall Tschiang Kai-schek, der große Gegenspieler der Kommunisten und Verbündete der USA.

Die Chinesen betrachten ihre einstigen Heroen und Bösewichter mit dem skeptischen Abstand einer uralten Nation, die schon so manche Dynastie überlebt hat. Bemerkenswert ist übrigens die Bewertung Mao Zedongs, der zwar unentbehrlich war für die radikale Abkehr von der erstarrten, brüchigen Ordnung der Vergangenheit, aber durch seine politischen Extravaganzen auch unendliches Leid und den Tod von vielen Millionen seiner Untertanen zu verantworten hatte. Sechzig bis siebzig Prozent der Chinesen betrachten seine Aktion im Rückblick als insgesamt positiv.

Diese Einschätzung ist zweifellos begründeter als die plötzliche Entdeckung in Ostdeutschland, die Hälfte der Einwohner des ehemaligen Arbeiter-und-Bauern-Staates empfänden das DDR-System erträglicher als die Zustände in der wiedervereinigten Bundesrepublik. Da erscheint es schon verständlicher, daß die Mehrzahl der Russen den schmählichen Zusammenbruch der Sowjetunion als ihr größtes nationales Unheil betrachtet.

Da stehe ich also auf dem Platz des Himmlischen Friedens. Das Gedenken an den Großen Steuermann wird hier sehr viel eindringlicher durch das riesige Porträt mit der Warze verewigt, das über dem Eingang zur verbotenen Stadt thront, als durch das unförmige Mausoleum, in dem sein einbalsamierter Körper mit apfelrot geschminkten Wangen ruht. Die Ausmaße dieser Gruft haben die grandiose Harmonie des Tien An Men leider unwiderruflich verunstaltet.

Die Touristen und Besucher bewegen sich ohne auffällige Kontrolle auf dem riesigen Areal, aber man kann davon ausgehen, daß ein beachtlicher Teil der hier flanierenden chinesischen Zivilisten irgendeinem Polizei- oder Sicherheitsapparat angehört. Im Gedächtnis des durchschnittlichen Bürgers der Volksrepublik ist die von Studenten angeführte Demokratiebewegung vom Frühjahr 1989, die in dem Massaker auf dem Tien An Men am 4. Juni ein blutiges Ende nahm, nur noch eine vage und zudem zwielichtige Erinnerung. Die politische Stabilität unter der strikten Überwachung der Einheitspartei, die sich danach einstellte, die atemberaubende wirtschaftliche und technische Erfolgsstory, die das Reich der Mitte beflügelte, die stete Anhebung des Lebensniveaus und – last but not least – der allmähliche Aufstieg der Volksbefreiungsarmee zu einer Kapazität, die die bisherigen Supermächte beunruhigt und mit ihrer Kosmonautik längst die Schallmauer durchbrochen hat –, all das wiegt unendlich schwerer als die hektischen Krawalle von 1989, die vorübergehend im Westen die Hoffnung weckten, die Volksrepublik China könne in einen Zustand pseudodemokratischer Unordnung, industriellen Versagens und strategischer Machtlosigkeit zurückfallen.

Ich war seinerzeit nach Peking geeilt, um mir zwei Tage nach der Niederschlagung dieser im Westen so überschwenglich gefeierten »Konterrevolution« ein eigenes Urteil zu bilden. Gewiß, auch ich hatte Sympathien empfunden für die jungen Aufrührer und Idealisten, die sich im Namen eines Freiheitsbegriffs, den sie selbst nicht zu definieren vermochten, in ein Abenteuer stürzten, an dessen Ende – laut Amnesty International – etwa neunhundert Tote zu beklagen waren.

Aber in der Zwischenzeit haben sich von Bogotá bis Algier unendlich grausamere Tragödien abgespielt, und die sind von der flammenden Wut der professionellen Menschenrechtler weitgehend verschont geblieben. Bei manchen allzu selbstherrlichen Philanthropen kommt mir das französische Zitat in den Sinn: »L'ami du genre humain n'est l'ami de personne – Der Freund des Menschengeschlechts ist niemandes Freund.«

Was wäre denn die Alternative gewesen, wenn sich die »Reformer« durchgesetzt hätten? Die Partei und die Volksbefreiungsarmee hätten ebenso nachhaltig gegen den Ausbruch einer »weißen Kulturrevolution« und die damit verbundenen Bürgerkriegszustände eingreifen müssen wie einst gegen die exzessiven Ausschreitungen der Rotgardisten, die Mao mit seiner Order »Bombardiert das Hauptquartier!« aufgeputscht hatte. Nach deren Zügelung und Disziplinierung waren – vorsichtigen Schätzungen zufolge – fünf Millionen Todesopfer zu beklagen gewesen.

Der kritische Höhepunkt, der den damaligen starken Mann im Zhongnanhai, Deng Xiaoping, und den unerbittlichen Regierungschef Li Peng geradezu zwang, gegen den zunehmend gewalttätigen Aufruhr am Platz des Himmlischen Friedens mit Waffengewalt vorzugehen, war erreicht, als eine plumpe Kopie der amerikanischen Freiheitsstatue das Tor zur Verbotenen Stadt verstellte und die revoltierende Masse dem aus Moskau herbeigeeilten Michail Gorbatschow, einem Experten für Staatsauflösung und Chaosstiftung, den Zugang zum Großen Volkspalast versperrte. Der Generalsekretär der KPdSU mußte durch eine Hintertür eingeschleust werden. Dem Politbüro von Peking war die unerträglichste Schmähung zugefügt worden, die China kennt. Es hatte »das Gesicht verloren«.

Realpolitiker wie Helmut Schmidt oder Henry Kissinger haben sehr bald eingesehen, daß der chinesischen Führung gar keine andere Wahl blieb, als zum Wohl des Staates und des Volkes mit harter Hand durchzugreifen, daß es – um eine zynische Maxime chinesischer Politik zu erwähnen – an der Zeit war, »durch das Schlachten eines Huhns eine Horde Affen zu vertreiben«.

Jeden Vorwurf eines reaktionären Zynismus, den man mir machen könnte, weise ich weit von mir, seit ich beobachten konnte, daß sich unter den westlichen »Herolden der Freiheit«, die mit Schaum vor dem Mund das Massaker am Tien An Men verfluchten, ausgerechnet jene Scharlatane und Narren wiederfanden, die sich zwanzig Jahre zuvor mit der »Großen Proletarischen Kulturrevolution« und ihren blutigen Exzessen solidarisiert hatten. Sie hatten sogar in Peking – zur Erheiterung der Chinesen – die Mao-Mütze mit dem roten Stern aufgesetzt, trugen das Abzeichen mit dem Großen Steuermann stolz auf der Brust und skandierten im Chor Auszüge aus dessen Roter Bibel, jenem einfältigen Text, der lediglich für die Indoktrinierung unwissender chinesischer Massen konzipiert war, als handele es sich um die höchste Offenbarung revolutionärer Weisheit.

Perfektes Beispiel einer gezielten Irreführung: Das berühmte Heldenbild des mutigen jungen Mannes mit der weißen Fahne, der sich einem riesigen Panzer der Volksbefreiungsarmee in den Weg stellt und – wie jeder annehmen mußte – unmittelbar danach von dessen Ketten zermalmt wurde. Die ernüchternde Wirklichkeit dieser Szene ist in einem Filmstreifen festgehalten worden, den man dem Massenpublikum des Westens wohlweislich vorenthielt. Der furchterregende Tank hat nämlich mehrfach versucht, an dem Fahnenträger vorbeizumanövrieren und blieb dann reglos stehen. Diese Gelegenheit benutzte der beherzte junge Mann, um mit seiner weißen Fahne das gewaltige Fahrzeug zu erklimmen, aber in dem Moment löste sich aus der Schar der Zuschauer eine kleine Gruppe – offenbar keine Polizisten, sondern Freunde oder Sympathisanten –, um den jungen Mann freundschaftlich unter die Arme zu nehmen und mit ihm – dem Zugriff der Häscher entgehend – in der Anonymität der Masse unterzutauchen.

Der prekäre Auftrag des Himmels

Einem hochrangigen Funktionär des Olympischen Komitees ist der geniale Gedanke gekommen, in Zukunft sollten die weltumspannenden sportlichen Wettkämpfe nur in Staaten ausgetragen werden, die den Ansprüchen von Menschenrechten und westlicher Demokratie entsprechen. Damit würde jedoch die Zahl der qualifizierten Veranstalter auf eine extrem bescheidene Anzahl der sogenannten Völkerfamilie reduziert. Das Atlantische Bündnis sollte sich nicht länger um die Erkenntnis herumstehlen, daß nicht nur gewisse Prozeduren des Parlamentarismus ihre Fragwürdigkeit offenbaren, sondern daß der pauschale Begriff »Demokratie«, der im klassischen Griechenland alles andere als einen Idealzustand menschlichen Zusammenlebens definierte, einer globalen Erosion ausgesetzt ist. Um nur ein griffiges Beispiel zu erwähnen: In Schwarzafrika ist die tribalistische Bindung und Verpflichtung das oberste und exklusive Gesetz politischen Kräftemessens.

Bei der überwiegend negativen Berichterstattung deutscher Politiker und Publizisten über die Entwicklung in der Volksrepublik China dürfte neben einer schwärmerischen Präferenz für Indien vor allem die Tatsache den Ausschlag gegeben haben, daß Peking im Begriff steht, die Bundesrepublik wirtschaftlich und industriell zu überholen, ihr den Rang der bedeutendsten Exportnation streitig zu machen, auch wenn die Qualität chinesischer Produkte oft noch zu wünschen übrigläßt. Aber auf Dauer werden sich die als beleidigte Verlierer auftretenden Industriellen aus Europa und Amerika nicht damit herausreden können, die Erben Mao Zedongs seien zwar unübertreffliche Meister der Nachahmung, aber zu eigener

Kreativität nur in geringem Maße befähigt. Mit solchen Behauptungen versucht man, unser Wissen um das erfinderische Genie zu verdrängen, das dem Reich der Mitte zwei Jahrtausende lang gegenüber dem Abendland einen deutlichen Vorrang verschaffte.

Noch versteifen sich die Auguren des Westens auf die Behauptung, daß sich der asiatische Gigant nur unter Verzicht auf seine sozialistische Ideologie zu einer rüden Form des Frühkapitalismus durchgerungen habe, wie er von Dickens im viktorianischen England oder von Émile Zola in den Grubenrevieren Nordfrankreichs geschildert wurde. Inzwischen haben die völlig unerwartete Finanzkrise des Jahres 2008 und die drohende Rezession in der Realwirtschaft die extreme Fragilität der angelsächsisch-calvinistisch ausgerichteten Finanzkonzepte bloßgelegt. In der breiten Öffentlichkeit des Westens kommt der Verdacht auf, daß die jüngsten Auswüchse des spekulativen Vabanquespiels den Anforderungen einer anfangs überschwenglich gepriesenen Globalisierung nicht gewachsen sind.

Wer hätte vor zehn Jahren vorauszusagen gewagt, daß New York und London das Heil ihrer Börsen in der Verstaatlichung einiger Großbanken suchen würden, daß die unbegrenzte Wachstums-Euphorie der Friedman-Schule und ihrer Chicago Boys mit einem Schlag recht altmodisch aussehen würde, während eine Rückwendung zu John Maynard Keynes und seiner These des »deficit spending« neuen Zuspruch gewänne?

Geradezu demütigend für die europäischen Hasardeure der »New Economy« ist die Tatsache, daß der ungebrochene Wirtschaftsaufstieg Chinas weit weniger durch die allgemeine Ratlosigkeit und Katastrophenstimmung betroffen war als die Systeme der übrigen großen Industrienationen. Die Bank of China ist infolge einer gewaltigen Anhäufung amerikanischer Wertpapiere, Schatzanleihen und Dollarreserven ein lebenswichtiger Partner der Vereinigten Staaten von Amerika und für eine eventuelle Stabilisierung beziehungsweise Konsolidierung der US-Ökonomie unentbehrlich geworden. Die Europäer sind demgegenüber auf eine zweitrangige Position zurückgefallen.

Daß das gewaltige Reich der Mitte vor Zerreißproben nicht gefeit ist, dessen dürfte sich das Parteikollektiv des Generalsekretärs Hu Jintao, dessen interne Spannungen selten nach außen dringen, sehr wohl bewußt sein. Der »Drachensohn«, der gottähnliche Kaiser in der Verbotenen Stadt, mußte stets befürchten, daß – als Folge von Naturkatastrophen, administrativer Mißwirtschaft oder militärischen Niederlagen – das Volk sich gegen ihn auflehnte und er selbst des »Auftrags des Himmels« verlustig ging. Da half es ihm auch nicht, daß jedes seiner Dekrete mit der Weisung »Zittere und gehorche!« endete.

So war der kriegerische Tumult der »Roten Turbane«, der im vierzehnten Jahrhundert der mongolischen Fremdherrschaft der Yuan-Dynastie ein Ende setzte, Ausdruck der geballten Unzufriedenheit des Volkes. Er war durch die Wühlarbeit von Geheimgesellschaften, deren Strukturen sich unter dem Namen »Triaden« bis auf den heutigen Tag erhalten haben, vorbereitet worden.

Schon tausend Jahre zuvor hatte eine Art chinesischer »Bundschuh« der »Gelben Turbane« die kaiserliche Herrschaft erschüttert. Für den Bestand des Reiches stellte die kurz darauf folgende mystische Massenbewegung der »Gelben Kopftücher« jedoch eine weit größere Gefahr dar, entsprach sie doch einem Hang zu magischer Sektenbildung, die im Taoismus wurzelte und gegen die Mißstände des konfuzianischen Mandarinats anstürmte.

Noch im neunzehnten Jahrhundert wäre die Mandschu-Dynastie fast vom Thron gefegt worden, als der Bauernsohn Hong Xiuquan sich in seinem religiösen Wahn als jüngerer Bruder Jesu Christi ausgab. Er predigte die »allgemeine Gleichheit auf Erden«, die manche Elemente der maoistischen Zwangskollektivierung auf verblüffende Weise vorwegnahm. Nach einer Periode unsäglicher Greuel und Massaker, die fast fünfzig Jahre andauerte, wurde der Usurpator, der sich den Titel eines »Himmlischen Königs des Himmlischen Reiches des Friedens« zugelegt hatte, aus seinem Regierungssitz Nanking vertrieben. Es hatte eines Aufgebots europäischer Söldner und Abenteurer unter dem Befehl des britischen Generals Gordon bedurft, um die Taiping-Revolte – unter diesem Namen ist sie in die Geschichte eingegangen – im Blut zu ersticken.

Die derzeitige Staatsführung weiß, daß die ansonsten so nüchtern und pragmatisch wirkende Rasse der Han gegen gewaltsam ausufernde Anwandlungen mystischer, chiliastischer Hirngespinste keineswegs gefeit ist. So läßt sich in unseren Tagen die unerbittliche Verfolgung der Falun-Gong-Sekte erklären. Mit allen Mitteln versucht Peking zu verhindern, daß der beachtliche Zulauf, den Falun Gong vor allem bei der Jugend findet, sich nicht zu einer neuen pseudo-religiösen Erweckungsbewegung ausweitet.

Fremdherrschaft ist den Chinesen nicht erspart geblieben. Aus Westen kommend, eroberten die mongolischen Erben Dschingis Khans das Reich der Mitte und verhalfen ihm unter Kaiser Kublai Khan zu beachtlicher Expansion. Knapp dreihundert Jahre später stürmten die Mandschu-Horden aus Norden heran und bemächtigten sich des Pekinger Drachenthrones. Ihre am Ende dekadente und in Palastintrigen erstickende Qing-Dynastie wurde erst im Jahre 1911 nach der Ausrufung der Republik durch Sun Yatsen aus der Verbotenen Stadt vertrieben. Aber die der Han-Rasse und ihrer Zivilisation innewohnende Kraft erwies sich als so gewaltig und überlegen, daß die Eindringlinge binnen kurzer Zeit einer totalen Assimilation erlagen und sämtliche Bräuche und Riten des konfuzianischen Hofes übernahmen.

In diesen geschichtlichen Prüfungen kam den Chinesen zugute – so unterschiedlich ihr Aussehen zwischen der Hoang-Ho-Ebene und den Bergen Yünans auch sein mochte, so sehr sie bislang durch diverse Sprachbarrieren, die erst heute durch die obligatorische Einführung des Mandarin überwunden werden, getrennt waren –, daß sie sich stets allen anderen Völkern des Erdballs weit überlegen fühlten. Die Geringschätzung aller Fremden macht übrigens auch vor den Europäern nicht halt, wie jeder bestätigen kann, der gelegentlich von seiner erzürnten chinesischen Geliebten als »red-faced Barbarian« beschimpft wurde.

Man mag einwenden, daß – um im ostasiatischen Raum zu bleiben – die Vietnamesen mit ähnlicher Geringschätzung auf die artfremden Gebirgsvölker herabblicken, die sie als »Moï«, als Wilde, bezeichneten, bis die Amerikaner für sie das französische Wort

»Montagnards« übernahmen. Sogar die sanftmütigen Laoten suchten die ethnischen Gegensätze ihres kleinen Mekong-Staates zu überwinden, indem sie die fremdrassigen Meo, Yao oder Kha kurzerhand zu »Lao Theung«, Laoten der Berghänge, deklarierten, ähnlich wie Atatürk im fernen Anatolien aus seinen kurdischen Untertanen »Bergtürken« gemacht hatte. Die entscheidende Differenz besteht allerdings darin, daß sich der Superioritätskomplex der Han auf die ganze übrige Menschheit erstreckt und sie zu potentiellen Vasallen ihrer riesigen Einzigartigkeit herabstuft.

Das törichte Gerede von der »gelben Gefahr« hat vor allem in USA neue Aktualität gewonnen. Wie sähe sie wohl aus, die chinesische Weltherrschaft, die manche Phantasten bereits an die Wand malen? Eine »Pax Sinica« würde vermutlich kaum länger dauern als die »Pax Americana«, die gerade zu Ende geht. Sie böte auch keinerlei Gewähr dafür, daß sich unter ihrer Ägide eine harmonische Konvivialität und eine für alle ersprießliche Zukunft einstellen würde. Aber hüten wir uns vor den Schimären des verstorbenen Kaisers Wilhelm II.

Imperiale Nostalgie

Für politische Informationsgespräche in Peking blieb nicht viel Zeit nach den Umbuchungen, die ich vorgenommen hatte. Ich tröstete mich damit, daß ich jenseits der üblichen Freundschaftsbeteuerungen über den Rüstungsstand der Volksbefreiungsarmee ohnehin nichts Relevantes erfahren hätte. Die in Peking akkreditierten Verteidigungs-Attachés des Westens werden systematisch von jeder realistischen Einschätzung abgeschirmt oder ganz gezielt mit falschen Angaben gefüttert.

Ich bat das Hotelpersonal, die Telefonnummer eines alten Kollegen aus der Zeit des amerikanischen Vietnamkrieges ausfindig zu machen, eines britischen »Schlachtrosses«, dessen profunde Kenntnis des Fernen Ostens mich stets beeindruckt hatte. Seine Heirat mit einer Singapur-Chinesin hatte ihm auch einen Zugang zur chinesischen Mentalität verschafft, die den meisten Ausländern verschlossen ist.

Nach Erreichen der beruflichen Altersgrenze war Derrick Turner als Freelancer in Peking geblieben. Der joviale, immer noch robuste Engländer stand im Ruf, für den britischen Auslandsdienst MI6 eine wertvolle Nachrichtenquelle zu sein. Nach längerem Suchen entdecke ich sein diskretes Büro in einem der monströsen Hochhäuser, deren Spitze in der gelben Dunstglocke der Hauptstand verschwindet.

Nichts verbindet so sehr wie gemeinsame Erlebnisse auf exotischen Schlachtfeldern. Wir sind beide gealtert, aber die Herzlichkeit ist schnell wiederhergestellt. Derrick gehört zu jener Kategorie von »gentlemen adventurers«, die heute kaum noch anzutreffen ist und für die nachwachsende Generation so fremd bleibt wie Kiplings »Der Mann, der König sein wollte«. Seine chinesische Ehefrau Suey serviert uns lächelnd und diskret den Tee und verzieht sich dann in ihre Wohngemächer. »Es ist seltsam«, bemerkt Derrick, »daß ich eine ganze Reihe von Europäern und Amerikanern getroffen habe, die mit Töchtern der Han-Rasse verheiratet und im allgemeinen damit recht gut gefahren sind. Hingegen sind mir kaum chinesische Männer bekannt, die eine Weiße geehelicht haben.«

Wir erwähnen beiläufig die rassischen Vorurteile, die bei den »Himmelssöhnen« mindestens so weit verbreitet sind wie im Westen. Während ich mich in dicht gedrängten asiatischen Massen niemals durch Körpergeruch belästigt fühle, nehmen die Chinesen bei den Weißen spezielle Ausdünstungen wahr. Derricks Frau Suey hatte im Scherz erwähnt, daß ihr Mann ähnlich rieche wie ihr heißgeliebter Hund Dragon, bei dem man stets auf der Hut sein müsse, daß er nicht als Leckerbissen in einem chinesischen Kochtopf enden werde. Für andere Töchter der Han-Rasse, so hatte ich erfahren, schmecke der Weiße irgendwie nach Milch oder Butter.

Nachdem Suey die Teekanne durch eine Whiskyflasche ersetzt hat – glücklicherweise verzichtet Derrick auf Gin and Tonic, das Standardgetränk englischer Journalisten, das sie in riesigen Gläsern in sich hineinzuschütten pflegen –, kommen wir zur Sache. »Sehr nützlich kann ich dir mit meinen Kenntnissen über die chinesischen Rüstungsfortschritte nicht sein«, gesteht der britische Kollege. »Aus reiner Freundlichkeit bin ich vor ein paar Wochen zu einem großen Manöver eingeladen worden, bei dem ansonsten nur die Militärattachés der diversen Botschaften zugelassen waren. Die Volksbefreiungsarmee hat uns bei dieser Gelegenheit mit aller Deutlichkeit zu spüren gegeben, daß sie sich nicht in die Karten schauen läßt. Die donnernden Übungen, die uns dort mit fingierten Panzerschlachten und Artillerieduellen vorgeführt wurden, waren so altertümlich und konventionell, als gelte es, noch einmal die Armee Tschiang Kaischeks und seiner Kuomintang zu besiegen. Von irgendeiner Anpassung an den ›asymmetric war‹ der Gegenwart war jedenfalls keine Spur zu entdecken.«

Hingegen ist dem britischen Kollegen von amerikanischer Seite eine Studie zugespielt worden, die vor einem dramatischen Machtverfall der USA warnt, falls es dem Pentagon nicht gelänge, im Verbund mit den Streitkräften der Indischen Union ein Gegengewicht zu den Ambitionen Chinas herzustellen. Nun neigen die amerikanischen Chiefs-of-Staff seit langem dazu, das zunehmende militärische Gewicht Pekings ins Gigantische zu steigern, um für den eigenen maßlosen Kreditbedarf die Zustimmung des US-Kongresses zu erlangen. Derrick erscheint der vorliegende Situationsbericht dennoch interessant, weil er das strategische Schwergewicht vom Atlantik und sogar vom Pazifik weg auf die Fluten des Indischen Ozeans verlagert.

Das Dokument »Marine Corps Vision and Strategy 2025« betont diese Umschichtung mit Nachdruck. Natürlich wird in diesem Zusammenhang auf jene gewaltige Armada verwiesen, die im fünfzehnten Jahrhundert zur Zeit der Ming-Dynastie mit ihren riesigen Dschunken alle verfügbaren Flotten jener Zeit bei weitem überragte. Unter dem Befehl des Eunuchen-Admirals Zheng He übte sie die absolute Seeherrschaft zwischen China und Indonesien, Sri Lanka und dem Persischen Golf bis hin zur Ostküste Afrikas aus.

Die Vormachtstellung, über die die USA auf sämtlichen Ozeanen noch verfügten, sei zeitlich ebenso begrenzt wie die Allmacht der britischen Royal Navy, die heute eine geringere Feuerkraft aufzubieten habe als die französische Marine Nationale. Die Zahl der amerikanischen Kriegsschiffe sei seit dem Ende des Zweiten Weltkriegs von 1600 auf etwa 300 geschrumpft. Dem stehe eine rasante Vermehrung der chinesischen Flotte gegenüber.

Die Lobbyisten des militärisch-industriellen Komplexes in Washington würden zweifellos weit übertreiben, so meint Derrick, wenn sie der Volksrepublik China binnen einer Dekade eine erdrückende maritime Überlegenheit zutrauen. Vor allem der Erwerb von U-Booten übertreffe jedoch das entsprechende amerikanische Potential um das Fünffache. Dazu geselle sich eine formidable Entwicklung neuwertiger Seeminen, perfektionierter Trägerwaffen und vor allem einer ausgefeilten Computertechnologie, die auf die Lähmung der amerikanischen Kommandosysteme im Falle eines gigantischen Cyber War hinziele.

Diese Kassandra-Rufe werden relativiert durch die Tatsache, daß die chinesische Admiralität noch über keinen einzigen Flugzeugträger verfügt. Doch die Seeschlachten der Zukunft, so vermutet der israelische Militärexperte Martin van Crefeld, werden nicht mehr, wie im Krieg gegen Japan, durch die stählernen Ungeheuer der Air Force Carrier entschieden. Die Gefährdung der Flugzeugträger durch die Entwicklung geräuschloser U-Boote dürfte deren Bedeutung drastisch reduzieren, und der Vergleich mit den britischen Super-Schlachtschiffen des Ersten Weltkrieges, den »Dreadnoughts«, die zu keinem sinnvollen Einsatz gelangten, sei angebracht.

Überschätzt Washington nicht die Bereitschaft Indiens, in die Bresche zu springen, die Delhi durch den Zustand Amerikas als »slowly declining hegemon« zugewiesen wird? Kann Indien ein neues militärisches Schwergewicht bilden in einer »post-American world«? Die forschen Aussagen des indischen Planers Raja Mohan

aus dem Jahr 2006 klingen recht anmaßend, wenn er vorgibt: »Indien hat niemals auf eine amerikanische Erlaubnis gewartet, wenn es galt, ein Gegengewicht zu China zu bilden.«
Derrick Turner ist vor einer Landkarte Asiens stehengeblieben, die eine ganze Wand seines Büros ausfüllt. Er äußert sich als erfahrener Beobachter, wenn er von den allzu theoretischen Spekulationen der Militärakademien auf seine persönliche, frontnahe Erfahrung zurückgreift.

»Ist dir eigentlich aufgefallen, daß seit dem Triumph der Alliierten über Deutschland und Japan kein einziger Krieg mehr nachhaltig gewonnen wurde?« doziert er. »Sehen wir einmal von den konventionellen Großeinsätzen in Korea und Vietnam und dem sowjetischen Einfall in Afghanistan ab – nirgendwo, nicht einmal in den belanglosen Scharmützeln von Somalia, beim gescheiterten Blue-Strike-Unternehmen im Iran, bei der dilettantischen Landung in Suez im Jahr 1956, beim Einsatz der ›Contras‹ in Nicaragua – von dem Debakel Kennedys in der kubanischen Schweinebucht ganz abgesehen – ist es den beiden Supermächten und ihren Trabanten gelungen, einen dauerhaften militärischen Erfolg an ihre Fahnen zu heften. Selbst die Israeli stolpern seit dem fatalen Rückschlag des Yom-Kippur-Krieges von einer Fehlentscheidung zur anderen.«

Eine einzige Ausnahme sei zu erwähnen: Die Rückeroberung der Falkland-Inseln durch Großbritannien. Um dieses Wagnis einzugehen, hatte es wohl einer Frau bedurft, nämlich Maggie Thatchers, aber Begeisterung komme nicht auf bei den Veteranen der Royal Commandos, wenn sie an die Schlappe der Argentinier am Rande der Antarktis zurückdenken. So mancher Überlebende habe erstaunt aufgehorcht, als Maggie mit den Akzenten einer Siegesgöttin den Abschlußbericht vor dem Unterhaus mit der Zusicherung abschloß, sie sei weiterhin »proud to be British«.

Im Bodenkampf, so kommen wir überein, habe sich im Südlibanon, im Irak, in Afghanistan längst bestätigt, daß die konventionelle Kriegführung der NATO-Stäbe, aber auch Rußlands und Israels, mit der Abnutzungsstrategie, die den Kern des »asymmetrischen

Krieges« bildet, nicht zurechtkommt. Die ungeheuerliche Durchschlagskraft neuer Monsterbomben, inklusive der »bunker buster«, hat sich sowohl im Hindukusch als auch im levantinischen Küstengebiet als untauglich erwiesen, die El-Qaida-Truppe Osama bin Ladens oder die Hizbollah des Scheikh Nasrallah in irgendeiner Weise zu zermalmen.

Der klarsichtige Professor van Crefeld von der Hebrew University in Jerusalem zitiert den Nordvietnamesen Truong Chinh als Kronzeugen einer erfolgreichen Guerrilla. Bei diesem Gefährten Ho Tschi Minhs heißt es: »Das Leitprinzip der Strategie unseres gesamten Widerstands muß es sein, den Krieg in die Länge zu ziehen. Den Krieg zu verlängern ist der Schlüssel zum Sieg. Warum muß der Krieg verlängert werden? Weil es offensichtlich ist, wenn wir unsere Kräfte mit denen des Feindes vergleichen, daß der Feind noch stark ist und wir noch schwach sind. Wenn wir unsere ganzen Truppen in wenige Schlachten werfen und versuchen, die Entscheidung zu erzwingen, dann werden wir mit Sicherheit geschlagen werden, und der Feind wird siegen. Wenn wir auf der anderen Seite unsere Kräfte bewahren, sie ausweiten, unsere Armee und das Volk ausbilden, militärische Taktiken lernen und gleichzeitig die feindlichen Kräfte zermürben, dann werden wir sie so sehr demoralisieren und entmutigen, daß sie, so stark sie auch sein mögen, schwach werden und die Niederlage sie erwartet, nicht der Sieg.«

Ähnlich hatte sich Henry Kissinger geäußert, von dem man erhofft hätte, daß er den zunehmend sinnlosen Einsatz der NATO in Afghanistan mit Kritik überzöge: »Die Ordnungskräfte«, so argumentierte der ehemalige Außenminister Richard Nixons, »die Ordnungskräfte verlieren, weil sie nicht gewinnen. Rebellen hingegen gewinnen dadurch, daß sie nicht verlieren. Das trifft weitgehend zu, ob die Täter nun Weiße oder Schwarze sind, traditionalistisch oder modern, kapitalistisch oder sozialistisch und so weiter. Es gilt auch unabhängig davon, ob es sich um gottesfürchtige Amerikaner oder um atheistische Kommunisten handelt.«

Mein Freund Turner hält plötzlich inne. Er hat sich zu einer Mitteilsamkeit hinreißen lassen, die für ihn ganz ungewohnt ist. »Der

Arzt hat mir mit Rücksicht auf den hohen Blutdruck von Whisky dringend abgeraten, und jetzt erlebst du meine Geschwätzigkeit. Aber mit wem soll ich mich denn noch aussprechen? Etwa mit unseren Militärexperten, die krampfhaft versuchen, auf den Niedergang unseres Empire mit der ihnen anerzogenen ›stiff upper lip‹ zu reagieren? Oder mit einer Crew jüngerer Fernost-Reporter, die sich auf Geheiß ihrer Chefredakteure am allgemeinen ›Chinabashing‹ beteiligen?«

Es sei doch ein schändlicher Witz, daß an einer Schlüsselstellung internationaler Seefahrt, im Golf von Aden, vom Bab-el-Mandeb bis zum Archipel der Komoren eine lächerliche Fischereiflotte somalischer Hungerleider mit ihren brüchigen Schlauchbooten allein im Jahr 2008 annähernd hundert Handelsschiffe und Tanker attackiert und 35 von ihnen ohne nennenswerte Gegenwehr mit ein paar Kalaschnikows gekapert hätten. Inzwischen hat sich eine internationale Streitmacht ungewöhnlichen Ausmaßes, darunter auch zwei chinesische Fregatten, dort eingefunden, und eines Tages werde es dieser Koalition wohl gelingen, dem Spuk dieser primitiven Korsarenmannschaft ein Ende zu bereiten. Aber welcher Blamage habe der Westen sich dort ausgesetzt!

Am Beispiel der somalischen Freibeuter lasse sich ermessen, welche Katastrophe über die US Navy hereinbrechen könnte, wenn das Pentagon sich zu einem Militärschlag gegen die Islamische Republik Iran aufraffen würde. Die perfektionierten, mit Sprengstoff gefüllten Schnellboote der Revolutionswächter, der Pasdaran, die nur darauf warten, als Märtyrer, als »Schuhada«, in die Gärten Allahs einzugehen, würden in der schmalen Fahrrinne von Hormuz die weitaus wichtigste Erdölversorgung des Westens zum Erliegen bringen, ganz zu schweigen von dem Raketenhagel, der über den Petroleumfeldern und Raffinerien Kuwaits, Saudi-Arabiens und der Emirate niedergehen würde. Ob es wirklich so weit kommen wird, wie es der amerikanische Kommentator Robert D. Kaplan beschreibt: »Zum ersten Mal seit dem Eindringen der Portugiesen in den Indischen Ozean im frühen sechzehnten Jahrhundert befindet sich hier die Macht des Westens in einem Zustand des Niedergangs.

In Zukunft werden die Inder und die Chinesen in diesen Gewässern ihre dynamische Großmacht-Rivalität austragen.«

Mein britischer Gefährte hat das neu gefüllte Glas erhoben. »Ich bin kein törichter Nostalgiker von Empire-Größe«, meint er, »und neige nicht dazu, historische Tränen zu vergießen. Aber ich muß dir gestehen, daß mich jedes Mal auf dem Höhepunkt des Londoner ›Concert of the Proms‹ Wehmut überkommt, wenn die Hymne angestimmt wird: ›Rule Britannia, Britannia rule the waves‹.«

Suey hat unserem Austausch sehr aufmerksam zugehört. Sie streicht sich eine graue Strähne aus der Stirn und lächelt uns zu. »Ich bin ja froh, daß ihr wenigstens darauf verzichtet habt, eure Erlebnisse aus dem Vietnamkrieg wieder aufzuwärmen.« Liebevoll beugt sie sich über Derrick, dessen Gesicht unter der Einwirkung des Whiskys tatsächlich die Farbe eines »red lobster« angenommen hat. – »Do not listen to him«, scherzt Suey, »he is a silly old man.« – »So am I«, füge ich hinzu und umarme sie freundschaftlich.

Canto sétimo

KASACHSTAN

Die Macht der Steppe

Triumph des Groß-Khans

ASTANA, IM JULI 2009

Ganz so trostlos wie angekündigt ist die Steppe im Umkreis von Astana, der neuen Hauptstadt der Republik Kasachstan, nun doch nicht. Die Behörden haben sich bemüht, im weiten Umkreis Grün anzupflanzen, und der Fluß Ischim, der eine Trennungslinie zwischen den Wohn- und den Repräsentationsvierteln markiert, führt mehr Wasser als sonst. Von der als unerträglich geschilderten Mückenplage ist nichts zu spüren. Der günstige Eindruck, den wir von der Stadt haben, mag dem Zufall zu verdanken sein, daß wir an einem klimatisch milden Tag in Astana eintreffen. Von der im Sommer üblichen Hitze von vierzig Grad Celsius sind wir weit entfernt. Es fällt schwer, sich vorzustellen, daß im Winter die eisigen Stürme vom Nordpol, ohne auf ein Hindernis zu stoßen, über die tellerflache, unendliche Ebene auf die Hauptstadt zutosen.

Das architektonische Phantasiegebilde, das der allmächtige Präsident Nasarbajew in diese trostlose Gegend verpflanzt hat, bietet ein faszinierendes, irgendwie beängstigendes Schauspiel. Die bizarren Neubauten erheben sich wie eine surrealistische Befestigungsanlage aus einer Landschaft, die vor gar nicht so langer Zeit von asiatischen Nomaden mit ihren Kamel- und Schafherden durchzogen wurde. Unter ihren konisch geformten Filzjurten fanden sie damals Schutz vor den unerbittlichen Klimaschwankungen. Die berühmtesten Architekten, darunter der unvermeidliche Engländer Norman Foster, wurden aufgeboten, um einen urbanistischen Kraftakt sondergleichen zu vollbringen, der jeder menschlichen Vernunft zu widersprechen schien. Auf eigenartige, extravagante Weise ist das ursprünglich als utopische Laune eines Despoten belächelte Projekt dann doch gelungen. Wie die gigantischen Bauten eines Tages mit sprudelndem Leben erfüllt werden sollen, kann jedoch niemand beantworten. Ich will nicht alle Kuriositäten aufzählen, die aus dem spröden Steppenboden herausragen. Am seltsamsten erscheint mir eine riesige umgekehrte Jurte aus Beton, Glas und Stahl, die für mich wie eine überdimensionale Glühbirne aussieht. Der gigantische Präsidentenpalast wird von zwei Kolossalkonstruktionen eingerahmt, deren Fassaden in der Sonne wie pures Gold leuchten. Erwähnt sei ein monströses Bauwerk, »Triumph Astanas« genannt, das mit den gigantischen Türmen rivalisiert, mit denen Josef Stalin der Skyline Moskaus bei allem verschnörkelten Kitsch eine barbarische, aber irgendwie imponierende Silhouette verlieh. Eine schillernde Pyramide gibt sich als Symbol der verschiedenen Weltreligionen aus, deren einträchtiges Miteinander in Kasachstan befürwortet wird.

Das Luxushotel Radisson ähnelt jenem klotzigen Herrscherpalast, den Saddam Hussein im Herzen Bagdads, in der heutigen »Green Zone«, zum Symbol seiner Tyrannei erhob und dessen vier Ecktürme mit seinem eigenen behelmten Haupt in grotesker Überdimension verunstaltet wurden. Da Kasachstan ein überwiegend islamisches Land ist, bohren sich vier endlose Minarette osmanischen Stils über einer gewaltigen Goldkuppel in den Himmel. Neben einer Vielzahl kultureller Einrichtungen, Konzertsäle, Kongreßhallen und Lehrinstitute, reihen sich eine Serie von Gaststätten aneinander, die die kulinarischen Genüsse fremder Länder anbieten. Mag das im chinesischen Pagodenstil gebaute Restaurant noch Sinn machen, so löst die auf holländische Spezialitäten verweisende riesige Windmühle heitere Verblüffung aus. Ein unförmiges Sportstadion läßt sich mit jenem Gebilde vergleichen, das die Berliner als »Schwangere Auster« bezeichnen. Das Ganze wird überragt durch ein silbern glänzendes, schmales Gebilde, dessen Gipfel sich öffnet, um einem goldenen Apfel – wohl als Verheißung von Fruchtbarkeit – Raum zu geben.

Die riesigen Avenuen mit den Ausmaßen von Autobahnen sind bislang noch unzureichend bevölkert, und manche Kulturpaläste stehen leer, als warteten sie auf eine erlösende Entzauberung. Der Eindruck drängt sich zunächst auf, die Hybris, die Willkür eines selbstherrlichen Despoten, habe eine Art Fata Morgana in die Steppe projiziert. Aber dann stellt sich der Vergleich ein mit dem steinernen Alptraum von Pjöngjang, mit dem der Gründer der Volksrepublik Nordkorea, Kim Il Sung, seine genialische Größe zu verewigen glaubte. Am Rande sei vermerkt, daß sich in Astana auch Elemente jener planerischen Inkohärenz feststellen lassen, die der Neugestaltung des Potsdamer Platzes in Berlin zum Nachteil gereichen.

*

Es trifft sich gut, daß der Tag unserer Ankunft in Astana mit dem zehnjährigen Jubiläum zusammenfällt, das den Gründungs-Ukas der Stadt zu einem nationalen Feiertag erhebt. Unter den Zaren hatte sich hier nur ein Außenposten von Kosaken unter dem Namen Akmola behauptet. In der Sowjetära weitete sich diese Siedlung, Zelinograd genannt, am westlichen Ufer des Ischim-Flusses aus. Man versuchte damals vergeblich, den trostlosen Plattenbaustil, der üblich war, durch etwas stalinistischen Schnickschnack aufzulockern. In der Nähe von Zelinograd war man auf Vorkommen von Uran gestoßen.

Der feierliche Staatsakt, der sich auf den Gründungstag der neuen Hauptstadt bezieht, steht unter dem Motto »Triumph Astanas«. In Wirklichkeit hätte das Jubiläum als »Triumph des Präsidenten Nasarbajew« zelebriert werden müssen. Wie viele Menschen gekommen sind, läßt sich schwer ermessen. Angeblich sollen es 30 000 sein, aber die Lebewesen schrumpfen zur Nichtigkeit in dieser un-

barmherzigen, grenzenlosen Leere von grauem, struppigem Steppengras mit einem Himmel, der trotz strahlender Sonne immer wieder von düsteren Schleiern getrübt scheint. »Die Zahl der Anwesenden spielt auch keine Rolle«, sagt mir ein westlicher Diplomat, der seine Anwesenheit als Pflichtübung wahrnimmt. »Jeder Dritte hier ist ohnehin ein Geheimpolizist.«
An die Privilegierten, die nach eingehender Sicherheitskontrolle auf den Festplatz gelassen werden, werden blaue Fähnchen verteilt. Übereifrig werden diese Jubelzeichen übrigens nicht geschwenkt, als die gepanzerte Limousine Nursultan Nasarbajews inmitten einer eindrucksvollen Begleitkolonne eintrifft und der Präsident seiner Karosse entsteigt. Es handelt sich um eines jener Modelle, die der Länge eines Eisenbahnwaggons nahekommen und von den Amerikanern als *stretch cars* bezeichnet werden.

Ich hatte den Präsidenten noch vom Winter 1992 im Gedächtnis, als er mich in Almaty, das man zu Sowjetzeiten Alma Ata genannt hatte, in einem neuen Prachtbau aus weißem Marmor zum Gespräch empfangen hatte. Er schien seitdem nicht sonderlich gealtert. Der breit gewachsene, sehr asiatisch wirkende Mann betritt selbstbewußt die Ehrentribüne, die von einer riesigen weißen Jurte überschattet wird. Um ihn schart sich die Prominenz des Regimes und eine beachtliche Schar ausländischer Botschafter, die sich untereinander aufgrund der ungeheuren Energiereichtümer Kasachstans einen erbitterten Einflußkampf liefern. Der finanzielle und industrielle Einsatz ist hoch in Kasachstan.

Ich sehe mir die Anwesenden scharf an. Obwohl fast nur Kasachen erschienen sind, die offiziell dem sunnitischen Zweig des Islam angehören, trägt kaum eine Frau ein Kopftuch, von Tschador oder gar Burka ganz zu schweigen. Ein paar Damen der Oligarchie haben sich abenteuerliche Hüte aufgesetzt, die in die viktorianische Ära gepaßt hätten. Zu meinem Bedauern stelle ich fest, daß die meisten Einheimischen auf ihre traditionelle, schöne Tracht verzichtet haben. Nur noch ein paar alte Männer tragen jenen hochgestülpten Filzhut, der sich – nach Europa mitgebracht – so vorzüglich als Wärmer von Kaffeekannen eignet.

Der Präsident hält mit kräftiger Stimme eine Rede auf kasachisch, der offiziellen Landessprache, nachdem das Russische, das fast jeder Bürger dieser Republik beherrscht, nur noch als zweites Amtsidiom geduldet wird. Die Stimmung der Masse ist entspannt und freundlich. Diese Nachkommen von Nomaden neigen wohl nicht zum Überschwang. Die Aufmerksamkeit konzentriert sich auf ein Bataillon der Nationalgarde, das in perfektem Drill mit erdbraunen Uniformen angetreten ist. Die Mützen, ähnlich dem sowjetischen Vorbild, weiten sich zu riesigen Tellern aus. Aus den zu Stein erstarrten Gesichtern der Soldaten spricht immer noch die Wildheit der Steppe. Nach einem Vorbeimarsch im Paradeschritt steigen ein paar besonders verdiente Militärs zu Nasarbajew empor und werden mit einem Orden dekoriert.

Ist sich dieser Machtmensch, der einst als Funktionär der Kommunistischen Partei der Sowjetunion seinen geduldigen Aufstieg vollzogen und sich dabei als überzeugter Marxist-Leninist verhalten hatte, bevor er aus Moskau zum obersten Parteisekretär für die damalige Sowjetrepublik Kasachstan ernannt wurde, überhaupt noch bewußt, daß sein Vorname Nursultan, aus dem Arabischen abgeleitet, mit »lichtvoller Herrscher« übersetzt werden kann? Jedenfalls war er mit bemerkenswerter Agilität, ja ganz selbstverständlich aus der Position des angepaßten Apparatschiks der KPdSU in die despotische Rolle eines durchaus orientalisch und asiatisch auftretenden Emirs oder Khans hinübergewechselt, und das Volk lag ihm zu Füßen.

Alle potentiellen Gegner hat er aus dem Weg geräumt, sowohl die panturanischen Nationalisten, die von einem Zusammenschluß aller Turkvölker schwärmten, als vor allem auch die religiösen Fanatiker, wo immer sie mit radikalen Predigten auftraten. Die höchste konfessionelle Autorität, so scheint es, das Amt eines lokalen Kalifen, beansprucht Nasarbajew für sich. Sein Schwiegersohn Alijew, der aus dem westlichen Ausland gegen seinen ehemaligen Gönner konspiriert und die landesübliche Korruption – unter Mißachtung der präsidentiellen Prärogativen – allzu weit zu seinen eigenen Gunsten hatte ausweiten wollen, verfiel dem Bannfluch des Sultans.

Der Festakt endet – unter den Klängen einer orientalisch verfremdeten Nationalhymne – mit dem Hissen einer riesigen Flagge Kasachstans, für die speziell ein künstlicher Hügel aufgeschichtet wurde, damit man sie von weit her sehen konnte. Es berührt mich eigenartig, als ich in diesem Symbol nationaler Souveränität, das sich im Wind bauscht, die himmelblaue Standarte des Welteroberers Dschingis Khan wiedererkenne. Auch die goldene Sonne, die im Zentrum des Flaggentuchs aufleuchtet, hat einst den mongolischen Horden den Weg gewiesen, als sie in unwiderstehlichem Gewaltritt bis nach Schlesien vorgedrungen waren.

Schon am folgenden Tag ist das nächste Fest programmiert. Dieses Mal wird der 69. Geburtstag des Diktators gefeiert, und man kann sich bereits vorstellen, mit welchem Aufwand das 70. Wiegenfest begangen wird. Eine gigantische Bühne ist aus dem Gras gezaubert worden, zwei mächtige, geflügelte Pferde aus Pappmaché, die eine zu mystischer Vision gesteigerte Darstellung der glorreichen neuen Hauptstadt umklammern.

Zur Huldigung des Staatschefs treten diverse Ballette auf. Junge Männer führen wilde Schwerttänze auf, während Scharen von Harems-Darstellerinnen, nur spärlich bekleidet, sich zu lasziven Bauchtänzen wiegen, die in den meisten, in Prüderie erstarrten Ländern des Dar-ul-Islam längst den heiligen Zorn und das strikte Verbot der Ulama, der Mullahs oder der Hodschas herausgefordert hätten. Das Ganze gipfelt in einem Choral zu Ehren von Astana.

Die Frommen und die Sünder

Am frühen Morgen hatten wir einen russisch-orthodoxen Gottesdienst aufgesucht. Die Holzkirche war eines der ältesten Bauwerke der damaligen Festung Akmola und vor 150 Jahren für die Garnison des Zarenreichs errichtet worden. Sie war dem heiligen Constantin und der heiligen Helena geweiht. Über der Ikonostase prangte in farbenprächtiger Darstellung die Himmelfahrt Christi. Gemessen an den Beton- und Glasfassaden der Moderne erschien der Sakralbau recht unansehnlich, fast winzig, aber der junge, blonde Mönch, der uns bereitwillig Auskunft gab, verwies darauf, daß der Präsident – um seine Toleranz zu beweisen – den Bau einer stattlichen Kathedrale im neuen Stadtzentrum angeordnet habe.

Das Meßopfer war recht gut besucht, und die Gläubigen hörten nicht auf, nach byzantischem Brauch pausenlos das Kreuzzeichen zu schlagen. Die wiedererstandene Kirche Rußlands war auch in Kasachstan zum Träger und Symbol einer nationalen Neugeburt geworden, doch seit die Sowjetunion auseinanderfiel, sahen sich die christlichen Gemeinden in den sogenannten GUS-Republiken einer ständigen Abwanderung ausgesetzt. »Wir haben hier in den frühen neunziger Jahren eine regelrechte religiöse Aufbruchstimmung erlebt«, räumte der Pope ein, »aber diese Frömmigkeit entsprach damals einem modischen Trend.« Heute könne nur noch ein Viertel der in Kasachstan lebenden Russen als fromme und verläßliche Kirchgänger betrachtet werden. Bedenklich sei, daß vor allem die ältere Generation zur Religion zurückgefunden habe, während bei den Muslimen, die in Kasachstan recht zögerlich den koranischen Glauben wiederentdecken, die jungen Männer eine geschlossene und oft militante Gemeinde bilden.

Das Verharren der heiligen Orthodoxie in ihrer ererbten Liturgie und ihren schönen Hymnen unterscheidet sich vorteilhaft von der krampfhaften Anpassung an den Zeitgeist, dem sich so viele katholische Geistliche hingegeben haben. An der demographischen Auszehrung des prawoslawischen Archimandrats konnte jedoch auch die Rückwendung zum feierlichen Ritual der heiligen Kyrill und Method nichts ändern.

Wie viele Einwohner Astana zählt, ist umstritten. Die Zahl schwankt zwischen 600 000 und einer Million. Aber die ethnische Zusammensetzung hat sich drastisch verändert. Während sich im Akmola der Zaren und im Zelinograd der Sowjets der russisch-ukrainische Anteil auf etwa achtzig Prozent belief, dürfte er heute auf ein Viertel abgesunken sein.

Ich frage meine Begleiterin und Dolmetscherin Gulmira, eine vorzüglich Deutsch sprechende Akademikerin, nach dem Verhältnis zwischen Kasachen und Russen. Ich habe die junge Frau zunächst für eine Russin gehalten, aber sie ist von Geburt Tatarin. In religiösen Fragen sei sie nicht kompetent, wendet sie ein, denn sie sei als Atheistin aufgewachsen. Bemerkenswert sei jedoch, daß bei den 25 Millionen slawischen Zuwanderern, die zu Sowjetzeiten in den ehemaligen zentralasiatischen Teilrepubliken lebten, eine sich beschleunigende Rückwanderung ins russische Mutterland stattfände. Kasachstan, wo die Slawen fast die Hälfte der Einwohner ausgemacht hatten, sei davon noch weniger betroffen als etwa Tadschikistan oder Usbekistan, wo eine latente Feindseligkeit gegenüber den ehemaligen Kolonisatoren aufkomme. In Astana wache der Präsident persönlich darüber, daß die völkische Harmonie gewahrt bleibe.

Ihre eigene Familie, so erklärt Gulmira, gehöre jener Gruppe von muslimischen, aber stark russifizierten Tataren an, die im neunzehnten Jahrhundert nach Kasachstan aufgebrochen waren und den recht ungebildeten Nomaden der Steppe einige Rudimente westlicher Zivilisation, aber auch eine rechtgläubige Interpretation des Islam vermittelt hätten. Heute wundere sie sich darüber, wie schnell und gefügig die einst präpotenten Slawen das Feld räumen würden.

Vereinzelte Versuche, wehrhafte Kosakenverbände aufzustellen, um dem asiatischen Vordringen entgegenzuwirken, seien an der mangelnden Unterstützung Moskaus gescheitert. Bis auf weiteres herrsche Eintracht zwischen Russen und Kasachen, die sich im Laufe der Jahrzehnte aneinander gewöhnt hätten. Schwierigkeiten gebe es hingegen mit jenen kasachischen Neuankömmlingen, den sogenannten »Oraimanen«, die in fremde Staaten ausgewandert waren, zumal nach China, in die Mongolei, sogar die Türkei, und in ihrer eigenen, neugegründeten Republik den anwesenden Europäern ablehnend oder feindselig gegenüberständen.

Wie gründlich sich im weiteren Umkreis von Astana die ethnische Zusammensetzung bereits verändert hat, kann ich bei einer Autofahrt in die nördliche Steppe wahrnehmen, auf jener endlosen Trasse, die jenseits der Grenze in die sibirische Stadt Omsk mün-

det. In diese triste Region war einst Dostojewski verbannt worden. Hier haben die sowjetischen Atomexplosionen verseuchtes Terrain hinterlassen. Im abseits gelegenen Baikonur befindet sich auch jene Raumstation, von der in regelmäßigen Abständen gewaltige Raketen der russischen Astronautik ins Weltall geschossen werden.
Die meisten Steppendörfer sind von der einst überwiegend russischen Bevölkerung bereits verlassen worden. Lediglich die hübschen Holzhäuser mit den bunt bemalten Fensterrahmen sind übriggeblieben und eine Anzahl von Kasachen, die jetzt dort leben.
Die Friedhöfe der Muslime sind kunstvoll mit Ziegeln ausgelegt und mit Blumen geschmückt, während die orthodoxen Kreuze mit dem Querbalken über den verwahrlosten Gräbern der Christen Rost ansetzen und im Sand versacken.

*

Der Tag, der so fromm begonnen hatte, endet in einem Sündenpfuhl. Unser Fahrer schlägt vor, das Nachtlokal »Lido« aufzusuchen, damit wir nicht auf die Idee kämen, Astana würde in Langeweile und Feierlichkeit verdorren. Es beginnt ganz harmlos in einem großen, phantasielos dekorierten Raum, wo diverse Gäste sich in Karaoke üben und dabei mit erstaunlich geschulten Stimmen ihre melancholischen Lieder vortragen.
Die muskulösen, freundlichen Saalschützer führen uns dann ins Zentrum des Vergnügens. Ich stelle fest, daß jeder von ihnen mit einer Makarow-Pistole ausgerüstet ist. Das Publikum an den Tischen rings um die Tanzfläche wirkt eher bürgerlich, beinahe spießig, aber diese Zurückhaltung würde sich wohl mit zunehmendem Wodka-Genuß in grobe Ausgelassenheit verwandeln. Beeindruckt sind wir von einer gewaltigen Batterie von Flaschen, die alle nur erdenklichen Alkoholika der Welt – teilweise zu astronomischen Preisen – in Hülle und Fülle aneinanderreiht.
Die eigentliche Attraktion bildet ein Dutzend junger Mädchen, die abwechselnd ihre tänzerischen Darbietungen vorführen und nach bewährter Gogo-Praxis sich lasziv um ein paar silberne Metall-

stäbe räkeln. Es sind ausgewählt schöne Kreaturen, die dort ihre Reize vorführen. Zum Erstaunen der Tatarin Gulmira sind neben zwei blonden Russinnen vor allem attraktive junge Kasachinnen vertreten mit langer, schwarzer Mähne und hochstehenden Backenknochen. Der erotische Reigen hat mit einem halbwegs verhüllten Schleiertanz begonnen, aber am Ende rücken die Traumwesen fast nackt und völlig ungeniert immer näher an die Tische der Konsumenten heran. Unser Fahrer erklärt mir, daß bei vorgerückter Stunde der kommerzielle Teil der Vorstellung eindeutig überhandnehme. Für den Kuß einer dieser Damen seien zehn Dollar zu entrichten. Bei intimeren Beziehungen, die sich in der oberen Etage des Lido abspielen würden, seien natürlich weit höhere Preise angesetzt. Ich spüre, daß Gulmira sich nicht wohl fühlt in dieser Umgebung. Sie fühlt sich in der früheren Hauptstadt Almaty zu Hause und besucht dort, so oft sie kann, ihre Familie. Das Steppen-Exil von Astana und dessen protzige Begleiterscheinungen stimmen sie melancholisch. Sie unterbricht ihre Betrachtungen, als der Administrator des Lido auf das Podium tritt, um die Gäste sehr höflich zu begrüßen. Nach ein paar Sätzen auf Kasachisch bricht Gulmira völlig unerwartet in schallendes Gelächter aus. Die Ansprache des gehobenen Zuhälters gipfelt nämlich in einer Ergebenheitsadresse an den genialen Staatsmann Nursultan Nasarbajew und an dessen titanische Leistung beim Aufbau der Hauptstadt Astana. Auch der 69. Geburtstag des Staatschefs wird gebührend und untertänig erwähnt.

Hochzeitsfeiern auf sowjetisch

ALMA ATA, IM SOMMER 1980

Fast dreißig Jahre sind vergangen, seit ich Kasachstan meinen ersten Besuch abstattete. Damals war überhaupt nicht die Rede davon, das in der Steppe verlorene Provinznest Zelinograd in die Hauptstadt einer souveränen Republik zu verwandeln. Im Sommer 1980 stand die Sowjetunion mitsamt ihren zentralasiatischen Teilrepubliken noch wie ein »rocher de bronze«. Der Feldzug in Afghanistan hatte erst ein halbes Jahr zuvor begonnen, und die Eroberung dieses zusätzlichen Satelliten, der die Macht des Kreml fast bis zum Indischen Ozean und zum Persischen Golf ausgedehnt hätte, schien durch einen erfolgreichen Blitzfeldzug bereits entschieden.

Für fremde Besucher galten noch die Regeln einer strikten Überwachung durch die Begleiter von »Intourist«. Der mir zugeteilte Dolmetscher Igor war ein vierschrötiger, gehemmter Mann. Erst nach ein paar Tagen gestand er mir, daß seine Mutter Deutsche war und jener unglückseligen Minderheit von ungefähr einer Million Siedlern angehörte, deren Vorfahren sich unter Katharina der Großen überwiegend an der Wolga niedergelassen hatten. Unmittelbar nach dem Überfall Hitlers auf die Sowjetunion waren diese »Volksdeutschen« und eine Reihe anderer Minderheiten, die im Verdacht standen, mit der vorrückenden Wehrmacht zu sympathisieren, zusammengetrieben und in Viehwaggons in die unendliche Weite östlich des Urals, vornehmlich nach Kasachstan verfrachtet worden.

Trotz der Dunstschleier, die der heiße Sommer zog, waren die Schneegipfel des Alatau-Gebirges klar zu erkennen. In etwa zweihundert Kilometer Entfernung begann bereits die chinesische Provinz Xinjiang. Sonderlich exotisch wirkte die flache, weit ausgestreckte Siedlung nicht. Ein paar Repräsentationsgebäude waren in pseudo-kasachischem Stil ausgeführt. Die Architekten hatten den Beton in Form von gewaltigen Jurten gegossen. Die Europäer waren hier stark in der Mehrzahl. Die kasachische Urbevölkerung gehört eindeutig der mongolischen Rasse an und ist den Turkvölkern eng verwandt.

Der Volkspark war unser erstes touristisches Ziel. Eine mächtige Holzkirche aus der Zarenzeit, einst der Heiligen Dreifaltigkeit geweiht, war in ein historisches und völkerkundliches Museum umfunktioniert worden. Ausführliche Darstellungen waren der darwinistischen Entwicklungslehre gewidmet, eine diskrete, aber wirksame Form der atheistischen Einwirkung auf die Schülergruppen mit rotem Halstuch, die sich vor den Resten der Steinzeitmenschen drängten. Auch die kasachische Hirtenzivilisation mit den geschnitzten Truhen und den Filzteppichen wirkte bereits museal. Ein Koran war als archaisches Dokument der Unwissenheit und des Obskurantismus ausgestellt. Ansonsten war das muselmanische Bekenntnis der Kasachen mit keinem Hinweis erwähnt. Die Stammesfehden dieser Nomaden wurden krampfhaft in das offizielle Klassenkampf-Schema integriert.

Ein klotziges Denkmal beherrschte den Zentralpark von Alma Ata. Es war dem russischen General Panfilow und seiner 316. Schützendivision gewidmet, die in Kasachstan rekrutiert worden war und sich 1941 bei der Verteidigung Moskaus bis auf zwanzig Überlebende hatte aufreiben lassen. Hinter der Bronzestatue eines Sowjetsoldaten waren die Zinnen des Kreml in rotem Marmor nachgebildet. Im trügerischen Gewand der kommunistischen Völkerverbrüderung war die russische Überfremdung unerbittlich vorangetrieben worden.

In Moskau hatte mir ein deutscher Kollege, der Kasachstan bereist hatte, von der Verachtung der Russen für die Asiaten erzählt. »Die Asiaten werden als Neger oder ›Schwarzärsche‹ bezeichnet und von den Slawen stets geduzt«, hatte er mir gesagt. »Sechzig Jahre marxistisch-leninistische Erziehung haben zumindest bei den Sowjetmenschen der niederen Schichten den eingefleischten Rassismus in keiner Weise verdrängt.«

Im Hochzeitspalast von Alma Ata war von einer solchen latenten Diskriminierung nichts zu spüren. Unter der hohen Wölbung dieser steinernen Jurte traten die Brautpaare, Russen und Kasachen, im schwarzen Anzug und weißen Brautkleid – die eingeborenen Mädchen trugen oft rosa – sehr diszipliniert an. Es herrschte große Heiterkeit. Eine Nachahmung des Kreml-Geläuts gab das Signal. Der Brautmarsch von Mendelssohn-Bartholdy wurde über Lautsprecher abgespielt, und eine Standesbeamtin in feierlich langer Robe vollzog die Zeremonie. Anschließend trafen sich die Paare und ihr Anhang zum Glas Krimsekt und einem kurzen Schwatz in einem der Nebenräume, während die nächsten Ehekandidaten aufgerufen wurden.

Im Brautgefolge waren Russen und Kasachen bunt vereint, was darauf schließen ließ, daß neben den Angehörigen auch Berufskollegen zu dieser Feier eingeladen wurden. Rassisch gemischte Brautpaare entdeckte ich hingegen nicht. Hier blieben die Völkerschaften – oder die Religionen? – säuberlich getrennt. Die schlanken Asiatinnen mit den mongolischen oder iranischen Gesichtszügen wirkten oft graziöser als die russischen Frauen. Vor dem Hochzeitspalast, der auf der anderen Straßenseite durch einen fast gleichförmigen Zirkusbau symmetrisch ergänzt wurde, warteten bunt dekorierte Taxis. Sie trugen – als Verheißung künftigen Nachwuchses – strohblonde Puppen mit blauen Augen auf dem Kühler.

Natürlich begleitete mich Igor auch zur meistgerühmten Sehenswürdigkeit in der Umgebung Alma Atas, zum größten Eislaufstadion der Welt an den Ausläufern des Alatau-Gebirges. Dort wurde Stutenmilch oder »Kumis« für privilegierte Ausflügler in einer lieblos hergerichteten Jurte ausgeschenkt. »Auf jenem grünen Hügel, ›Koktiube‹ genannt, trafen sich früher die Häuptlinge der Kasachenstämme«, erklärte Igor.

»Gläubige Muslime gibt es hier nicht mehr«, hatte Igor kategorisch behauptet, als ich den Wunsch äußerte, eine Moschee zu besuchen. Schließlich gab er nach, und der Intourist-Wagen fuhr mich in das schäbigste Viertel von Alma Ata in der Nähe des Bahnhofs. Die Holzhäuser waren dem Verfall ausgeliefert, die Seitenstraßen – im Gegensatz zum geometrisch geordneten Schachbrett des Zentrums – durch tiefe Schlaglöcher ausgehöhlt. Ich entdeckte nach längerem Suchen ein bescheidenes Portal mit dem arabischen Hinweis »Musjid Alma Ata«.

Die Moschee war aus Holz gebaut. Das Minarett trug eine Blechkrone und wurde gerade ausgebessert. Im Gebetsraum überraschten farbenprächtige Teppiche. Über der Gebetsnische war die Schahada zu lesen, das Bekenntnis, daß es keinen Gott außer Allah gebe und daß Mohammed sein Prophet sei. Drei alte Kasachen mit Tupeteika und weichen Schaftstiefeln hockten im Garten und tranken Tee.

Ich war ins Innere gegangen, nachdem ich die Schuhe abgestreift hatte. Plötzlich fand ich mich einem jungen Imam mit Turban gegenüber, der sich in korrektem Hocharabisch ausdrückte. Er hatte in Damaskus islamische Studien betrieben, mußte also ein Vertrauensmann des Regimes sein. War er von der Sowjetbehörde als Vorsteher dieses kümmerlichen Außensprengels der großen islamischen Umma bestallt worden, um eventuelle Besucher aus dem Ausland irrezuführen? Oder blieb er insgeheim der koranischen Offenbarung treu? Ich verließ ihn mit dem Gefühl, daß in Kasachstan der Zerfall des Glaubens besonders weit vorangeschritten war. Anschließend ließ ich mich zum Kolchos-Markt fahren. Das Angebot an Früchten und Gemüse war für Moskauer Begriffe unvorstellbar reichhaltig. Die moderne Verkaufshalle war mustergültig und hygienisch angelegt. Die Händler hingegen, die vom Land kamen und zum Teil große Entfernungen zurückgelegt hatten, blieben irgendwie der asiatischen Weite verhaftet. Wenn der ausländische Besucher daran gehindert wurde, den Umkreis der Stadt Alma Ata, diesen Schmelztiegel russischer Assimilation, zu verlassen, so gab es vielleicht gute Gründe dafür und nicht nur den Vorwand des Militärgeheimnisses im chinesischen Grenzgebiet. Eine Vielzahl asiatischer Rassen und Völkerschaften gab sich auf dem Kolchos-Markt ein Stelldichein, von den Kaukasiern bis zu den Koreanern. Hundert Nationalitäten seien in Kasachstan vertreten, berichtete Igor. Die ethnische Vielfalt dieses Marktes spiegelte die Hintergründigkeit eines Landes, dessen Zugang man mir wohlweislich versperrte. Die Gesichter vieler Kolchosbauern waren von den unauslöschlichen Spuren der Steppe und des Islam gezeichnet.

Laboratorium der Völkerfreundschaft

Von allen Fremdvölkern, die der maßlose Ausdehnungsdrang dem Petersburger Imperium einverleibt hatte, waren die Kasachen am grausamsten behandelt worden. Ich hatte mich vor meiner Abreise über diese tragische Entwicklung kundig gemacht. Igor hätte mir allenfalls mit Ausflüchten geantwortet. Schon früh hatte das Zarenreich diesen asiatischen Nomaden jede Form von Selbstverwaltung geraubt, den Ältestenrat, den »Kurultai«, aufgelöst und die Stammesstrukturen der großen Horden zerbrochen.

Im Ersten Weltkrieg verfügte Sankt Petersburg – entgegen allen feierlichen Abmachungen – die Rekrutierung junger kasachischer Männer in die berüchtigten Arbeitsregimenter an der deutschen Front. Als die Nomaden-Clans sich dagegen auflehnten und zum offenen Widerstand übergingen, fand eine gnadenlose Strafaktion statt, die die kasachische Bevölkerung um ein Fünftel reduzierte.

Nach dem Sturz der Romanow-Dynastie war es Stalin, der den Horror auf die Spitze trieb, als er nach dem Scheitern diverser bolschewistischer Kollektivierungskampagnen, die mittels »Roter Karawanen« oder »Roter Jurten« veranstaltet wurden, Mitte der dreißiger Jahre die Seßhaftmachung, die Sedentarisierung der Hirten und Viehzüchter anordnete. Ein Drittel der einheimischen Bevölkerung dürfte dem Terror, der die Form eines Genozids annahm, zum Opfer gefallen sein. Die Viehbestände verringerten sich um achtzig Prozent. Eine halbe Million Kasachen flüchteten nach China.

Was nützte es da diesen leidgeprüften Asiaten, daß ihr riesiges Territorium, das der fünffachen Ausdehnung Frankreichs entspricht, aber nur 17 Millionen multirassischer Einwohner zählte, im Jahr 1936 zum Rang einer selbständigen Unionsrepublik erhoben wurde? Der Zustrom russischer Neusiedler wurde von Moskau systematisch betrieben. Die Immigration erreichte in den fünfziger Jahren ihren Höhepunkt, als Nikita Chruschtschow die Steppe Nordkasachstans – nach der Ukraine – in die zweite große Kornkammer der Sowjetunion umwandeln wollte.

Die Vergewaltigung von Natur und Mensch vollzog sich unter hochtrabenden Parteiparolen, die das neue Kasachstan als »Laboratorium der Völkerfreundschaft«, als »Planet der hundert Sprachen« priesen. Am Ende dieses Leidensweges stellten die authentischen Kasachen nur noch eine Minderheit von 29 Prozent in ihrer eigenen Heimat dar. Die Russen hingegen waren in der Überzahl.

Ein Jahrhundert zuvor hatte der kasachische Bevölkerungsanteil noch bei neunzig Prozent gelegen.

*

Ich logierte im Intourist-Hotel, gegenüber dem Bahnhof. Bei Tag und bei Nacht wurde der Gast aus dem Westen von flüsternden Unbekannten auf den Erwerb einer Bluejeans angesprochen, die in der ganzen Sowjetunion als extravagantes und heißbegehrtes Kleidungsstück geschätzt wurde.

Schon am frühen Abend schlug in meiner Unterkunft die Stimmung hoch. Eine gemischte Gesellschaft war im Restaurant versammelt. Die Musikkapelle spielte ohrenbetäubenden Jazz aus den sechziger Jahren. Russen, Kasachen, Tataren, Georgier, Usbeken saßen scheinbar brüderlich beieinander. Es wurde viel und schwer gegessen. Die Tische bogen sich unter Krimsekt und bulgarischem Wein. Die Wodkaflaschen waren diskret auf den Boden gestellt. Wer sich diese relativ teuren Alkoholika leisten konnte, mußte als Parteifunktionär und Mitglied der »Nomenklatura« über Sonderprivilegien verfügen oder sich am Schwarzmarkt bereichert haben. Die tanzenden Paare waren meist säuberlich nach Rassen getrennt. Muslimische Sowjetbürger luden gelegentlich pralle, blonde Russinnen ein. Nur ausnahmsweise tanzte ein Slawe mit einer Asiatin.

Mir fiel ein hochgewachsener russischer Oberleutnant auf. Mit seinen breiten Epauletten, den Schaftstiefeln und dem fast aristokratisch blassen Gesicht hätte er ein Offizier des Zaren sein können. Er hielt eine ätherische blonde Braut in den Armen: ein unendlich rührendes, altmodisches und verliebtes Paar, das in einem Tschechow-Stück hätte auftreten können und das hier am Rande der »Tatarenwüste« verbannt und einsam erschien.

Das Orchester intonierte plötzlich mit wildem Getöse einen Schlager, der damals auch in der Bundesrepublik extrem populär war. »Dsching Dsching Dschingis Khan«, so begann der Text, den der armenische Schlagzeuger auf Deutsch vortrug. »He Reiter, he Reiter, immer weiter ... auf Brüder, rauft Brüder, sauft Brüder ...

Dsching Dsching Dschingis Khan ... Er zeugte sieben Kinder in einer Nacht ...«

Die asiatischen Gäste waren wie ein Mann aufgesprungen, stürzten sich auf die enge Tanzfläche und führten einen stampfenden, barbarischen Reigen auf, als seien sie tatsächlich kriegerische Gefolgsleute des großen mongolischen Eroberers, der der Historie zufolge Pyramiden von Schädeln errichten ließ und die Vergewaltigung der Frauen seiner Feinde genoß. Jede Unterhaltung war unmöglich geworden, solange die Steppenmenschen sich austobten. Ein stark angetrunkener Mann hatte sich zu mir an den Tisch gesetzt. Er gab sich als Wolgadeutscher zu erkennen. Das Schicksal hatte ihm übel mitgespielt, und sein Unglück war ihm ins kantige Gesicht geschrieben. Sein Deutsch war anfangs holprig, wurde aber im Verlauf der Unterhaltung flüssiger und prägnant. Ohne Alkohol hätte er wohl schweigend und tiefsinnig verharrt. Aber jetzt sprudelte es aus ihm heraus.

Seine Eltern hatten in Saratow gelebt, und er war Kind gewesen, als sie nach Zentralasien ausgesiedelt wurden. Sein Vater war in einem Bleibergwerk zu Tode geschunden worden. Er selbst kam mit dem Leben nicht mehr zurecht. »Die Kasachen, die sich hier entfesseln und vollsaufen«, sagte er, »sind Natschalniks aus der Provinz, Kolchosen- oder Sowchosen-Vorsitzende, Parteifunktionäre. Immer häufiger findet man diese Asiaten auch in den Ministerien der Sowjetrepublik Kasachstan, obwohl sie nur rund ein Drittel der Bevölkerung ausmachen. Viel taugen sie nicht. Die wirkliche Arbeit wird von Ratgebern ausgeführt, meist Juden, die sich im Hintergrund halten. Aber die Russen werden sich noch umsehen, wenn sie ihre muslimischen Fremdvölker an die Freuden der Machtausübung gewöhnen.«

Wie stark der Islam noch bei der Urbevölkerung verwurzelt sei, fragte ich. Der Wolgadeutsche zuckte die Achseln, trank einen langen Schluck Wodka und rülpste. »Wer weiß das schon? Beschnitten werden sie alle als Knaben. Fromm werden sie erst, wenn sie altern. Dann hören sie auch auf, Wodka zu trinken, und gehen wieder in die Moscheen. Die Greise, die ›weißen Bärte‹ oder ›Aksakal‹, wie man sie nennt, stehen übrigens bei den Jungen noch in hoher Achtung. Selbst der ältere Bruder ist unumstrittene Respektsperson.«

Drei athletische Georgier hatten dem Orchester-Chef einen Zehnrubelschein zugeworfen, und es ertönte eine urwüchsige kaukasische Weise. Die Georgier strotzten vor Kraft. Die dichten Stalin-Schnurrbärte unterstrichen ihr Machogehabe. Sie hakten sich ein und führten einen grusinischen Tanz auf, wild, selbstbewußt, herausfordernd. »Diese Kaukasier haben es besser getroffen als wir Wolgadeutschen«, klagte der Mann aus Saratow. »Uns haben sie zersplittert und zerbrochen. Die Kaukasier haben ihre Identität bewahrt. Die wendigen Georgier verachten die schwerfälligen russischen Bürokraten. Sogar die Muslime aus dem Kaukasus haben sich behauptet.«

Viele dieser Gebirgsstämme hatten die deutsche Wehrmacht im Sommer 1942 als Befreier begrüßt und mit ihr zusammengearbeitet. Die Tschetschenen und Inguschen seien daraufhin 1944 von Stalin ebenso ausgesiedelt und zwangsverschickt worden wie die Volksdeutschen drei Jahre zuvor. Aber die Muselmanen des Kaukasus hätten sich nicht gefügt. Sie hätten sich fanatisch an ihren koranischen Glauben geklammert und das Unglaubliche fertiggebracht. Sie seien in ihrer hoffnungslosen Verbannung in Kasachstan zu aktiven Missionaren des Islam geworden, hätten bei den Kasachen den bereits verschütteten religiösen Eifer neu geweckt.

»Heute leben die Tschetschenen und Inguschen wieder in ihren eigenen autonomen Republiken im Nordkaukasus«, seufzte er bitter. »Aber wir Wolgadeutsche bleiben Strandgut.« Seine Worte gingen in einem neuen Ausbruch der Band und dem Jubel der Gäste unter: »Dsching Dsching Dschingis Khan ... und man hört ihn lachen, immer lauter lachen ... Sie ritten um die Wette mit dem Steppenwind ... Auf Brüder, rauft Brüder, sauft Brüder ... Dsching Dsching Dschingis Khan ...«

*

Diese turbulente Szene spielte sich, wie gesagt, im Sommer 1980 in Alma Ata ab. Das Rad der Geschichte hat sich rasend schnell gedreht. Im Juli 2009 werde ich in der zur Metropole Astana ausgebauten Steppenfestung Akmola Zeuge einer pathetischen kulturellen Wiedergeburt eines islamischen Turkvolkes, des Entstehens einer asiatischen Nation. Der ehemalige kommunistische Parteifunktionär Nursultan Nasarbajew hat mühelos die Herrschaftsallüren eines orientalischen Despoten, eines Groß-Khans übernommen, und hoch über mir entfaltet sich die Flagge eines souveränen, selbstbewußten Staates. Im Intourist-Hotel von Alma Ata hatte einst der dröhnende Chor zu Ehren des Gewaltmenschen Dschingis Khan noch wie ein Scherz, wie ein munterer historischer Gag geklungen. Aber jetzt weht das Panier dieses unermüdlich galoppierenden Eroberers als Signal asiatischen Triumphes über der endlosen Steppe, die sein Revier war. Das Blau des Fahnentuchs verschmilzt mit der Farbe des wolkenlosen Himmels.

Die goldene Sonne dieses Fanals wies im dreizehnten Jahrhundert den unbezwingbaren Horden des Mongolenfürsten Temudschin, Dschingis Khan genannt, und seinen Erben die Route eines grauenhaften Vernichtungsfeldzuges. Am Ende waren Persien und Mesopotamien unterworfen und verwüstet. Dem chinesischen Drachenthron hatten die mongolischen Eroberer die Yuan-Dynastie aufgezwungen, und das ganze Heilige Rußland – bis hin zu den Pripjet-Sümpfen – war für die Dauer von fast drei Jahrhunderten unter das »Tatarenjoch« gezwungen und der Willkür des Groß-Khans der »Goldenen Horde« ausgeliefert. Heute singt niemand mehr in Kasachstan das plötzlich bedrohlich klingende Lied von den apokalyptischen Reitern, die – aus der Tiefe Asiens auftauchend – »um die Wette ritten mit dem Steppenwind«.

Erste Signale der Auflösung

ALMATY, IM DEZEMBER 1992

Der Zerfall der Sowjetunion wird trotz aller mehr oder minder plausiblen Erklärungen von Rätseln umgeben bleiben. Nach einer Periode gelähmter Greisenherrschaft, der Gerontokratie des Kreml, die mit der fortschreitenden Agonie Leonid Breschnews zur Paralyse des Staatsapparates führte, wurde in der Person Michail Gorbatschows ausgerechnet jenes Politbüro-Mitglied zum Hoffnungsträger der Erneuerung berufen, das sich für diese gigantische, aber zweifellos realisierbare Aufgabe als total ungeeignet erwies.

Über den seltsamen Putschversuch einiger reaktionärer Parteiveteranen, die sich teilweise in stark alkoholisiertem Zustand der internationalen Presse stellten, während der Generalsekretär der KPdSU angeblich ohne jeden Kontakt mit Moskau, gewissermaßen als »incommunicado« seine Ferien in einer Staatsvilla auf der Krim verbrachte, sind weiterhin die widersprüchlichsten Verschwörungstheorien im Gange. Ebenso undurchdringlich waren die Befehlsstrukturen, die es Boris Jelzin, dem selbsternannten Präsidenten einer wiedererstandenen rußländischen Föderation, erlaubten, die Tamanskaja-Division zu veranlassen, das Feuer ihrer schweren Panzerkanonen auf das eigene Parlament zu richten.

Wie sollte da erst eine plausible Analyse erstellt werden für den abrupten Sezessionsvorgang, der über die zentralasiatischen Republiken der Sowjetunion hereinbrach, wo – im Gegensatz zu den turbulenten Vorgängen im Südkaukasus, in Baku, Tiflis und Eriwan – eine trügerische Stabilität andauerte? Die französische Autorin Hélène Carrère d'Encausse hat in den frühen achtziger Jahren mit ihrer Voraussage sowjetischen Machtverfalls – »L'empire éclaté«, Das zerplatzte Imperium – die Rußlandexperten zu mitleidigem Lächeln gereizt. Tatsächlich haben sich ihre Prognosen nur sehr partiell bewahrheitet, denn die Auflösung der Sowjetmacht ging nicht, wie sie meinte, von den peripheren, fremdrassigen Republiken aus. Die neue »Smuta«, die neue »Zeit der Wirren«, nahm im Moskauer Zentrum der KPdSU ihren Ursprung.

Der Zerfall war zunächst eine interne russische Angelegenheit, eine wohl unausweichliche Folge von Glasnost und Perestroika. Zu jener Zeit des Umbruchs unter der Ägide Michail Gorbatschows verharrte die Nomenklatura der überwiegend islamischen Teilrepubliken noch in starrer kommunistischer Obedienz. Sie trauten ihren Ohren nicht, als der Machtkampf im Kreml alle bisherigen politischen und territorialen Gewißheiten über Bord warf. Ausgerechnet in Kasachstan, in der trägen Provinzstadt Alma Ata, hatten jedoch schon im Dezember 1986 gewaltsame Protestaktionen, antirussische Ausschreitungen stattgefunden, die einen ersten Hinweis auf eventuelle Sezessionsbestrebungen in den zentralasiatischen Randgebieten lieferten.

Bis 1956 war der hohe Posten des Ersten KP-Sekretärs von Kasachstan durch reinrassige Russen besetzt gewesen. Der letzte von ihnen hieß Leonid Breschnew. Dann wurde als Nachfolger ein Kasache berufen, Din Muhammad Kunajew, der sich mit kurzer Unterbrechung bis 1986 an der Spitze der lokalen »Partokratie« behauptete. Kunajew genoß – wie sein usbekischer Gefährte Raschidow – die uneingeschränkte Gunst des Generalsekretärs Leonid Breschnew. Dem mächtigsten Mann der Sowjetunion wurde zwar verdächtige Komplizenschaft mit den von ihm berufenen roten Parteibonzen Zentralasiens und sogar finanzielle Vorteilnahme vorgeworfen, aber er besaß ein instinktives Gespür für die tatsächlichen Verhältnisse, für die unverzichtbaren Überlieferungen dieses exotischen Teils seines Imperiums.

Breschnew klammerte sich nicht an die überkommene Praxis großrussischer Allmacht, sondern übertrug die Verantwortung – in einem kaum wahrnehmbaren Dekolonisationsprozeß, dessen er sich vermutlich gar nicht bewußt war – bewährten asiatischen Kommunisten. Die verstanden es, die ererbten Clan- und Stammesstrukturen in den Dienst der marxistisch-leninistischen Ideologie zu stellen. Gleichzeitig setzten sie sich für die Interessen ihrer Landsleute und Stammesbrüder ein, ja sie übten Nachsicht, wenn es um das Überleben islamischer Bräuche ging. Dem System des »kommunistischen Khanats« war es zu verdanken, daß sich eine feudalistisch anmutende Teildespotie in Mittelasien bis zum Jahr 1986 konsolidierte und die zentrale Parteiführung in Moskau ruhig schlafen ließ. Mit Vetternwirtschaft und Bestechung ließ sich sowjetische Ordnung schaffen.

Erst Michail Gorbatschow sollte auf Wandel drängen, und er ging bei seinen Reformbestrebungen in Asien mit der gleichen Ignoranz gegenüber den realen Verhältnissen, mit vergleichbarem Dilettantismus vor wie bei der gescheiterten Bewältigung der anstehenden gesamtsowjetischen Schicksalsfragen. Auf Befehl Gorbatschows wurde der korrupte Erste Sekretär Din Muhammad Kunajew entthront, die berüchtigte »Kunajewtschina« abgeschafft und an die Parteispitze Kasachstans ein geradliniger russischer Funktionär, Gennadi Kolbin, berufen.

Damit hatte Gorbatschow einen gravierenden Fehler begangen. Völlig unerwartet entbrannte nationalistische Leidenschaft unter den Kasachen, vor allem unter den Studenten, die lieber von einem einheimischen Gauner als von einem ehrlichen Fremdling regiert werden wollten. Es kam zu den erwähnten Straßenschlachten zwischen Studenten und Ordnungskräften. Auf beiden Seiten gab es Tote und Verletzte. Moskau sah sich genötigt, Kolbin abzuberufen und durch den kasachischen Funktionär Nursultan Nasarbajew zu ersetzen. Als im Oktober 1992 die Sowjetrepublik Kasachstan ihre Unabhängigkeit ausrief, wurde der Tag des Studentenaufruhrs von 1986, der 16. Dezember, zum Nationalfeiertag proklamiert. Dem Glasnost-Experiment Gorbatschows war es zu verdanken, daß zum ersten Mal der Schleier heuchlerischer Brüderlichkeit zwischen den diversen Sowjetvölkern zerriß und eine ganz andere Wirklichkeit zutage trat.

Auch Boris Jelzin trug sein gerüttelt Maß Verantwortung an diesem beispiellosen Staats-Suizid, dem sich ein ideologisch gefestigtes, über ein immer noch ungeheures Potential verfügendes Imperium auslieferte, als er nach Ausrufung einer russischen Föderation die slawischen Schwesterrepubliken Ukraine und Belarus in ein

Jagdschloß bei Brest an der polnischen Grenze einlud, um sich mit ihnen zu einem gesonderten Staatenbund zusammenzuschließen. Erst als Reaktion auf dieses europäische Zusammenrücken der Völker christlich-orthodoxer Tradition haben sich dann auch – als Gegenschlag gewissermaßen – die ursprünglich muslimischen Teilrepubliken Zentralasiens unter Anleitung ihrer jeweiligen Chefsekretäre der KPdSU in der turkmenischen Hauptstadt Aschchabad getroffen und eine Entwicklung eingeleitet, die am Ende in uneingeschränkte Souveränität dieser Emirate und Sultanate einmündete.

*

Mit zwei Angehörigen der deutschen Botschaft hatte ich mich an diesem trüben Dezembertag 1992 in einer seltsamen Kaschemme verabredet, die den Ruf exotischer Exklusivität genoß. Der Besitzer oder Pächter, ein Sohn der Abruzzen, bereitete mit finsterer Miene ungenießbare Pizzas und Nudelgerichte zu. Der Wein, der angeblich aus Italien stammte, schmeckte sauer. Draußen war es neblig und kalt. Die nahen Gebirgsriesen, die schneebedeckten Alatau-Gipfel und die Tien-Shan-Kette, die bereits den Übergang nach China versperrt, hatten sich in Dunst aufgelöst.

Zu unserer bescheidenen Tafelrunde gesellte sich ein älterer Volksdeutscher, der den anwesenden Beamten der deutschen Botschaft wohlbekannt war. Im Gegensatz zu seinem Sohn und seiner Nichte, die ihn begleiteten, sprach er noch leidlich die angestammte Muttersprache. Seine ganze Sippe war von Stalin ins abgelegene Tadschikistan verschleppt worden; aber vor zwei Monaten hatte er diese von Bürgerkriegswirren heimgesuchte Republik, die an Afghanistan und China grenzt, fluchtartig verlassen. Gräßliche Dinge spielten sich in Duschanbe, der tadschikischen Hauptstadt, ab, ganz zu schweigen von den Massakern, die in den entlegenen Provinzen unter Ausschluß fremder Augenzeugen stattfanden. Selbst in offiziellen Verlautbarungen sprach man bereits von 50 000 Toten. In Tadschikistan, wo die alten Kommunisten, »Kulabi« genannt, einen Ausrottungsfeldzug gegen Demokraten und Islamisten mit russischer Unterstützung angezettelt hatten, seien Folterungen, Verstümmelungen und Vergewaltigungen an der Tagesordnung.

Die letzten dort lebenden Deutschen seien unlängst zu Fuß nach Kasachstan geflüchtet, nachdem sie sich wochenlang in Kellern versteckt hielten, um den mordenden Banden der Marxisten und der islamischen Fundamentalisten zu entgehen. Aus Rußland und Usbekistan seien GUS-Truppen gegen die fanatische islamische Aufstandsbewegung »Nahda« eingerückt, und Hunderttausende Muselmanen seien zu ihren tadschikischen Brüdern nach Afghanistan geflohen. Früher hatte eine halbe Million Europäer in Tadschikistan gelebt. Als erste seien die Juden, dann die meisten Deutschen abgewandert. Jetzt befänden sich auch die Russen auf der Flucht.

Wie rasend schnell die Dinge sich doch bewegen! Im September 1991, also ein rundes Jahr zuvor, hatte ich die Unabhängigkeitsproklamation der Republik Tadschikistan an Ort und Stelle erlebt. Damals hatte die große Stunde der bärtigen Islamisten und der intellektuellen »Demokraten« geschlagen. Die Staatsgründung auf dem ehemaligen Leninplatz vor der Deputiertenkammer wurde von frommen Koran-Rezitationen begleitet. Der revolutionäre Islam, so schien es an jenem Tag, den ich als Ehrengast auf der Marmortribüne unter dem riesigen Lenin-Denkmal inmitten eifernder »Nahda«-Prediger erlebte, hatte über den gottlosen Marxismus-Leninismus gesiegt. »Der Kommunist ist ein Feind Allahs«, stand in arabischer Sprache auf den Transparenten. Aber der Triumph des Koran war von kurzer Dauer. Die alte Nomenklatura, gestützt auf die bewährten Machtstrukturen des Sowjetsystems und den ungebrochenen Apparat des KGB, die russische Militärintervention und die den Parteiführern ergebenen Stammesfraktionen, hatte die Hinwendung Tadschikistans zur »Islamischen Republik« noch einmal im Blut erstickt.

Die Warnung Solschenizyns

Der Islam tat sich offenbar schwer in Alma Ata. Als ich nach der Freitagsmoschee fragte, wurde ich immer noch auf das bescheidene, grüngestrichene Holzhaus verwiesen, das in arabischer Schrift die Kennzeichnung »Musjid Alma Ata« trug. Seit meinem Aufenthalt im Sommer 1980 hatte sich kaum etwas geändert. Damals war allerdings mein Besuch bei dem jungen Imam, der mit Genehmigung und Förderung des Regimes in Damaskus studiert hatte, von zwei Beamten des KGB überwacht worden. Die beiden Männer des Sicherheitsdienstes hatten ihr Auto so auffällig geparkt, daß ich es gar nicht übersehen konnte.

Im Innern des Gebetsraums stieß ich dieses Mal auf ein halbes Dutzend bärtiger junger Männer, die die rot-weiß oder schwarzweiß gescheckte »Keffiyeh« trugen. Sie gaben sich als palästinensische Studenten zu erkennen. Als Gäste in einem fremden Land waren sie zu politischer Zurückhaltung verpflichtet. Der Sprecher der Gruppe zeigte mir ein neu verlegtes Buch in kasachischer Sprache: »Allahs neue Botschaft an die Welt«. Ich solle mich durch den Titel nicht irreführen lassen. Dies sei eine antifundamentalistische Broschüre.

Mir war zu Ohren gekommen, daß die islamistisch gefärbte Opposition gegen Präsident Nasarbajew sich in zwei Fraktionen zu organisieren suchte. Die eine hieß »Asad«, das bedeutet Freiheit. Die andere hatte den alten kasachischen Schlachtruf »Alash« neu belebt. Beide waren verboten. Die in Moskau gedruckte Zeitschrift *El Haq* – »Die Wahrheit« – die *Prawda* der Muslime in der GUS, wie man scherzhaft sagte – wurde in Alma Ata regelmäßig beschlagnahmt.

Die Republik Kasachstan verfügte zu jener Zeit über ein bemerkenswertes »Institut für strategische Studien«. Zu meiner Überraschung stieß ich in dem schmucklosen Sitzungssaal auf ausschließlich kasachische Gesprächspartner. An der Wand hing ein Porträt Nursultan Nasarbajews. Ich war von dem intellektuellen Niveau der Runde beeindruckt. Der offizielle Chef der Studiengruppe war ein gewisser Dr. Kasenow, der die Gesprächsführung einem hochgewachsenen, etwa fünfzigjährigen Akademiker, Professor Sultanow, überließ. Sultanow drückte sich in perfektem Deutsch aus. Wir haben uns ungefähr drei Stunden lang mit großer Unbefangenheit unterhalten. Kasachstan sei sich seiner wichtigen geopolitischen Position voll bewußt, so erfuhr ich. Aber Präsident Nasarbajew wache darüber, daß es zu keiner Konfrontation mit den Russen komme. Hier beständen so viele organische Bande, daß sich ein plötzlicher Bruch äußerst nachteilig auswirken würde. Fast jeder Kasache sei der russischen Sprache mächtig. Die massive sowjetische Einflußnahme, die im Rückblick auch durchaus positive Aspekte aufweise, sei schließlich einer eingeborenen Intellektuellen-Elite zugute gekommen.

Der Staatschef verweigere sich seit der Unabhängigkeit jeder politischen oder ideologischen Festlegung. Religiöse Parteien – ob sie nun in muslimischem oder in christlichem Gewand auftreten – würden nicht autorisiert. Natürlich sei die Regierung von Alma Ata an einer engen Zusammenarbeit mit den übrigen GUS-Republiken Zentralasiens stark interessiert. Überhaupt keine Probleme gebe es mit den eng verwandten Kirgisen.

Bis ins späte neunzehnte Jahrhundert waren die kirgisischen und kasachischen Nomaden nicht zu unterscheiden. Zum Islam hatten sich diese Hirtenvölker teilweise erst vor zweihundert Jahren unter dem Einfluß zugewanderter Wolga-Tataren bekehrt, die einer koranischen Erneuerung, dem »Jadidismus«, zuneigten. Doch die schamanistischen Bräuche blieben lebendig. Von einer islamischen Wiedergeburt könne nur in jenen südlichen Regionen gesprochen werden, die bereits nach Usbekistan überleiten. Bei aller religiösen Toleranz sei es bisher gelungen, den sogenannten Fundamentalismus in engen Grenzen zu halten. Das Beispiel der entsetzlichen Wirren in Tadschikistan habe wohl abschreckend gewirkt.

Kasachstan gerät unweigerlich in den Sog seines gigantischen Nachbarn im Osten. Jenseits der Tien-Shan-Kette beginnt das chinesische Großreich. Nursultan Nasarbajew hat sich gegenüber Peking auf kluges Lavieren verlegt. Die Eisenbahnstrecke nach

Urumqi, der Hauptstadt der Autonomen Region Xinjiang, ist vollendet. Seitdem strömen Scharen chinesischer Händler nach Ost- und Südkasachstan. Sie überschwemmen die Märkte mit ihren billigen, aber durchaus brauchbaren Konsumwaren. In einer ersten Phase handelt es sich bei diesen Importen um Thermosflaschen, gefütterte Jacken, Textilien aller Art und Haushaltsgeräte.

Die Behörden von Alma Ata hüten sich davor, irgendwelche panturanischen Forderungen im Hinblick auf die muslimischen Turk-Völker im benachbarten Xinjiang aufkommen zu lassen. Die dortigen Uiguren müssen bei ihrer Bemühung um kulturelle Selbstbehauptung gegenüber der Masse zugewanderter Han-Chinesen mit größter Zurückhaltung der Behörden von Alma Ata rechnen. Nasarbajew ist ein umsichtiger Politiker. Der Präsident bemüht sich darum, die in Xinjiang lebenden Kasachen zur Übersiedlung in seine unabhängige Republik zu bewegen.

Sogar die kasachischen Nomaden, die im äußersten Nordwestbezirk der Mongolischen Republik die Mehrheit der Bevölkerung bilden, sollen – mit Zustimmung der Regierung von Ulan Bator – nach Kasachstan abwandern. Ganz eindeutig geht es Nasarbajew darum, den Anteil der autochthonen Bürger seiner Republik gegenüber den immigrierten Russen, Ukrainern und Deutschen konsequent zu vermehren.

Ich sprach Sultanow auf gewisse Spekulationen an, denen zufolge eine Aufteilung seiner Republik ins Auge gefaßt sei: Der slawisierte Norden solle der Russischen Föderation zufallen und der überwiegend türkische Süden das eigentliche Kasachstan bilden. Die russischen Militärs, an ihrer Spitze der spätere Präsidentschaftskandidat Alexander Lebed, den ich kurz darauf in Tiraspol am Dnjestr treffen sollte, fordern das mit Nachdruck, und vor allem, daß Moskau auch jene reichen Erdöl- und Erdgasreserven annektieren solle, deren Wüstenlandschaft am Ostrand des Kaspischen Meeres kaum bevölkert ist. Schließlich seien die Grenzen der Sowjetrepublik Kasachstan völlig willkürlich durch das Moskauer Politbüro entworfen worden und könnten durch einen Ukas des Kreml auch wieder verschoben werden.

Ähnlich hatte ja Nikita Chruschtschow die Annexion der Krim durch die Ukraine verfügt. Die Situation in Zentralasien unterschied sich in dieser Hinsicht von den beiden Republiken Ukraine und Belarus, die immerhin offiziell in der Vollversammlung der Vereinten Nationen vertreten waren. Auch der berühmte Schriftsteller Alexander Solschenizyn, von dem Henry Kissinger behauptet, seine politische Position situiere sich etwa rechts vom Zaren, hatte sich auf gleiche Weise zu Gunsten einer »Sammlung russischer Erde« geäußert.

Bei Erwähnung dieses Themas erhitzte sich zum ersten Mal die Diskussionsrunde im Institut für strategische Studien. Eine solche »partition«, so lautete die einhellige Meinung, sei unerträglich. Sie werde zum offenen Konflikt führen. Da müsse Moskau sich darauf einstellen, mit einer blutenden Wehrgrenze zu leben, die sich quer durch die asiatische Steppe zöge.

Einer der Teilnehmer ging so weit, eine offene Drohung auszusprechen. Falls sie wirklich expansionistische Ziele in Kasachstan anvisierten, dann sollten sich die Russen der Zeit des Iwan Kalita entsinnen. Das war ein massives Geschütz. Der russische Großfürst Iwan Kalita, zu deutsch »Iwan der Geldsack«, ist als der willfährigste, verächtlichste Vasall der Goldenen Horde in die Geschichte eingegangen. Er hatte die Tributleistungen an den tatarischen Groß-Khan auf Kosten seines eigenen Volkes mit extremer Härte eingetrieben und sich selbst dabei schamlos bereichert.

Plötzlich war in dem nüchternen Konferenzsaal von Alma Ata unter der blauen Fahne des Dschingis Khan die Erinnerung an das lange Tataren-Joch, das unauslöschliche historische Trauma der Russen, wieder aufgelebt. General Lebed hat das in einem Gespräch, das wir später in Swerdlowsk, das heute wieder Jekaterinburg heißt, führten, stark relativiert. Der hochdekorierte Veteran des Afghanistankrieges hatte begriffen, daß es für Moskau auf Dauer keinen Sinn machte, eine organische Union mit den überwiegend islamischen Nachfolgerepubliken der Sowjetunion zu suchen oder sie mit Gewalt zu erzwingen. »Ich habe am Hindukusch meine sehr persönlichen Erfahrungen mit den fanatischen Kriegern des Islam gemacht, mit ihrer Todesverachtung und einer religiös motivierten Bereitschaft zur Selbstaufopferung«, führte er aus. »In deren Kulturkreis haben wir nichts zu gewinnen. Nicht einmal bei den Tschetschenen, die ich persönlich hochachte, nachdem eine Anzahl von ihnen unter mir gedient und sich vorzüglich bewährt hat, hätten wir eine dauerhafte Chance.«

Auf meine hartnäckigen Fragen nach der Wiedergeburt des Islam erhielt ich recht unbefriedigende Antworten. Sultanow erteilte einer netten jungen Ethnologin, einer reinblütigen Kasachin, das Wort. Sie verwies darauf, daß die Botschaft des Koran bei den kasachischen Nomaden – im Gegensatz zu Usbekistan und Tadschikistan – nur recht oberflächlich Fuß gefaßt habe. Es existierten gewiß ein paar Sufi-Orden, deren Religiosität jedoch von schamanischen Bräuchen durchdrungen sei. Der Ahnenkult hingegen bleibe lebendig. Man solle sich andererseits durch die geringe Anzahl von Moscheen nicht irreführen lassen. Zur Zeit der Gottlosen-Kampagnen seien die üblichen Teestuben, die »Tschekhanas«, oft als Gebetsräume benutzt worden. Die Problematik einer islamischen Revolution sei hingegen im benachbarten Usbekistan – dort besonders im Fergana-Becken – deutlich zu spüren. In Kasachstan handele es sich allenfalls um ein marginales Problem.

Am folgenden Tag begleitete ich Sultanow zu einem speziellen Zentrum für Islamistik. Wieder saß mir eine Frau gegenüber, eine reizlose, schüchterne Kasachin fortgeschrittenen Alters, die mir einen konfusen Vortrag über die Überwindung des Obskurantismus und des religiösen Aberglaubens hielt. Im Ton eines Agitprops warnte sie vor dem Hochkommen des Fanatismus. Als ich sie nach der vorherrschenden islamischen Rechtsschule in Kasachstan fragte – ich wußte sehr wohl, daß die sunnitischen Muselmanen Zentralasiens dem hanefitischen »Madhhab« anhingen –, versagten ihre bescheidenen Kenntnisse. Ich verwies Sultanow beim Abschied auf die Unzulänglichkeit dieser »Orientalistin«. Da lachte er schallend. »Sie sollten sich darüber nicht wundern«, meinte er. »Vor ein paar Jahren war diese Genossin noch Professorin für atheistische Ideologie und für Gottlosen-Propaganda.«

»Demokratie ist Ordnung«

ALMATY, IM DEZEMBER 1992

Audienz beim Groß-Khan. Das Arbeitszimmer im Weißen Palast war zum Konferenzraum ausgeweitet worden. Die schweren Plüschmöbel entsprachen dem überlieferten Geschmack der roten Funktionäre. Neben dem Schreibtisch war die blaue Mongolenfahne der Kasachen aufgestellt. Zwei Getreideähren sollten den kriegerischen Charakter dieses Fanals etwas verharmlosen. Der Präsident trug einen gutgeschnittenen dunkelblauen Blazer mit Goldknöpfen. Das breite asiatische Gesicht war von eindrucksvoller Unbeweglichkeit, strahlte Gelassenheit und Kraft aus. Die angeborene Undurchdringlichkeit mußte ihm bei schwierigen Verhandlungen zugute kommen. Im Westen hätte man ihn als »Poker face« bezeichnet.

Die staatsmännische Allüre des ehemaligen Ingenieurs wirkte beeindruckend, und trotz jahrelanger kommunistischer Kaderschulung war die Ursubstanz des kasachischen Clan- und Hordenchefs intakt geblieben. An manchen seiner slawischen Counterparts gemessen, wirkte das Staatsoberhaupt von Kasachstan stolz und beinahe aristokratisch. Die Kontrollen am Eingang waren relativ oberflächlich gewesen. Neben kasachischen Sicherheitsbeamten in Zivil fielen mir in den verschiedenen Büros auch russische Mitarbeiter auf. In der Armee waren die Offiziere der ehemaligen Sowjetunion slawischen Ursprungs ohnehin stark vertreten. Dazu kam eine Reihe von Spezialisten, die in Israel angeworben worden waren.

Nasarbajew suchte nicht nach Ausflüchten, als ich ihn auf seine Spagatstellung ansprach zwischen der in nationale Gärung geratenen kasachischen Urbevölkerung auf der einen, der massiven russischen Kolonistenpräsenz auf der anderen Seite. Kasachstan, das nicht bereit war, auf einen Zipfel seines immensen Territoriums zu verzichten, gab sich gegenüber Moskau überaus konziliant. Der Staatschef ließ jedoch keinen Zweifel aufkommen, daß er Herr im eigenen Haus sein wolle. Das damals noch zersplitterte Parteiensystem wurde nur in dem Umfang geduldet, wie es seiner aufgeklärten Despotie keinen Abbruch tat.

Natürlich bekannte er sich zum Islam. »Wir sind fromme Muslime«, betonte der Altkommunist, »aber wir lassen keine religiösen Parteien bei uns zu, weder islamische noch christliche. Wir sind auch Mitglieder der großen türkischen Völkerfamilie, doch einer panturanischen Bewegung, die aus Ankara gesteuert würde, wollen wir uns nicht anschließen.« Kasachstan sei nach allen Seiten für wirtschaftliche Zusammenarbeit offen. Amerikaner, Europäer und Ostasiaten seien bei der Schaffung neuer Industrieunternehmen, der Gründung von Joint Ventures, bei der Hebung der Bodenschätze hochwillkommen.

»Aber unser Land wird sich nicht in eine bestimmte Richtung drängen lassen«, erklärte er. »So lehnen wir jeden Versuch Washingtons ab, uns in eine Front gegen die Islamische Republik Iran einreihen zu lassen. Persien ist für uns ein unentbehrliches geographisches Bindeglied.« Was nun die besonderen Beziehungen zu Moskau beträfe, so seien Rußland und Kasachstan nun einmal dazu verurteilt, auf absehbare Zeit wie siamesische Zwillinge miteinander zu leben, so beendete Nasarbajew das Gespräch.

Zwei Tage später habe ich den Präsidenten am Nationalfeiertag wiedergesehen. Dieses Mal unnahbar und fremd. Kordons von Milizionären und Hilfspolizisten, die an roten Armbinden zu erkennen waren, schirmten den Zugang zu der Marmortribüne ab, auf der die Repräsentanten der jungen Republik sich in Reih und Glied in streng hierarchischer Ordnung aufgestellt hatten. Die Szene war eine getreue Kopie des Zeremoniells am Roten Platz von Moskau.

Dichte Nebelschwaden hatten sich auf Almaty gesenkt. Die Konturen des Regierungspalastes waren kaum zu erkennen. Die Kälte zog in die Glieder. Deshalb kam auch keine Volksfest-Atmosphäre auf trotz der knallbunten Warmluftballons, die am Rande des Paradeplatzes vertäut waren. Ringsum waren Filzjurten im alten Nomadenstil errichtet. Sie dienten als Verkaufsstände für Schaschlik und Stutenmilch. Daneben brannten Lagerfeuer. Eine Militärkapelle spielte russische und exotisch klingende türkische Märsche. Zwischendurch stimmten Chöre – in farbenprächtige Nomadentracht gekleidet – Lieder der verschiedenen Ethnien dieser Republik an. Das abgewetzte Wort »Druschba« – Freundschaft – war auf die Transparente gepinselt.

Hirten der umliegenden Kolchosen waren mit Bussen herangekarrt worden. Mit ihren mongolischen Gesichtern, die verwegen, ja geradezu furchterregend wirkten, wiesen sich die Männer als authentische Nachkommen jener Mongolenkrieger aus, die einst bei Liegnitz die Ritterarmee des Heiligen Römischen Reiches besiegt hatten. Aus den Ansprachen, die von der Höhe der Ehrentribüne durch den eisigen Dunst hallten, klang seltsamerweise nicht die leiseste Anspielung auf die Entstehung und die Bedeutung dieses Nationalfeiertages an, ein immerhin historisches Ereignis, das bereits von den Chronisten als symbolischer Wendepunkt der sowjetischen Nationalitätenpolitik und ihres unaufhaltsamen Niedergangs gewertet wird. Von den jungen kasachischen Märtyrern des Jahres 1986 war überhaupt nicht die Rede. Statt dessen priesen alle die real existierende Harmonie der Rassen und Religionen.

Ein nervöser junger Mann, dessen Gesicht durch die schwere Wolfsschapka halb verdeckt war, teilte mir mit, daß mein vertraulich vereinbartes Treffen mit Anhängern der islamistischen »Alash«-Bewegung nicht stattfinden könne. »Ihre Gesprächspartner von den Oppositionsparteien«, tuschelte er mir zu, »befinden sich noch im Gefängnis und sind – entgegen früheren Zusicherungen – zum diesjährigen Nationalfeiertag nicht freigegeben worden. Lassen Sie sich durch dieses Fest der krampfhaft zelebrierten Eintracht nicht täuschen«, fuhr er fort.

Tatsächlich hatte Nursultan Nasarbajew die staatsgründerische Devise ausgegeben: »Demokratie ist Ordnung.« Bei solchen patriotischen Veranstaltungen drängt sich die Frage auf, ob in diesen exotischen Regionen der Welt der aufgeklärte Despotismus der von den Amerikanern stets wiederholten Forderung nach »Nation building« nicht besser entspricht als die Vorspiegelung eines Vielparteiensystems, dessen Wahlergebnisse ohnehin schamlos gefälscht würden.

Die Oligarchen des »Rahat-Palace«

ALMATY, IM HERBST 1995

Seit dem denkwürdigen Saufgelage von 1980, als die Hotelgäste der Intourist-Herberge mit ausgelassener Wildheit den deutschen Schlager »Dschingis Khan« in die Nacht brüllten, sind nur fünfzehn Jahre vergangen. Aber irgendwie trauere ich dieser Zeit ungehemmter, barbarischer Geselligkeit bereits nach. Inzwischen ist die kommunistische Sowjetzeit durch einen karikaturalen Casino-Kapitalismus und die bodenlose Korruption der Jelzin-Ära abgelöst worden. Nunmehr haben die milliardenschweren Oligarchen das Sagen.

Am Rande von Almaty steigt der Fremde, der auf sich hält, neuerdings im Prachtbau des »Rahat Palace« ab, einem Implantat von artifiziellem westlichem Superluxus, das die umliegenden Häuserzeilen erdrückt. Eine österreichische Kette hat mit lokalen Geschäftspartnern dieses Joint Venture gegründet. In der hocheleganten und exzessiv teuren Unterkunft, wo die Liftkabinen wie durchsichtige Raumkapseln in die schwindelnde Höhe des glasüberdeckten Atriums emporschweben, glänzt es von Marmor und Chrom. Der zentrale Innenraum ist durch eine geschmackvolle Bar im Jurtenstil geschmückt. Man würde sich in irgendein Super-Hilton oder Marriott Hotel von Beverly Hills versetzt fühlen, wenn nicht die Gäste wären.

Im »Rahat Palace« von Almaty ist die Mafia nicht nur zugegen, sie ist allgegenwärtig. Die argwöhnisch blickenden »Bisnesmeny«, die teuerste Kleidung und auffälligen Schmuck tragen, spielen unentwegt mit dem Handy. Sie bilden tuschelnde Verschwörerrunden. Ihre brutalen, verschlagenen Gesichter verweisen sie eindeutig in den Bereich der Bandenkriminalität. Überall sind schwergewichtige Leibwächter postiert, die sich wie Karikaturen ihrer Spezies bewegen. Die Suiten, so erfahre ich, sind samt und sonders von Mafiabossen und ihren »Gorillas« belegt. Ich bin wohl der einzige Gast, der sich keinen Bodyguard leistet.

Verblüffend ist die kosmopolitische Zusammensetzung dieses dubiosen Trafikanten-Rudels. In der Lobby des »Rahat Palace« trifft sich Moskau mit New York, Tel Aviv mit Sankt Petersburg, Neapel mit Kuala Lumpur. Der »proletarische Internationalismus« von einst ist durch eine profitbesessene neue »Connection« abgelöst worden, die nicht weniger weltumspannend ist.

In jenen Tagen wurde auch der Ukas Nasarbajews bekannt, die kasachische Hauptstadt von Almaty nach Zelinograd, das man von nun an »Astana« nennen würde, zu verlagern. Ich habe keinen einzigen Beamten, geschweige denn einen ausländischen Diplomaten getroffen, der den Umzug in den rauhen Norden begrüßt hätte. Niemand weiß zur Stunde, wie die ungeheuerlichen Kosten für diesen Transfer aufgebracht werden sollen, zumal es um die Staatsfinanzen nicht besonders günstig bestellt war. Der Schwerpunkt der Republik Kasachstan würde in Zukunft im Umkreis jener Bezirke und Städte liegen, in denen die Russen oft achtzig Prozent der Bevölkerung ausmachen. Dazu zählen Uralsk, Aktjubinsk, Petropawlowsk, Karaganda, Pawlodar, Semipalatinsk und das langgestreckte Ostufer des Ischim, wo sich die ersten Kosakenverbände bildeten.

Die Erklärungen für diesen Willkürakt sind vielfältig und widersprüchlich. Da wird argumentiert, die Umgebung von Almaty sei bereits übervölkert und allzu nahe in der südöstlichsten Ecke der Republik an der Grenze der Volksrepublik China gelegen. Eine andere Version besagt, der Präsident fühle sich in Almaty entfremdet und teilweise isoliert. Er verfüge nur über eine begrenzte Kontrolle über die diversen Mafia-Organisationen und Wirtschafts-Gangs, die dort den Ton angeben. Nachteilig wirke sich für ihn auch aus, daß seine Sippe nicht der vorherrschenden kasachischen Stammesgruppe der Südregion angehört, die als »Ulu Djus«, als »Ältere« oder »Große Horde« bezeichnet wird, sondern der Föderation der »Mittleren Horde« oder »Orta Djus«, die in den zentralen sowie nördlichen Oblasten am stärksten vertreten ist und dort unter slawischen Einwanderungsdruck geriet.

In diesem Zusammenhang sei auch erwähnt, daß im äußersten Westen Kasachstans, am Rande des Kaspischen Meers und speziell rund um das Terrain der unermeßlichen Petroleumschätze von

Tengis, von alters her die »Kleine Horde« oder »Kischi Djus« kampiert. Das hat seine Bedeutung, denn die asiatische Urbevölkerung fühlt sich in diesem potentiellen Eldorado weit mehr zu Hause als die zugewanderten russischen Techniker und dürfte sich einer eventuellen Aufteilung Kasachstans, wie sie Lebed und Solschenizyn vorschwebte, mit Nachdruck widersetzen.

Der wirkliche Grund für das ursprünglich abenteuerlich anmutende Projekt »Astana« ist in der Demographie zu suchen. Durch die Hauptstadtverlagerung wolle Nasarbajew den russischen Annexionsabsichten einen Riegel vorschieben und die kasachische Vorherrschaft auch in den nördlichen Gegenden betonen, so heißt es. Von allen GUS-Präsidenten befindet sich dieser Mann in der schwierigsten Situation, und in seiner Umgebung betont man, daß Flexibilität die einzige Methode sei, um der Umarmung durch den russischen Bären zu entgehen.

Der bedrohlichen Staatsauflösung ist Nasarbajew schon im vergangenen Jahr mit dem Kommentar entgegengetreten: »Ein Orchester kann nur einen Dirigenten haben.« Er entmachtete Parlament und Regierung und griff auf das Instrument der Präsidialerlasse, in Zentralasien »Ukasokratie« genannt, zurück. Seine Alleinherrschaft ließ er durch ein Präsidialregime mit extremen Vollmachten zementieren. Per Referendum ließ er seine Amtszeit verlängern. Was nun die neue Kapitale in der fernen, unwirtlichen Steppe betrifft, so ist es diesem Machtmenschen gelungen, seinen Willen in Rekordzeit durchzusetzen, wie wir im Jahr 2009 an Ort und Stelle feststellen konnten.

Die Prophezeiung des Hodscha Yassavi

In diesem Herbst 1995 hatte ich mir eine ausgedehnte Überlandreise vorgenommen und dafür einen idealen Begleiter gefunden. Serik Isabegow war Germanistikprofessor an der Universität Almaty. Er war ein typischer Kasache, sah aus, als sei er gerade vom Pferd gestiegen, war stets zu Scherzen aufgelegt und sprach ein lupenreines Deutsch. Zumindest in dieser Hinsicht haben die Unterrichtsmethoden der DDR beachtlichen Erfolg gehabt und bei den Begünstigten durchaus positive Erinnerungen hinterlassen. Für kasachische Verhältnisse lebte die Familie in einer sehr komfortablen Wohnung, die sie im Stil der ehemaligen SED-Nomenklatura möbliert hatte. Seine Frau, die ebenfalls die Sprache Goethes beherrschte, wurde von ihrem Mann liebevoll »Mutti« genannt. Ihre Gastfreundschaft kannte keine Grenzen.

Bei der Bestimmung unseres Fahrtziels haben wir uns nicht an den offiziellen Vorschlag gehalten. Wir verzichten auf die Huldigung an den gefeierten Nationaldichter Abai Kunanbajew, der auch im benachbarten Kirgistan höchstes Ansehen genießt. Wir fahren in Richtung auf das Städtchen Turkestan, auf dem östlichen Ufer des Syr Daria im südlichen Landesteil gelegen. Die Entfernung beträgt etwa 1500 Kilometer, und die Reise würde mindestens zwei Tage dauern.

In Turkestan erhebt sich die grandiose Grabstätte eines hochverehrten Sufi und Eremiten aus dem zwölften Jahrhundert, des Hodscha Ahmed Yassavi, deren Bau von keinem Geringeren als dem Welteroberer und Weltzerstörer Tamerlan, auch Timur Lenk genannt, im späten vierzehnten Jahrhundert in Auftrag gegeben worden war. Dieser »Amir-el-Kabir«, der in 35 Feldzügen den ganzen Orient verwüstet hatte, wird heute in der Republik Usbekistan als Nationalheld gefeiert.

Wir haben die äußeren Wohnkästen von Almaty noch keine halbe Stunde hinter uns gelassen, da nimmt uns schon eine weite Prärie auf. Sie erstreckt sich braun und wellig bis zum Horizont. Die Straße ist in gutem Zustand; wir kommen zügig voran. Das ist keine Hungersteppe. Immer wieder tauchen Ackerflächen auf, aber die Ernteerträge sind in diesem Jahr extrem gering. Die partielle Privatisierung der Landwirtschaft hat sich nicht als Segen ausgewirkt. Es fehlt an Krediten, an Maschinen, an Düngemitteln. Sogar das Saatgut ist ausgegangen, und viel Vieh wurde notgeschlachtet, weil es kein Futter gab.

Im Süden entdecken wir schneebedeckte Kuppen. Dann bewegen wir uns in einer Hügellandschaft mit scharfen Kurven. Dichter Nebel ist aufgekommen, aus dem abscheuliche Gipsfiguren – Darstellungen von Hirschen und Jägern – wie Gespenster des sozialistischen Realismus auftauchen. Die Dörfer sind bescheiden und im gesamtsowjetischen Kolchos-Stil erbaut. Auf den Märkten ist das Angebot dürftig. Nur alkoholische Getränke und Zigaretten aus aller Herren Länder gibt es im Überfluß. Die Menschen, fast ausschließlich Asiaten, wirken ärmlich.»Die Existenzbedingungen sind viel härter geworden als 1992 bei Ihrem letzten Besuch«, meint Isabegow. Die Friedhöfe wirken gepflegter als die Wohnstätten der Lebenden. Die Grabsteine sind meist mit Halbmoden verziert. Ich entdecke nur wenige Moscheen. Dafür lösen sich die Mazar-Kuppeln, die Gräber heiliger Männer, in dichter Folge ab.

Um zur kasachischen Stadt Dschambul zu gelangen, durchqueren wir den nördlichen Zipfel der Republik Kirgistan. Die Asphaltbahn nach Kara-Balta ist durchgehend von Straßendörfern gesäumt. Dieses ist wohl der fruchtbarste Landesteil, während im südlichen Hochgebirge von Kirgistan, das zum Dach der Welt, zum Pamir, überleitet, bittere Armut herrscht. In den typisch russischen Holzhäuschen müssen noch unlängst slawische Kolonisten gewohnt haben. Sogar eine orthodoxe Kirche taucht auf, während ich vergeblich nach einer Moschee Ausschau halte. Alle zwei Kilometer trotzt eine silbern angestrichene Leninstatue dem Wind des Wandels.

Aber die Bevölkerung ist auch hier asiatisch geworden. Das Vordringen der Hammel- und Ziegenherden verändert bereits das Gesicht dieser bislang osteuropäisch wirkenden Landidylle, wo Hühner und Gänse über die Chaussee irren. Es hat wohl keine fremdenfeindlichen Pogrome in diesen Ortschaften gegeben, die den Exodus der Europäer erklären könnten. Mein Begleiter Isabegow gehört ohnehin zu jener akademisch gebildeten Schicht, die den Russen aufgrund ihrer Kultur und Erziehungsleistung verbunden bleibt. Die Verbrechen der imperialen Vergangenheit legt auch er dem zaristischen und dem sowjetischen Totalitarismus zur Last, nicht den Menschen. Doch irgendeine dumpfe Ahnung und Furcht muß sich der hiesigen Siedler bemächtigt haben. Jenseits von Kara-Balta verlassen wir das kirgisische Territorium. Nebel und Regen haben sich verzogen. Die kasachische Steppe nimmt uns wieder auf in ihrer feierlichen Monotonie. Am Himmel über den Alatau-Bergen entfaltet sich ein grandioses Schauspiel. Nur in Äquatorialafrika, an den Quellen des Nil oder am Oberlauf des Kongo habe ich so unheimliche, beklemmende Farbsymphonien beim Nahen der Nacht beobachtet. Der Horizont flackert gelb, grün und violett auf. Die Urzeitstimmung wird durch die Ankunft eines riesigen Schwarms fetter Raben verstärkt, die sich mit widerlichem Krächzen auf unser Auto zu stürzen scheinen.

Von der Stadt Dschambul, wo wir übernachten, gibt es wirklich nichts zu berichten. Aber im Hotel herrscht eine gedrückte Stimmung. An der Rezeption werden wir von der diensthabenden Russin aufgefordert, möglichst schnell unsere Abendmahlzeit – Pelmeni und Hammelhackfleisch – zu uns zu nehmen und die Zimmer aufzusuchen. Auch Isabegow wirkt nervös. »Die Kriminalität hat unbeschreibliche Ausmaße angenommen«, warnt er. »Die früheren Sicherheitsorgane des KGB sind von Gewalttätern unterwandert. Es passiert immer wieder, daß Menschen umgebracht werden, um ihnen die Nieren zu rauben. Mit Transplantaten läßt sich sehr viel Geld verdienen.«

Um Mineralwasser zu besorgen, bin ich doch noch zu später Stunde an den Ausschank im Erdgeschoß hinuntergegangen, wo sich verdächtige Gestalten in den Plüschmöbeln räkelten. Sie trugen Lederjacken und Sonnenbrillen. Manche führten die Waffe im Halfter. In einer Ecke, wo es besonders erregt zuging, lagen schwere Makarow-Pistolen gleich neben den Wodkaflaschen auf der Tischplatte. Die »Deschurnaja« drängte mich zur Umkehr. »Es ist vorhin schon zu einer Schlägerei in der Sauna gekommen, und als Ausländer könnten Sie besonders gefährdet sein«, flüstert sie mir zu.

Am folgenden Tag passieren wir die Stadt Tschimkent, schon im Einflußbereich der usbekischen Hauptstadt Taschkent gelegen. Immer wieder kreuzen oder überholen wir Lastwagenkolonnen mit persischen und türkischen Kennzeichen. Die Stadt sei wegen des Wohlstandes ihrer Bazari bekannt, erklärt mein Begleiter. Wer hier etwas auf sich halte, lade zur Hochzeit seiner Kinder nicht weniger als tausend Gäste ein und bewirte sie fürstlich. Am Ausgang der geschäftigen, aber häßlichen Siedlung biegen wir in Richtung auf Kisyl Orda nach Nordwesten ab. Der Syr Daria fließt – für uns unsichtbar – in geringer Entfernung parallel zur Straße. Dennoch trocknet das Land immer mehr aus. Baumwollfelder werden selten. Trotz der späten Jahreszeit ist die Sonne noch heiß. Schafherden weiden zwischen weitgestreckten Friedhöfen. Ein besonders heruntergekommenes Industrienest, wo keine Maschine mehr arbeitet, trägt den anspruchsvollen Namen »Temerlan«. In der tellerflachen Ebene werden die Moschee-Neubauten immer zahlreicher.

*

Endlich taucht das Städtchen Turkestan auf, das bis zum vierzehnten Jahrhundert Yassi hieß. Von Ferne ist das gigantische Mausoleum zu erkennen, das die Handschrift des »Großen Fürsten« Tamerlan trägt. Die weitausladenden Portalfronten wie auch die Kuppeln, deren eine dem Gur-Emir bis in Detail entspricht, die Keramik-Dekorationen in Blau, Gelb und Grün verweisen nach Samarkand. Die Ausmaße sind fast die der Bibi-Hanim-Moschee.

Was mag den fürchterlichen Tamerlan bewogen haben, dem Mystiker, Dichter und Prediger Ahmed Yassavi, der im zwölften Jahrhundert gelebt hat, solche Ehre zu erweisen? Vielleicht, weil dessen friedliche, zutiefst menschenfreundliche Veranlagung zu seiner eigenen mörderischen Natur in so krassem Gegensatz stand.

Um die Figur des Hodscha Yassavi kreisen zahllose Legenden. Von den Korangelehrten in Bukhara und von den dortigen Sufi hatte er sich früh abgewandt. Er suchte die Gottesnähe am Rande der Wüste, in der Einsamkeit. Vom Volk wurde er abgöttisch geliebt und um geistlichen Rat befragt. Er soll sogar schon als elfjähriger Knabe mit einer persönlichen Vollmacht des Propheten

Mohammed ausgestattet worden sein, die ihm durch einen tausendjährigen Greis übermittelt wurde. Tatsache ist wohl, daß er sich mit 63 Jahren – in diesem Alter war Mohammed gestorben – in asketisches Eremitentum zurückzog und seine karge Wohnhöhle nie mehr verlassen hat.

Das Grabmal von Yassavi ist ringsum von Gerüsten umstellt. Türkische Firmen haben die Renovierung übernommen. Das Volk findet hier allmählich zum religiösen Brauchtum zurück. Brautpaare verharren am Grab des Heiligen, um Kindersegen zu erbitten. Dabei geht es locker und heiter zu. Noch sind hier ja aus der langen Zeit der Fremdherrschaft alle Zeichen einer kuriosen Mischkultur erhalten. Im Vorgarten der Moschee werden Exemplare des Koran für den Gegenwert von zwei US-Dollar verkauft, und gleich daneben wird Wodka und Obstschnaps angeboten.

Die Zeichen der Gottlosigkeit sind im Zentrum des tristen Städtchens Turkestan allgegenwärtig. Da beherrscht die Leninstatue weiterhin den Paradeplatz. Hammer und Sichel wurden vom Kriegerdenkmal nicht entfernt. Der Poet Ahmed Yassavi hat sich mit seinen erbaulichen Weisheitsversen, »Hikmet« genannt, ins Gedächtnis eingeprägt. Heute wird ihm besonders zugute gehalten, daß er nicht nur auf Persisch und Arabisch dichtete, sondern auch in der türkischen Tschagatai-Sprache seiner Epoche, einem Nomaden-Dialekt des Ogus-Kiptschak-Stammes.

Ein dreimaliges Gebet am Grab des Hodscha Yassavi sei ebenso verdienstvoll wie eine Pilgerfahrt nach Mekka, behauptet das Volk weiterhin in frommer Einfalt. Schon sollen sich wieder die Derwische der diversen Bruderschaften, vor allem der Naqschbandiya und der Yassaviya, an dieser geweihten Stelle sammeln. Zum »Dhikr« hocken sie, wenn die lästigen Besucher und Touristen gegangen sind, am Sarkophag aus hellem Marmor und wiederholen in endloser Rezitation die Beteuerung von der alles durchdringenden Präsenz Allahs: »Er lebt, er lebt, er lebt ... hua ia'ischu!«

Meinem Freund Isabegow kam diese geistliche Wiedergeburt, die bei den Sufi-Jüngern nicht frei ist von Aberglauben und Zauberwahn, etwas unheimlich vor. Auf der Rückfahrt ist er in Gedanken versunken, und wir verpassen deshalb den Flecken Otrar, wo der fürchterliche Tamerlan, nachdem er Bagdad dem Erdboden gleichgemacht und Tausende von Schädelpyramiden errichtet hatte, am 19. Januar 1405 gestorben ist. Im tiefen Winter hatte damals der »Amir-el-Kabir« zur Eroberung des chinesischen Großreiches ausgeholt und seine Truppen im Schnee versammelt. Beim letzten großen Bankett vor dem Aufbruch – er hatte vermutlich zu viel Alkohol genossen – überkam ihn das tödliche Delirium. Hätte er den Drachensohn von Peking ebenso unerbittlich unterworfen wie seinen Todfeind Tochtamysch, den letzten Groß-Khan der Goldenen Horde, oder wie den osmanischen Kriegshelden Bayazid in der Schlacht von Ankara?

Nachdenklich verharren wir in der Steppe von Otrar. »Es ist kaum zu glauben«, murmelt Isabegow, »aber bis zuletzt hat dieser türkisch-mongolische Tyrann in einem lockeren Vasallenverhältnis zum Kaiser von China gestanden. Er entrichtete dem Sohn des Himmels regelmäßig seinen symbolischen Tribut, auch wenn es sich beim letzten Unterwerfungsakt im Jahr 1394 nur um die bescheidene Lieferung von zweihundert Pferden handelte. Vom Drachenthron in Peking mußte schon damals eine gewaltige Ausstrahlung ausgegangen sein.«

Mein kasachischer Gefährte gibt mir einen kleinen Zettel, den ihm der Hodscha des Großen Mausoleums von Turkestan überreicht hat, mit der Weisung, mir den Text zu übersetzen. Es ist eine düstere Botschaft, die aus diesen in arabischer Schrift verfaßten Versen des Mystikers Ahmed Yassavi sprach: »Der frühere Wohlstand unseres Volkes liegt in Trümmern«, hieß es da. »Unsere Könige und Wesire sind keine Künder der Wahrheit mehr. Über die Menschheit bricht schreckliches Unheil herein. Die Welt stirbt dahin, und ihr Ende kann nicht fern sein. Euer Gottesdiener Ahmed, so sollt Ihr wissen, hat Euch gewarnt, bevor er von Euch ging.«

Das »Große Spiel« am Kaspischen Meer

AKTAU, IM JULI 2009

So strahlend und türkisblau habe ich mir das Kaspische Meer an seinem östlichen Ufer nicht vorgestellt. Weiße Felsen aus Muschelkalk bilden rund um den Hafen einen strahlenden Kranz. Der Grundstein zur Stadt Aktau wurde erst 1958 gelegt, nachdem die damalige Sowjetverwaltung auf überreiche Ölvorkommen und auf Uran gestoßen war. Stattliche Bauten reihen sich in makellosem Weiß aneinander, und es kommt nicht der Eindruck auf, man befände sich am Rande eines Petroleumreviers gigantischen Ausmaßes.

Wir sind am Nachmittag von Astana abgeflogen und hatten auf der Landkarte festgestellt, daß sich Aktau mitsamt der sich in das Kaspische Meer vorschiebenden Halbinsel Mangyschlak auf halber Strecke zwischen Frankfurt und Almaty befindet. Mit solchen Distanzen hat man es hier zu tun. Die Bevölkerung von Aktau muß in den ersten Jahren überwiegend slawisch gewesen sein, und es hat wohl zum Zeitpunkt der Auflösung der Sowjetunion einer seltsamen Verblendung, eines akuten Anfalls von nationalem Defätismus bedurft, daß Moskau diese westlichste, periphere Region Kasachstans einem neu entstandenen Staatsgebilde überließ, das nun in voller Souveränität über seinen Energiereichtum verfügen und ihn an ausländische Konzerne verhökern konnte.

Von der Terrasse des Hotels Renaissance genieße ich einen pathetischen Sonnenuntergang. Bei der Fahrt in die Stadt haben wir eine total verdorrte, von Sanddünen durchzogene Steppe durchquert, aber ich fühle mich wohl in der Wüste. Ein grauhaariger Mann mit scharfgeschnittener Nase beobachtet mich intensiv. Dann kommt er an meinen Tisch. Er habe lange in Deutschland gelebt und kenne mein Gesicht aus dem Fernsehen. Er stellt sich unter dem Namen Peruskian vor und gibt sich damit als Armenier zu erkennen.

Wir sprechen eine Weile über die Zustände auf dem westlichen Gegenufer, wo es – nach Proklamation der Unabhängigkeit der dortigen südkaukasischen Republiken – den christlichen Armeniern gelungen war, ihre aserbaidschanischen Nachbarn und Feinde, die sich zum schiitischen Islam bekennen, aus der absurden Exklave Nagorny Karabagh zu verdrängen und ein Fünftel der Republik von Baku militärisch zu okkupieren. Ohne russische Waffenhilfe wäre ein solcher Erfolg kaum möglich gewesen. Sehr viel verwunderlicher war die Tatsache, wie ich seinerzeit an Ort und Stelle in Stepanakert feststellen konnte, daß fast sämtliche Lebensmittel und Gebrauchsartikel des täglichen Lebens – inklusive Toilettenpapier – von den Mullahs in Teheran an die Armenier geliefert wurden.

Das »Große Spiel« um die Ausbeutung des Erdöls von Mangyschlak ist in vollem Gange. Der Armenier versucht, mich in ein endloses Gespräch über den gefallenen Petroleumpreis und die negativen Folgen dieser Baisse für die ehrgeizigen Pläne des Präsidenten Nasarbajew zu verwickeln. Erst die Einführung der neuen Nationalwährung Tenge habe ein wenig Stabilität gebracht. Ich verweise Peruskian darauf, daß die Verhältnisse in Kasachstan – verglichen mit den Zuständen an der kaukasischen Gegenküste des Kaspischen Meers – geradezu idyllisch wirken.

Dort hat eben noch ein Waffengang zwischen Georgien und Rußland um die neu gegründete Mini-Republik Südossetien stattgefunden. In Tschetschenien gibt sich der dortige Machthaber Kadyrow als zuverlässiger Verbündeter Moskaus, steht jedoch im Begriff, seine Autonome Republik von Grosny, die nominell in der Russischen Föderation verbleibt, in eine islamische Republik sui generis zu verwandeln.

Im winzigen Inguschetien, gleich nebenan, gehen täglich Bomben hoch, und mit bösen Ahnungen blickt Wladimir Putin auf das Territorium von Dagestan, wo das Zarenreich im neunzehnten Jahrhundert dreißig Jahre lang Krieg geführt hatte, um den islamisch inspirierten Aufstand des Imam Schamil niederzukämpfen. Dort spürt man bereits ein gefährliches Brodeln. Diese Zone ist mir mindestens ebenso vertraut wie dem geschwätzigen Armenier, dessen kommerzielle Interessen sich vermutlich innerhalb des Dreiecks Eriwan, Washington, Tel Aviv und Moskau bewegen.

Inzwischen sind die internationalen Ölgiganten damit beschäftigt, sich im Umkreis von Aktau den Rang abzulaufen. Am schnellsten haben natürlich die amerikanischen Multis agiert, aber auch der Kreml verfügt noch über erhebliche Druckmittel, und diverse europäische Gesellschaften versuchen, bescheidenere »Claims« abzustecken. Mit wachsendem Argwohn blicken sie alle auf das systematische Vordringen der staatlichen Energiekonzerne der Volksrepublik China.

Mindestens ebenso verworren mutet der Wettstreit um den Bau und den Verlauf der Pipelines an, versuchen die USA doch mit allen Mitteln und beachtlichem Erfolg, das »schwarze Gold« des kaspischen Raums unter Umgehung russischen Territoriums durch Georgien und die Türkei an den Mittelmeerhafen Ceyhan zu pumpen. Die Regierung von Ankara verschafft sich zusätzliche Trümpfe durch eine Leitung namens »Nabucco«, die über den Balkan verlaufen würde. Die Russen fordern ihrerseits die präferentielle Nutzung ihrer traditionellen Durchgangsstation Noworossijsk an der Mündung des Don, während in aller Diskretion chinesische Arbeitskolonnen in Rekordzeit ihre Rohre verlegen, um eine Verbindung zu ihrem eigenen Versorgungssystem in Xinjiang herzustellen. Dieses ganze Gewirr von Leitungen, Zulieferanlagen und Pipelines verdichtet sich allmählich zu einem gordischen Knoten, aber kein Alexander ist in Sicht, der befähigt wäre, ihn mit einem Hieb zu durchtrennen.

Ich bin froh, als der Armenier sich verabschiedet und ich beim »Sundowner« meinen eigenen Gedanken nachhängen kann. An diesem äußersten Vorposten der Halbinsel Mangyschlak stellt sich nämlich die Frage, wo Asien aufhört und wo Europa beginnt. Mir klingt noch der Ausruf General de Gaulles in den Ohren, der 1964 bei seinem Staatsbesuch in der Sowjetunion einen Toast auf die Einheit Europas ausgebracht hatte, auf »l'Europe de l'Atlantique à l'Oural«, eine Formulierung, die die deutschen Diplomaten verwundert aufhorchen ließ.

Wer bei klarer Sicht den endlosen Höhenzug des Ural, der sich in sanften Wellen von Nord nach Süd dahinzieht, aus der Höhe des Flugzeugs gemustert hat, kann ihn schwerlich als scharfe Trennungslinie zwischen den Kontinenten identifizieren, ebensowenig wie den bescheidenen Fluß Ural, der sich bei Guryew in den nördlichen Teil des Kaspischen Meeres ergießt. An dieser Stelle greift sogar die überwiegend asiatisch-islamische Republik Kasachstan auf ein Territorium über, das den Ausmaßen Bayerns entspricht und – rein geographisch – Europa zugerechnet werden müßte. In Aktau ist man von der Mündung der Wolga und dem Hafen Astrakhan nicht sonderlich weit entfernt.

Mir kommt flüchtig der Gedanke an einen entfernten Verwandten, der als sogenannter »Goldfasan« im Dritten Reich Karriere gemacht hatte und auf dem Höhepunkt des Hitlerschen Größenwahns meinem Vater stolz verkündet hatte, er sei bereits zum deutschen Gouverneur von Astrakhan ernannt worden. Das war zu dem Zeitpunkt, als man in Berlin noch davon träumte, mit der Wehrmacht in einer gewaltigen Zangenbewegung bis zu den Erdölfeldern von Baku in Aserbaidschan vorzustoßen.

Das Gespenst der Goldenen Horde

In diesem endlosen Raum ohne feste Konturen hat sich ein Kapitel Weltgeschichte abgespielt, das in den Geschichtsannalen des Westens kaum erwähnt wird. Wer weiß schon, daß Batu, der Enkel Dschingis Khans, nachdem er die russischen Fürstentümer Osteuropas unterworfen hatte, seine Hauptstadt Saraij, von wo aus er die Knute über sein immenses Imperium führte, präzis an jenem Punkt des Wolga-Ufers errichtet hatte, wo siebenhundert Jahre später die Reste der 6. Armee des deutschen General Paulus sich der Roten Armee ergeben mussten? Ebensowenig dürfte bekannt sein, daß die tatarisch-mongolische Vorherrschaft der »Goldenen Horde«, die bis in die Sümpfe des heutigen Belarus reichte, zwar durch einen Sieg des russischen Großfürsten Dmitri Donskoi geschwächt, aber erst endgültig zerschlagen wurde, als aus dem heutigen Usbekistan der schreckliche Eroberer Tamerlan den letzten

Groß-Khan von Saraij Tochtamysch in einer endlosen Hetzjagd bezwungen und dessen Wolga-Festung zerstört hatte.

Erst um die Mitte des sechzehnten Jahrhunderts wurde Rußland vom Alptraum des Tatarenjochs erlöst, als Iwan IV., genannt der Schreckliche, die islamische Hochburg Kazan an der Mittleren Wolga stürmte und zwei Jahre später auch dem tatarischen Khanat von Astrakhan den Todesstoß versetzte. Mit der zusätzlichen Eroberung des Khanats Sibir eröffnete Iwan IV. dem russischen Machtstreben das Tor in die Tiefen des sibirischen Subkontinents. Am Ende einer beispiellosen Expansion erreichten die Kosaken des Zaren die Westküste des Pazifischen Ozeans, wo sie – auf einem Territorium, das sie der geschwächten Qing-Dynastie Chinas entrissen hatten – die Festung Wladiwostok, zu deutsch »Beherrscher des Ostens«, gründeten.

Um sich der Aufsässigkeit und der Anmaßung der Bojaren, der mächtigen Aristokratie des Zarenreiches, zu erwehren, hatte sich Iwan der Schreckliche bemüht, einen beachtlichen Teil des tatarischen Adels zum christlich-orthodoxen Glauben zu bekehren, sich ihrer Loyalität zu versichern und diese Konvertiten zur verläßlichsten Stütze des Thrones zu machen. Sehr bald fand eine ganze Serie von slawisch-mongolischen Familienverflechtungen statt, die bis in die höchsten Kreise des Kreml reichten.

So soll der tragische Usurpator Boris Godunow reiner Tatar gewesen sein, und die Mutter Peters des Großen, eine Naryschkina, entstammte ebenfalls einer angesehenen Sippe der mongolischen Oberschicht. Man braucht nur die Namen Rachmaninow oder Jussupow zu zitieren, um sich der ethnischen und kulturellen Durchdringung bewußt zu werden, die den französischen Marquis de Custine noch im neunzehnten Jahrhundert zu der Feststellung verleitete: »Grattez le Russe et vous trouvez le Tartare – Kratzt den Russen an, und ihr findet den Tataren.«

Die mystische Vorstellung des zaristischen Rußland, als Drittes Rom die Nachfolge des byzantinischen Reiches anzutreten, wie auch der kaum weniger sakrale Anspruch der Sowjetunion, für das weltweite Proletariat ein Paradies der Werktätigen zu schaffen, sind wie ein Wahn zerstoben. Im Westen des Reiches und im Kaukasus ist Rußland heute auf die demütigenden Territorialverluste des Friedens von Brest-Litowsk zurückgeworfen, der den Bolschewiki noch zu Beginn des Jahres 1918 von dem ebenfalls moribunden Kaiserreich Wilhelms II. aufgezwungen wurde.

In Fernost hat die chinesische Volksrepublik den gigantischen russischen Nachbarn, der um 1900 im Begriff stand, dem Reich der Mitte weitere riesige Landfetzen zu entreißen, als zweite Weltmacht bereits überflügelt. Der besorgte Blick Moskaus richtet sich aber vor allem auf das islamische Aufbegehren, eine türkisch-mongolische Wiedergeburt, die unter Berufung auf den Heiligen Koran düstere Erinnerungen an das »Tatarenjoch« von einst in Erinnerung ruft.

In seiner Immobilität ist das Kaspische Meer zu meinen Füßen in schwarzem Marmor erstarrt. Am Rande dieses zunehmend strategisch wichtigen Binnenmeeres fällt mir ein Gespräch ein, das ich im Winter 2005 mit Jewgeni Primakow in dessen prachtvoll altmodischem Palast der Industrie- und Handelskammer von Moskau führte. Primakow war kein beliebiger hoher Funktionär des Sowjetstaates. Als Pressekorrespondent und »Aufklärer« hat er aufgrund seiner profunden Erfahrung des Orients und seiner arabischen Sprachkenntnisse selbst bei seinen amerikanischen Gegenspielern Hochachtung genossen. Später war er unter Jelzin vorübergehend zum Ministerpräsidenten und dann zum obersten Chef des Auslands-Nachrichtendienstes berufen worden.

Dieser Experte wußte, daß innerhalb der immer noch gewaltigen russischen Föderation etwa 25 Millionen Muslime lebten, deren nationale Ansprüche über kurz oder lang – zumal in den Autonomen Republiken Tatarstan an der Wolga und Baschkortastan am Ural – durch die sich abzeichnende religiöse »Nahda« zusätzliche Impulse erhalten würden. Schon sammelten sich ja die frommen Pilgergruppen an den Ruinen von Bolgar an der Wolga, wo der maghrebinische Weltreisende Ibn Batuta im vierzehnten Jahrhundert ein blühendes islamisches Staatswesen vorgefunden hatte.

Im Kaukasus war trotz der Gefügigkeit jener Muftis, die von Moskau bestallt und überwacht wurden, der geheime Wunsch zu spüren, zwischen Dagestan am Kaspischen und Abchasien am Schwarzen Meer eine Art nordkaukasisches Kalifat zu gründen. In Kazan wiederum wölbte sich die riesige blaue Kuppel der neuen Moschee Kul Sharif hoch über jenen goldenen Zwiebeltürmen des Christentums, die bislang den dortigen Kreml weithin aufleuchten ließen. Der amtierende Imam hatte mir gestanden, daß er seine religiösen Studien in Medina, in Saudi-Arabien, absolviert hatte, am Grab des Propheten, wo sich die unduldsamste Form des koranischen Fundamentalismus – auf den riesigen Ölreichtum des Königreichs gestützt – eine radikale Missionierung sowie die gezielte Erziehung zum religiösen Fanatismus auf ihre grünen Fahnen geschrieben hatte. Die wahhabitischen Prediger sind inzwischen von Bosnien bis nach Indonesien ausgeschwärmt.

Primakow sah hingegen keinen Grund, sich der verkrampften Angstpsychose anzuschließen, die in Amerika und Europa das Verhältnis zur Islamischen Republik Iran belastete. Was Rußland zu befürchten hatte, war das Übergreifen des sunnitischen Radikalismus auf die Erblande der früheren Sowjetunion in Zentralasien, eine verzerrte Form der Salafiya, die ständig an Boden gewann. Dort gehörte jedoch lediglich die südkaukasische Republik Aserbaidschan mehrheitlich der schiitischen Glaubensrichtung an. Die späteren Safawiden-Schahs waren es, die im sechzehnten Jahrhundert die schiitische Auslegung der koranischen Lehre, die »Schiat Ali«, zur Staatsreligion Persiens deklarierten.

Seitdem hat sich die erbitterte Feindschaft zu den Sunniten, die seit Selim I. den osmanischen Sultan von Istanbul als ihren Kalifen anerkannten, ständig vertieft. Für die rauhen Steppenvölker – seien sie nun Turkmenen oder Kasachen –, die sich bei aller Verhaftung im Aberglauben ihrer Derwisch-Orden rühmten, rechtgläubige Angehörige der Sunna zu sein, galten die Schiiten von Anfang an als abscheuliche Abtrünnige vom rechten Weg Allahs, als Ketzer und »Kuffar«. Falls Anhänger dieser auf den Imam Ali und die zwölf Imame gegründeten Glaubensrichtung in die Hände der Nomadenhorden fielen, wurden sie entweder zu Tode gefoltert oder als Sklaven verkauft.

Aus diesem Grund hat die Russische Föderation unserer Tage von einem schiitisch inspirierten Staatswesen wie der Islamischen Republik Iran keinen ernsthaften konfessionellen Zusammenprall zu befürchten. Die frommen Schiiten hingegen verharren im Haß ihrer sunnitischen Gegner und insbesondere jener in Saudi-Arabien alles beherrschenden, extrem intoleranten Sekte der Wahhabiten, die seit ihrem Entstehen im achtzehnten Jahrhundert die Heiligtümer der »Partei Alis« in Nedschef und Kerbela häufig zerstören ließ. Da auch die Terroristenorganisation El Qaida in der Korandeutung des Wahhabismus wurzelt, ein Radikalismus, der auch auf die Taleban Afghanistans übergreifen sollte, kann es keine Gemeinsamkeit geben zwischen Osama bin Laden und seinen Gefolgsleuten mit den Mullahs von Teheran. Dieser Gegensatz steigerte sich sogar nach dem iranisch-irakischen Golfkrieg zu glühendem Haß.

Wenn also eines Tages eine militante sunnitische Form des Islam auf Usbekistan, Kirgistan, Turkmenistan übergreifen sollte, wofür ein von den Taleban beherrschtes Afghanistan die ideale Ausgangsbasis böte, dann könnte Rußland zumindest auf ein stillschweigendes Einvernehmen, wenn nicht auf aktive Komplizenschaft mit jenem Khomeini-Staat zurückgreifen, der sogar den Amerikanern zu Beginn der Operation »Enduring Freedom« eine lockere Zusammenarbeit gegen die »Koranschüler« und deren dumpfen Obskurantismus angeboten hatte.

Für Moskau wäre eine iranische Atombombe weniger furchterregend als das nukleare Potential, das bereits in den Arsenalen Pakistans lagert. Sollte sich dort eines Tages das befürchtete Chaos einstellen und Islamabad die Kontrolle verlieren, dann könnten sich verfeindete Fraktionen der Atombombe als *ultima ratio* ihrer Auseinandersetzungen bedienen. Der Westen, so hatte ich in Moskau erfahren, wird also auf vorsichtige Zurückhaltung stoßen, falls er bei den Russen eine tatkräftige Unterstützung gegen Teheran sucht und gegen die atomare Aufrüstung des Iran mit verschärften Sanktionen oder – auf Drängen Israels – sogar mit militärischen Präventivschlägen vorgehen sollte.

*

Der weitgehend säkularisierte Westen ist offenbar nicht mehr in der Lage, diese tiefgreifenden mythischen Gegensätze des Orients zu begreifen. Wie real sie sind, konnte ich noch im April des Jahres 2008 erfahren, als ich nach einem Besuch bei Scheikh Nabil Qaouq, dem Oberbefehlshaber der schiitischen Hizbullah im Südlibanon, einen seiner engeren Mitarbeiter zu einer aufschlußreichen Aussage bewegte. Die sunnitische Mehrheit innerhalb der islamischen Umma habe die schiitische Glaubensgemeinschaft, deren Miliz, die Hizbullah, sich im Jahr 2006 im Südlibanon im Kräftemessen mit Israel auf so sensationelle Weise bewährt hatte, als »'adu Allah«, als Feind Gottes, bezeichnet und mit dem Fluch des »Takfir« belegt. Die Angehörigen der christlichen Konfessionen, so führte der junge Unbekannte aus, die immerhin doch laut Koran der »Familie des Buches« angehören, genössen bei den rechtgläubigen Sunniten höheres Ansehen als jene Glaubensbrüder, die sich unmittelbar nach dem Tod des Propheten in einen Erbstreit verwickelt sahen, der bis heute andauert.

Die Politiker des Westens, die zumal in Afghanistan den religiösen Charakter dieses Abwehrkampfes am Hindukusch völlig zu ignorieren scheinen, sollten eine Erkenntnis beherzigen, die der Major Charles de Gaulle bei seiner Versetzung in das damalige französische Mandatsgebiet Syrien-Libanon wie folgt formulierte: »Vers l'Orient compliqué, je partais avec des idées simples«, und sein eigenes Unverständnis gegenüber den Mythen des Orients gestand.

Kriegsspiele der Shanghai-Union

Ein letzter Eindruck von Aktau: Vier großflächige Porträts, die jeweils eine ganze Häuserfassade zudecken, die »Straße der Besten«. An erster Stelle steht natürlich Nursultan Nasarbajew. Nicht weit davon fällt eine Art weißer Tempel ins Auge, der den Gefallenen des Krieges, aber auch allen Opfern der Unterdrückung gewidmet ist. Man wünschte sich, ähnlich schlichte und geschmackvolle Ehrenmäler auch in Deutschland vorzufinden.

In mancher Hinsicht hat sich die russisch-sowjetische Kolonisierung der Nordhälfte Asiens weit fortschrittlicher und positiver erwiesen, als manche Kritiker behaupten. Um nur die relativ kurze Präsenz der Roten Armee am Hindukusch im späten zwanzigsten Jahrhundert zu erwähnen: Die verbündeten Staaten der Atlantischen Allianz sind weit davon entfernt, die Emanzipation der afghanischen Frau so konsequent durchzusetzen, wie das den Sowjets im Verbund mit den lokalen kommunistischen Parteien gelungen war.

Schon am Stadtrand von Aktau nimmt uns die große Steppe auf, und sie läßt uns nicht mehr los. An dieser Stelle sollte man eine Landkarte zur Hand nehmen und mit dem Lineal eine Gerade in nord-nordöstlicher Richtung ziehen. Dort verläuft nämlich die äußerste Grenze der unabhängigen Republik Kasachstan. Jenseits davon beginnt die Russische Föderation, und im Umkreis der Ortschaft Ortik verengt sich das Territorium, das der unmittelbaren Oberhoheit Moskaus untersteht, auf einen Schlauch von zwanzig bis dreißig Kilometern. Jenseits davon, an den südlichsten Ausläufern des Ural-Gebirges, beginnt die Autonome Republik Baschkortostan – früher sagte man Baschkirien –, die zwar Mitglied der Russischen Föderation bleibt, aber wachsenden Anspruch auf Autonomie erhebt. Die turkstämmige Bevölkerungsmehrheit von Baschkortostan bekennt sich zum Islam. Obwohl die Religiosität hier nie ausgeprägt war, läßt sich eine Neubelebung des koranischen Glaubensgutes nicht leugnen, zumal die baschkirische Hauptstadt Ufa zu Sowjetzeiten als Sitz des islamischen Muftiats für die in ganz Rußland weit verstreuten sunnitischen Glaubensgemeinschaften fungierte. Da Baschkortostan im Nordosten in die autonome Republik Tatarstan übergeht, wo die Muslime ebenfalls eine knappe Mehrheit bilden, erstreckt sich ein potentieller islamischer Gürtel bis an die Mittlere Wolga, das heißt bis in Herzland des europäischen Rußland.

Katharina II., die Große genannt, die das Zarenreich zum ersten

Mal bis an den Rand des Kaspischen Meeres ausgedehnt hatte, wurde sich der fortdauernden muslimischen Belastung für den Bestand ihres Imperiums in vollem Umfang bewußt, als der Volkstribun Jemeljan Pugatschow sich als Zar Peter III. ausgab, Kazan eroberte und sich bei seinem Feldzug auf die tatarischen Reiterhorden des heutigen Baschkortostan stützen konnte. Über den waldigen Höhenzügen des Urals, unmittelbar am Rande von Ufa, wurde dem muslimischen Gefährten Pugatschows, dem baschkirischen Emir Salawat Julajew, schon zu Sowjetzeiten ein pompöses Reiterstandbild errichtet. Er wird weiterhin als Nationalheld dieses den Tataren eng verwandten Turk-Volkes verehrt.

Katharina II. war klug genug, ihren muslimischen Untertanen durch die Schaffung einer eigenen geistlichen Direktion in Orenburg entgegenzukommen, während drei Jahrzehnte später Zar Alexander I. die außerordentliche Bravour seiner tatarischen Regimenter, die sich in der Schlacht von Borodino gegen Napoleon bewährt hatten, mit der Genehmigung zum Bau einer imponierenden Moschee im Herzen Moskaus belohnte.

Nach der Oktoberrevolution hatte der intellektuelle Inspirator einer tatarischen Wiedergeburt namens Sultan-Galijew mit Zustimmung Lenins versucht, eine fragwürdige Synthese zwischen Islam und Kommunismus zu finden. Doch Joseph Stalin verfügte sehr bald mit der ihm eigenen Brutalität die erbarmungslose Zerschlagung dieses seltsamen Experiments.

*

Aus der Einöde, die bei vierzig Grad Hitze plötzlich auf fast vierhundert Meter unter den Meeresspiegel absinkt, zeichnen sich die Fördertürme und die in ständiger Bewegung pendelnden Pumpen, »Esel« genannt, in unregelmäßigen Abständen ab. Menschen sind kaum anzutreffen. Nur die Firmenschilder der großen Konzerne lassen erkennen, wer gerade zum Zuge gekommen ist. Die Chinesen haben sich offenbar im Norden der Mangyschlak-Halbinsel am intensivsten engagiert. Ein dringlicher Vorschlag aus Washington, eine Pipeline zwischen Aktau und Baku quer durch das Kaspische Meer zu verlegen und damit den russischen Rivalen zusätzlich zu benachteiligen, ist an der vorsichtigen Zurückhaltung des kasachischen Präsidenten bisher gescheitert.

In Astana ist man sich zudem bewußt, daß zu den Anrainerstaaten des Kaspischen Meeres, die an der Delimitierung des jeweiligen Festlandsockels und der dortigen Offshore-Förderanlagen beteiligt sind, auch die Islamische Republik Iran und jenes absurde Staatswesen zählen, das aus der früheren Sowjetrepublik Turkmenistan hervorgegangen ist. Seit dem Tod ihres ersten, zur Paranoia neigenden Tyrannen Nyazow, der sich selbst als »Turkmenbaschi«, als Herr aller Turkmenen, glorifizieren ließ, verfügt ein noch bizarrerer Nachfolger über die gewaltigen Gasvorkommen dieser Stammesföderation.

Eine demographische Stabilisierung hat sich in diesem Raum längst noch nicht eingestellt. Mit Ausnahme von Kasachstan sind die dort lebenden Europäer zu einer unbedeutenden Minderheit geschrumpft, während die sogenannten »Schwarzen« – Kaukasier und Zentralasiaten – weiterhin in das eigentliche russische Kerngebiet einströmen und dort heftigen, rassistisch motivierten Zusammenstößen mit den zutiefst irritierten Slawen ausgesetzt sind. Daran gemessen spielt die Zuwanderung chinesischer Händler, die zwischen Wladiwostok und Smolensk die Märkte beherrschen, eine relativ bescheidene Rolle. Die Regierung von Peking wacht darüber, daß das zur Zeit ungetrübte Verhältnis zu Moskau nicht durch einseitige Vorteilnahme der Volksrepublik gestört wird.

Die Russische Föderation und das postmaoistische China haben sich sogar im Verbund mit einer Anzahl von GUS-Staaten zu jener »Union von Shanghai« zusammengefunden, die jenseits der gemeinsamen ökonomischen Interessen auch auf militärischem Gebiet kooperieren. Es geht diesen disparaten Partnern vor allem um die Wahrung ihrer territorialen Integrität und um einen gemeinsamen Kampf gegen den Terrorismus, so heißt es wenigstens.

Die Manöver der jeweiligen Streitkräfte beschränken sich zwar auf ein bescheidenes Kräfteaufgebot, aber die Flottenübungen, die im Gelben Meer und im Vorfeld der Halbinsel Shandong stattfanden, wurden als diskrete Warnung an die übermächtige US Navy im Westpazifik gedeutet. Die kombinierten Kriegsspiele im Umkreis der süd-sibirischen Stadt Tscheljabinsk dagegen sollten wohl ein Zeichen setzen für den gemeinsamen Willen, einer Ausweitung des islamistischen Radikalismus im südlichen Glacis der ehemaligen Sowjetunion einen Riegel vorzuschieben. Es ist vieles in Bewegung geraten in diesen furchterregenden Weiten, die ich vor fünfzehn Jahren – von allen Seiten kritisiert – als »Schlachtfeld der Zukunft« beschrieben habe.

Ein Mullah aus Kundus

Die Rückbesinnung auf die reine Lehre des Propheten ist bei den Nomaden Westkasachstans noch nicht weit gediehen. Im Zeichen diverser Sufi-Gemeinden und religiöser Brüderschaften überlagern hier die schamanistischen Überlieferungen die koranische Offenbarung. Immer wieder macht mich mein kasachischer Fahrer auf die kunstvoll in weißem Muschelkalk gemeißelten Gräber von angesehenen Hordenführern und mehr noch auf die Mausoleen angeblicher Mystiker aufmerksam, die den Zauberkräften von Medizinmännern wohl näherstanden als der strikten Observanz der koranischen Vorschriften. Viele von ihnen hatten – vom Volk hochverehrt – als Einsiedler in ausgeschachteten Höhlen die göttliche Inspiration gesucht. Die Portale sind oft durch ganz und gar unislamische Darstellungen von Totemtieren geschmückt.

Ich bin überrascht von den vielen Dromedaren, die den dornigen Wildwuchs wiederkäuen. Diese dunkelbraunen, einhöckrigen »Wüstenschiffe« unterscheiden sich deutlich von den zweihöckrigen Kamelen, wie man sie bereits in Persien antrifft. Die Umrisse der Tiere flimmern in der sengenden Mittagsglut und verharren reglos wie ein unheilverkündendes Omen.

Eindrucksvolle Monumente sind in dieser Gegend nicht anzutreffen. Ist es eine Folge der unerträglichen Mittagshitze? Jedenfalls erscheinen die spärlichen Ortschaften, die sich an die Steilküste klammern, fast unbewohnt. Längs der Straße, die nach Norden in Richtung Fort Schewtschenko führt, sind typisch russische Holzhäuser übriggeblieben und auch eine morsche orthodoxe Kirche. Ein paar Gedenktafeln erinnern an irgendwelche lokalen Widerstandskämpfer. Dem Datum ihres Todes entnehme ich, daß es sich meist um Opfer der großen stalinistischen Säuberungswellen der dreißiger Jahre handelte.

Die Einwirkung von Sturm und Hitze hat in dieser nachgiebigen Landschaft aus Kalkfels und Sand bizarre Reliefformen entstehen lassen. Selbst von der ehemaligen zaristischen Festung, die ursprünglich zu Ehren Peters des Großen Petropawlowsk hieß, später dann zum Ruhm des ukrainischen Nationalhelden und Dichters in Schewtschenko umbenannt wurde, sind nur ein paar Ziegel übriggeblieben. Der verwahrloste orthodoxe Friedhof nebenan steigert noch den desolaten Eindruck von Verlassenheit und Verzicht.

Unvermutet stoßen wir auf die Blechkuppel einer halbwegs ansehnlichen Moschee. Ein bärtiger Mullah – in weißen Turban und weißen Kaftan gekleidet – verharrt am schmiedeeisernen Portal. Er beobachtet uns mißtrauisch, wie mir scheint. Ich begrüße ihn trotzdem mit »as salam aleikum«, obwohl eine solche Formel nur muslimischen Gläubigen vorbehalten sein sollte. Sehr bald stelle ich fest, daß er über keine nennenswerten arabischen Sprachkenntnisse verfügt. Der Imam bestätigt mir immerhin, daß seine Gemeinde dem hanefitischen Ritus anhängt.

Als ich ihn frage, ob er der geistlichen Bruderschaft, der »Tarika« des Scheikh Naqschband aus Bukhara, nahestehe, die im nahen Dagestan stark vertreten ist, schüttelt er ärgerlich den Kopf. Ich will den spärlichen Kontakt bereits abbrechen, da erfahre ich von ihm, wo er seine geistliche Ausbildung erhalten hat, in welcher Madrassa er die Suren des Koran auswendig gelernt hat. Er sei in Afghanistan, in der Stadt Kundus, als Talib zum rechten Glauben erzogen worden.

Ich sage dem Mullah nicht, daß Kundus sich im Zentrum jener

Schutzzone befindet, die theoretisch dem deutschen ISAF-Kontingent zugeordnet ist, zumal sich dort die blutigen Zusammenstöße mit den Taleban häufen. Aber ich versuche dem frommen Mann zu erklären, daß ich mit einem berühmten Sohn der Stadt Kundus, dem Mudjahidin-Kommandanten Gulbuddin Hekmatyar, engen Kontakt gepflegt hatte, daß ich mit seinen Gotteskriegern der »Hezb-e-Islami« während des Feldzuges gegen die Sowjetunion mich auf den »Pfaden Allahs« und des Heiligen Krieges durch die Felsschluchten von Tora Bora gequält hatte.

Inzwischen hat Hekmatyar, der seinerzeit den zuständigen deutschen Diensten und Stiftungen wohlbekannt war, nach Vertreibung der gottlosen Sowjets, der »Schurawi«, seine Waffen gegen den anderen »Feind Gottes«, den amerikanischen Imperialismus, gerichtet. In der Mondlandschaft von Kunar und Nuristan führt er – unabhängig von den Taleban des Mullah Omar – einen überaus wirksamen Abwehrkampf gegen die neuen ungläubigen Invasoren aus dem Westen.

Die Tatsache, daß ich Hekmatyar persönlich kenne, verwandelt den Turbanträger in einen freundlichen Gastgeber. Er läßt uns Tee servieren und lädt uns in sein bescheidenes Haus ein. Große Erkenntnisse habe ich an diesem Nachmittag nicht gewonnen, aber eine Aussage des frommen Mannes hat sich mir eingeprägt, als ich ihn frage, mit welcher politischen Richtung oder Partei Kasachstans er sich verbunden fühle, ob er der inzwischen verbotenen Sheltoqsan-Bewegung nachtrauere oder sich der islamistischen Alash-Gruppe angeschlossen habe. Die barsche Antwort, die ich erhalte, ist mir nicht neu. »La hizb illa hizb Allah« erwidert der »Khatib« kategorisch: »Es gibt keine Partei, außer der Partei Gottes.«

Canto oitavo

KIRGISTAN

Die Enttäuschung der »Tulpen-Revolution«

Ein Sowjetgeneral hoch zu Roß

BISCHKEK, IM SOMMER 2009

Ist in Bischkek, der Hauptstadt Kirgistans, die Zeit stehengeblieben? Hoch zu Roß, in Bronze gegossen, reitet dort immer noch der Feldherr Michail Frunse auf den Bahnhof zu. Erinnert man sich in Bischkek, das bis zur Unabhängigkeitserklärung dieser zentralasiatischen Republik sogar den Namen des aus Bessarabien stammenden Eroberers trug, denn gar nicht daran, daß die Rote Armee unter seinem Befehl ganz Zentralasien in die kommunistische Zwangsjacke steckte, daß Frunse den islamischen Widerstand der »Basmatschi« brach und das Emirat Buchara dem stalinistischen Imperium eingliederte? Sind die Kirgisen – was ihre tragische Vergangenheit betrifft – so vergeßlich, oder handelt es sich lediglich um eine administrative Schlamperei?

Nicht nur der Revolutionsgeneral Frunse thront noch gebieterisch auf seinem Sockel. Unweit des schönen klassizistischen Operngebäudes, das die Russen in Bischkek wie in so manchen Provinz- und Rayon-Städten in lobenswerter kultureller Absicht hinterließen, ist ein anderes Kolossaldenkmal aus der Sowjetzeit erhalten geblieben. In rotem Marmor ist die vorbildliche Kommunistin Urkuja Salijenda dargestellt. Sie war die erste weibliche Kolchosen-Vorsitzende, nachdem Moskau die Kollektivierung der Viehzucht mit katastrophalen Folgen für den Bestand der bislang nomadisierenden Herden angeordnet hatte. Die Genossin Salijenda hat typisch asiatische Gesichtszüge. Mit sieghafter Geste reißt sie den Schleier der islamischen Unterdrückung herunter und blickt begeistert ins Leere. Im Jahr 1933 war diese Aktivistin der Sowjetmacht von den »Basmatschi« – von den Räubern und Wegelagerern, wie die Russen diese Kämpfer des Heiligen Krieges schmähten – ermordet worden.

So lange hatte sich also der koranische Widerstand mit völlig unzureichender Bewaffnung gegen die weit überlegenen Verbände der Gottlosen behaupten können. Das verzweifelte Aufbäumen, das im Fergana-Tal und in Tadschikistan seine Bollwerke verteidigte, hat zeitweilig unter dem Befehl des letzten osmanischen Kriegsministers Enver Pascha gestanden, der mit seinem kleinen Reitertrupp eine selbstmörderische Attacke gegen das Maschinengewehrfeuer der Bolschewiki ritt. Noch heute pilgern die frommen Tadschiken zu jenem Dorf am Oberlauf des Amu Daria, der dort Pjandsch genannt wird, gar nicht weit übrigens von der deutschen ISAF-Festung Kundus auf dem Südufer des Flusses entfernt, um diesem letzten Sendboten des Kalifen von Istanbul zu huldigen.

Die gewaltige Statue Wladimir Iljitsch Lenins mit richtungweisend ausgestrecktem Arm steht zwar nicht mehr auf dem zentralen Platz der kirgisischen Hauptstadt. Sie wurde dort durch das Denkmal des mythischen Nationalhelden Manas ersetzt, einen schwertschwingenden Koloß aus schwarzem Stahl, der als zentrale Figur der kasachisch-kirgisischen Ursprungslegende auftritt und in einem endlosen Epos besungen wird. Doch der Vater der roten Oktoberrevolution ist keineswegs beiseite geräumt worden. Er wurde an anderer prominenter Stelle neu aufgestellt als Relikt einer Ideologie, die längst verblaßt ist.

*

Wir waren zu nächtlicher Stunde, von Aktu kommend, in der früheren kasachischen Hauptstadt Almaty gelandet. Die zwei Stunden Schlaf, die uns vergönnt waren, verbrachten wir nicht im pompösen »Rahat Palace«, sondern in einer bescheidenen Unterkunft. Dann rollten wir total übermüdet in Richtung Bischkek, dessen kommunistischer Name Frunse seinerzeit auch der höchsten sowjetischen Militärakademie verliehen wurde. Wir hatten uns solche Eile auferlegt, weil wir rechtzeitig zum muslimischen Freitagsgebet eintreffen wollten. Die verrottete, schäbige Holzmoschee, die ich bei meinem ersten Aufenthalt im Sommer 1980 aufgesucht hatte, war seit der Unabhängigkeit durch einen stattlichen Kuppelbau ersetzt worden.

Nach der Niederwerfung des islamischen Widerstandes durch Frunse hatten die Sowjetbehörden angeordnet, daß die kirgisischen Frauen ihre bisherige Vermummung, die angeblich der religiösen Vorschrift entspricht, ablegen, auf einen Haufen werfen und öffentlich verbrennen mußten. Die »Parandscha«, die hier getragen wurde, ähnelt der Totalvermummung der »Burka«, wie sie in Afghanistan heute noch weitgehend üblich ist.

Heute tauchen bereits diverse Varianten des »Hijab« auf, und so waren wir neugierig, ob wohl auch bei den männlichen Gläubigen eine Rückbesinnung auf die Lehre des Propheten stattfände. Zwar war die freie Religionsausübung seit dem Sturz der kommunistischen Herrschaft wieder offiziell genehmigt, aber die vom Staat ernannten Muftis und Imame waren strengstens angehalten, sich in ihrer Freitagspredigt, der »Khutba«, jeder politischen Stellungnahme zu enthalten. Von einem Aufruf zum »Jihad« konnte überhaupt nicht die Rede sein.

Um so überraschter waren wir, als die neue, geräumige »Jami'«, die Freitagsmoschee, von Gläubigen überfüllt war, ja daß sich die Beter auf dem weiten Vorplatz drängten und in Richtung Mekka verneigten. Es handelte sich nicht wie zu Sowjetzeiten um ein paar ältliche Dickschädel, die dem Koran die Treue hielten, sondern die kompakte Menge setzte sich fast ausschließlich aus jungen, dynamischen Männern zusammen, die sich, um nicht als militante Islamisten identifiziert zu werden, den Bart abrasiert hatten.

Bischkek bleibt mir als die reizvollste Siedlung Sowjetisch-Zentralasiens in Erinnerung. Im Sommer verschwinden die breiten

Alleen im Grün der Bäume und Parks. In der Zwischenzeit ist das Intourist-Hotel Alatau, wo ich einst logiert hatte, durch ein erstklassiges Hyatt ersetzt worden, von dessen luxuriöser Lounge aus der Blick über die schneebedeckten Zackenkronen der nahen Gebirge schweift.

Eine grundlegende Veränderung fällt mir auf. Vor dreißig Jahren unterlag meine Bewegungsfreiheit in Kirgistan strikten Einschränkungen. Selbst der »warme See« Issyk-Kul war aus dem Touristenprogramm gestrichen. Seinerzeit vermutete ich, daß dort Nuklear-Raketen gegen China eingebunkert würden. Später erfuhr ich, daß sich das abgrundtiefe Wasser des Issyk-Kul zur Erprobung von neuen Seeminen und Torpedos eignen sollte.

Seinerzeit mußte ich mich noch glücklich schätzen, daß mir ein begrenzter Ausflug über Land in Richtung Osten erlaubt wurde. Exakt ausgerichtete Straßendörfer säumten die Strecke bis zu den Ruinen von Burana. In den Kolchos-Siedlungen entdeckte ich statt Moscheen nur die »Kulturhäuser« des Sowjetsystems, aber auf den Friedhöfen waren die Grabsteine fast immer mit einem Halbmond aus Blech verziert. Maurer waren mit dem Bau stattlicher neuer Kuppelgräber – den Marabus in Nordafrika zum Verwechseln ähnlich – beschäftigt.

Der Turm von Burana, ein früheres Minarett mit Backstein-Ornamentik, bildete den geographischen Mittelpunkt einer fruchtbaren Ebene. Gigantische Erntemaschinen waren dort im Einsatz. Während der einbrechenden Dämmerung tasteten sie die Felder mit Scheinwerfern ab. Die türkische Dynastie der Qarakhaniden hatte rund um Burana im elften Jahrhundert den Schwerpunkt ihrer Herrschaft errichtet. Dann war Dschingis Khan gekommen – »er hatte über seine Feinde nur gelacht ...«, wie es im Schlager heißt – und hatte die islamische Kultur dem Erdboden gleichgemacht.

Ein paar alte Mauern, Trümmerhügel und die Kuppeln von Mausoleen waren rund um das Minarett übriggeblieben. Die roten Transparente der Staatsgüter und Kollektiv-Farmen protzten mit Optimismus und offizieller Zuversicht. Aber über der staubigen, leeren Senke von Burana, unter dem gelbgestreiften Abendhimmel, lastete eine unbeschreibliche Schwermut, die durch Jahrtausende erneuerte Gewißheit menschlicher Vergänglichkeit.

Rußland wird am Hindukusch verteidigt

Welches die exakten Aufgaben des etwa fünfzigjährigen Amerikaners sind, der mir in seinem nüchternen, mit Landkarten tapezierten Büro eines Studienzentrums für Zentralasien gegenübersitzt, soll hier gar nicht ergründet werden. Die Diskretion gebietet zudem, daß ich ihn nur unter dem Namen »Francis« erwähne. Dieser »quiet American« ist in keiner Weise mit dem Agenten Pyle zu vergleichen, dem Graham Greene in seinem Indochina-Roman ein unrühmliches Denkmal gesetzt hat. Francis wäre für abenteuerliche Komplotte nicht zu haben gewesen. Er beeindruckt mich durch seine Sachkenntnisse und seine angelsächsische Gelassenheit. »Ich versuche vergeblich, die Behörden in Washington auf die sich rapide verschlechternde Situation hinzuweisen, die in den ehemaligen Sowjetrepubliken Zentralasiens zu verspüren ist und demnächst auch auf den Norden Afghanistans übergreifen dürfte«, beginnt er das Gespräch, »aber Sie haben mit Ihrer Berichterstattung vermutlich ähnliche Probleme.«

Die zunehmende Gewalttätigkeit geht im wesentlichen vom Fergana-Tal aus, wo gleich vier Staaten – Usbekistan, Tadschikistan, Kirgistan und Kasachstan – aufeinanderstoßen. In letzter Zeit sei die überlieferte Feindseligkeit zwischen den Kirgisen, die mehrheitlich im Norden der Republik von Bischkek siedeln, und den Uiguren, die im südlichen Umfeld von Osch für Unruhe sorgen, wieder vehement aufgeflammt. Seit der Präsident Usbekistans, Islam Karimow, vor vier Jahren unter den meuternden Einwohnern der Stadt Andijan ein Blutbad anrichtete, hätten zahlreiche Islamisten dieser Region in der kirgisischen Nachbarschaft Zuflucht gesucht.

Ich erwähne einen früheren Besuch in der Fergana-Ortschaft Namangan, die als traditionelles Zentrum religiöser Auflehnung unter besonders strenger Überwachung durch den Repressionsapparat des ehemaligen Parteisekretärs Karimow steht. Die jungen Mudjahidin aus Usbekistan, die sich in der »Partei der Befreiung – Hizb-e-tahrir« sammeln, hatten – auf seiten der Taleban kämpfend – bei den amerikanischen Flächenbombardements von 2001 in ihren Abwehrstellungen rund um Kundus schwere Verluste erlitten. Die Überlebenden und Neuanhänger haben sich seitdem in den unzugänglichen Stammesgebieten Nordpakistans neu gruppiert. Emissäre der koranischen Revolution sind neuerdings auch in Kirgistan aktiv. Zusätzliche Spannungen gehen von Tadschikistan aus. Dort seien die Wunden des fürchterlichen Bürgerkrieges, der zwischen Exkommunisten und Islamisten, zwischen den Clans der Kulabi und der Gharmi getobt hatte, längst nicht verheilt. In gewissen Gebirgsfestungen hätten sich bereits Inseln des Widerstandes gegen das Regime des Altkommunisten Rachmonow formiert.

»Die Gefahr chaotischer Zustände in Tadschikistan sollte den Deutschen zu denken geben«, betont Francis und zeigt auf eine Landkarte. »Der von der Bundeswehr abgesicherte Sektor Nordafghanistans ist von dem neuen Unruheherd in Tadschikistan nur durch den Flußlauf des Pjandsch getrennt, und dann sind noch knapp fünfzig Kilometer vorzüglicher Asphaltstraße zurückzulegen, um zu dem neuralgischen Punkt der deutschen Armeepräsenz, zum Stützpunkt von Kundus, vorzudringen.«

Ich hatte diese Strecke, deren Ausbau durch chinesische Kontraktfirmen durchgeführt wurde, noch drei Jahre zuvor befahren, ohne an eine spezielle Gefährdung durch Taleban-Überfälle zu denken. Aber das hat sich wohl seitdem gründlich geändert, und bei der exzessiven Behutsamkeit, die sich die Bundeswehr in ihrem Sektor zwischen Masar-e-Scharif und Faizabad auferlegt, dürften nur noch in Ausnahmefällen gepanzerte Konvois mit dem Balkenkreuz entlang dieser strategisch eminent wichtigen Grenzzone patrouillieren.

»Da sind wir nun in der absurden Situation«, fährt der Amerikaner mit der ihm eigenen skeptischen Gelassenheit fort, »daß die beiden letzten Staatswesen der weißen Menschheit, die notfalls noch in der Lage wären, ein mächtiges, teilweise gigantisches Militärpotential gegen die geballte Wucht Asiens aufzubieten, einen stupiden Bruderkrieg untereinander austragen.« Unter Vernachlässigung ihrer existentiellen geostrategischen Interessen in dieser Weltregion, über die sich bereits der gewaltige Schatten Chinas legt, würden sich Washington und Moskau einen verbissenen Kleinkrieg um die Nutzung von Militärbasen und den Verlauf von Pipelines liefern.

Wer erinnere sich heute noch daran, daß seinerzeit die fanatischen und finsteren Horden der Taleban durch die kombinierte Aktion der USA und Pakistans ins Leben gerufen wurden? Den unersättlichen Ölkonzernen und ihren Lobbys war es in erster Linie darum gegangen, eine Stabilisierung der internen Verhältnisse Afghanistans zu erwirken, wo die diversen Mudjahidin-Fraktionen nach Abzug der Sowjetarmee in eine unbeschreibliche Anarchie abgeglitten waren. Die Bush-Administration war bereit, die schlimmsten Auswüchse des islamischen Fundamentalismus am Hindukusch in Kauf zu nehmen, wenn ihr als Gegenleistung ausreichend Sicherheit geboten würde, um den Transport der immensen Öl- und Gasreserven Zentralasiens an Rußland und Iran vorbei durch afghanisches Territorium über Herat und Shindand bis zu den pakistanischen Häfen am Indischen Ozean zu gewährleisten.

Das Abkommen zwischen Mullah Omar, dem Emir der Koranschüler, und dem US-Konzern Unocal war in Kandahar reif zur Unterschrift, und niemand fragte damals danach, ob die Frauen Afghanistans weiterhin die Burka tragen würden und ob die einheimische Bevölkerung einer exzessiven Auslegung der Scharia ausgeliefert sein würde. Diverse antiamerikanische Anschläge der mit den Taleban verbündeten Organisation El Qaida, die in der Tragödie von Nine Eleven gipfelten, hatten dieser skrupellosen Planung ein radikales Ende bereitet.

Dem amerikanischen Geheimdienst war es in Zusammenarbeit

mit obskuren NGOs und diversen Agentengruppen gelungen, durch sorgfältig geplante Verschwörung und unter dem fadenscheinigen Vorwand der Demokratie und der Menschenrechte die Rosen-Revolution Georgiens und die Orange-Revolution der Ukraine zu inszenieren. Neokonservative Kreise in Washington hatten versucht, die in der gebirgigen Einsamkeit Asiens isolierte Republik Kirgistan ebenfalls zu einer amerikanischen Einflußzone zu gestalten und auf die amerikanischen Vorstellungen von »Nation Building« auszurichten. Was wirklich die amerikanische Diplomatie bewogen hatte, ausgerechnet in Kirgistan die sogenannte Tulpen-Revolution auszulösen und den Präsidenten dieser Republik, den Kirgisen Askar Akajew, zu stürzen, der als einziger der dortigen Potentaten kein prominentes Mitglied der sowjetischen Führungsclique, ja nicht einmal Mitglied der Kommunistischen Partei war, bleibt ungewiß.

Bei ihrem Drang, zusätzliche Positionen zu okkupieren, die einerseits die Russen auf die ihnen verbliebene Föderation zurückgedrängt, andererseits die Chinesen einer systematischen Einkreisung aus allen Himmelsrichtungen ausgesetzt hätten, waren die amerikanischen Emissäre auch in Usbekistan rigoros vorgegangen. Sie hatten sich dabei den Zorn und das Mißtrauen des Tamerlan-Verehrers Islam Karimow zugezogen, der sich immerhin auf eine Masse von 25 Millionen Untertanen stützen konnte.

In Kirgistan, wo die US Air Force über die Basis Manas verfügte, mag ihre Forderung, eine zusätzliche Awacs-Überwachung für die ganze Region einzurichten, den ansonsten recht verträglichen Staatschef Akajew mit Rücksicht auf das immer noch beachtliche Gewicht Moskaus zu einer schroffen Ablehnung veranlaßt haben. Daß dieser ehemalige Präsident der Akademie der Wissenschaften, der auch im Ausland ein gewisses Ansehen hatte, in einen Sumpf familiärer Korruption verstrickt war, daß er sich an den öffentlichen Finanzen schamlos bereicherte, hätte niemand schockieren dürfen, denn in dieser Hinsicht wurde der Kirgise von seinen Kollegen weit übertroffen. Wie dem auch sei, es kam in Bischkek zur »Tulpen-Revolution«. Plündernde Banden meist usbekischer Herkunft fielen über die Hauptstadt her und verwüsteten deren Zentrum. Die Polizei erwies sich als machtlos, und Akajew flüchtete nach Moskau.

Als Nachfolger im Präsidentenamt riß im Jahr 2005 der robuste Intrigant Kurmanbek Bakijew, halb Kirgise, halb Usbeke, die Macht an sich. Ob die Amerikaner mit diesem Wechsel eine sehr glückliche Wahl getroffen hatten? Was Bestechlichkeit, Veruntreuung von Staatsgeldern und Ausbau einer raffgierigen Mafia angeht, so übertraf Bakijew seinen unglücklichen Vorgänger bei weitem. Pro forma ließ er zwei Oppositionsparteien zu, aber als es im Dezember 2007 zu Parlamentswahlen kam, sorgte er dafür, daß seine Fraktion, »Ak-Zhol«, das heißt »Heller Pfad«, über sämtliche Abgeordnetensitze verfügte.

Seinen amerikanischen Gönnern spielte er einen üblen Streich, indem er ihnen plötzlich die Nutzung des Luftwaffenstützpunktes Manas am Rande der Hauptstadt Bischkek entzog. Hinter dieser Geste patriotischer Auflehnung wurde der Einfluß Moskaus vermutet, wo man der US-Präsenz einen Riegel vorschieben wollte. In Wirklichkeit ging es Bakijew vermutlich um die Aufbesserung seines Budgets, denn wenig später fand er sich zu einem Kompromiß mit dem Pentagon bereit; die Pachtgebühren für Manas, das nunmehr offiziell zum »Transit Center« herabgestuft wurde, wurden schlicht und einfach verdreifacht. Die Masse der kirgisischen Bevölkerung, die in Ermangelung einträglicher Rohstoffvorkommen in Armut lebt, dürfte davon jedoch nur in geringem Maße profitieren.

In diesem rauhen Gebirgsland, von dem die meisten Europäer nicht einmal den Namen kennen, kam es nunmehr zu einer seltsamen militärischen Koexistenz zwischen den beiden ehemaligen Supermächten. Die Russen verfügten nämlich ihrerseits – etwa vierzig Kilometer von Bischkek entfernt – über die Basis »Kant« und standen im Begriff, im äußersten Süden, am Rande des turbulenten Fergana-Beckens, einen zusätzlichen Stützpunkt für ihre Streitkräfte einzurichten.

Die Präsenz von islamistischen Partisanen im Rascht-Tal, das Kirgistan und Tadschikistan verbindet, das bedrohliche Auftauchen eines Kommandeurs des Heiligen Krieges, des Mullah Abdullah, der längs der Nordgrenze Afghanistans ein Sammelsurium von Usbeken, Kirgisen, Tadschiken und auch Arabern für eine neue Phase gewaltsamer Auflehnung zusammentrommelt, läßt bei den regierenden Despoten der GUS-Republiken Befürchtungen um die Stabilität ihrer Länder und das Überleben ihrer autokratischen Regime aufkommen.

Francis richtet seinen Zeigestock auf das Rascht-Tal. »Hier vergeht kein Tag ohne blutige Zwischenfälle«, kommentiert er, »und vielleicht haben Amerikaner und Russen endlich begriffen, daß es töricht und zutiefst schädlich für die eigenen vitalen Interessen wäre, wenn sie ihre Querelen um den Besitz von Erdöl und Erdgas auf die Spitze trieben.«

»Werfen Sie einen Blick auf die deutschen Positionen in Afghanistan und vor allem auf Kundus, wo die Bundeswehr offenbar in Bedrängnis gerät«, wendet er sich an mich. »Einer Ihrer Verteidigungsminister hat doch einmal erklärt, Deutschland würde am Hindukusch verteidigt. Offenbar hat dieser Mann nie einen Blick auf die Landkarte Asiens geworfen. Nicht Deutschland, sondern Rußland, dessen Sicherheitsvorfeld bis zum Amu Daria reicht, wäre durch die Machtergreifung der Taleban oder anderer islamischer Extremisten in Kabul unmittelbar bedroht. Ein ausufernder Jihad Richtung Norden könnte sich, wenn wir unsere Phantasie spielen lassen, wie ein Flächenbrand bis zum Ural, ja bis zur Wolga fortpflanzen, von der Situation am Kaukasus, wo ein schleichender Bürgerkrieg bereits im Gange ist, ganz zu schweigen.«

Von Anfang an, so fügt Francis mit bemerkenswerter Offenheit hinzu, habe er sich gewundert, aus welchen Gründen Barack Obama das strategische Schwergewicht Amerikas aus dem Irak nach Afghanistan verlagern und die dortige Truppenpräsenz massiv verstärken wolle. Noch schwerer sei die Einrichtung eines AFPAK-Kommandos unter Richard Holbrooke zu erklären, das die Gefahr heraufbeschwöre, die unberechenbare Masse von 170 Millionen Pakistani, deren Armee zudem über die bislang einzige islamische Atombombe verfügt, in diesen aussichtslosen Feldzug »Enduring Freedom« einzubeziehen.

»Wann wird man in Washington begreifen, daß Afghanistan – ›landlocked‹ und in sich selbst verkapselt – allenfalls ein Nebenkriegsschauplatz ist? Wann wird man in Langley zu der Erkenntnis gelangen, daß die Tragödie von Nine Eleven kein afghanisches, sondern ein überwiegend saudisches Unternehmen war, auch wenn Osama bin Laden sich zu diesem Zeitpunkt in irgendeiner Felshöhle des Hindukusch aufhielt?«

Ich muß an einen Kommentar der *International Herald Tribune* denken, wo man das sich steigernde Engagement Barack Obamas in Afghanistan mit dem vietnamesischen »quagmire« verglich, in dem Lyndon B. Johnson gescheitert war. Auch in Vietnam hatte die Strategie des General Westmoreland zwischen den beiden unvereinbaren Alternativen der »counter-insurgency« geschwankt, zwischen »search and destroy« und »clear and hold«. Auch am Mekong hatten sich die US-Strategen – ähnlich wie heute die durchaus fähigen Generale Petraeus und McChrystal – immer wieder der Illusion hingegeben, es sei möglich und unverzichtbar »to win hearts and minds« – die Herzen und die Gemüter der exotischen Bevölkerung zu gewinnen.

Das war in Vietnam gründlich mißlungen, und in Zentralasien kam erschwerend hinzu, daß man es hier mit einer unerschütterlichen islamischen Glaubensgemeinschaft zu tun hatte, für die die Präsenz bewaffneter Ungläubiger auf einem Gebiet des »Dar-ul-Islam« einem entsetzlichen Frevel gleichkam und die frommen Muslime zum »qital fi sabil Allah – Kampf auf den Pfaden Allahs« verpflichtete.

Als ich mich verabschiede, gestehe ich Francis, daß mich soviel kritische Freimütigkeit von seiten eines amerikanischen Interessenvertreters überrascht habe. Er reagiert mit einem ironischen Lächeln. »Als mir Ihr Besuch angekündigt wurde, habe ich mich über Ihren Werdegang und Ihre Meinungen erkundigt«, sagt er. »Aber nehmen Sie nicht an, daß der düstere Realismus, den ich hier vortrage, der vorherrschenden Meinung im Weißen Haus oder im State Department entspricht. Soviel hat sich noch nicht verändert, seit Barack Obama im Weißen Haus residiert. Seltsamerweise sind es die hohen Militärs, die als erste dazu neigen, sich von gewissen Wunschvorstellungen der Vergangenheit zu verabschieden.«

*

Die übrigen Erkundungen, die ich in Bischkek einholte, waren weit weniger ergiebig als der Dialog mit dem amerikanischen Institutsleiter. Für einen kirgisischen Journalisten oder Politiker wäre es ohnehin nicht ratsam, seine Kritik an den Zwangsmaßnahmen des Bakijew-Clans oder seine Entrüstung über die staatliche Entmündigung freimütig zu äußern. So mancher Oppositionelle wurde eingekerkert, in einzelnen Fällen auch durch Auftragskiller beseitigt. Die Aussage eines Professors der Rechtsfakultät hat sich mir eingeprägt. Ob die Auflösung der Sowjetunion als eine historische Fehlentwicklung zu bewerten sei, hatte ich ihn gefragt, und die wütende Antwort erhalten: »Das war kein Fehlverhalten, das war ein Verbrechen.« Früher habe man in besonders krassen Fällen unerträglichen Machtmißbrauchs durch lokale Parteifunktionäre immerhin die Möglichkeit einer Beschwerde, eines Rekurses beim Politbüro oder beim Zentralkomitee in Moskau besessen. Seit der asiatischen Unabhängigkeit seien der amtlichen Tyrannei keine Grenzen mehr gesetzt und gegen die Brutalität der Polizei gebe es keinen Einspruch.

Ein Hauptmann der kleinen kirgisischen Armee, der gerade einen Lehrgang in Rußland absolviert hatte, lieferte eine durchaus plausible Analyse der russischen Einstellung zum militärischen Engagement Amerikas in Afghanistan. In Moskau beobachte man mit kaum verhohlener Schadenfreude, wie die US Army, die sich aus purer Arroganz bei den Veteranen des sowjetischen Feldzuges am Hindukusch niemals um irgendeinen Ratschlag oder Erfahrungsbericht über die Tücken und Gefahren der dortigen Kriegführung bemüht hätte, nun ihrerseits in ein vergleichbares Dilemma gerate.

Bei aller Überlegenheit ihrer Waffen seien die Amerikaner der psychologischen Belastung eines »war of attrition« – eines Abnutzungskrieges – auf Dauer nicht gewachsen. Selbst beim Scheitern der Sowjetunion habe seinerzeit die psychologische Erschlaffung den Ausschlag gegeben. Zudem werde der Zusammenhalt der Atlantischen Allianz in diesem konfusen Unternehmen, das zwischen der robusten Kriegführung von »Enduring Freedom« einerseits, den behutsamen Pazifizierungsbemühungen von ISAF andererseits hin- und herschwanke, einer fatalen Zerreißprobe ausgesetzt. Für Medwedew und Putin könne es nur von Vorteil sein, wenn Barack Obama auf Drängen seiner Generale die US-Truppenpräsenz im Sektor AFPAK, im Raum Afghanistan/Pakistan, ständig verstärke und für eventuelle zusätzliche Krisenfälle über keine ausreichenden Reserven mehr verfüge.

Eine Audienz bei dem kirgisischen Außenminister Kadyrbek Sarbajew, der dem Typus nach eher einem Tadschiken glich, blieb bei aller Herzlichkeit des Umgangs ohne nennenswerte Informationen. Mit jovialer Überzeugungskraft versuchte er zu erklären, wie sehr sein Staat darauf angewiesen sei, eine Balance zwischen Rußland, Amerika und China zu wahren. Gravierende Probleme für die Republik Kirgistan wies er weit von sich. Für den Minister galt offenbar die Leibnizsche Maxime, »que tout est pour le mieux dans le meilleur des mondes possibles« – daß in der besten aller Welten alles zum Besten bestellt sei.

Sternenbanner über Manas

MANAS, IM SOMMER 2009

Das Sternenbanner der USA flattert wieder über dem kirgisischen »Transit Center« Manas am Rand von Bischkek. Der Anblick der »Stars and Stripes« wirkt beinahe anheimelnd in dieser barbarischen Umgebung am Rande der Tatarenwüste. Vielleicht spüre ich auch deshalb ein stärkeres Gefühl der Verbundenheit und Solidarität mit dem transatlantischen Verbündeten, weil der eigene, europäische Kontinent, in den man so große Hoffnungen gesetzt hatte, durch seine überstürzte Ausweitung nach Osten einem Entfremdungsprozeß unterliegt. Die Europäische Union, die nicht in der Lage ist, sich zu einer gemeinsamen Außenpolitik, geschweige denn zu einer koordinierten Strategie durchzuringen, erscheint – von den Gletschern des Pamir aus betrachtet – wie eine schillernde Schimäre.

Vielleicht unterliege ich einer Autosuggestion, aber die Soldaten des 376th Air Expeditionary Wing, die ich treffe, scheinen aus einem anderen Holz geschnitzt als ihre Kameraden von »Iraqi Freedom«, die mir in Bagdad häufig auf die Nerven gingen. Ist es nur ein günstiger Zufall oder liegt es am sympathischen Auftreten der uns betreuenden Offiziere, dass ich wieder die kameradschaftliche Verbundenheit empfinde, die sich einst in Vietnam einstellte, wenn wir mit den US Marines oder den Soldaten der 1st Cav unter den Beschuß des Vietcong gerieten?

In Manas sehen die Wachen von exzessiven Kontrollen ab, die in der Umgebung der »Green Zone« von Bagdad in fast hysterischer Anspannung stattfinden. Das Kamerateam kann ungehindert seiner Arbeit nachgehen und in aller Ruhe das Beladen der mächtigen Transportmaschinen C 17 Globemaster filmen, die am Rande der Rollbahn aufgereiht sind.

Der Public Affairs Officer lädt mich zu einem ausführlichen Bericht in seinen Briefing Room ein. Militärische Geheimnisse gibt er natürlich nicht preis, aber ich erfahre doch, wie unentbehrlich der Stützpunkt Manas für die amerikanische Truppenversorgung in Afghanistan geworden ist. Ein großer Teil der hier versammelten Mannschaften macht in der Regel eine Zwischenlandung in der zentralen Militärbasis von Bagram östlich von Kabul. Zum Teil aber führt der Transport auch direkt in die Kampfzonen, ob diese sich nun bei Kandahar, Jalalabad oder Kunar befinden.

Der Stützpunkt selbst verfügt über ein ständiges Militärpersonal von 1100 Mann. Auch ein begrenztes französisches und spanisches Kontingent ist hier zugegen. Der Kommandeur von Manas, Colonel Holt, hat als Pilot die unterschiedlichsten Typen geflogen und es auf mehr als 3700 Flugstunden gebracht. In seine Zuständigkeit fällt auch jene disparate Bodentruppe, die in Kabul unter dem Namen »International Safety Assistance Force« (ISAF) in Erscheinung tritt. Die Koordination einer so kunterbunten Koalition, deren Auftrag nie präzis definiert wurde, dürfte ihm manches Problem aufgeben. Die Einheit, die er befehligt, hatte sich bereits im Zweiten Weltkrieg bewährt, als sie im Jahr 1942 an der vernichtenden Bombardierung der rumänischen Erdölfelder von Ploesti teilnahm und dabei schwerste Verluste erlitt.

Bei aller Umgänglichkeit hat mir der Presseoffizier nicht verraten, wie er sich den weiteren Verlauf des Afghanistan-Engagements vorstellt. Gleichwohl kann ich wieder einmal feststellen, daß bei der kämpfenden Truppe eine weit skeptischere Beurteilung vorherrscht als bei so manchen deutschen Parlamentariern, die weit vom Schuß debattieren. Die Erneuerung der Konzession, die Basis Manas weiterhin durch die US Air Force zu nutzen, kann in ihrer Bedeutung gar nicht überschätzt werden. Seit die terrestrischen Zugangswege nach Afghanistan, die über den Khyber-Paß und über Quetta, also über unruhiges pakistanisches Staatsgebiet, nach Kandahar und Kabul führen, vernichtenden Überfällen durch islamische Freischärler ausgesetzt sind, ist die atlantische Allianz für den Transport ihres Nachschubs auf den Luftraum, auf die Flugplätze, aber auch auf die Straßen und Eisenbahnschienen der ehemaligen Sowjetrepubliken Zentralasiens angewiesen. Sogar in den Häfen Lettlands und Georgiens wird die Versorgung ausgeschifft.

Vor allem aber muß dieses gewaltige Transportunternehmen das Staatsgebiet der Russischen Föderation in Anspruch nehmen. Dadurch entsteht zwangsläufig eine gegenseitige Abhängigkeit, eine forcierte Kooperation zwischen den einstigen großen Gegnern des Kalten Krieges. Das amerikanische Kommando ist auf ein gewisses Wohlwollen Moskaus angewiesen, um seine am Hindukusch engagierten Truppen mit dem ungeheuren materiellen Aufwand einer modernen Armee und deren aufgeblähter Logistik zu versorgen. Die Russen ihrerseits haben alles Interesse daran, daß die um Amerika gescharte Atlantische Allianz durch die radikalen islamischen

Kräfte, darunter die Taleban, aber auch die Partisanen der usbekischen »Hizb-e-Tahrir«, die ihren Einfluß auf ganz Zentralasien ausdehnen möchten, am Hindukusch festgenagelt wird.

Der von Barack Obama berufene Oberbefehlshaber in Afghanistan, General McChrystal, hat nach den katastrophalen Folgen des wahllosen Bombenkrieges seiner Vorgänger und der damit verbundenen »Kollateralschäden« nunmehr auf eine Strategie der Schonung und Zurückhaltung umgestellt, um unnütze Verwüstungen zu vermeiden und die Verluste unter den Zivilisten niedrig zu halten. Er tut das in der Hoffnung, ein Minimum an Vertrauen und Sympathie bei der afghanischen Bevölkerung zurückzugewinnen, trotz des zwingenden Gebots der Blutrache, das im »Paschtunwali«, dem Sittenkodex der Paschtunen, vorgegeben ist.

Ich habe längst gemerkt, daß ich bei dem »Briefing« mehr Mitteilungen von mir gebe, als der zuständige Major sie mir bieten kann. Es besteht ebenfalls kein Zweifel, daß unser Gespräch aufgezeichnet und den zuständigen Experten der Military Intelligence überstellt wird.

Ein Kontingent Soldaten in sandgelber Tarnuniform ist inzwischen in einem riesigen Hangar angetreten. Die GIs nehmen unter der weitgespannten Zeltplane ihre Kampfausrüstung für den bevorstehenden Einsatz in Empfang. Sie sind in einem dichten Karree aufgestellt. Die bleischweren kugelsicheren Westen haben sie bereits umgeschnallt. Nun fixieren sie noch den übrigen Ballast an ihrem Gurt und heben den viel zu schweren Rucksack auf den Rücken. »Wenn einer von den Männern im steilen Gebirgsgelände zu Fall kommt, bleibt er doch wie ein Maikäfer hilflos auf dem Rücken liegen«, wende ich ein, und niemand widerspricht mir.

Als ich mich zur Zeit des Afghanistan-Krieges gegen die Sowjetunion auf den extrem beschwerlichen Steilpfaden der Mudjahidin mühsam fortbewegen mußte, hatten wir unser gesamtes Gepäck auf Maultiere und Esel gepackt. Immer wieder passierte es, daß wir von unseren kleinen, kräftigen Pferden absteigen mußten, weil die Hänge zu steil aufstiegen und die Kraft der Tiere überfordert hätten. Wir pflegten dann die Schwänze der Rösser zu packen und uns an den schwierigsten Passagen von ihnen hochziehen zu lassen. Aber NATO-Truppen durchkämmen wohl nur in extrem seltenen Ausnahmefällen diese zerklüftete Wildnis und sind dabei auf ihre Hubschrauber angewiesen. Jedenfalls wären gepanzerte Fahrzeuge – ob sie nun Marder, Dingo, Wolf oder Wiesel heißen – für dieses Terrain total ungeeignet.

Die amerikanischen Soldaten, die ihre Rüstung Stück um Stück ergänzt haben, wirken plötzlich so archaisch und erstarrt wie eine gepanzerte Rittertruppe des Mittelalters. Ihre Gesichter sind – wohl bei dem Gedanken, welche Mühsal und Gefahr ihnen bevorstehen – sehr ernst geworden. Plötzlich fällt mir ein, wo ich eine ähnlich bewegungsunfähige Armee schon einmal gesehen hatte. Die GIs, die in dem ausgeschachteten Hangar wie in einer Grube massiert sind und sich anschicken, ihre Globemaster zu besteigen, gleichen zum Verwechseln jener Gespensterarmee aus Ton und gebrannter Erde, die am Rande der chinesischen Residenzstadt Xian aufgereiht steht, um den ersten großen Gründungskaiser des Reiches der Mitte, Qin Xi Huangdi, auch jenseits des Todes als Leibgarde zu schützen.

Exorzismus auf dem Berg Salomons

OSCH, IM SOMMER 2009

In tiefer Dunkelheit sind wir in Osch angekommen. Unser kirgisischer Betreuer und Dolmetscher Orosbek – die Berufsgattung wird heute als »Fixer« bezeichnet – kannte sich in dem düsteren Gassengewirr gut aus. Er brachte uns in einem erbärmlichen Quartier unter, das den Namen »de Luxe« trug, und gab uns den dringenden Rat, keinen nächtlichen Spaziergang zu unternehmen. Wir seien hier nämlich in einer Hochburg der Kriminalität, des Drogenhandels und vor allem auch mörderischer ethnischer Spannungen angelangt, die in regelmäßigen Abständen zwischen Kirgisen und Usbeken ausgetragen werden. Die Stadt Osch, mit 250 000 Einwohnern die zweitgrößte Ortschaft Kirgistans, ist in eine riesige Mulde gebettet und wird im Süden von drei steilen Felshöhen überragt, die wir zu dieser späten Stunde nicht mehr erkennen können. Mit dem höchsten dieser Berge, Tacht-i-Suleyman genannt, verbindet sich eine seltsame Legende, die ins fernste Altertum verweist.

An diesem Knotenpunkt Zentralasiens hatten sich die unterschiedlichsten religiösen Vorstellungen abgelöst: heidnisches Schamanentum, die Lehre Zarathustras, die dualistischen Vorstellungen der Manichäer, der Theravada-Buddhismus und dann die nestorianische Form des Christentums. Am Ende hat der Islam alles überlagert, aber die Mythen der Jahrtausende wurden nicht ausgelöscht. So bleibt in der Person des hebräischen Königs Salomon, der im Koran als Prophet und Vorläufer Mohammeds geehrt wird, die biblische Überlieferung bewahrt.

Der Name »Osch« ist angeblich darauf zurückzuführen, daß Salomon oder Suleyman zu Füßen des nach ihm benannten Felsens den fruchtbaren Boden so lange mit seinen Ochsen gepflügt hatte, bis ihm die Mühe zuviel wurde und er seine Arbeit mit dem Ausruf »chosch« – es ist genug – ermattet einstellte.

Als ich im Hotel de Luxe eine schmuddelige, aber extrem geräumige Suite betrat, deren überbreites Bett mit einem befleckten Tuch zugedeckt war, kam mir der Ausspruch Salomons in den Sinn. Ich ließ mich mit dem Wort »chosch« erschöpft auf die Liege fallen und versank in einen erlösenden Tiefschlaf.

*

Die Fahrtdauer von Bischkek bis Osch war uns fälschlich mit acht Stunden angegeben worden. In Wirklichkeit mußten wir fünfzehn Stunden lang durch eine grandiose Felslandschaft kurven, einen Paß von 3600 Meter überwinden und einer aus militärischen Gründen gut asphaltierten Straße folgen, deren verschlungener Verlauf der Willkür einer wilden Natur, vor allem aber der absurden Grenzziehung zu verdanken war, mit der Josef Stalin die sowjetischen

Teilrepubliken Zentralasiens zerstückelt hatte. Damit wollte er verhindern, daß sich hier eine einheitliche Nationalität herausbilden könnte.

In dieser zerklüfteten Region, die zum Pamir-Gebirge überleitet, boten sich uns großartige Bilder. Die Gesteinsformationen ragten wie surrealistische Skulpturen über schäumenden Gewässern. Wo immer ein Weideplatz auftauchte, hatten die kirgisischen Viehzüchter ihre weißen Jurten aufgeschlagen. Die munteren Mongolenpferde galoppierten um die Wette. Es war eine herrliche Fahrt, aber nach spätestens zehn Stunden erlahmte unsere Begeisterung für diese romantische Felskulisse.

In endlosen Schleifen umkreisten wir den Toktokul-Stausee, und von nun an nahm uns eine bedrohliche Finsternis auf. Am Ortseingang von Osch war mir im Vorbeifahren ein relativ stattliches Hotel aufgefallen, das sich vorteilhaft von unserer Herberge »de Luxe« unterschied. Warum wir uns dort nicht einquartiert hätten, fragte ich unseren »Fixer« etwas unwirsch. Aber der lehnte lachend ab. »Dort treffen sich nur Verbrecher und Huren«, sagte er, »und Sie hätten um Ihre Kamera-Ausrüstung – wenn nicht um Ihr Leben fürchten müssen.«

Am folgenden Morgen sieht alles sehr viel harmloser aus. Das Marktgelände ist ein riesiger Basar, wo laut Orosbek alles zu finden sei, von den süßesten Trauben der Welt aus der Oase Turfan bis zum erstklassigen Heroin. Das überreichliche Angebot an Textilien kommt ausnahmslos aus dem benachbarten China, während die spottbilligen Sturmgewehre vom Typ Kalaschnikow aus irgendwelchen Banden-Arsenalen Afghanistans stammen. Fast ebenso vielfältig wie das chinesische Warenangebot sind die diversen Rassen, die sich dort ein Stelldichein geben. Neben Usbeken, Kirgisen, Kasachen und Tadschiken sind die Koreaner stark vertreten, die Stalin einst in einer despotischen Laune aus ihrem Siedlungsgebiet an der mandschurischen Grenze nach Zentralasien verfrachtet hatte.

Am aktivsten und erfolgreichsten betätigen sich angeblich die »Dunganen«. So bezeichnete bereits der schwedische Forscher

Sven Hedin jene reinrassigen Han-Chinesen, deren Vorfahren sich zum Islam bekehrt hatten und denen Mao Zedong unter dem Namen »Hui« sogar den Status einer gesonderten Nationalität sowie die Autonome Region von Ningxia in der nördlichen Schleife des Hoang Ho zugewiesen hatte.

Auch Uiguren aus der benachbarten chinesischen Westprovinz Xinjiang treten in wachsender Zahl auf, seit sich in ihrer »Autonomen Region« der Volksrepublik die bewaffneten Überfälle und Gewalttakte häufen. Aus Pakistan wiederum sind grell bemalte riesige Laster über die Karakorum-Straße bis nach Osch gelangt. Nach Europäern, Russen oder Ukrainern hingegen haben wir vergebens Ausschau gehalten. Der slawische Bevölkerungsanteil Kirgistans, der einst auf ein Viertel geschätzt wurde, ist auf ein Minimum geschrumpft.

Im Frühjahr 1995 hatte ich vergeblich versucht, vom tadschikischen Ufer des Pjandsch bei Chorog über die Paßstraße des Pamir bis zu diesem Sammelpunkt aller nur denkbaren Geschäfte und Verschwörungen zu gelangen. Die fruchtbare Fergana-Senke war als Zentrum radikal-islamistischer Agitation berüchtigt. Aus der Ortschaft Namangan stammte der charismatische junge Führer der »Hizb-e-Tahrir«, der muslimischen Befreiungsfront, der 2001 unter den Bomben der US Air Force den Tod fand. Im ehemaligen Khanat von Kokand hatten sich auch die Basmatschi am längsten gegen die erdrückende Übermacht der Roten Armee des General Frunse behauptet.

Bei einer usbekischen Kampfgruppe dieser aufsässigen Region hatten sogar im pakistanischen Grenzgebiet jene seltsamen deutschen Konvertiten der sogenannten Sauerland-Gruppe ihre militärische Ausbildung erhalten.

Kurzum, Osch ist Knotenpunkt künftiger Konflikte. Wladimir Putin weiß sehr wohl, wie nützlich ihm der zusätzliche russische Militärstützpunkt sein würde, der neben der bereits bestehenden Basis von Kant bei Bischkek in unmittelbarer Nähe von Osch gegen Zahlung einer stattlichen Summe an den kirgisischen Präsidenten Bakijew ausgebaut wurde.

Die Stadt Osch habe keine besonderen Sehenswürdigkeiten zu bieten, sagt man abfällig in Bischkek. Aber der Felsenhügel Tacht-i-Suleyman ist für manche Überraschung gut. Zu seinen Füßen hat sich eine Gruppe alter Männer und Frauen versammelt, hockt unter einem Dach im Pagodenstil. Sie begrüßen mich freundlich, als ich mich in ihrer Nähe niederlasse, und fahren in ihrem Gemurmel fort, das ich allmählich als eine Art »Dhikr«, die permanente Lobpreisung der Einzigkeit Allahs, erkenne. Der Aufstieg zum Gipfel des Salomon-Berges ist steil und mühsam. Trotzdem schleppen sich zahlreiche Pilger fortgeschrittenen Alters auf diese Höhe. Dort bietet sich uns ein Schauspiel, auf das wir in keiner Weise gefasst sind. Wir wohnen einer Teufelsaustreibung, einem Exorzismus, bei, der uralte Schamanenbräuche wiederbelebt. Zehn in weiße Gewänder gehüllte Frauen haben sich im Kreis versammelt. Zu ihren Füßen liegt eine Frau, deren gellendes Schreien in düsteres Röcheln übergeht. Ihre Zuckungen und Verrenkungen wirken in der Tat wie die Qualen einer Besessenen, obwohl ein aufgeklärter Arzt möglicherweise die Symptome von Epilepsie diagnostiziert hätte.

Eine alte Frau, die wohl als Priesterin fungiert, schlägt in regelmäßigem Takt mit einem Stock auf das unglückliche Wesen ein, dessen sich ein böser Dämon, ein Jinn oder gar der »gesteinigte Satan« bemächtigt hatte. Unaufhörlich wiederholt der Chor den Refrain: »La illaha illa Allah – Es gibt keinen Gott außer Gott«, wie das bei den Sufi-Orden oder Tarikat üblich ist. Die Gruppe läßt sich ohne Widerspruch bei ihrem dämonischen Treiben filmen.

Am meisten überrascht mich die Reaktion meines Begleiters, den ich als Mann von Welt kennengelernt habe, der mehrere Fremdsprachen beherrscht und nicht nur Europa, sondern auch Amerika im Auftrag des kirgisischen Außenministeriums bereist hat.

Es handele sich hier keineswegs um Scharlatanerie oder obskurantischen Hexenwahn, erklärte er uns, während die besessene Frau sich allmählich zu beruhigen scheint. Hier seien echte Zauberkräfte am Werk. Seine Großmutter, das könne er bezeugen, habe noch über magische Kräfte verfügt und sei in der Lage gewesen, jede Krankheit zu heilen, wenn es sich nicht gerade um Knochenbrüche handelte. Die muslimische Geistlichkeit stehe in dieser Gegend in einem sehr zwielichtigen Ruf. Für Geld könne man nämlich einen Mufti dazu bewegen, über eine verhaßte Person Fluch und Unheil zu bringen, während andere Religionsdiener sich bestechen ließen, um Vorteil und Glück herbeizuzaubern. Orasbek selbst scheint von diesem Aberglauben zutiefst durchdrungen.

Ein noch seltsamerer Brauch spielt sich an einem schrägen, glatten Felsblock ab, den Männlein und Weiblein als eine Art Rutschbahn benutzen. Sie versprechen sich davon die Befreiung von rheumatischen Leiden, während die jungen Frauen sich herabgleiten lassen, um ihre Fruchtbarkeit zu fördern und Kinder zu gebären. Als wir unseren »Fixer« ironisch und ungläubig mustern, erzählt er seine eigene Erfahrung mit diesem Zauberritual.

Er war bereits Vater eines Kindes, aber seine Frau wünschte sich einen zweiten Sohn. Sie beabsichtigte, zu diesem Zweck die heilige Rutschbahn von Tacht-i-Suleyman in Anspruch zu nehmen. Da sie aber aufgrund beruflicher Zwänge nicht in der Lage war, selbst nach Osch zu reisen, habe er stellvertretend für seine Gattin die Reise unternommen und sich dieser eigenartigen Prozedur unterzogen. Kurz darauf habe seine Frau ihm mitgeteilt, daß sie schwanger sei. Für mich ist dieses Brauchtum nicht ganz neu, hatte ich doch ein Jahrzehnt zuvor in der Nähe der Stadt Van, im türkischen Ostkurdistan, ein ähnliches Zeremoniell und eine beinahe identische kultische Übung beobachten können.

Der Berg Salomons ist noch in anderer, historischer Hinsicht bemerkenswert. Hier hatte der letzte Herrscher der Timuriden-Dynastie, Zahiruddin Babur, als Enkel Tamerlans in Osch zur Welt gekommen, im Jahr 1526 vor dem Einfall feindlicher usbekischer Horden Zuflucht gesucht und ein bescheidenes Haus sowie eine kleine Moschee erbaut. Er war seinen Verfolgern nur knapp entkommen. Babur muß eine außergewöhnliche Persönlichkeit gewesen sein, denn nach diesem Rückschlag sammelte er ein paar Tausendschaften seiner Getreuen, überwiegend mongolischer Abstammung, fiel in Nordindien ein und gründete dort die Mogul-

Dynastie, die binnen kurzer Frist den größten Teil des Subkontinents unter ihre Gewalt brachte.

Zur Zeit Baburs und seiner Nachfolger entwickelte sich jene indisch-muslimische Hochkultur, deren unvergleichliche Prunkbauten – das Taj Mahal von Agra gehört dazu sowie auch die grandiosen Moscheen von Delhi und Lahore – die Touristenströme aus aller Welt anziehen. Bis 1857 wurde der größte Teil Indiens von den Moguln beherrscht, dann rückten die Engländer von Süden heran, und das Britische Empire erlebte den Höhepunkt seiner Glorie, als Queen Victoria zur Empress of India ausgerufen wurde. Der koloniale Übermut kannte damals keine Grenzen. »We don't want to fight«, sang man zu Zeiten der großen Queen in den »music halls« von London, »but by Jingo if we do, we've got the men, we've go the ships, we've got the money too, – wir suchen den Kampf nicht, aber – by Jingo – wenn wir dazu gezwungen sind, dann haben wir die Männer, wir haben die Schiffe und das Geld haben wir auch«.

Lenin als Trauzeuge der Oligarchen

Von Osch ist es nicht weit bis zur chinesischen Grenze. Ich hatte beschlossen, mich der »Autonomen Region der Uiguren«, der äußersten Westprovinz Xinjiang, so weit wie möglich zu nähern. Bevor wir die Straße in Richtung des Alaj-Gebirges und seiner Gletscher einschlugen, wurden wir am Eingang eines Parks durch eine festliche Versammlung aufgehalten.

Ein Mitglied der staatlichen Oberschicht, ein kirgisischer Oligarch, feierte dort die Hochzeit seiner Tochter und befolgte dabei eine Sitte, die auf die sowjetische Epoche zurückging. Das Brautpaar versammelte sich mit seinem Gefolge vor dem massiven Denkmal für die Gefallenen des Zweiten Weltkrieges. Die Gesellschaft, die sich hier zur Schau stellte, gehörte einer radikal anderen Welt an als die braven bäuerlichen Leute, die zum Zauberfelsen des Tacht-i-Suleyman gepilgert waren. Alle Anwesenden trugen schwarze, maßgeschneiderte Anzüge. Die Frauen bemühten sich um extravaganten Chic.

Das Brautpaar war in einer schneeweißen, endlosen Limousine vorgefahren, und jede Form von Luxus wurde protzend zur Schau gestellt. Auch hier ließ man uns ungehindert unsere Aufnahmen machen und gewährte uns noch eine Zugabe, mit der wir nicht gerechnet hatten.

Die Neuvermählten – die Braut ganz in Weiß, stark geschminkt, durchaus attraktiv – legten zu Fuß die kurze Strecke zurück, die die Gedenkstätte für die Toten von einer gigantischen Leninstatue trennte. Der Held der Bolschewiken – in der üblichen, richtungweisenden Geste erstarrt – schien von den diversen Umstürzen und Volksaufständen, von den radikalen Veränderungen, die sich seit Auflösung seiner Sowjetunion eingestellt hatten, nichts wahrgenommen zu haben. Auch die »Tulpen-Revolution« hatte ihn nicht tangiert.

Die exklusive Hochzeitsgesellschaft, Nutznießer eines hemmungslosen Casino-Kapitalismus, den sie wie eine Orgie feierten, fanden es ganz natürlich, sich vor dem Symbol der proletarischen Revolution ablichten zu lassen.

*

Während der Landrover uns über steile Pässe in Richtung Osten befördert, erhitzt sich unser Begleiter Orosbek mit plötzlicher Vehemenz. »Sie haben eben ein paar Exemplare der Mafia, eine Bande von Betrügern gesehen, die uns regieren«, schnaubt er. »Diese Ausbeuter haben durch Betrug riesige Vermögen erworben und schämen sich nicht, ihre Korruption und Verderbtheit vor den armen Leuten auszubreiten.«

Unter Präsident Akajew sei es gesitteter zugegangen als unter dem Nachfolger, den die Amerikaner durch die »Tulpen-Revolution« an die Macht gebracht hatten. Schon würde ein großer Teil der Bevölkerung dem früheren Sowjetsystem nachtrauern. Da seien die bescheidenen Renten der Alten wenigstens ausgezahlt worden, und jeder habe recht und schlecht einen Arbeitsplatz gefunden. »Der Westen soll sich nicht wundern«, fährt der »Fixer« fort, »wenn das Verlangen des Volkes nach einem Minimum an Gerechtigkeit und Tugend jenen Kräften Auftrieb gibt, die dem strengen egalitären Islam der Taleban nahestehen und auf ihre Stunde warten.«

Zu beiden Seiten unserer Wegstrecke bieten sich Bilder, die zu einer phantastischen Geschichtsverfilmung gepaßt hätten. Das Leben rund um die Jurten hat seine wilde Ursprünglichkeit bewahrt, und die berittenen Trupps von Kirgisen unter dem typischen Filzhut scheinen die kühne, furchterregende Kampflust ihrer Vorfahren geerbt zu haben. Es ist ein grauer, diesiger Abend. Die gewaltige Felsbarriere, hinter der sich die geballte Macht des Reiches der Mitte bis zum Pazifik erstreckt, stellt sich uns wie eine düstere Mauer in den Weg.

Unser »Fixer« weist uns auf die rasch zunehmende Dämmerung hin. »Wir sollten die Rückfahrt nach Osch antreten«, schlägt er vor. »Die Chinesen sind zwar dabei, in den engen Schluchten, die sie mit ihren Nachbarn verbinden, ihr Straßennetz intensiv auszubauen, sogar der Paß, der zum schmalen Wakhan-Zipfel Afghanistans überleitet, soll in einer Höhe von 5000 Metern überwunden werden. Der chinesischen Volksbefreiungsarmee stände dann im Notfall der Weg nach Kabul offen.« Aber seit ein paar Tagen sei die Situation im Grenzgebiet von Xinjiang besonders angespannt. Ich hätte ja sicher von den schweren Zwischenfällen gehört, die sich in der Hauptstadt der Uiguren-Region, in Urumqi, abgespielt hätten.

Bereits in Aktau hatte ich über CNN die spärlichen Fernsehbilder, die die blutigen Zusammenstöße in der äußersten chinesischen Westprovinz übermittelten, mit brennendem Interesse verfolgt. Der Rat unseres Betreuers leuchtet mir ein. Wir machen kurz Rast. Während ich mich vom Team absondere und – auf einem Felsblock hockend – meine täglichen Notizen vervollständige, kommt mir plötzlich eine imperiale Anekdote ins Gedächtnis, die sich in dieser Gegend um das Jahr 1900 abgespielt hatte. Bei der Begegnung zwischen Repräsentanten der damaligen Rivalen im »Great Game« – Russen und Engländern – kam bei aller Erbitterung eine Gesittung, eine Courtoisie zum Ausdruck, die man in den rüden, polemischen Umgangsformen unserer Tage vergeblich suchen würde.

Aber lassen wir den Captain Younghusband mit seiner eigenen Schilderung zu Wort kommen: »Während ich heranritt, trat ein gutaussehender Mann mit Bart in russischer Uniform aus seinem Zelt, um mich herzlich zu begrüßen.« Der Brite folgte der Einladung seines Gegenspielers. Das Dinner war eine sehr üppige Mahlzeit, die mit Wodka reichlich begossen wurde. Bei Begegnungen ähnlicher Art haben sich die jeweiligen Emissäre, Gott weiß wie, mit Champagner und Bordeaux bewirtet. Ganz unverblümt kam das Gespräch auf die russischen Eroberungsabsichten. »Würdet Ihr gern nach Indien marschieren?« fragte der Russe Gromtschewski seine Kosaken, und die antworteten mit einem dröhnenden Hurra.

Die beiden Offiziere diskutierten sehr freimütig über die Chancen einer russischen Offensive in diesem extrem widrigen Gelände. Gromtschewski rühmte die schier unbegrenzte Leidensfähigkeit seiner Soldaten. Younghusband seinerseits verwies auf die Verwundbarkeit der Nachschubwege, mit denen die zaristischen Armeen in den unsicheren Weiten Zentralasiens rechnen müßten. So debattierte man bei Wodka und Blinis.

Am folgenden Tag tranken die beiden noch eine letzte Flasche Brandy leer, die Younghusband in seinem Gepäck mitführte. Man trennte sich auf höchst protokollgerechte Art als Offiziere und Gentlemen. Die kleinen schlitzäugigen Gurkhas präsentierten die Gewehre mit der Präzision britischen Drills. Gromtschewski war von diesem Paradestück hoch angetan und teilte das seinem Rivalen anerkennend mit. Seine kraftstrotzenden, bärtigen Kosaken waren in solchen Künsten weniger geübt; dafür beeindruckten sie durch ihre riesige Statur.

Das Kräftemessen zwischen London und Sankt Petersburg in Zentralasien wurde im Jahr 1905 jäh abgebrochen. Zu diesem Zeitpunkt erlitten die Streitkräfte des Zaren in der Seeschlacht von

Tsushima und nach der Erstürmung der Festung Port Arthur durch die Soldaten des Tenno vernichtende Niederlagen. Zu Expansionsbestrebungen in Richtung Indien war keine überschüssige Kraft mehr vorhanden. 1907 kam es zur präzisen Abgrenzung der jeweiligen Einflußzonen. Um jedes Risiko, daß sich die beiden Imperien ins Gehege kämen, zu bannen, wurde der langgestreckte Finger des unwirtlichen Wakhan-Zipfels dem Königreich Afghanistan zugeschlagen und damit neutralisiert. Das Zarenreich wandte sich in seinem unersättlichen Ausdehnungsdrang Europa zu, zumal auf dem Balkan. Einer Militärallianz mit dem »perfiden Albion« gegen das wilhelminische Deutschland und die morsche Donaumonarchie der Habsburger stand nichts mehr im Wege.

Die Flucht des »Großen Pferdes«

Was mich am Tage unserer Expedition östlich von Osch faszinierte, waren die verblüffenden Meldungen aus Urumqi, der Hauptstadt der chinesischen Provinz Xinjiang, »Westmark« in der Übersetzung. Wir befanden uns ja in unmittelbarer Nachbarschaft dieser Region.

Am 5. Juni 2009 hatten sich in Urumqi chaotische, mörderische Szenen abgespielt. Mit einem solchen Haßausbruch des türkisch-islamischen Volkes der Uiguren, das etwa neun Millionen Menschen zählt, gegen die Bevormundung und Knebelung durch die im Reich der Mitte dominierende Han-Rasse hatte ich nicht gerechnet, obwohl ich in Xinjiang intensive persönliche Erfahrungen gesammelt hatte. Ich wäre gar nicht auf die Idee gekommen, dass sich dieser östlichste Zweig der großen turanischen Völkerfamilie, dessen Angehörige in Urumqi infolge massiver chinesischer Zuwanderung noch höchstens ein Drittel der Einwohner ausmacht, zu einem kollektiven Amoklauf dieses Ausmaßes gegen die fremden Eindringlinge aufraffen könnte.

Von den überraschten Sicherheitsorganen kaum behindert, hatten die Aufrührer laut offiziellen Angaben 194 Chinesen ermordet, deren Geschäfte verwüstet und staatliche Einrichtungen in Brand gesetzt. Wie viele Opfer dann die Niederwerfung dieser Revolte unter den Uiguren forderte, läßt sich nicht überprüfen. Selbst der akute Auslöser dieses Pogroms der Unterdrückten gegen die allmächtige Überzahl der Han bleibt ungeklärt. Bei den Uiguren, deren Typologie ihren türkischen Verwandten in Anatolien ähnlicher ist als den stark mongolisch geprägten Kasachen und Kirgisen, muß sich das Gefühl einer unerträglichen Diskriminierung und Benachteiligung durch die Pekinger Staatsorgane angestaut haben, um eine solche Explosion auszulösen, die stellenweise in einer Hetzjagd auf alle Zuwanderer ausartete.

Warum haben diese spektakulären Häuserkämpfe von Urumqi in der westlichen Öffentlichkeit – gemessen an den Entrüstungsstürmen, die das chinesische Vorgehen gegen die tibetischen Protestaktionen in Lhasa entfachte – relativ geringe Beachtung und wenig Solidarisierung gefunden? In das »de Luxe«-Hotel von Osch zurückgekehrt, bin ich darauf von einem ungewöhnlich mitteilungsfreudigen kirgisischen Studenten, vermutlich einem Verwandten unseres »Fixers«, angesprochen worden.

Sein Argument klang einleuchtend. Während die buddhistischen Mönche von Lhasa einer Erbauungslehre anhingen, die dem Prinzip der Gewaltlosigkeit und der politischen Abstinenz huldigt, sind die Uiguren seit Jahrhunderten zum Islam bekehrt und haben in Fragen der koranischen Religionsausübung – inklusive des Jihad – eine rigorosere Haltung eingenommen als die noch weitgehend in schamanistischen Bräuchen verhafteten Kasachen und Kirgisen. Unter den Uiguren fand sich auch eine beachtliche Anzahl von »Gotteskriegern« bereit, als Freiwillige in der »grünen Legion« Osama bin Ladens am Heiligen Krieg gegen die gottlosen russischen »Schurawi« und – nach deren Vertreibung aus Afghanistan – gegen jene Feinde Gottes anzutreten, die im Namen des US-Imperialismus die muslimische »Umma« zu knechten suchten.

Noch viel krasser, so meinte der junge Mann, trete diese westliche Voreingenommenheit gegen die Jünger des Propheten Mohammed in Kaschmir in Erscheinung, wo die indische Regierung von Delhi, der angeblich »größten Demokratie der Welt«, der muslimischen Bevölkerungsmehrheit das von der UNO gewährte Selbstbestimmungsrecht konsequent verweigere. Aus der paradiesischen Landschaft rund um den Dal-See, wo ich einst an Bord eines Hausbootes als »Sahib« zu den Zauberschlössern der Mogul-Herrscher gerudert worden war, war inzwischen ein tückisches Kampfgebiet geworden. Die Hauptstadt von Jammu-Kaschmir, Srinagar, wurde in ein befestigtes Lager verwandelt. Zeitweise hatte Delhi eine halbe Million Soldaten in diesem Unionsstaat am Rande des Himalaya stationiert.

Der Repression der indischen Staatsorgane, die vom Westen wie eine »heilige Kuh« geschont wurden, seien bereits 70 000 Widerstandskämpfer oder Jihadi zum Opfer gefallen. Aber von den Medien der USA und Europas würden diese Freiheitskämpfer als blutrünstige »Terroristen« diffamiert. Ob es wohl jetzt dem Politbüro in Peking gelingen würde, auch das national-religiöse Aufbäumen der Muslime von Xinjiang in jene Kategorie von brutalen Gewalttätern einzureihen, deren Ziel es sei, die ganze Welt durch ihre Anschläge in Angst und Schrecken zu versetzen, bleibe abzuwarten.

Die Tatsache, daß auch in Guantánamo rund ein Dutzend Uiguren den dort üblichen Verhör- und Foltermethoden ausgesetzt waren, könnte in diese Richtung weisen. Im übrigen, so fügte der junge Unbekannte hinzu, der sich nach dem Gespräch hastig verabschiedete, hätten bereits zahllose Uiguren aus China im Umkreis von Osch Zuflucht und Asyl gesucht. Die einheimische Bevölkerung habe auf diese Zuwanderung recht unfreundlich reagiert.

*

Wer hätte sich während der Kanzlerschaft Willy Brandts vorstellen können, daß die Behauptung eines sozialdemokratischen Verteidigungsministers, »Deutschland wird am Hindukusch verteidigt«, die mehrheitliche Zustimmung des Bundesrates finden würde. Irgendwie scheint eine kuriose Form von Wilhelminismus in der Bundesrepublik wieder aufgelebt zu sein, seit die Ministerien und das Parlament sich an die Spree zurückbegeben haben.

Auf einer Pressekonferenz in Moskau vor zwei Jahren war der stellvertretende Ministerpräsident Sergej Iwanow nach einer eventuellen Bereitschaft Rußlands befragt worden, der Europäischen Union und dem Atlantischen Bündnis beizutreten, was dieser Veteran des Auslandsgeheimdienstes mit einem schallenden Gelächter beantwortete. Davon könne wirklich nicht die Rede sein, meinte er. In Rußland wolle doch niemand der deutschen Bundeswehr zumuten, die Ostgrenze Rußlands eines Tages in Erfüllung ihrer Bündnispflicht gegen Nordkorea zu verteidigen.

Die mysteriöse Welt zwischen Tarim-Becken und Dsungarei hatte mich schon als Knabe fasziniert. Ich las mit Begeisterung die Reise- und Entdeckungsschilderungen des Schweden Sven Hedin, der Urumqi, die Hauptstadt des heutigen Xinjiang, als turkestanisches Räubernest hinter dicken Lehmwällen schilderte. Es war extrem abenteuerlich zugegangen in dieser West-Provinz, nachdem die Mandschu-Dynastie in Peking gestürzt und Ost-Turkestan die Beute grausamer und unberechenbarer »Taifu« oder Warlords wurde.

Im Jahr 1931 war es zum Aufstand der Muslime gekommen – es handelte sich überwiegend um Dunganen, die man heute Hui nennt –, ausgelöst durch eine Einwanderungswelle chinesischer Kolonisten aus der Provinz Kansu. Vier Jahre lang hat der Jihad um den Besitz Chinesisch-Turkestans gedauert. Als Kommandeur der muselmanischen Krieger wurde ein blutjunger General berufen, Ma Zhongying, das »Große Pferd« genannt. Mit siebzehn Jahren hatte sich dieser Hui mit dem Kindergesicht bereits selbst zum Oberst befördert. Jetzt wütete er an der Spitze seiner Dunganen wie ein neuer Tamerlan. In dem Maße, wie sich auch die türkisch-muslimische Bevölkerung seinen Reiterhorden anschloß und er – mit Ausnahme Urumqis – eine Oase nach der anderen eroberte, verfiel das »Große Pferd« wohl dem Größenwahn. Er proklamierte sich zum neuen Kalifen, ja erhob sogar den Anspruch auf den Erlösertitel des »Mahdi«. Unter den Han-Chinesen richtete er entsetzliche Massaker an.

Im Moskauer Kreml hatte Stalin die militärischen Erfolge des »Großen Pferdes« mit wachsender Irritation beobachtet. Einerseits befürchtete er das Übergreifen der islamischen Revolte auf seine eigenen Territorien in Zentralasien, wo der Widerstand der »Basmatschi« noch nicht ganz erloschen war, andererseits hegte er den Verdacht, Ma Zhongying könnte ein Agent des japanischen Generalstabs sein, der in jener Zeit zur Eroberung ganz Chinas ausholte. Am Weihnachtstag 1933 rückte die Rote Armee mit 2000 Soldaten in Urumqi ein. Xinjiang war von nun an ein Protektorat. Bei Ausbruch des Zweiten Weltkrieges waren Garnisonen der Roten Armee in Stärke von 40 000 Mann über die weite Region verstreut.

Im Jahr 1942 kam es zur spektakulären Wende. Die damaligen Ereignisse sind bis heute nicht voll aufgeklärt. Vermutlich brauchte Stalin zu jener Zeit jede kampffähige Division, um sie den Deutschen in der Schlacht von Stalingrad entgegenzuwerfen. Jedenfalls zog sich die Rote Armee mitsamt allen politischen Beratern im Herbst 1942 aus Xinjiang zurück. Ob jene unabhängige Republik Ost-Turkestan überhaupt existiert hatte, auf die sich die Oppositionspolitikerin Rebiya Kadeer, die Präsidentin des uigurischen Weltkongresses, beruft, kann vermutlich nur diese ungewöhnliche Frau bestätigen, die Mitglied des Volkskongresses der chinesischen Kommunisten war, ehe sie einen im amerikanischen Exil lebenden uigurischen Nationalisten heiratete.

Jedenfalls schuf Mao Zedong unmittelbar nach Proklamation der Volksrepublik China im Jahr 1949 vollendete Tatsachen in der fernen chinesischen Westmark. Er ließ die Vierte kommunistische Feldarmee einrücken. Er befahl seinen ideologisch gedrillten Soldaten, an Ort und Stelle seßhaft zu werden und sich als Wehrbauern zu bewähren. Das geschah mit beachtlichem Erfolg. In der spröden Landschaft, die zur Taklamakan-Wüste überleitet, hat die Volksbefreiungsarmee blühende Agrarzonen geschaffen, wo vor allem Baumwolle geerntet wird. Die chinesische Einwohnerschaft

Xinjiangs, die bei Machtantritt Mao Zedongs höchstens ein Viertel betrug, steht im Begriff, die dortigen Turkvölker zu überflügeln.

In den Jahren der großen politischen Wirren war die Westmark ein bevorzugter Ort der Verbannung für alle politisch unzuverlässigen Elemente. Hier sollte laut Weisung des Großen Steuermanns auch das rote Mandarinat lernen, daß schwere körperliche Arbeit, die traditionell verpönt war, ein vorzügliches Mittel ideologischer Ertüchtigung sei. Die Rotgardisten sorgten nach Ausbruch der großen Kulturrevolution für einen zusätzlichen Strom aufbaufreudiger Pioniere. Seit in der Taklamakan-Wüste ergiebige Erdöl- und vor allem Erdgasvorkommen entdeckt wurden, reißt der Zustrom chinesischer Fachkräfte nicht ab.

Während meines Aufenthalts in Urumqi im Oktober 1995 war mir vom offiziellen chinesischen Propagandabüro eine Broschüre überreicht worden, die den historischen Anspruch Pekings auf die Westmark zu untermauern suchte. Einen Absatz daraus lohnt es sich im Wortlaut zu zitieren, weil dort – trotz aller Freundschaftsbeteuerungen gegenüber den Nachbarstaaten – die verjährt geglaubten geographischen Ansprüche des Reiches der Mitte weit über die heutigen Grenzen hinaus erwähnt werden.

»Zu Beginn des neunzehnten Jahrhunderts«, so schreibt der Autor Chen Dajun, »begannen die Kolonialmächte des Westens aktiv mit ihren Angriffs- und Expansionsfeldzügen. Von Indien aus wiegelten die Briten immer wieder die Nachfahren uigurischer Fürsten auf, die am Hofe des Khans von Kokand lebten, um in Süd-Xinjiang Unruhe zu stiften. Nach 1840 steigerten die westlichen Mächte ihre militärische Bedrohung, um die Qing- oder Mandschu-Dynastie zum Abschluß ungleicher Verträge zu zwingen. China wurde Schritt für Schritt auf den Status einer halbkolonialen Gesellschaft heruntergedrückt. Nachdem das zaristische Rußland die kasachische Steppe und die kleinen Emirate Zentralasiens besetzt hatte, nahm Sankt Petersburg auch weite Gebiete entlang der chinesischen Westgrenze in Besitz. Ein Territorium von 400 000 Quadratkilometern, östlich und südlich des Balkaschsees gelegen, der früher zu China gehörte, wurde durch das zaristische Rußland besetzt.« Das von Chen Dajun beschriebene Gebiet entspricht dem Kernland der heutigen Republik Kasachstan mitsamt ihrer früheren Hauptstadt Almaty.

Freitagsgebet bei den Uiguren

Schon fünfzehn Jahre früher, im Sommer 1980, war es mir vergönnt gewesen, die zu jener Zeit noch streng abgeschirmte Provinz Xinjiang aufzusuchen und dort einen Dokumentarfilm zu produzieren, dem ich den Titel »Chinas wilder Westen« gab. Damals war Urumqi ein grauenhafter Platz. Dort lebten etwa eine Million Menschen, aber die niedrige, gedrängte Häusermasse, über der die Fernsehantennen in den rußigen Qualm ragten, sah wie eine immense Siedlung von Höhlenbewohnern aus.

Es war bemerkenswert, daß die chinesischen Behörden unser Kamerateam beim Filmen dieser Misere in keiner Weise behinderten. Wir konnten nach Belieben die Linse auf jene niedrigen Hütten der Industriearbeiter richten, die gegen die eisigen Winterstürme mit einer dicken Lehmschicht bedeckt waren und ihre Einwohner zur Existenz von Troglodyten verdammten. Bei unserer Suche nach muslimischen Gebetshäusern stießen wir auf die Verwüstungsspuren der Rotgardisten. Die entfesselten jungen Fanatiker der Kulturrevolution hatten gegen die Muslime besonders heftig gewütet, sie zum Verzehr von Schweinefleisch gezwungen und viele treue Korangläubige erschlagen.

Seitdem ist ein radikaler Wandel eingetreten. Aus den riesigen Elendsquartieren, aus der asiatischen Slum-Metropole Urumqi ist binnen fünfzehn Jahren eine saubere, hochmoderne Stadt von 1,5 Millionen Menschen geworden. Untergebracht sind wir dieses Mal, 1995, in dem luxuriösen Holiday Inn von Urumqi, der über Kommunikations- und Computereinrichtungen verfügt.

Von unserem Fenster blicken wir auf eine moderne Industriestadt, deren gepflegte Wohnviertel sich wohltuend von der Plattenbaumisere der früheren Sowjetunion unterscheiden. Vierbahnige Asphaltstraßen erleichtern den Autoverkehr, der beachtliche Ausmaße angenommen hat. Die Warenhäuser quellen über von vielfältigem Angebot. Die Menschen sind wohlgenährt und gut gekleidet. Das Wort Wirtschaftswunder ist in Urumqi durchaus angebracht. Die Sinisierung hat sich scheinbar durchgesetzt.

Um keiner Täuschung zu erliegen, habe ich verlangt, nach Kaschgar reisen zu können. Diese weit im Süden, am Fuße des Karakorum-Gebirges gelegene Oase galt weiterhin als eine Hochburg des uigurischen Nationalbewußtseins und der islamischen Religiosität. Ihren orientalischen Charakter hatte sie damals noch im wesentlichen bewahrt, aber hier überlebte nur eine schäbige Exotik. Die Bevölkerung in dem Grenzdistrikt war zu fast neunzig Prozent uigurisch und muslimisch geblieben. Die religiöse Rückbesinnung gewann – laut Aussage meiner chinesischen Gewährsleute – zunehmend an Gewicht.

Als zentrales religiöses Zentrum fungierte weiterhin die Id-Kah-Freitagsmoschee, die den alten Basar beherrschte und angeblich auf das Jahr 1442 zurückgeht. In den modrigen Gassen begegneten wir keinem Angehörigen der Han-Rasse. In diesen Vierteln kapselte sich das uigurisch-islamische Kaschgar von den fremden, stets bevormundenden Eindringlingen aus dem gelben Osten ab. Es lag sogar Spannung in der Luft. Gelegentlich sollte es zu Attentaten einer »islamischen Bewegung Ost-Turkestans« kommen. Bei den Einheimischen spürte man eine latente Feindseligkeit. Unsere chinesischen Betreuer schienen ernsthaft um unsere Sicherheit besorgt zu sein. Die Rückkehr zur koranischen Frömmigkeit äußert sich oft auf betrübliche Weise. Viele Frauen gehen hier unter groben, rotbraunen Wolltüchern vermummt, die sie sich über den Kopf stülpen und die das Gesicht total verdecken.

Zur Stunde des Freitagsgebets hatte ich mich mit einem gemurmelten »bismillah rahman rahim« unter die Gläubigen der Id-Kah-Moschee gemischt. Sie hielten mich wohl für einen Türken und räumten mir bereitwillig einen Platz im vorderen »soff« ein. Mindestens 3000 Männer waren zusammengekommen, ausschließlich

Uiguren. Ein junger Mann mit blauen Augen nahm sich meiner freundlich an. Er gab sich als »Talib«, als Koranstudent, zu erkennen. Das Ritual nahm seinen gewohnten Gang. Beter aller Altersklassen waren hier vertreten. Die meisten von ihnen mußten in sehr ärmlichen Verhältnissen leben. In dieser Gemeinschaft fühlte ich mich durchaus geborgen, aber meine chinesischen Begleiter, die mich aus den Augen verloren hatten, gerieten in Panik. Man befürchtete wohl weniger einen konspirativen Kontakt, den ich zu renitenten Islamisten suchen könnte, als meine Entführung durch irgendeine Untergrundorganisation.

Ich wurde in ein Verwaltungsgebäude der »islamischen Direktion« abgedrängt, die offenbar eine Überwachungsfunktion ausübte. Mein Gesprächspartner war ein unsympathischer Uigure mittleren Alters, der sich als »politisch Verantwortlicher«, als »mas'ul assiassi« der Chinesisch-islamischen Vereinigung von Kaschgar vorstellte. Er hielt mir einen langen Vortrag über die unbegrenzte religiöse Toleranz, die auch den Muslimen von Xinjiang seit dem Pekinger Reformprogramm zugute komme.

Der Kontakt zu den jungen, und wie mir schien aufsässigen Religionsschülern war abgebrochen. Statt dessen wurde mir nun der Haupt-Imam Abudu Rixiti Kaziaj, wenn ich mir den chinesisch verzerrten Namen richtig gemerkt habe, präsentiert. Der würdige Greis, dessen Turban ebenso weiß war wie sein schütterer Bart, war sicher ein redlicher Diener Allahs. Aber sein Einfluß war gering. Zum Tee wurden uns zuckersüße Trauben aus Turfan serviert.

Am folgenden Tag bin ich nach Urumqi zurückgeflogen, und die dortigen Behörden verzichteten auf Schönfärberei. »Wir machen uns keine Illusion«, sagte mir ein hoher Provinzbeamter bei einem Essen im Holiday Inn. »Das Problem der islamischen Wiedergeburt entdecken wir auch in dieser Region. Das wird sich nicht durch wirtschaftliche Fortschritte allein beheben lassen. So marxistisch denken wir heute nicht mehr. Es hat diverse Versuche gegeben, die hiesigen Muslime gegen die Pekinger Führung aufzustacheln. Ja, es sind uigurische Partisanen und Saboteure in Afghanistan ausgebildet worden. Zusätzlich sickerten über Pakistan arabische Prediger ein. Aus Kasachstan wurde politisch-religiöse Aufwiegelung importiert und sogar aus der Türkei. Seit den Exzessen der Kulturrevolution gewähren wir unseren Nationalitäten ein weitgehendes kulturelles Eigenleben, ja ein gewisses Maß an Selbstverwaltung. Sezessionsbestrebungen hingegen werden wir nicht dulden.«

Damals ahnte niemand, daß der Anschlag auf das World Trade Center von New York und auf das Pentagon die Atlantische Allianz in eine geostrategische Neuorientierung zwingen würde, daß der Hindukusch zum Schwerpunkt einer kriegerischen Auseinandersetzung des Westens mit dem militanten Islam würde, die weit über die Grenzen Afghanistans hinausgreift.

Der Kampf gegen den Terror und gegen den »Islamo-Faschismus«, den George W. Bush zur Leitlinie seiner Außenpolitik und Strategie erhob, ist dem strengen chinesischen Vorgehen gegen jede Form von uigurischem Separatismus zugute gekommen. Wer interessierte sich in USA wohl für eine verzweifelte Schar türkisch-islamischer Rebellen, die von der Errichtung eines Kalifats träumten und in ihrem koranischen Eifer den afghanischen Taleban allzu nahestanden? Sogar in den Reihen von El Qaida hatte die CIA eine kleine Gruppe von Uiguren aufgespürt. In seiner Polemik gegen die »Kräfte des Bösen« hatte der amerikanische Unterstaatssekretär Armitage seinerzeit der Volksrepublik China das volle Verständnis der USA ausgedrückt für die Niederkämpfung der »Islamischen Bewegung Ost-Turkestans« und ihrer separatistischen Agitatoren.

Ob Washington nach dem Einzug Barack Obamas ins Weiße Haus sich noch ebenso kategorisch äußern würde, ist nicht gewiß. Das State Department hat auf den nationalistischen Aufruhr in Urumqi sehr zurückhaltend reagiert. Den amerikanischen Geheimdiensten war ja tatsächlich eine Reihe von uigurischen »Gotteskriegern« ins Netz gegangen und ohne Verzug in das umstrittene Lager von Guantánamo verschleppt worden.

Bekanntlich hätte Präsident Obama die Verhör- und Folterkäfige am Ostrand von Kuba am liebsten sofort aufgelöst, aber neben diversen juristischen Problemen stellt sich die Frage, wohin man die dortigen Gefangenen, die mutmaßlichen Terroristen, verschicken kann. In den Augen zahlreicher US-Bürger bleiben sie potentielle Übeltäter und Bombenleger. An ihre Heimatländer kann man sie in den meisten Fällen nicht ausliefern, denn dort gelten sie als gefährliche Elemente der Revolution. Vor allem in China würde man gegen die uigurischen Verschwörer mit äußerster Strenge vorgehen. Bei ihrer Suche nach Gastländern, die sich bereit fänden, den Häftlingen, die durchaus nicht alle harmlos waren, Unterkunft zu gewähren, hatte die US-Administration die Bundesrepublik Deutschland als Bestimmungsort für die chinesischen Dissidenten Xinjiangs auserkoren. Daß eine Zustimmung Berlins zwangsläufig von Peking als Affront empfunden und das deutsch-chinesische Verhältnis nachhaltig getrübt würde, hätte man am Potomac bereitwillig in Kauf genommen. Die große Koalition von Berlin hat immerhin den Mut aufgebracht, dieser amerikanischen Zumutung eine Absage zu erteilen.

Am Ende verfiel man in Washington auf einen seltsamen Ausweg. Unter den westpazifischen Inseln Mikronesiens waren ja diverse Atolle, die nur ein paar tausend Einwohner zählten und von der allmählichen Überflutung durch den Ozean bedroht sind, nach der Befreiung von den Japanern in souveräne Staatswesen verwandelt worden, die den USA als willfährige Klienten zur Verfügung standen. Zu diesen kuriosen Gebilden zählte auch die winzige Inselgruppe von Palau, deren Regierung sich gegen eine substantielle finanzielle Abfindung auch bereit fand, die gestrandeten Jihadisten vom Volk der Uiguren unter ihren Palmen unterzubringen. Der Vorgang entbehrt nicht einer gewissen Komik.

Wer weiß denn heute noch zwischen Rhein und Oder, daß die Insel Palau in den Jahren 1900 bis 1914 deutscher Kolonialbesitz war. Die große Koalition von Berlin hatte sich gegen die Überstellung der Uiguren erfolgreich zur Wehr gesetzt. Der Zufall hat es gefügt, daß das Häuflein von Islamisten aus Xinjiang auf einer winzigen Inselgruppe im Stillen Ozean stranden würde, wo vor hundert Jahren noch die schwarz-weiß-rote Fahne des wilhelminischen Kaiserreiches wehte. Ein Treppenwitz der Geschichte.

EPILOG

Der Nachlaß

Die Uiguren auf Palau führen uns wieder zum Ausgangspunkt dieser Reisechronik zurück, an den Rand des Westpazifik. Die Versuchung war groß, nach einer Inspektion des Tunnellabyrinths, das die ägyptische Sinai-Halbinsel mit dem Gazastreifen verbindet, und einem Gespräch mit dem Kommandanten der schiitischen Hizbullah nahe der südlibanesischen Hafenstadt Tyros, diese Studie um einen Exkurs über den Mittelmeerraum zu ergänzen, der für das Schicksal Europas eine wesentlich gravierendere Bedeutung besitzt als die Felslandschaft des Hindukusch. Aber aufgeschoben ist nicht aufgehoben, und schon sehr bald dürfte sowohl die prekäre Lage im Irak als auch die sich verschärfende Konfrontation im Raum AFPAK – Afghanistan und Pakistan – eine gründliche Neubewertung der dortigen Situation erfordern.

In den diversen »Cantos« dieses Buches handelt es sich um Momentaufnahmen von Situationen, die ständiger Bewegung unterliegen; aber sie wurden aus unmittelbarer Nähe, aus höchstpersönlicher Erfahrung gemacht. Mit dieser Methode, »rem ante oculos ponere«, bin ich bisher ja nicht schlecht gefahren.

Am Ende eines halben Jahrtausends glorreicher und auch schmachvoller Weltbeherrschung durch den »weißen Mann« stellt sich die Frage, welche Spuren diese gewaltige Anstrengung hinterlassen, auf welche Weise sie in der vom Kolonialismus emanzipierten »Völkerfamilie« nachwirken mag. Das Thema böte Stoff für ein umfassendes Compendium, und so wollen wir uns an dieser

Stelle auf eine begrenzte Zahl von Schauplätzen beschränken. Dabei drängt sich der Rückblick auf das ferne Altertum auf. Den Eroberungszügen des Makedoniers Alexander war es zu verdanken, daß die unvergleichliche Kultur des antiken Griechenland zwischen Nil und Indus in Form des Hellenismus expandierte. Der Name »Iskander« hat heute noch bei den Muslimen Zentralasiens einen magischen Klang.

Seit – dem Dichter Vergil zufolge – die römische »urbs« durch den trojanischen Helden Aeneas gegründet wurde, hat die Bedeutung dieses einzigartigen Imperiums wie auch die idealisierte Vorstellung der »pax romana« die Strukturen geschaffen, auf diesich das Papsttum stützte. Die germanischen Stammesfürsten des Mittelalters wurden in einem »Sacrum Imperium Romanum« integriert, das sich erst sehr spät – durch den Zusatz »Nationis Germanicae« – eine Begrenzung seines Universalanspruchs auferlegte. Sowohl das deutsche Wort »Kaiser« als auch der russische Titel »Zar« leiten sich von dem lateinischen Namen »Caesar« ab. Erst im Jahr 1803 setzte auf Befehl Bonapartes der Reichsdeputationshauptschluß dieser inzwischen ausgelaugten, dem Hause Habsburg verfallenen Schimäre ein Ende.

Welches ist aber nun – seit dem Jahr 1500 – die Hinterlassenschaft, die die verschiedenen europäischen Entdecker und Kolonisatoren der Nachwelt auferlegten? Welche kulturellen Errungenschaften haben sich so nachhaltig eingeprägt, daß sie auch nach dem allmählichen Kräfteschwund des weißen Mannes, nach dem Verlust seiner Prärogativen sich in der Nachwelt verewigen könnten? Welches Erbe haben Portugiesen und Spanier, Holländer und Engländer, Franzosen und Russen hinterlassen, ganz abgesehen von den US-Amerikanern, die noch mit einem Fuß auf den Stufen ihres Thrones verharren?

Wirklich beeindruckend bleibt im Rückblick das Britische Empire. Gewaltige Territorien kontinentalen Ausmaßes – Kanada, Australien, Neuseeland – bleiben dauerhaft angliisiert, und die Sprache Shakespeares – potenziert durch die Omnipräsenz des nordamerikanischen Business-Jargons – ist nach Verdrängung des

Französischen zur weltweiten »lingua franca« unserer Epoche geworden. In erstaunlichem Maße hat sich die britische Praxis der »indirect rule« bewährt, die den unterworfenen Vasallen das Gefühl der respektierten eigenen Identität vermittelte, sie in Wirklichkeit jedoch – das trifft zumal auf den indischen Subkontinent zu – in eine gesellschaftliche Ordnung eingliederte, die noch immer recht »victorianisch« anmutet. Der britische »Raj« hat sich als vornehmste Kaste Indiens etabliert. Die grandiosen Militärparaden von Neu-Delhi und Islamabad scheinen auf das kriegerische Ballett des »Grand Tattoo« ausgerichtet zu sein. Wer jedoch als Augenzeuge die kämpferische Performance der indischen wie der pakistanischen Streitkräfte beobachten konnte, entdeckt Spuren jenes Drills, der durch die karikatureske Figur des Colonel Blimp verkörpert wurde.

Inzwischen sind die indischen Wissenschaftler in Spitzenpositionen der elektronischen Forschung mit spezieller Begabung für »software« aufgerückt. Das täuscht nicht darüber hinweg, daß die Infrastruktur dieses Kontinents – ob es sich um Straßen, Eisenbahnlinien oder sanitäre Einrichtungen handelt – fast ausschließlich auf die Leistungen angewiesen ist, die die britische Verwaltung erbrachte. Das moderne Indien mag sich mehr und mehr auf die Dynamik und den Unternehmungsgeist Amerikas ausrichten, aber das »behaviour« der britischen Oberschicht genießt weiterhin höchstes Ansehen, und man könnte gelegentlich von einer gesellschaftlichen Mimikry sprechen.

Eine Voraussage, die im Jahr 1951 von dem renommierten Politologen Tibor Mende gemacht wurde, hat sich nicht bewahrheitet. Die Regierung von Neu-Delhi wollte damals von einem der kolossalen Verwaltungsgebäude aus der Zeit des Empire die britische Krone entfernen lassen, die über dessen Kuppel thronte. Es erwies sich, daß dieses Symbol fremder Macht den Schlußstein bildete und daß bei seiner Entfernung das gesamte Gewölbe in sich zusammengebrochen wäre. So sei es in absehbarer Zeit auch mit der Indischen Union bestellt, bemerkte Tibor Mende. Der einenden Kraft der Kolonialherrschaft beraubt, würde die disparate Konstruktion sehr bald auseinanderbrechen. Trotz der zunehmenden Aufsässigkeit von 150 Millionen Muselmanen, trotz des radikal-sozialistischen Aufstandes der Naxaliten und der Sezessionsbestrebungen diverser Fremdrassen, trotz des himmelschreienden Elends, das in dem Film »Slumdog Millionaire« so schonungslos anhand des jungen Muslims Jamal Malik gezeigt wird – ein Hindu hätte sich für diese Rolle nicht geeignet –, ruht das Regime von Delhi weiterhin auf solidem Fundament. Quo usque tandem?

*

Wenden wir uns einer anderen europäischen Einflußnahme zu, die sich jenseits des Atlantik in erstaunlicher Vitalität erhalten hat, dem Nachlaß Spaniens in Übersee. Als ich im Jahr 1964 Charles de Gaulle auf seiner ausgedehnten Lateinamerika-Reise begleitete, hat sich der General verwundert, wie unterschiedlich die aus iberischem Erbe hervorgegangenen Staaten sich dort entwickelt hatten. Da gibt es die südlichen Länder des Subkontinents, die fast ausschließlich von Weißen aus dem mediterranen Raum bevölkert sind. In Argentinien, Uruguay und Chile sind die Indios einer ähnlichen Ausrottung erlegen wie die Rothäute der Estados Unidos del Norte. Aber überall dort, wo das ethnische Urelement überlebte, entdecken selbst die Mestizen ihr von den Azteken, den Inkas und anderen präkolumbianischen Gruppierungen überliefertes Erbe. Es haben sich originelle Gesellschaftsformen entwickelt, die selbst bei den winzigen Ländern Mittelamerikas erstaunlich differenzieren. Wo sonst hätte man wohl – wie zwischen El Salvador und Honduras – einen »Fußballkrieg« geführt?

Die eminente Rolle, die bei dieser Emanzipation der »Hispanics« vom »Joch« der Gringos die Volkshelden Fidel Castro und Che Guevara gespielt haben, kann gar nicht überschätzt werden, obwohl beide rein spanischen Geblüts und Söhne der lokalen Oberschicht waren. Die Revolutionäre der Tupamaro-Bewegung von Uruguay, die vor Terrorakten nicht zurückschreckten, beriefen sich auf einen indianischen Aufstandsführer aus Peru, der noch auf Befehl des spanischen Vizekönigs geviertelt wurde. Aber bei den Tupamaros von Montevideo habe ich vergeblich nach einem einzigen indianischen Ureinwohner gesucht.

Eine wirkliche Wende könnte eingesetzt haben, seit in Venezuela der Oberstleutnant Hugo Chávez zum Präsidenten gewählt wurde, jener athletische Caudillo im roten Hemd, der seine Gefolgschaft bei den armen Leuten der Barrios von Caracas findet und schon manches Umsturzkomplott der amerikanischen CIA überlebte. Von Chávez heißt es, daß er möglicherweise ein »Zambo«, ein indianisch-afrikanischer Mischling, sei. In Bolivien hingegen hat sich Evo Morales, ein reiner Indianer vom Anden-Volk der Aymara, der Präsidentschaft bemächtigt. Auch er sieht sich ständigen Komplotten einer weißen Oligarchie ausgesetzt, die ihre Latifundien im Tiefland noch wie zu Kolonialzeiten verwaltet.

Bei den meisten Staatschefs Lateinamerikas, deren Untertanen sich einst der schamlosen Ausbeutung durch amerikanische Monopolgesellschaften, der »United Fruit« zumal, ausgeliefert sahen, vollzieht sich eine zunehmende Verselbständigung und Distanzierung von den Hegemonialallüren Washingtons, auch wenn der ultrakonservative Kolumbianer Álvaro Uribe im Kampf gegen linke Revolutionäre amerikanische Soldaten, »Contract Workers« und andere Milizen ins Land geholt hat, um die Kartelle der schwerbewaffneten Narcotraficantes durch Gegenterror zu brechen.

Das wirkliche Problem für die USA heißt Mexiko. Die Grenzstadt Ciudad Juárez ist bereits ins Chaos der *violencia* abgeglitten. Hier trennt nur das Rinnsal des Río Grande del Norte diese Hochburg des Verbrechens von der texanischen Drehscheibe El Paso, wo sich binnen zwanzig Jahren eine gründliche Bevölkerungsumschichtung vollzogen hat. Seien es naturalisierte US Citizens oder illegale »wetbacks«, die Mexikaner machen in El Paso inzwischen neunzig Prozent der Einwohnerschaft aus. Ähnlich verhält es sich entlang der endlosen Grenze, die sich von Laredo in Texas bis Tijuana in Baja California hinzieht. Die illegale Immigration der Latinos kann durch Drahtzäune und andere Sperren behindert werden, aber die amerikanische Border Police ist sich ihrer relativen

Ohnmacht bewußt. Die Überflutung der USA durch eine Masse von Zuwanderern aus Mittel- und Südamerika, wobei Mexiko weit an der Spitze liegt, hat die ethnische Zusammensetzung der US-Bürgerschaft, vor allem auch des US-Wählerpotentials, so gründlich verändert, daß es sich ein Congress-Abgeordneter reiflich überlegen muß, ehe er zur Treibjagd auf die Eindringlinge bläst.

Die größte Überraschung erlebte ich, als ich in Minneapolis, einer Stadt nahe der kanadischen Grenze, die mir sehr vertraut ist, den schier unaufhaltsamen Zustrom der Latinos konstatierte. Bis vor kurzem gab es hier nur eine kleine Zahl von »Negroes« und heruntergekommenen Indianern, während die eigentliche Substanz skandinavisch und deutsch war. Neuerdings gehört es in Minneapolis zum guten Ton, die eigenen Kinder auf eine neugegründete Schule zu schicken, deren Hauptunterrichtssprache Spanisch ist.

Im Krieg von 1846 hatte Washington, nachdem es bereits die Sezession von Texas begünstigt hatte, das Territorium der Estados Unidos Mexicanos etwa um die Hälfte reduziert. Die heutigen US-Bundesstaaten Kalifornien, Neu-Mexiko, Arizona, Nevada und Colorado wurden kurzerhand annektiert. Inzwischen findet hier eine Revanche, eine Art Reconquista statt. Die Sprache Cervantes' verdrängt Schritt um Schritt die bislang exklusive Dominanz des Angelsächsischen. Eine gewisse Anhänglichkeit gegenüber den hispanischen Herren von einst ist offenbar – trotz aller Verehrung für die Helden der Unabhängigkeit Simón Bolívar und San Martín – selbst beim einfachen Volk erhalten geblieben. So ist es nicht selten, daß sogar auf Kuba Besucher aus Spanien von farbigen Inselbewohnern als Söhne und Töchter der »madre patria« gefeiert werden.

Am bittersten ist Frankreich durch die Entkolonisierung, durch die Auflösung der »France d'Outre-Mer« getroffen worden. In Indochina ist die französische Sprache weitgehend durch das Amerikanische ersetzt worden. Die Republik Algerien am Südrand des Mittelmeers, die seinerzeit als Bestandteil des Mutterlandes galt und in Départements aufgeteilt war, hat sich seit dem grausamen Unabhängigkeitskrieg der Jahre 1954 bis 1962 von der weit gediehenen Assimilation an die Metropole mit Vehemenz losgesagt. Die

Präsenz von fünf Millionen Nordafrikanern auf dem Boden Frankreichs, die oft die französische Staatsangehörigkeit besitzen, sich jedoch weiterhin diskriminiert und ausgegrenzt fühlen, tickt wie eine Zeitbombe in den verwahrlosten Außenbezirken, den Banlieues der großen Städte.

Zwar hat die Fünfte Republik noch ihre Souveränitätsrechte über diverse »Territoires d'Outre-Mer«, darunter Neu-Kaledonien und die Gesellschaftsinseln im Pazifik, beibehalten. Die Insel Réunion im Indischen Ozean oder die Antillen-Inseln Martinique und Guadeloupe in der Karibik genießen sogar den gleichen Rechtsstatus wie die Départements des Mutterlandes. Aber den meisten Franzosen ist nicht recht wohl beim Gedanken an diese Fetzen ihres ehemaligen Kolonialreiches, an diese »confettis de l'Empire«, wie man in Paris sagt. Wer erinnert sich heute noch daran, daß der französischen Sprache im achtzehnten Jahrhundert eine so eminente Bedeutung zukam, daß Friedrich der Große auf französisch dichtete und Katharina die Große ihre Liebesbriefe an ihre jeweiligen Günstlinge in der Sprache Corneilles verfaßte? Die Frankophonie reduziert sich zusehends auf eine Anzahl schwarzafrikanischer Staaten südlich der Sahara und die kanadische Provinz Québec, die ihre »francité« unter dem Motto »je maintiendrai« gegen die erdrückende angelsächsische Umgebung behauptet, bisher jedoch darauf verzichtet, innerhalb des kanadischen Commonwealth nach der Eigenstaatlichkeit, der »indépendance«, zu greifen.

Strategische Bedeutung und eine hervorragende wissenschaftliche Funktion fällt lediglich der letzten Besitzung Frankreichs am Nordrand Südamerikas zu. Das Département Guyane und seine Hauptstadt Cayenne genossen früher als grausamer Verbannungsort für Schwerverbrecher einen fürchterlichen Ruf. Der zu Unrecht verurteilte Capitaine Dreyfus hat auf der Teufelsinsel im Kerker geschmachtet. Dem breiten Publikum ist diese »grüne Hölle« durch den Roman und den Film »Papillon« bekannt. Für Frankreich ist Guyane unverzichtbar geworden, und eine Sezession würde dort notfalls mit Waffengewalt unterdrückt. Dieses Stück Urwald am Rande des schlammgefärbten Atlantik hat eine kapitale Bedeutung erlangt, seit in dem Flecken Kourou eine Abschußbasis für Weltraumraketen installiert wurde. Dort hat Europa den sensationellen Durchbruch zu einer maßgeblichen Zukunftstechnologie erzielt. Von Cayenne aus führt inzwischen eine Allwetterstraße auf die Grenze Brasiliens zu, eine Strecke, die unter unsäglichen Mühen von der Fremdenlegion ausgebaut wurde.

Die Revanche Portugals – Großmacht Brasilien

SALVADOR DE BAHIA (BRASILIEN),
IM FEBRUAR 2009

Und Portugal? Mit der Hymne Luís Vaz de Camões' zum Ruhm der lusitanischen Entdecker hat dieses Buch begonnen. Mit einem portugiesischen Nachlaß soll es auch enden. Der Rausch historischer Größe hat für Lissabon nicht lange gedauert. Unmittelbar nach dem Tod des Dichters und Abenteurers Camões wurde seine Heimat als Folge einer dynastischen Erbfolgevakanz von Philipp II., König von Spanien, annektiert. Nachdem die Unabhängigkeit wiedererrungen war, gelang es den Portugiesen nicht mehr, sich aus ihrer peripheren Bedeutungslosigkeit zu lösen. In der engen Anlehnung an England, die zeitweise einer Unterwerfung gleichkam, suchten die Erben des Vasco da Gama Schutz vor der Willkür der neuen kontinentalen Großmächte. Die Regierenden am Tejo verfügten zwar weiterhin über gewaltige Territorien in Afrika, über Gebietssplitter im chinesischen Macao, im indischen Goa und auf Timor. Als der schwarze Kontinent auf der Berliner Kongokonferenz im Jahr 1885 unter den europäischen Mächten aufgeteilt wurde, beließ man den Portugiesen den Besitz von Angola und Mosambik. Aber um 1900 befanden sich diese Gebiete in einem derartigen Zustand der Vernachlässigung und Rückständigkeit, daß zwischen London und Berlin über deren Aufteilung ernsthaft beraten wurde.

In Wirklichkeit hatte die weltgeschichtliche Bedeutung Portugals jenseits des Atlantik eine neue Heimat, die Voraussetzung für eine grandiose Wiedergeburt, gefunden. Im Jahr 1500 hatte der Seefahrer Pedro Álvares Cabral die nach Osten in den Ozean ragenden Küsten Brasiliens entdeckt und – unter Berufung auf den Schiedsspruch des Borgia-Papstes Alexander VI. – für Portugal in Besitz genommen. Versuche französischer und holländischer Flotten, der Dynastie von Braganza diese kolossale Erweiterung streitig zu machen, scheiterten. Die Entdeckung reicher Goldvorkommen in der heutigen Provinz Minas Gerais löste einen hektischen Zustrom von Neu-Einwanderern aus, die in die Tiefen des Kontinents vordrangen.

Als die Armeen Napoleons Portugal besetzten, flüchtete die königliche Familie von Lissabon nach Rio de Janeiro und etablierte sich dort, bis Pedro I. die Bande zum Mutterland löste und 1822 das unabhängige Kaiserreich Brasilien ausrief. Erst nach 67 Jahren wurde dieser verspäteten Monarchie durch einen Militärputsch ein Ende gesetzt. Unter der Losung »Ordem e Progresso – Ordnung und Fortschritt« wurde die Republik proklamiert, und im Zuge einer unerbittlichen und abenteuerlichen Ausweitung entstand Schritt für Schritt ein staatlicher Koloß, dessen Territorium siebzehnmal größer als Frankreich und dessen Bevölkerung inzwischen auf rund 200 Millionen Einwohner angewachsen ist. Von einer so gigantischen Expansion hätte selbst der Barde Camões nicht zu träumen gewagt.

»La France se portugalise – Frankreich sinkt auf den Rang Portugals herab«, soll de Gaulle gesagt haben. Der General, der Frankreichs Größe wie ein Heiligenbild in sich trug, hatte von seinen Landsleuten als Individuen keine sonderlich hohe Meinung. »Die Franzosen sind Kälber«, spottete er. Nun befürchtete er, daß »la France« in eine ähnliche Resignation verfallen könnte wie Lusitanien, das unter dem Kleriko-Faschismus des Professors Salazar seine Schwermut, seine Trauer über die verlorene Größe im Fado-Gesang ausdrückte. Aber in diesem Fall hat der große Mann im Elysée-Palast sich getäuscht. Der Beitritt zur Europäischen Union öffnete dem von endlosen Kolonialkriegen ausgelaugten Land den

Zugang zur Moderne und befreite die teilweise analphabetische Bevölkerung Portugals von einer Armut, die ihrer nicht würdig war.

In Wirklichkeit hätte Charles de Gaulle allen Grund gehabt, die Portugiesen zu beneiden. In Brasilien ist jenseits des Atlantik ein ins Monumentale verzerrtes Spiegelbild dieses bescheidenen Küstenstreifens Europas entstanden. Dort formierte sich ein postkolonialer Koloß, der an die Ambitionen der »Lusiaden« anknüpft und innerhalb der multipolaren Welt unserer Tage den Anspruch auf Großmachtstatus erhebt. Unter der Abkürzung BRIC haben die Medien einen Sammelbegriff für jene »Schwellenländer« erfunden – Brasilien, Rußland, Indien, China –, die Europas Bedeutung in den Schatten stellen und mit den USA zusehends auf Augenhöhe kommunizieren.

Im Sommer 1953 hatte ich – von den Iguazu-Fällen kommend – einen Eindruck von jenen südbrasilianischen Provinzen zwischen Porto Alegre und Curitiba gewonnen, wo sich der Lebensstandard einer überwiegend weißen Bevölkerung von der üppigen Nachbarschaft der Städte Montevideo und Buenos Aires nur durch die portugiesische Sprache unterschied. In Paraguay hatte ich vor meiner Weiterreise nach Brasilien der einzigartigen Gründung eines indianischen Gottesstaates unter der Autorität des Jesuiten-Ordens gedacht, die im achtzehnten Jahrhundert stattfand. Die Sprache der Guarani-Indios ist zwar bis auf den heutigen Tag als offizielle Amtssprache erhalten geblieben. Die Selbstverwaltung der Eingeborenen in den sogenannten »Reducciones«, wo die Präsenz europäischer Kolonisten nicht geduldet wurde, dieses »heilige Experiment«, das dort »ad majorem Dei gloriam« und mit dem Ziel indianischer Emanzipation von der Societas Jesu betrieben wurde, nahm jedoch ein jähes Ende, als in Lissabon der Marquês de Pombal eine radikale Ausrichtung des morschen Königreichs auf die Vorstellungen der Aufklärung vollzog. Brasilianische Truppen wurden ausgeschickt, um dem »Staat« der Guarani ein Ende zu bereiten, die »Reducciones« zu verwüsten und die Jesuiten zu vertreiben.

Vor fünfzig Jahren erschien mir Brasilien als ein widersprüchliches, mit unseren politischen Vorstellungen kaum vereinbares Gebilde. Der Regierungssitz befand sich noch in Rio de Janeiro, wo man zu jener Zeit auch bei Nacht ohne sonderliche Gefährdung das stets muntere Straßentreiben beobachten konnte. Die weiten Küstenebenen waren der feudalen Bewirtschaftung einer Oligarchie von Großgrundbesitzern ausgeliefert. Dort arbeiteten fast ausschließlich schwarze Hungerleider, deren Versklavung erst 1888 offiziell aufgehoben wurde. Die Zustände hatten sich 1953 kaum verändert seit der Kolonialepoche, die in der meisterhaften Sozialstudie von Gilberto Freyre, *Casa-Grande & Senzala – Herrenhaus und Sklavenhütte*, geschildert wird. Die Zuckerrohrernten hatten der Oberschicht Wohlstand und Luxus gebracht. Die Erschließung reicher Goldminen in Minas Gerais setzte eine abenteuerliche Jagd nach dem Edelmetall in Bewegung.

Die gemischtrassige brutale Expansion in die Tiefen des Landes, die nach Einverleibung des Mato Grosso auf das riesige Urwaldbekken des Amazonas ausgriff, wurde erst am Fuß der Anden durch die spanische Kolonialpräsenz zum Stillstand gebracht. Zur Zeit meines Aufenthalts in Rio de Janeiro erzielte der Film »O Cangaceiro« einen enormen Publikumserfolg. Ich fügte mich der damaligen Vorschrift, daß man den Kinosaal nur als Krawattenträger betreten durfte, und erlebte auf der Leinwand die grausame, furchterregende Landnahme der »Bandeirantes«, deren bewaffnete Reitertrupps vor keiner Vergewaltigung und Drangsalierung der seßhaften Bevölkerung haltmachten und bereits den ethnischen Typus des heutigen Durchschnittsbrasilianers vorwegnahmen, nämlich ein Gemisch von afrikanischem, europäischem und indianischem Erbgut.

Es ist nicht meine Absicht, das brasilianische Vexierbild zu deuten. Zu erwähnen ist jedoch die ungeheure Bereicherung des Landes, die im neunzehnten Jahrhundert als Folge seines Kautschuk-Monopols im Amazonasbecken eintrat. Eine neue Schicht kapitalistischer Magnaten sammelte sich im Herzen der grünen Hölle in der Stadt Manaus. Noch ist das mächtige Operngebäude erhalten geblieben, auf dessen Bühne die größten Schauspieler Europas, vor allem auch der italienische Meistertenor Caruso, auftraten.

Bei diesem Rückblick fällt mir auf, daß die Wiederbelebung

historischer Vorgänge, die bislang der Literatur vorbehalten war, neuerdings durch deren Verfilmung ins Werk gesetzt wird. An einem regnerischen Tag in der gigantischen Metropole São Paulo, wo sich ein starkes japanisches Bevölkerungselement erhalten hat und angeblich jede Form von Kriminalität blüht, kam mir im erdrückenden Schatten wassertriefender Betonburgen die Untergangsstimmung von »Blade Runner« in den Sinn.

In Werner Herzogs »Fitzcarraldo« wurde eine faszinierend romantische Kino-Rekonstruktion dieses hemmungslosen Kautschuk-Booms realisiert. Bei einer kurzen Expedition in die von Reptilien, tödlichen Bakterien und unerträglichen Insektenschwärmen wimmelnde Amphibienlandschaft, deren gigantische Vegetation den Himmel verdunkelt, erschien mir das frivole Casino-Treiben der Kautschukbarone von einst wie ein frevelhafter Spuk.

So habe ich auch den weltberühmten Karneval von Rio lediglich in der ergreifenden filmischen Romanze »Orfeu Negro« erleben können. Der geniale Regisseur Marcel Camus hat darin deutlich gemacht, daß diese hemmungslose »Love Parade«, wie man bei uns sagen würde, diese Zurschaustellung exotischer Schönheit, sexueller Ausschweifung und scheinbarer Sorglosigkeit eine durchaus ernstzunehmende, fast tragische Kehrseite besitzt. Dem Unterproletariat der Favelas wird in den Stunden der Ausgelassenheit Gelegenheit geboten, sich wie mit einem Zauberstab in eine imaginäre, strahlende Traumwelt zu versetzen. Der Auftritt eines armen alten Schwarzen hat mich beeindruckt, der in einem Kostümverleih eine strahlende Krone auf sein Haupt setzte. »Du siehst ja aus wie ein König«, bemerkte ein Kunde neben ihm, und der Sklavenabkömmling antwortete mit Überzeugung: »Ich bin ein König – *sou um rei*.« Wer die Ernsthaftigkeit und den Eifer beobachten konnte, mit denen die diversen Samba-Schulen sich, miteinander rivalisierend, auf das schillernde, dröhnende Spektakel vorbereiten, mochte hinter der heiteren Anmut der Tänzerinnen gelegentlich das gequälte Antlitz der Eurydike entdecken.

*

Im März des Jahres 2009, genau ein Jahr nach meiner Geburtstagsfeier am Strand von Ost-Timor, wo sich übrigens bereits in den Wirren der ersten Unabhängigkeitstage neben den Portugiesen auch die Brasilianer mit einer stattlichen diplomatischen Vertretung niederließen, habe ich im Copacabana Palace von Rio de Janeiro Quartier bezogen. Unterschiedlicher als an den beiden geographischen Extremen konnte sich das koloniale Erbe Lusitaniens nicht entfalten. Schon bei der Anreise über Venezuela habe ich festgestellt, daß sich die rassische Vermischung in weiten Teilen Lateinamerikas so konsequent weiterentwickelt hat, daß – aufgrund der Mendelschen Gesetze – die Kinder ein und derselben Familie völlig konträre Rassenmerkmale aufweisen. Zwar bleibt die traditionelle weiße Oligarchie darauf bedacht, weiterhin ihr europäisches Aussehen zu erhalten. Aber ansonsten stört sich niemand an den vielfältigen Hautschattierungen und den Folgeerscheinungen zahlloser ethnischer Kreuzungen.

Die entspannte Atmosphäre zwischen Schwarz und Weiß, die in krassem Gegensatz steht zu den in den USA immer noch anhaltenden Verkrampfungen und Animositäten zwischen »Euro-Americans« und »Afro-Americans«, hatte ich auf besonders lockere Art und Weise im kolumbianischen Hafen Cartagena de Indias wahrgenommen, als meine spanische Begleiterin mitten im tiefschwarzen Stadtzentrum einen etwa zehnjährigen Knaben heranwinkte, um ihm gegen ein kleines Entgelt die Obhut über ihr geparktes Auto anzuvertrauen. »Negrito«, rief sie ihn herbei, und auf die Vorhaltung meiner Frau, der kleine Schwarze und seine Umgebung könnten sich doch beleidigt fühlen, reagierten beide mit entwaffnendem Lächeln. »*Pero son suaves, los negritos*«, erwiderte unsere spanische Freundin – »Diese Negerlein sind doch so lieb.«

Von Komplexen – so schien es wenigstens – blieb diese kunterbunte Gesellschaft weitgehend verschont, obwohl Brasilien keine Form staatlicher Verirrung und Willkür erspart geblieben ist. Auf das extravagante Kaiserreich war nämlich die »Republik der Obristen« gefolgt. Auf dem Höhepunkt der Wirtschaftskrise von 1930, als die überschüssige Kaffee-Ernte in den Feueröfen der Lokomotiven verheizt wurde, kam der faschistoide Diktator Getúlio Vargas an die Macht. Es stellten sich periodische »Pronunciamientos« des Militärs ein in enger Komplizenschaft mit den allmächtigen Wirtschaftsbossen, die ihrerseits aus Washington manipuliert wurden. Parallel dazu verstärkte sich jedoch der Einfluß der Gewerkschaften. Die Arbeiterschaft meldete ihre Ansprüche an, und in den Armenvierteln der »Cariocas«, in den Favelas, gliederte sich die ausgreifende Kriminalität in diversen Mafia-Organisationen.

Auf Ost-Timor hatte sich die katholische Kirche im Kampf um die Unabhängigkeit von Indonesien auf die massive Zustimmung und Ergebenheit der Bevölkerung verlassen können. In Brasilien, wo der Franziskaner-Orden sich der Armenbetreuung und der Missionsarbeit widmete, gewannen hingegen die afrikanischen Kultbräuche der Macumba ständig an Boden. Gleichzeitig rekrutierten die protestantischen Sekten aus USA eine wachsende Anhängerschaft. Ich hatte mich mit einem politisch stark engagierten Prior der Minoriten in dem für ihn ungewohnten luxuriösen Rahmen des Copacabana Palace zum Essen verabredet.

Der bärtige, kraftstrotzende Franziskaner war in seiner braunen Kutte erschienen. Er entwarf ein düsteres Bild von den Irrungen seiner Kirche und des Klerus in Brasilien. Der Besuch des deutschen Papstes sei eine bittere Enttäuschung gewesen. Er habe in diesem von sexueller Vitalität strotzenden Land auf dem Verbot der Empfängnisverhütung bestanden, Keuschheit gepredigt und die Nutzung von Kondomen verboten. Im Vatikan habe man offenbar immer noch nicht begriffen, daß allein die vom Heiligen Stuhl verworfene Befreiungstheologie der materiellen Not und der politischen Aufbruchstimmung dieses Subkontinents gerecht würde, statt der ständigen Beschwörung des sechsten Gebots.

In diesem März 2009 wäre ich nicht auf die Idee gekommen, abendliche Spaziergänge durch Rio de Janeiro zu unternehmen. Auch hier ist die Welt gefährlicher geworden, und das Verbrechen beherrscht den Alltag. Am Sonntagmorgen finden sich jedoch zahllose Cariocas zum Spaziergang am Strand von Copacabana und

Ipanema ein. Wo sind die Zeiten geblieben, in denen der Mann einen Schlips umbinden mußte, um ins Kino gelassen zu werden? Die Menschen fallen durch abenteuerliche Aufmachung auf, doch Eleganz ist kaum anzutreffen. Hatten einst die jungen Frauen durch ihren makellosen Wuchs, ihre wilde Schönheit jeden fremden Besucher begeistert, so scheint man sich neuerdings gehenzulassen. Die Bekleidung, zumal der Weiblichkeit, ist weiterhin auf den geringsten Textilaufwand reduziert, aber unter den Hotpants und ausgeleierten Büstenhaltern kommen gewaltige Fleischmassen zum Vorschein. Offenbar legt man Wert auf Originalität. So führte eine ältere Dame – auch sie von erdrückendem Volumen – einen Hahn an der Leine spazieren, was einen Aufruhr unter den streunenden Hunden auslöste. Selbst auf den Liegen am Meer ist Schönheit zur Seltenheit geworden, und man fragt sich, wo die Traumfiguren, die bei den Karnevalsumzügen ihre lasziven Reize zur Schau stellen, sich aufhalten.

Politisch ist in Brasilien ein grundlegender Wandel eingetreten. Seit 2003 übt Luiz Inácio Lula da Silva in der neuen futuristischen Hauptstadt Brasília die Präsidentschaft aus. Dieser bärtige, wohlwollend blickende Mann aus dem Volk, der als historischer Führer der brasilianischen Linken gilt, betont seine totale Unabhängigkeit von den USA. Bei den Yankee-Gegnern des Subkontinents findet er bereitwillige Verbündete und Sympathisanten. Auffällig ist auch, wie wenige Menschen hier die englische Sprache beherrschen und wie die Exklusivität des Portugiesischen sich erhält.

Seit vor der atlantischen Küste reiche Erdölfelder geortet wurden, steht Brasilien im Begriff, zu einer der maßgeblichen Wirtschaftsmächte aufzusteigen. »Lula«, wie er allgemein heißt, läßt sich von niemandem dreinreden, tritt in diversen Regionalkonflikten als Schlichter auf und baut die brasilianischen Streitkräfte zum beherrschenden Militärfaktor des Subkontinents aus. Brasilien, so verraten die Experten, wäre binnen kurzer Frist in der Lage, nuklear aufzurüsten und seine eigene Atombombe zu bauen.

Zum Abschied bin ich in nördlicher Richtung nach Salvador da Bahia geflogen. Unweit dieser expandierenden Hafenstadt war Cabral, der erste Portugiese, an Land gegangen, und so schließt sich ein historischer Kreis mit jenem Entdecker, der als erster Lusitanier den Boden der Insel Timor betrat. In Bahia könnte man sich nach Afrika versetzt fühlen. Die Bevölkerung ist fast ausschließlich schwarz. Betreut wird sie auch hier von den Franziskanern, und das herrliche Hotel »Convento do Carmo«, ein ehemaliges Kloster, strömt rund um den tropischen Innengarten mit den Steinarkaden eine weihevolle Atmosphäre aus. Um so lebhafter, fast turbulent, geht es auf dem großen Zentralplatz zu, der von der Kirche São Francisco beherrscht wird. Das Innere des Gotteshauses ist durch und durch mit Gold verkleidet, leuchtet wie ein riesiger Tabernakel, strahlt ebenso aufwendig wie die legendären Kirchen von Ouro Preto.

Rundum herrscht negroide Fröhlichkeit. Die Frauen sind in knallbunte, karibisch anmutende Kleidung gehüllt. Den seltenen Weißen begegnet man mit lachender Unbefangenheit. Aus allen Ecken dröhnt Musik. Die Bevölkerung strömt Vitalität und Heiterkeit aus. Die Geschichte der Sklaverei ist scheinbar aus dem Gedächtnis gelöscht. Unter allen Ländern unserer Erde, die ich aufsuchte, erscheint mir Brasilien als das unerklärlichste. Hier sind wir nicht nur in der »Neuen Welt« angekommen, hier begegnen wir einer neuen Menschheit, und die Vermutung stellt sich ein, dieses könnte die Menschheit der Zukunft sein. Mit seiner vielfältigen Harmonie der Rassen nimmt Brasilien eine ethnische Vermengung vorweg, die für den ganzen Globus Gültigkeit gewinnen könnte. Noch ist die Verschmelzung sehr unterschiedlich vorangeschritten, spart gewisse Regionen vollends aus. Niemand kann so recht erklären, wie dieses kunterbunte Sammelsurium funktioniert, wie trotz aller Diskrepanzen eine brasilianische Einheitlichkeit und ein wachsendes nationales Selbstbewußtsein entstanden. Zu einem unbeschreiblichen Taumel sollte sich der patriotische Überschwang steigern, als Rio de Janeiro die Ausrichtung der Olympischen Spiele 2016 zugesprochen bekam. Es stimmt nachdenklich, daß Barack Obama mit seinem Einsatz zugunsten Chicagos so ruhmlos scheiterte.

Ich will nichts verharmlosen und schönreden. Es kann einen sogar ein Schauer überkommen bei der Perspektive auf eine globale

Entwicklung, an deren Ende das biologische Ende des »weißen Mannes« stünde. Es wird so viel über Klimawandel und ökologische Verseuchung gesprochen. Aber aufgrund der Kommunikationsmöglichkeiten, von denen unsere unmittelbaren Vorfahren nicht zu träumen wagten, aufgrund einer subkutanen kulturellen Anpassung und Osmose, deren Ausmaß wir noch nicht ermessen, aufgrund einer technischen und elektronischen Beschleunigung der menschlichen Geistesentwicklung – so kommt mir an diesem heiteren Tag in Salvador de Bahia in den Sinn – wäre auch eine Beschleunigung der Evolution, ja das jähe Auftreten von Mutationen nicht auszuschließen, die das Bild des »homo sapiens« erheblich verändern könnten. Der typologische Unterschied zwischen den Generationen ist bereits klar erkennbar. Dazu kommt das Phänomen einer durch einseitige Ernährung bewirkten Verfettung, eine »obésité«, die selbst auf China überzugreifen beginnt. Der androgyne Wuchs vieler Frauen ist weit vom Schönheitsideal der Vergangenheit entfernt.

Noch beklagen sich die Feministinnen zu Recht über die unzureichende Präsenz von Frauen in wirtschaftlichen Führungspositionen. Aber seit – selbst im Krieg – nicht mehr die Kraft des Bizeps den Ausschlag gibt und durch die Pille die Schwangerschaft regulierbar wurde, dürfte zunehmend »das zweite Geschlecht – le deuxième sexe« Macht und Einfluß gewinnen. Wer jemals Seminare an Universitäten leitete, weiß, daß die Studentinnen durch schnellere Auffassungsgabe, durch unbefangene Meinungsäußerung und durch gesteigerten Ehrgeiz ihre männlichen Kommilitonen recht blaß erscheinen lassen.

Während sich die Öffentlichkeit dazu beglückwünscht, daß das Durchschnittsalter des Menschen demnächst auf über hundert Jahre ansteigen könnte, stellen sich nur die wenigsten die Frage, ob eine solche Langlebigkeit mit der im Rhythmus von Jahrtausenden entstandenen Normalität, den physischen und psychischen Gesetzen, denen wir unterliegen, überhaupt zu vereinbaren ist. Die ständige Vermehrung von Demenz-Erkrankungen im hohen Alter könnte eine schreckliche Mahnung beinhalten.

Auffällig ist auch die geringe seelische Belastbarkeit, die sich zumal bei jungen Soldaten zeigt. Obwohl sie nie wirklich im Feuer gestanden haben, bedürfen sie einer psychologischen Betreuung, von der in früheren Kriegen nur in Extremfällen die Rede war. Das seien nur vage Hypothesen, wird man entgegenhalten, aber die Natur könnte uns noch mit ganz anderen Überraschungen zusetzen.

Befinden wir uns an der Schwelle einer neuen Evolution unserer Gattung? Werden die Allmacht des Computer-Systems, des Internets, die Omnipräsenz der elektronischen Überwachung und die Perspektive eines eventuellen Cyber-Wars gewisse Hirnfunktionen ausschalten, umgestalten oder weiterentwickeln? Im Jubiläumsjahr des Darwinismus sind solche Überlegungen ja wohl erlaubt. Wir haben die Schreckensvision Orwells, die er in seinem Buch *1984* aufzeichnete, längst überholt, und die düsteren Vorstellungen H. G. Wells' von einer »Brave New World« liegen bereits hinter uns. Man bedenke, daß das nationalsozialistische Deutschland noch vor siebzig Jahren von der Reinheit der nordischen, der germanischen Rasse fabulierte, von der Vorherrschaft der blonden Herrenmenschen, um festzustellen, wie plötzlich diese Utopie einer Gemischtrassigkeit gewichen ist, die uns täglich auf den Straßen Europas und Amerikas begegnet.

In diesem Zusammenhang die existentielle »Angst des weißen Mannes« zu erwähnen, entspringt keiner Verzagtheit, keiner Phobie, sondern verweist auf eine Veränderung unserer Spezies, die mit den kühnen Navigatoren der Lusiaden begann und in Brasilien, der gewichtigen Tochter Portugals, zur Realität wurde.

Vor der Marienstatue von São Francisco hatte sich eine Gruppe – von Schwarz bis Weiß variierend – zum Gebet des Rosenkranzes eingefunden. Wie würden diese Menschen den Verlust der dogmatischen Gewißheiten und der jenseitigen Verheißungen verkraften? Man glaube nicht, ich sei einem Anfall von Frömmelei erlegen, aber ich empfand es schon als seltsames Omen, als mir beim Verlassen der Kirche ein dunkelhäutiger Mönch einen Zettel in die Hand drückte, auf dem das Gebet seines heiligen Ordensgründers abgedruckt war:

»Herr, benutze mich als Werkzeug Deines Friedens,
damit ich die Wahrheit verkünde, wo der Irrtum vorherrscht;
daß ich Dein Licht in der Finsternis scheinen lasse;
daß ich Freude stifte, wo Traurigkeit herrscht;
denn indem wir uns selbst vergessen,
finden wir zu uns selbst,
und im Tode werden wir zum ewigen Leben auferstehen.«

Personenregister

Abduh, Scheikh Mohammed 225
Abercrombie, Neil 202
Abreu, Antonio de 27, 30 f.
Adenauer, Konrad 119
Ahmadinejad, Mahmud 318
Aidit, Dipa Nusantara 214 f.
Akajew, Askar 400 f., 416
Albuquerque, Afonso de 27, 29, 44, 87
Alexander I., Zar 388
Alexander VI., Papst 29, 439
Alexander der Große 380, 432
Alexej II., Patriarch 78
Alijew, Gaidar 341
Alkatiri, Mari 53, 69, 79–82
Allende, Salvador 48, 171, 183 f.
Aquino, Corazon 270
Araujo, Fernando de 26
Arroyo Macapagal, Gloria 244, 271, 277
Ashoka, ind. Herrscher 309 f.
Attila (Etzel), Hunnenkönig 281 f.

Babur, Zahiruddin 414 f.
Bakijew, Kurmanbek 401, 404, 412

Barroso, Manuel 25, 81
Batu Khan 381
Bayazid Bastami 377
Beauvoir, Simone de 140
Bellow, Saul 200
Belo, Carlos 52, 74, 76 f.
Benedikt XIV., Papst 289
Benedikt XVI., Papst 227, 304
Bhumibol, König von Thailand 309
Bolívar, Simón 189, 436
Bose, Subhas Chandra 13
Brandt, Willy 421
Breschnew, Leonid 356 f.
Bush, George H. W. 57
Bush, George W. 15, 57, 82, 87, 103, 141 ff., 174–178, 181, 190, 192, 203, 261, 263, 284, 303, 399, 428

Cabral, Pedro Álvares 28, 439, 446
Caetano, Marcello 48
Calvin, Johannes 32
Camões, Luís Vaz de 9, 17, 25, 29–34, 40, 54, 86 f., 438 f.
Camus, Marcel 442
Canisius, Petrus, hl. 233

Caruso, Enrico 442
Castro, Fidel 171, 183, 185–191, 434
Castro, Raoul 189, 191
Cervantes, Miguel 436
Chamberlain, Houston Stewart 10
Chaudhry, Mahendra 100
Chávez, Hugo 435
Chen Dajun 424 f.
Chirac, Jacques 101
Chomsky, Noam 26
Chruschtschow, Nikita S. 185, 321, 351, 364
Cicero 236
Clark, Helen 140, 142 f., 147, 151
Conrad, Joseph 20
Cook, James 112, 130, 200, 202
Constantin, hl. 342
Cortés, Fernando 29 f.
Corvalán, Luis 183
Crefeld, Martin van 334
Custine, Astolphe-Louis-Léonor, Marquis de 382

Dalai Lama s. Tenzin Gyatso
Darwin, Charles 104, 108, 174, 192, 241
Dean, John Gunther 96
Deng Xiaoping 177, 291, 320, 323
Dickens, Charles 113, 326
Diem s. Ngo Dinh Diem
Dominikus, hl. 207

Donskoi, Dmitri 381
Dreyfus, Alfred 437
Dschingis Khan (Temudschin) 64, 328, 342, 352–355, 364, 369, 381, 396

Ecco, Umberto 312
Eisenhower, Dwight D. 169, 185, 276
El Bukhari, Sahih 221
Encausse, Hélène Carrère d' 356
Enver Pascha, Ismail 394
Erbakan, Necmettin 221
Eugen, Prinz von Savoyen 214

Faulkner, William 8
Fellini, Federico 48
Fénelon, François 290
Fodio, Osman dan 222
Ford, Gerald 51
Franziskus, hl. 207
Franziskus Xaverius, hl. 233
Freyre, Gilberto 441
Friedman, Milton 326
Friedrich II., der Große 289, 437
Frunse, Michail 393, 395, 412
Fukuyama, Francis 285

Gama, Vasco da 27, 29, 44, 438
Gandhi, Indira 298
Gauguin, Paul 125
Gaulle, Charles de 9, 81, 119, 236, 287, 380, 386, 434, 439 f.

Gautama, Siddhartha (Buddha) 224, 295, 298, 304, 307, 309 f., 318
Giap, General s. Vo Nguyen Giap
Gizenga, Antoine 213
Gobineau, Arthur de 10
Godunow, Boris 382
Goethe, Johann Wolfgang 128, 372
Gorbatschow, Michail 323, 356 ff.
Gordon, Charles George 327
Gracey, Douglas 42
Greene, Graham 83, 397
Gromtschewski, Bronislaw 418
Guevara, Ernesto »Che« 191, 434
Gustav Adolf, schwed. König 34
Guzmão, Xanana 52, 58, 66 ff., 70 f., 79

Habibie, Yusuf 59 f.
Haile Selassie, äthiop. Kaiser 213
Halberstam, David 268
Hamengkubuwono IX., Sultan 216
Hammerskjöld, Dag 214
Haydn, Joseph 163
Hedin, Sven 30, 412, 422
Heinrich der Seefahrer, portug. Prinz 27, 43, 279
Helena, hl. 342
Hekmatyar, Gulbuddin 392
Henare, Manuka 148 f.
Heredia, José-María de 77, 246

Herzog, Werner 442
Himmler, Heinrich 12 f.
Hitler, Adolf 44, 120, 214, 347, 381
Ho Tschi Minh 42, 44, 51, 259, 267 f., 334
Hohenlohe-Schillingsfürst, Chlodwig zu 281
Holbrooke, Richard 402
Hong Xiuquan 327
Houtman, Cornelius 92
Howard, John 57, 104, 106, 141, 143, 231
Hu Jintao 327
Humboldt, Alexander von 30
Huntington, Samuel 199, 204
Hussein, Saddam s. Saddam Hussein
Hussein ibn Ali (Imam) 262

Ignatius von Loyola 207, 226, 288
Isabella I., la Católica, Königin von Kastilien 244
Iwan I. Danilowitsch, gen. Kalita (russ. Großfürst) 364
Iwan IV., der Schreckliche 382
Iwanow, Sergej 422

Jaruzelski, Woiciech 71
Jelzin, Boris 356, 358, 369, 383
Jigme Khesar Namgyal 311
Jigme Singye Wangchuk 311
Johannes Paul II., Papst 77 f.
Johnson, Lady Bird 264

Johnson, Lyndon B.   169, 193, 258, 263–267, 403
Julajew, Emir Salawat   388
Jussupow, Felix F.   382

Kadeer, Rebiya   423
Kadyrow, Ramsan Achmatowitsch   379
Karimow, Islam   397 f., 400
Karitoka (Maori-Führer)   154
Karl V., Kaiser   34, 246
Karl XII., schwed. König   34
Katharina II., die Große, Zarin   387 f., 437
Kemal Pascha, Mustafa (»Atatürk«)   209, 329
Kennedy, John F.   169, 185, 188, 193 f., 198, 260, 263, 309, 333
Kenyatta, Jomo   194
Ketteler, Klemens August Frhr. von   282
Key, John   140, 142, 147
Keynes, John Maynard   326
Khomeini, Ayatollah Ruhollah   11, 228, 256, 385
Kiesinger, Kurt Georg   284
Kim Il Sung   339
King, Martin Luther   8, 194
Kipling, Rudyard   9, 320, 330
Kissinger, Henry   51, 95, 260 f., 268, 307, 324, 334, 364
Kohl, Helmut   284
Kolbin, Gennadi   358
Kolumbus, Christoph   27

Konfuzius (Meister Kong)   65, 274, 289 ff., 316
Kublai Khan   328
Kunajew, Din Muhammad   357 f.
Kunanbajew, Abai   372

Lansdale, Edward   249
Le Duc Tho   260 f.
Lebed, Alexander   363 f., 371
Lee Kwan Yew   274
Leibniz, Gottfried Wilhelm   290, 405
LeMay, Curtis   170
Lenin, Wladimir I.   388, 394, 415 f.
Le Tellier, Orlando   184
Li Peng   323
Lin Biao   321
Liu Xaoqi   321
Lobato, Nicolau   52
Lon Nol   95 f.
Ludwig XV.   129
Lula da Silva, Luiz Inácio   444
Lumumba, Patrice   214
Luther, Martin   32

Ma Zhongying   422 f.
MacArthur, Douglas   121
Macartney, Lord George   290
Macmillan, Harold   46
Magellan, Ferdinand de   29 ff., 246 f., 278 f.
Malraux, André   208
Manuel II., byzant. Kaiser   227
Mao Zedong   44, 148, 170, 177,

190, 213, 236, 265, 268, 274, 277, 284, 286, 292, 295, 298, 305, 321, 323 ff., 412, 423 f.
Marcos, Ferdinand 252, 257, 263 f., 269 f.
Marcos, Imelda 264 ff., 270
Marion du Fresne, Marc-Joseph 129
Maugham, Somerset 164–167
McCain, John 192
McChrystal, Stanley A. 403, 408
Mead, Margaret 125, 162
Medwedew, Dmitri A. 177, 405
Mei Zhaorong 16
Melville, Herman 173
Mende, Tibor 433
Merkel, Angela 7 f., 64, 284, 304
Messner, Reinhold 306
Mitterrand, François 142
Mladić, Ratko 72
Mohammed, Prophet 8, 74, 76, 102, 191, 195, 205, 207, 216, 221 f., 227, 239, 248, 287, 349, 376, 410, 421
Morales, Evo 434
Museveni, Yoweri Kaguta 23
Musharraf, Pervez 58

Napoleon Bonaparte 39 f., 130, 274, 388, 432, 439
Naqschband Bukhari, Baha-ud-Din 221, 391
Nasarbajew, Nursultan 337, 339 ff., 346, 355, 358, 361 ff., 366 ff., 370 f., 379, 386, 389

Nasrallah, Hassan 334
Nasser, Gamal Abdel 213
Nehru, Jawaharlal 13, 46, 208, 213, 298
Neruda, Pablo 171, 184
Ngo Dinh Diem 58, 309
Nguyen Cao Ky 263, 265
Nguyen Van Thieu 260 f., 263
Nietzsche, Friedrich 11
Nixon, Richard 260, 267 f., 307, 334
Nkrumah, Kwame 213
Nyazow, Saparmyrat 389

Obama, Barack Hussein 7 f., 15, 156, 190, 192–202, 204, 261, 304, 402 f., 405, 408, 428, 446
Omar, Mullah Mohammed 392, 399
Orwell, George 448
Osama bin Laden 175 f., 334, 385, 403, 420
Oswald, Lee Harvey 188

Pahlewi, Mohammed Reza, Schah 11, 58
Panfilow, Iwan 348
Park Chung Hee 263, 265 f.
Patten, Chris 283
Paulus, Friedrich 381
Pedro I., Kaiser von Bras. 439
Pershing, John J. 249, 270
Peter I., der Große, Zar 382, 391
Peter III., Zar 388

455

Petraeus, David H. 403
Peyrefitte, Alain 290
Philipp II., span. König 32, 438
Pinochet, Augusto 171, 181, 183 f.
Pizarro, Francisco 29
Pombal, Sebastião José de Carralho e Mello, Marquês de 440
Primakow, Jewgeni 383 f.
Pugatschow, Jemeljan 388
Putin, Wladimir 177, 379, 405, 412

Qadhafi, Muammar al- 252, 255
Qaouq, Scheikh Nabil 386
Qian Long, Kaiser 290 f., 295
Qin Xi Huangdi 177, 274, 409

Rachmonow, Emomali Scharipowitsch 398
Ramos-Horta, José 26, 38, 52, 66, 68
Reinado, Alfredo Alves 67 ff., 71
Ricci, Pater Matteo 288
Roosevelt, Theodore 157, 247 f.
Rosenberg, Alfred 10
Rousseau, Jean-Jacques 114
Rudd, Kevin 104, 106, 111, 143, 231

Saddam Hussein 57, 180, 228, 256, 338
Salazar, António de Oliveira 43 f., 46–49, 271, 439

Salijenda, Urkuja 393 f.
San Martín, José de 436
Sarbajew, Kadyrbek 405
Sartre, Jean-Paul 258
Schall von Bell, Pater Adam 288
Schewtschenko, Tara 391
Schlegel, Friedrich 30
Schmidt, Helmut 284, 324
Seeckt, Hans von 283
Selim I., osman. Sultan 384
Shakespeare, William 432
Sihanouk, Norodom Prinz 95 f.
Silva, Alberto Ricardo da 73 f., 76, 80
Soekarnoputri, Megawatti 218, 225
Solf, Wilhelm 158
Solschenizyn, Alexander 364
Songtsen Gampo, tibet. König 295
Soros, George 58
Spinola, António de 47, 81
Stalin, Josef W. 214, 338, 351, 354, 359, 388, 391, 393, 410 f., 423
Stanley, Henry Morton 30
Stevenson, Robert Louis 158
Suharto, Haji Mohamed 50 f., 54, 56 f., 59, 71, 75, 77, 94 f., 121, 169, 215, 219, 230, 241 f.
Sukarno, Ahmed 43, 74, 121, 169, 210–213, 215 f., 218, 225, 238
Suleiman der Prächtige 214

Sultan-Galijew, Mir Said 388
Sun Yatsen 328
Tamerlan (Timur Lenk) 372, 375, 377, 381, 400, 414, 422
Tasman, Abel 129
Tenzin Gyatso, 14. Dalai Lama 293, 300, 302–306, 310, 313–317
Thatcher, Margaret 333
Tito, Josip »Broz« 214
Tochtamysch (Groß-Khan) 377
Tojo Hideki 42
Trimondi, Victor und Victoria 314
Truong Chinh 334
Tschiang Kaischek 170, 283, 319, 321, 331
Tukarangi, Arini 153 ff.

Ungern-Sternberg, Robert Nikolai Maximilian Baron 41
Uribe Vélez, Álvaro 435

Vargas Getúlio 444
Vergil (Publius Vergilius Maro) 29, 280, 432
Victoria, Königin von England 415

Voltaire 30, 290
Vo Nguyen Giap 258

Walesa, Lech 71
Waugh, Evelyn 24
Weber, Max 270
Wells, H. G. 89, 448
Wen Cheng, Prinzessin 295
Westmoreland, William C. 266, 403
Wilhelm II., Kaiser 16, 157, 281 f., 329, 383
Wilson, Charles E. 276
Wiranto (indones. General) 59

Xuan Zang 315

Yassavi, Hodscha Ahmed 372, 375 ff.
Younghusband, Francis 418
Yudhoyono, Susilo Bambang 218, 225, 243

Zarathustra 11, 410
Zheng-He 331
Zhou Enlai 213
Zola, Émile 326

Bildnachweis

Cornelia Laqua 2, 4, 5, 24, 25, 28–33
dpa/picture alliance 36
Focus 35
SIPA PRESS 7, 9, 18, 37, 38
ullstein bild 1, 3, 6, 8, 11, 12, 14–17, 19–23, 27, 34

Peter Scholl-Latour
Der Weg in den neuen Kalten Krieg

352 Seiten mit 24 Seiten
Farbabbildungen
Gebunden mit Schutzumschlag
ISBN 978-3-549-07357-5

Nach dem Ende des Kalten Krieges trat der Westen als Sieger der Geschichte auf. Frühzeitig hat Peter Scholl-Latour vor der Isolation Russlands, der Explosivität des Nahen Ostens und der Herausforderung durch China gewarnt. Auch die aktuellen Konflikte im Kaukasus, in Pakistan oder im Iran hat er seit langem vorausgesehen. Sie alle sind die Vorzeichen eines neuen Kalten Krieges, den der Westen nur verlieren kann.

»Auf ganz unpolitologische Weise kommen scharfe politische Analysen zustande, die sich so spannend wie ein Abenteuerbericht lesen.«
FAZ

»Scharfe Urteile sind ein Markenzeichen von Scholl-Latour, viele dramatische Entwicklungen der letzten Jahrzehnte hatte er vorausgesagt.«
dpa

PROPYLÄEN VERLAG
www.propylaeen-verlag.de

Kai Bird und Martin J. Sherwin
J. Robert Oppenheimer
Die Biographie

672 Seiten mit 32 Seiten s/w-Abbildungen
Gebunden mit Schutzumschlag
ISBN 978-3-549-07358-2

J. Robert Oppenheimer, der »Vater der Atombombe«, zählt zu den schillerndsten Figuren der jüngeren Zeitgeschichte. Für ihre glänzende Biographie des amerikanischen Physikers deutsch-jüdischer Abstammung erhielten der Journalist Kai Bird und der Historiker Martin J. Sherwin den begehrten Pulitzer-Preis. Exemplarisch lassen sie das Drama eines Forschers lebendig werden, der sich zwischen Erkenntnisdrang und ethischer Verantwortung entscheiden muss.

»Eine brillante Biografie ... ein aufwühlendes Werk. Die Biografie, ausgezeichnet mit dem Pulitzer-Preis, erkundet nicht nur den Menschen Oppenheimer, sondern macht auch eine Zeit wieder lebendig, in der die Physik zur bestimmenden Disziplin des 20. Jahrhunderts wurde und in der sich Wissenschaft und Politik unheilvoll kreuzten.«
DER SPIEGEL

PROPYLÄEN VERLAG
www.propylaeen-verlag.de

Achtung!
Klassik Radio
löst Träume aus.

▸ **Klassik Hits** 06:00 bis 18:00 Uhr
▸ **Filmmusik** 18:00 bis 20:00 Uhr
▸ **New Classics** 20:00 bis 22:00 Uhr
▸ **Klassik Lounge** ab 22:00 Uhr

Alle Frequenzen unter www.klassikradio.de

Bleiben Sie entspannt.